全國第一本剖析國際教育改革
最完整、最客觀的力作！

國立臺灣師範大學教育系　伍振鷟
國立暨南大學比較教育學系　鍾宜興　校閱推薦

比較教育與 國際教改

周祝瑛　著

Comparative Education:
from Global Educational Reform Perspectives

三民書局

Education

國家圖書館出版品預行編目資料

比較教育與國際教改／周祝瑛著.－－初版二刷.－－
臺北市：三民，2017
面；　公分

ISBN 978-957-14-5232-6　（平裝）

1.比較教育 2.教育改革

520.91　　　　　　　　　　　　　　98014443

© **比較教育與國際教改**

著 作 人	周祝瑛
發 行 人	劉振強
著作財產權人	三民書局股份有限公司
發 行 所	三民書局股份有限公司
	地址　臺北市復興北路386號
	電話　(02)25006600
	郵撥帳號　0009998-5
門 市 部	(復北店) 臺北市復興北路386號
	(重南店) 臺北市重慶南路一段61號
出版日期	初版一刷　2009年11月
	初版二刷　2017年1月
編　　號	S 521070

行政院新聞局登記證局版臺業字第○二○○號

有著作權‧不准侵害

ISBN　978-957-14-5232-6　（平裝）

http://www.sanmin.com.tw　三民網路書店

推薦序

　　比較教育在教育研究領域中，可說是後起之秀。發軔之初，不但沒有自己獨特的學術造型，甚至研究方法也多是備用。然隨著時間進入二十世紀，發展腳步加快，相關理論相繼提出，研究方法也逐漸建立，分析單位與研究主題更能自創一格，且切合理論與實際的需要，因之一日千里，在教育研究領域中，與其他科目相較，幾有後來居上之勢。尤其在二次世界大戰之後，無論新獨立的國家，或舊有的貧困地區，莫不以追求現代化為國家辦理教育的首要目標，俾在國際中躋身開發與富強之林。泊乎二十世紀下半期後現代思潮興起，在各種力量，特別是全球化與知識經濟的衝擊下，各國政府莫不推動各自的教改計劃。雖然時間、方式、步調及重點不盡相同，但一致百慮、同歸殊途，共同的目標只有一個，即追求卓越，以提升國家的競爭力。本書便是周祝瑛教授關於國際教育改革最完整、最客觀的力作。

　　我與周教授初識於美國，那時她剛獲得加大洛杉磯校區 (UCLA)的博士學位，在名師的指導下，已具備學術研究的潛力。歸國後，回母校政大任教，擔任比較教育一科的教學，正可展其所長。尤其周教授勤於研究，數十年之間，周遊列國，實地參訪各國的教育設施與改革，廣蒐第一手資料，如今完成此一鉅著，對於今後國內關於這方面的研究與參考，當必有重大的貢獻。

　　比較教育研究的重要目的之一，在於經由比較而得知異同、優劣與得失，藉供參借與採擇。但不要忘記比較教育的一句名言：「學校外的事務比學校內的事務來得重要。」以此，一國的教育改革，必須先對本國的各種背景，包括歷史、文化、種族、宗教、政治、經濟等因素，以及比較教育的各種重要議題，如國際比較教育組織、國際評比、未來發展趨勢等，具備詳盡而且正確的認知與瞭解，然後提出的教改方

案，才不致盲人瞎馬，自以為是，以致盲目抄襲或全盤移植，造成適應不良，招致相反的效果。

我國二十世紀兩次重大的教改：民國十一年的學制改革與最近的十年教改，便犯了「內不知己，外不知人」的毛病，效果不如預期。就「新學制」的改革而論，是全盤抄襲美國的「六三三」制；殊不知中美的國情不同，當時的中國，政治既不民主，經濟也不發達，更有士大夫重勞心輕勞力的傳統，引進美式的單軌制及綜合中學制度，一方面助長升學主義，一方面打擊職業教育與師範教育，使發展經濟的技職人才與普及教育的師資來源短缺，以致中國現代化的腳步延遲了數十年。再談到臺灣近年來推行的十年教改，雖然所提的改革原則，冠冕堂皇，口號響亮，但施行的結果卻使臺灣的教育問題更多，病情更重。例如為了暢通升學管道，而廣設高中、大學，同時，並取消聯考，但補習班愈開愈多，大學大量增多而素質普遍低落。又如為了辦一流大學與研究中心，不惜一年花數百億補助少數大學；最近更為培植「諾貝爾獎」得獎人，對少數人選大量投注數億甚至數十億的經費，造成因資源分配不當，許多鄉村及貧困地區的國民中小學，不僅校舍破舊，設備欠缺，甚至還有學生繳不起學雜費與營養午餐費。這種兩極化的形成，對於社會的公平正義是極大的諷刺，也是極大的傷害。有權力推動教改的人士，對此豈能不警惕並引以為戒？

周教授的大作《比較教育與國際教改》之問世，希望對於未從事比較研究便輕率推動教育改革的人士，能給予當頭棒喝。

伍振鷟

民國九十八年 仲秋

自序

　　本書是作者的一個嘗試，希望從另類的角度，來探討比較教育中的國際教改議題。書中包含作者這些年來面對各種「教育問題」的學術回應，往返於「理想與現實」之間的思索歷程，甚至從教改困頓中獲得的靈感。為此，作者以野人獻曝之心，一一紀錄下來，希望拋磚引玉，與海內外讀者共同分享。

　　常有人問我：「什麼是比較教育?」、「學完比較教育之後有什麼好處?」其中也有不少人是為了準備高、普考，或者是為了升學、考試⋯⋯。在教了許多年比較教育之後，我的回答如下：比較教育經常在比較世界各國的教育制度、教育問題與教育現象。這個領域和其他比較社會學科一樣，採取「比較」角度來看教育，其特色在於「跨領域、跨學科」，試圖從比較的方法與理論切入教育問題，跳脫單一的面向，參酌其他國家的文化經驗，來解釋教育現象。比較教育學者往往兼具歷史、社會、政治、經濟、文化，甚至理工背景，透過專業整合，輔以交叉詮釋的方式來看教育問題，並自他山之石吸取經驗與教訓。

　　此外，筆者亦觀察到許多同學上完比較教育課程後，發生了有趣的改變。首先是「學習態度」，大多同學養成了一種「跳脫本身立場、從旁觀者角度來檢視問題」的態度，套用一句英文，即是 "put in someone's shoes"，設身處地來看問題。其次是擴展了個人的視野，透過其他國家、文化，發掘相異與相似點，對於自己的問題，從「旁觀者清」的角度切入，更加深入地了解本身的問題。第三，培養科際整合的能力。因為比較教育從橫切面來看，是一個「跨文化、跨國的」分層，從中尋求「同」與「異」；從縱切面來看，必須跨越時空，考量各個研究對象的歷史背景與社會脈絡。因此，比較教育所運用的方法可以非常質性，必須深入到某一個社會或文化背景裡，透過民族誌的

取向，去研究該地區特殊教育現象；也可能仰賴大量數據如：在跨國共通的題材上，透過大型資料庫、問卷等方式，進行量化資料蒐集與統計分析，如當前著名的 TIMSS 與 PISA 等國際測驗。因此，比較教育研究沒有固定模式，其研究角度及典範 (paradigm)，大多是從「比較」作出發，不但比較異同，也比較其中的規則。正因如此，學習者經常需要瀏覽國際機構網站，查詢各國最新教育資訊，甚至必須熟悉聯合國、世界銀行、與其他國家及組織的外文資料庫。

　　至於對剛入門的學生而言，筆者常常引述在許多國際比較教育場合中的故事、跨國與跨文化等議題，甚至在課堂上播放一些各國教育紀錄片，舉辦「萬國教育博覽會」，尋找可以連結的教育時事與簡報，拜訪國外駐臺機構與國際學生，甚至在課堂中進行討論及辯論等。以此養成學生跳脫本國情境，整體思考他國文化脈絡的思維習慣，從各種不同的社會脈絡切入，然後再正式進入教育問題意識中。

　　而這樣的探索歷程似乎也符合比較教育學者 Michael Sadler 所提出的名言：「校外的因素比校內的因素更重要」。Sadler 認為，到一個地方考察教育時，最好先站在街上，看看來往的人群與了解當地特殊的社會情境，然後再進入學校進行資料蒐集。此說不也印證了國內教育改革所面臨的瓶頸，如：移植國外教育制度時，為何會出現「橘逾淮為枳」等適應不良的問題。由此可見，從事比較教育研究時，必須將問題放在特有的時空中考量，在一個具體的社會環境中加以檢視，即所謂「社會背景的鋪陳」與「情境脈絡化」(social contextualization)。過程中最好能研究前因後果，考慮到各國的歷史、宗教、社會、文化、經濟狀況等層面，才能凸顯其中的意義，而非斷章取義。這就是為什麼許多出於良善動機的教育政策，被移植到他國時，經常出現格格不入的「異化」現象。如幾年前的建構式數學，是源自美國 1970 年代的新式數學，可是在臺灣推動後，由於整體配套措施不足，教師與家長缺乏相關的觀念與專業訓練，反而造成學童學習過程的困擾。另外，

像九年一貫課程中的合科與分科問題，在紐、澳地區已先後實施，但他們所需要的一些課程時數分配、合科教學配套與師資，臺灣相對缺乏，以致引來不少問題。這些例子如果能透過比較教育去釐清問題，或許可以避免未來重蹈覆轍。事實上，臺灣不是唯一在推動教改時進行制度移植的個案，許多先進國家包括：美國、紐西蘭、甚至英國、法國等，也都有類似的經驗值得參考，我們也應從他國教育改革的過程，學到一些經驗教訓。

值得一提的是，作者在醞釀此書的過程，先後造訪中國、香港、澳門、日本、紐西蘭、澳洲、美國、加拿大、德國、奧地利、斯洛伐克與捷克等地。訪問這些地區後，發現愈是所謂的「先進國家」，愈是鼓勵國內的青年人走出去拓展視野，包括：自助旅行、遊學、留學等。另外，在撰寫本書的過程，筆者經常透過網際網路與國內助理聯繫，因而深切感受到早已置身在「天涯若比鄰」的全球化時代。由於臺灣地屬海島型國家，90% 以上的經濟活動都是靠著與國外的貿易往來，雖然正式邦交國有限，可是在全球一百多個地區設置文教經貿機構，可謂國人足跡遍布全球。如何以「海洋立國」，培養具有「藍海策略」的下一代，需要更多的努力。因此，筆者期待我們的學生，都能具備隨時可以「走出去」的能力與膽識。這也是目前歐盟推動「伊拉斯莫斯」(Erasmus Mundus) 計畫的一環，讓所有的歐盟會員國年輕一代，可以到各國進修，那怕是以「背包客」(backpacker) 的方式自助旅行，都可增進彼此的瞭解，以追求世界的共存共榮（請參考世界地圖之歌：http://tw.youtube.com/watch?v=dhsmYXCesYk）。

透過比較教育的學習，可以開闊視野，學習各國風情，及早培養國際化的胸襟、思維與膽識，甚至協助將來異國文化的適應。因此，比較教育既是一門豐富而多元的學科，也可增進個人因應二十一世紀「全球化、在地化」的重要素養。

最後，要感謝許多助理與同仁的協助，他們是鄧美君、吳佩璵、

陳逸芸、徐昌男、徐健軒、蕭俊男、邱鈺婷、謝雅君、吳怡佳等同學。
哈佛大學費正清研究中心 Ronald Suleski 博士、田文浩女士、UCLA 的
指導教授 John Hawkins、不時鞭策我上進的吳靜吉教授、陳膺宇教授
等、以及三民書局編輯部負責與高專業的協助。最後，要感謝多年來
常給予指教及鼓勵的臺灣師大伍振鷟、方永泉、中正大學楊深坑、暨
南國際大學鍾宜興等教授，以及在美的王志鴻、周雅音賢伉儷的支持
與代禱，在此一併致謝。

周祝瑛 謹誌
指南山城 2009 年 10 月 7 日

本書英文摘要

This book entitled *"Comparative Education: From Global Educational Reform Perspectives"* not only covers a wide range of theoretical and methodological issues in comparative education, but also places an emphasis on education policies and practices in over 20 countries such as China, Germany, Israel and the US. Discussions include the effects of globalization, religion and the education status in underdeveloped countries, to name only a few. Through this book, the author sincerely hopes her research efforts might assist in reforming and improving Taiwan's education system globally.

本書作者英文簡介

Chuing Prudence Chou is the author of *"Love from New Zealand"*, *"The Great Experiment of Taiwanese Education"*, and *"Mr. President, How Are You Going to Deal with Education in Taiwan?"* Her name appears among numerous articles circulating within the Taiwanese community, as she expresses her sincere care for the local and global education issues. She is currently a professor at the National Cheng-Chi University of Taiwan, where she specializes in comparative education and tertiary/higher education in China. A devout Christian and a mother of two, she can always be found trying her best to make the world a better place.

website: http://www3.nccu.edu.tw/~iaezcpc/Chinese%20Bio.htm

影響西方教育的四大文明
近代學校之啟蒙
國家教育制度的建立
西方教育制度向外輸出

各國公立教育的由來

伊斯蘭教
基督教
佛教
儒家文化

宗教文化與教育

一、學科基礎

比較教育的重要性

旅行者故事時期
教育借取時期
要因分析時期
科學方法時期
後現代、後結構、後殖民
時代
知識經濟社會與網路時代

源起與發展

二、歷史發展

理論基礎

第三條路線
批判民族誌
後現代主義
後結構主義
後殖民主義
新自由主義
現代化理論
人力資本論
結構功能論
世界體系理論
衝突理論
批判理論
依賴理論
馬克思理論

方法論

研究主題
分析單位
研究方法

全書概念構圖

國際關注議題

- 世界銀行與教育援助
- 世貿組織與教育服務
- 歐盟與教育政策
- 世界一流大學排行榜
- 亞洲國家SSCI癥候群
- 虛擬大學的挑戰
- 國際教育成就評鑑協會

比較教育

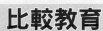

四、比較教育重要議題

重要研究成果

- PISA
- PIRLS
- TIMSS
- CES

教改專題

- 歷史背景
- 教育制度與法令
- 教育改革
- 教改評論

三、國際教改論述

世界各地

- 亞洲
- 紐澳
- 歐洲
- 北美
- 中南美
- 中東
- 非洲……等

比較教育學者

國際組織

- 世界比較教育學會
- 聯合國教育科學文化組織
- 世界銀行
- 世界貿易組織
- 經濟合作暨開發組織

比較教育與國際教改

目次

推薦序
自　序
本書英文摘要與作者簡介
全書概念構圖

第 3 章　國際教改 …………………………………………………… 121

表目次

圖目次

Chapter 1

第 1 章
比較教育學科基礎

第一節
各國公立教育的由來

　　比較教育在探討各國教育議題時，經常要考慮制度與現象背後所存在的問題，尤其必須考量各國的歷史與傳統等因素。例如比較教育經常探討到各國教育制度及其背景時，就必須追溯西方教育的演進歷程，以及公立學校制度的由來。以下試圖從西方世界如何建立國家教育制度的過程，來導入比較教育研究的重要性。

一、影響西方教育的四大文明

　　影響現代教育的西方四大文明，包括：希臘、羅馬、基督教及日耳曼各族。其中雅典的希臘人（西元前 800-146）發展了「個人和政治上」的創造力，透過相當成熟的文學、哲學和藝術，培養人民應付危機的能力，建立初期的教育制度。羅馬人則富於政治、法律組織能力，擅長實用技術和工程知識，尤其日後建立羅馬帝國（西元前 27～西元 476），透過希、羅文化的融合，在語言、政治及法律等方面多所建樹。直到現在，歐洲很多方面仍受羅馬文化的影響，包括二十世紀的兩次世界大戰與當今歐洲聯盟（歐盟）的建立，都受古羅馬人「世界帝國觀念」的影響，希望早日實現大一統的歐洲帝國 (Cubberley, 1920)。

　　至於基督教（西元元年建立）代表整個西方文明的新興宗教，早期融合了希臘哲學與羅馬組織，採取猶太民族的一神觀念，發揮耶穌基督「神愛世人」的理念，為當時的窮人和被壓迫人民，帶來一線希望，更透過教堂與修道院保存西方文化及教化百姓的傳統。第四個影響勢力乃是當時一度被稱為「蠻族」的日耳曼人，從八世紀末的南征北戰過程，把「個人價值」和「自由觀念」傳到各地（Cubberley, 1920；楊亮功譯，1965）。此種「個人自由至上」與「國家應尊重個人」的新觀念，影響了近代歐美諸

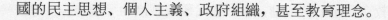

國的民主思想、個人主義、政府組織，甚至教育理念。

二、近代學校之啟蒙

希臘三哲時期，大學只是以類似商業行會的「基爾特」(guild) 形式存在，堪稱「學者聚眾講學之所」。到了中古世紀 (476-1453) 時，東、西羅馬帝國和東正教的結合，產生了黑暗時期，藉由教會才將西方文化與文字傳承下來。此時期的大學主要以「政教合一」的方式維持文明與培養教會人才，中小學則由私人辦理，貴族請家庭教師，一般貧困兒童則進入教會興辦的慈善學校、勞工學校、及手工藝學校，接受職業訓練。直到 1050 年沙列諾大學 (University of Salerno)、1095 年義大利波隆納大學 (Bologna University)、1200 年法國巴黎大學 (University of Paris) 紛紛設立，這三所大學可以說是現代大學的雛形。隨著十字軍的東征 (Crusades, 1096-1291)，開始文化上更大規模的交流，適逢英國牛津大學 (University of Oxford, 1294) 及劍橋大學 (University of Cambridge, 1309) 的相繼成立，終於正式展開大學講學的傳統（徐宗林、周愚文，1997）。

到了十五世紀，從義大利文藝復興開始，整個歐洲世界在研究、教育、政府組織、藝術、商業、航海探險和各種發明上皆有長足進步。然而卻展開了長達一世紀之久的宗教戰爭 (Cubberley, 1920)。由十四至十六世紀維也納大學 (University of Vienna)、海德堡大學 (University Heidelberg)、溫徹斯特大學 (University of Winchester) 等陸續成立，而著名的英國私立中學伊頓公學 (Eton College, 1440) 也設立了。總之，十六世紀以前的學校大多是為宗教目的而設立，到了十六世紀，馬丁路德 (Martin Luther, 1483-1546) 於 1517 年發表宗教革命演說，提倡讓各地人民可直接透過翻譯閱讀聖經等主張，對各國本國文化（白話文字）與方言小學的推動很有助益（徐宗林、周愚文，1997）。而後透過許多思想家，如培根 (Francis Bacon, 1561-1626)、笛卡爾 (René Descartes, 1596-1650) 等在科學、哲學理念上的倡導，以及洛克 (John Locke, 1632-1704)、牛頓 (Isaac Newton, 1642-1727)，及柯美紐斯 (Johann Amos Comenius,

1592–1670)，在教育思想上的啟迪，都對近代學校制度的發展產生影響。尤其 1619 年德國威瑪公國 (Weimar) 更是國家介入初等教育（義務教育）的重要開始（徐宗林、周愚文，1997）。

到了十八世紀歐洲出現兩位重要的教育先驅，一為法國盧梭 (Jean-Jacques Rousseau, 1712–1778) 於 1762 年出版《愛彌爾》(Emile)，提倡回歸自然的教育，直接挑戰當時的宗教教育，造成歐洲教育由過去「成人中心」轉向「兒童中心」的重大思想轉變；另一位則是瑞士的裴斯坦洛齊 (Johann Heinrich Pestalozzi, 1746–1827)，創立布格道夫 (Burgdorf)、伊佛頓 (Yverdon) 等新型學校，重視發展兒童興趣與潛能。這兩位的思想與做法深深影響了日後歐洲，甚至全球教育的發展。

此外，十八世紀末的「工業革命」與「法國大革命」(1789) 都對學校制度的興起產生影響。而受到戰爭因素的影響，如「普法戰爭」(1806) 戰敗的普魯士 (Prussian)、與歷經「拿破崙滑鐵盧之役」(1815) 的法國等，都試圖透過教育找尋富國強兵之道，導致以「民族國家」(nation-state) 與「市民社會」來取代過去的神學與封建制度。

尤其工業革命後（如：1769 年出現水力紡織機取代人工），大量童工被送到工廠當學徒，人口逐漸向城市集中，於是產生了許多社會問題，如：兒童疾病、少年罪犯，及新興都市所衍生的環境衛生問題等，再加上工業革命後各種勞動力（包括婦女）有賴轉型與提升，加深透過教育來改變職業、生活型態的需求。因此，由國家來掌管公立教育的呼聲應運而生（楊亮功譯，1965）。

三、國家教育制度的建立

十九世紀是各國在歷經「百年英法戰爭」(1337–1453) 與工業革命後，加速建立國家教育制度的關鍵時期，其過程充滿各國間的「教育借用」與「制度移植」。許多英、法、德、比等強權國家，透過軍事或政治上的勢力，強將該國教育制度移植到海外殖民地，使得後來這些被殖民國獨立之後，也繼續與原殖民國維持密切關係，延續其典章制度（詳見第三章第三節）。

　　當然在過程中不斷有人提出這樣的質疑:「由國家建立教育制度,是否為最佳選擇?」(楊亮功譯,1965)其中美國著名的教育家霍瑞斯曼 (Horace Mann, 1796–1859) 就曾提出「國家辦理教育的流弊之一」的看法,認為主政者常利用教育進行極端民族主義、強行推動國家意識之隱憂,如:二次世界大戰德國納粹與日本的入侵行動即是最佳例證,而北韓、古巴等地亦有類似情況 (楊亮功譯,1965)。此外,國家建立教育制度是否會對「教育自由」造成影響? 而實施「免費」與「強迫性」的義務教育,是否剝奪了「人民自主」與「教育選擇」的權利? 從比較教育的角度來看,可以透過「民族國家理論」❶ (nation-state theory),來探討國家教育制度的發展是否為必然之惡? 尤其在討論與比較各國教育時,就不得不對上述各國的歷史由來與社會背景等因素先加以釐清。

四、西方國家教育制度的向外輸出

　　隨著十八、十九世紀西方國家透過航海探險、海外殖民、對外經商與傳教等活動,上述國家管理教育的觀念逐漸散布至全球各地。到十九世紀末,大多歐陸國家已經將初等、中等教育從教會手中收歸國家管理,其中瑞典、荷蘭、丹麥、挪威等北歐國家也將教會學校改由國家監督。當時因受到馬丁路德教派的影響,除加強學生「讀、寫、算」(3Rs) 能力外,並使用當地語言來教導宗教教義,為普及教育與開化民智作努力。當時的東歐與南歐國家屬羅馬公教與希臘正教,一直到十九世紀,希臘、西班牙、羅馬尼亞、保加利亞、塞爾維亞等國才開始由政府辦理初等教育,但這些國家文盲比率較高,經濟發展也不如西歐國家迅速。至於俄國則仍受沙皇與希臘正教管轄,直到 1861 年農民解放運動時,俄國文盲人口仍高達 95%

---

❶　指十九世紀歐、亞殖民地區,為了脫離殖民統治所建立,如:印度、以色列、巴勒斯坦與中歐等國家。此理論以民族自決作為理論依據,追求一族一國的經典模式。詳見 Giddens, Anthony 著,胡宗澤、趙力濤譯 (2005),民族國家與暴力。臺北: 左岸文化;朱旭東 (2008),民族國家和比較教育研究。安徽: 安徽教育出版社。

以上，居歐陸國家第一位（楊亮功譯，1965）。

　　另外，受到法國大革命與西班牙勢力衰弱的影響，民族國家主義也傳到了中南美洲地區，從 1815 到 1821 年間，幾乎所有在中南美洲的西班牙殖民地都出現了革命運動，急欲脫離殖民關係並宣布獨立，巴西於 1822 年也從葡萄牙的殖民中獨立出來。當時中南美洲國家雖然紛紛獨立，但教育仍然由私人團體及教會辦理，直到十九世紀中期中南美洲才逐漸興起國家教育制度思潮。其中 1853 年阿根廷仿照美國建立單軌制學校系統，並於 1884 年確立國家教育制度。其他中南美洲國家則大多仿效法國雙軌制，如 1860 年智利建立國家教育制度，1901 年祕魯設立教育部。1854 年巴西成立公立學校。其他如南美洲的厄瓜多爾、委內瑞拉等，大多仍由私人教會及宗教團體來辦理教育。這些國家人民的文盲比率均較高，一直到 1920 年左右國家才開始介入興辦教育（楊亮功譯，1965）。

　　另外，南半球的澳洲與紐西蘭在二十世紀以前，教育採取中央集權制，當時的初等教育皆是免費、強迫、世俗的學校制度。至於，南非也在 1875 到 1880 年間由政府接管教育事務。

　　而東亞的日本，1854 年日本與美國海軍訂定友好條約後，正式引進西方制度。1868 年明治維新後，日本還曾派出使節團赴歐美學習。1872 年首次公布國家教育法案，全國設立學校並且實施強迫教育，不分階級與性別教育機會均等，同時派遣留學生至美國、德國等地，從海外延攬教師主持國立師範學校，採取美國式的班級教學模式及教材設備等。總之，1870 年代以前日本教育採取歐陸雙軌制學校，到了 1872 年教育法案公布後才對所有人民開放。此一措施也間接影響後來日本在臺灣五十年的殖民統治，二次大戰時臺灣初等教育的普及率及識字率高達七、八成以上，成為有始以來中國境內教育知識水準最高的地區，可謂拜當時日本國家教育體制建立之賜（林正芳譯，1999）。

　　至於中國數千年來大致採取階級、貴族、士紳為主的教育方式，多數學校在私人手中，由國家統一辦理科舉制度選才，考試內容以儒家經典為主，所有學校都設置在通都大邑的城市中。考試制度有助於人民的團結及

國家對知識階層的控制，這也是為何後來兩岸四地學校中充滿著「考試領導教學」、「考試制度凌駕在學校教育之上」的包袱（劉海峰，1996）。到了 1905 年中國科舉考試制度才廢除。1911 年辛亥革命成功後，各地方的教育事業開始成為民主化的一環，逐漸摒棄傳統儒家教育制度。此外，民國初年可謂大量借用各國教育與實驗階段，如一開始仿傚日本教育制度，1919 年由蔡元培等留法學生引進法國的「大學區制」。直至 1922 年，參考美國的「六三三四」制，成為全中國的新學制。往後也先後引進德國、蘇聯等教育制度，尤其 1949 年之後中國大陸大量引進蘇聯的教育制度，1980 年代以後又轉向模仿美國制度。

　　至於東南亞地區，以泰國為例，1891 年即派員至歐洲考察各國教育後，成立公共教育局（後來改為教育部），在全國一萬多所佛寺中開始興辦小學，教授兩年暹羅文（即泰文），及五年的英文，並聘任英美教師（如電影〈國王與我〉中的例子）。同時設立男女學校，引進許多歐美教育組織與觀念。這些都是國家教育制度建立過程中，教育借用的例子。

　　總之，十九世紀下半期幾乎成了推動國家教育制度的世界性運動，尤其歐洲各殖民國家一方面透過政治、經濟的強勢力量向各地推動，另一方面新興國家則希望提升民眾知識水準，透過立法將教育目標國家化，整個過程大約花了十九世紀整整一百年之久。而後許多宗教勢力與私人興學逐漸被政府所取代，國家介入教育的管理權終於確立。

第二節

宗教文化對教育的影響

　　如同前一節從歷史脈絡，探討各國建立國家教育制度的過程，來釐清當前許多國家教育問題的來源。本節將進一步從宗教與文化的角度，來討論此二因素如何影響各國的教育理念與設施。其中，我們必須追溯早期歐洲教育制度的起源之一，即是為了培養宗教人才，而後經過宗教革命，教

導人民識字能力，直接閱讀聖經。而就文化層面而言，宗教與教育可謂古老而普遍的社會文化現象，教育的存在不只在協助人們獲得各項專業知識，更重要的是在於實現人類的理想與自然和平共處（方永泉，1998）。至於文化是一切社會活動的基礎，自 2001 年美國「911 事件」發生後，平日以重視多元文化與自由民主理念為豪的西方國家忽然驚覺，即使到了二十一世紀，仍然必須面對地球上其他許多在思想行為、文化政經，甚至宗教理念上，與西方世界截然不同、甚至是隔閡甚深的地區與人民。其中不只是對東方文化，類似像西方人對「伊斯蘭式恐懼」(Islamic phobia) 這種似是而非的問題，早已超過種族與階級或戰爭與仇恨等思維，更超越了原先所認定的，如石油之爭與回教徒報復等問題。911 事件發生的數年間後，包括美國 2002 年入侵伊拉克，法國 2005 年秋的種族暴動 (civil unrest)，世界各地的軍事演習與中東戰火，甚至 2007 年春天美國大學校園發生韓裔學生瘋狂大屠殺行為等，都在在提醒世人必須重新界定「我」與「他人」的關係，尤其西方世界更需加強長期為世人所忽略的回教世界進行研究，藉由文化傳統、社會習慣、宗教信仰、生活方式、與教育各方面，來彌補雙方的隔閡與誤解。

　　2006 年 8 月在史賓賽基金會 (Spencer Foundation) 的資助下，《比較教育評論期刊》出版了一輯「回教與教育──迷思與事實」(Islam education myths and truths) 特刊提到：由於 911 事件的發生，提醒了世人在往來日益頻繁的全球互動中，西方國家與非西方地區的鴻溝也愈來愈大 (Carnoy, 2006)。在此同時其實是有必要增加世界多方文化的認識，尤其是對迄今戰事頻繁的回教世界，需要提供更多的關懷與關注。中東等地區長期在西方媒體的扭曲報導下，出現了許多情緒性與錯誤的訊息，讓世人對回教地區的文化、宗教與教育，產生極大的誤解，以致出現如：「回教等於恐怖主義」、「中東人等於恐怖分子」這樣的刻板印象。如同西方世界的複雜與多元，伊斯蘭教國家也同樣有著類似的問題，雖然伊斯蘭教是這個地區信仰上唯一的共同特色，但討論到該地區時，卻必須更重視其許多有別於西方世界的思維方式，例如：伊斯蘭世界的阿拉伯半島，其文盲比率仍高，可蘭經

卻是人人可以琅琅上口。正如同美國人權運動先驅金恩博士 (Martin Luther King, Jr., 1929–1968) 所言，人們之所以無法相處，是因為他們害怕對方，他們懼怕對方是因為他們彼此缺乏溝通 (King, 1968)。可見，對不同地理環境、文化、宗教甚至歷史背景的了解，是化解雙方誤解的第一步。因此，在探討比較教育相關議題時，宗教文化的認識可謂入門的基礎。

以下謹就伊斯蘭教、基督教、佛教以及儒家文化之起源、教義與對教育的影響等方面加以論述。

壹 伊斯蘭教

一、歷史緣起

源於阿拉伯半島，西元七世紀中，穆罕默德自認上帝選他為先知，選他當亞伯拉罕、摩西和耶穌的繼承人，並於西元 610 年在麥加宣布自己受到真主選為使者，受命傳播一種新的宗教，稱為伊斯蘭教 (Islam，又名回教❷，其信徒通稱穆斯林，Muslim)。西元 622 年，穆罕默德與信徒因麥加貴族的多神崇拜而被迫遷往麥地那 (Medina)，在當地發展伊斯蘭教，到了 630 年穆罕默德率領信徒征服麥加改信伊斯蘭教 (Stavrianos, L. S.；吳象嬰、梁赤民譯，2006)。其基本教義包括：信阿拉、使者、天使、經典及末日審判和死後復活等 (宗教研究中心編，1993)。伊斯蘭教教徒信奉《可蘭經》，教義可說規範了信徒全部生活的誡命，包括：從宗教禮儀、社會倫理、政治制度、經濟活動到法律規範，幾乎涵蓋所有日常生活的全部行為，構成一個以律法為中心、包羅萬象的宗教體系。因此，伊斯蘭教不僅是宗教信仰和意識形態，也是一種生活方式和社會制度 (秦惠彬，2008)。

伊斯蘭教尚分有兩大派系：遜尼派 (Sunni) 和什葉派 (Shiite)。全世界大約有三分之二伊斯蘭教信徒是屬於遜尼派，而其餘三分之一屬於什葉派。

---

❷ 回教是中國人使用的名稱，而全世界對這個宗教只有一個名字「伊斯蘭教」 (Islam)，回教徒也是只有中國人使用回教徒這名稱，信仰伊斯蘭的人稱「穆斯林」(Muslim)，而「伊斯蘭教」之名為音譯而來。

兩派最初分道揚鑣是由於西元 632 年伊斯蘭教先知穆罕默德辭世時，應當由誰繼任穆斯林社會領袖引起爭論。因而兩者在教義、儀式、法律、神學和宗教組織都不同，也是伊斯蘭教歷史上由來最久、規模最大的分裂。

二、對學校教育之影響

㈠教育目的

　　伊斯蘭教教育目的主要在教導遵守道德規範，使其行為服從神的啟示，以及培育治理國家及宗教機構之人才。而其特色大致可分為以下三點（方永泉，1998）：

　　⑴透過各類學校的設立，將伊斯蘭教的知識與傳統廣為宣揚。

　　⑵教育內容以《可蘭經》與《聖訓》為主。

　　⑶教育形式透過寺院，成為信徒膜拜，聚集人潮之所，也是施行非正規教育之始。

㈡學校制度

　　自七世紀起阿拉伯人透過向外擴張與西方世界的互動中，伊斯蘭教文化即擔任東西方文化的溝通橋樑，加上其書籍流通便利，使得許多文化遺產得以保留下來。首先從七至十九世紀，教育具有兩種形式，一種是機構的形式，另一種以經典著作的方式呈現。其中伊斯蘭教統治階級為了培養可蘭經典的人才，自 1067 年起增加伊斯蘭宗教學校 (Madrasah)，提供給小學以上年齡的民眾學習宗教教育，包括：律法、哲學、神學、伊斯蘭的神祕主義，後來還加上外來的科學，如醫學、天文。總之，十到十九世紀初的伊斯蘭教教育曾經非常活潑、多元且深具伊斯蘭教特色，值得世人重新去認識。

　　到了十九世紀中葉，回教世界進入了另一個殖民時代的變動，包括受到英、法、葡、義等殖民國的入侵，試圖改變回教文化、不斷大舉辦理公立世俗學校等，回教教育自此備受衝擊。其中以 1866 年貝魯特美國大學

(Syrian Protestant College) 及 1872 年在伊斯坦堡的羅伯特學院 (Roberts College) 等（中學階段教育）為該時期的世俗學校代表，首度採取有別於伊斯蘭學校的傳統學科，以非宗教的世俗化與實用導向為主，並開放女子教育。然而在這些世俗教育的建立過程中，出現了伊斯蘭傳統教育與新式西方學校之間的矛盾衝突，促成了日後伊斯蘭國家主義 (nationalism) 意識的抬頭。

　　二次大戰結束之後，此階段的重要特點為如何在伊斯蘭教與非伊斯蘭教之間，建立現代民主國家的認同。以伊拉克 (Iraq) 為例，在英國的殖民下，伊國教育部試圖透過世俗學校系統，來加強國家認同 (national identity)。至於其他二戰後獨立的其他國家，一方面政府開始出資辦理世俗學校，同時也支持傳統的宗教學校，後者大多屬私立學校性質，教學內涵中雖然偏向記憶背誦，但與西方世界認為「記憶只是強調死記功夫」的觀念迥然不同，因為在上述學校中所強調的記憶包含了理解與認知，即使迄今回教科學中仍存在透過高度的文字記載與個人化的傳遞方式，來延續伊斯蘭文明，相對的西方教育則被視為只是一種知識取得與詢問的過程而已 (Kadi, 2006)。

　　總之，十九世紀以來，伊斯蘭世界徘徊在如何建立新式且保有伊斯蘭傳統文化，並結合現代西方優點學校制度的掙扎中。這其間歷經了與西方國家接觸後政、經的轉型，與融入民主國家概念的陣痛。直至晚近，新型私立學校的產生，融合伊斯蘭文化與世俗教育的系統，如二十世紀上半期，終於在埃及出現了融合殖民學校與伊斯蘭傳統、兼具歐洲特色與回教傳統的新型學校，其目的不再只為培養宗教領袖，而是為了培養行政公務、技術幕僚等人才，促成日後重視科層體制的現代大學產生❸。

---

❸　聯合國教科文組織的統計指出，目前全世界六十億人口中有 7.71 億人是文盲，其中印度文盲超過 2.6676 億人，占全球文盲總數的 34.6%；巴基斯坦文盲達 4780 萬，占 6.2%；孟加拉文盲 5243 萬人，占 6.8%；尼泊爾文盲為 1269 萬人；斯里蘭卡文盲 200 萬人；阿富汗有 1000 萬文盲，而這些國家除印度人多信仰印度教之外，大多信伊斯蘭教。

三、分布地區國家與主要爭議事件

　　根據聯合國教科文組織公布的數字顯示，南亞地區的文盲總數近 4 億人，占南亞人口的 27%，該地同時是全球回教徒最多的地方，也是目前世界文盲比率最高的地區。文盲率過高，嚴重限制南亞各國經濟的快速發展（周戎，2006）。

　　此外，從文化的層次來看回教世界，其實包括信仰與地理位置兩大因素。從信仰上來看，全球大概有 14 到 16 億人口信仰回教，不限於特定的種族。至於地理上，通稱為回教世界或者伊斯蘭世界，以中東地區為主，包括南亞、西亞與北非國家等。而新疆、青海、寧夏等中國邊疆省區也有信仰回教之信徒，其他如歐、亞、美洲等地也有信徒，大約有 52 個國家、60 種語言。

　　目前全球有 57 個國家組成了一個伊斯蘭會議組織 (Organization of Islamic Conference)，簡稱為 O.I.C.，主要的構想為透過他們天然資源（尤其是石油）的合作，保障他們在伊斯蘭世界的共同利益並對外發聲。此外，還有一個石油輸出國組織 (Organization of the Petroleum Exporting Countries)，簡稱 OPEC（歐佩克或油組）。1967 年第三次中東戰爭後，OPEC 的阿拉伯成員國成立另一個組織，名為「阿拉伯石油輸出國家組織」(Organization of Arab Petroleum Exporting Countries, OAPEC)，用來集中向支持以色列的西方世界施壓。當時由於美國對以色列的緊急補給，使以軍能抵擋住埃及和敘利亞軍隊，阿拉伯世界於是在 1973 年對美國、西歐和日本實施石油禁運，造成了全球石油危機，引起世界性經濟蕭條問題。由此可知，回教世界常能夠透過種族或政治組織的相似性而組織起來，對抗西方世界。至於在整個回教世界中較為開放，且傾向世俗與西方民主的國家，包括：土耳其、馬來西亞、印尼及孟加拉 (Bangladesh) 等。

　　另外，回教世界與西方國家除了有傳統宗教信仰上的差異，十九世紀曾淪為西方國家的殖民地，產生文化衝突。在西方國家來看，除了少數如土耳其外，多數回教世界都代表著「保守」，例如西方普遍認為回教的女性

是備受壓抑的一群，因大部分女性出門必須將身體包裹起來，甚至有些國家還要求女性只能露出眼睛部分。西方與回教世界對於性別歧視的看法不一，人權與政治自由也是爭議之處。

除了 1948 年的以阿戰爭外，1979 年也可以說是一個關鍵年代，埃及成為以色列的和平伙伴，伊朗於革命之後建立回教國家，蘇聯入侵阿富汗等事件發生。1990 年代蘇聯瓦解冷戰結束，穆斯蘭與非穆斯蘭之間關係成了冷戰之後的重要代理戰場。

另外，2005 年印尼峇里島發生的多起爆炸事件，又再度將西方與回教世界的衝突拉回全球焦點。同年丹麥一家私人報紙，發表了題為 "The face of Muhammad" 的文章，並召集漫畫家進行集體創作之後，一些歐洲報紙開始重新刊發這些漫畫，導致了諸多伊斯蘭教國家的暴力抗議活動。而 2006 年天主教教宗本篤十六世於德國發表指稱「穆罕默德是邪惡與不人道，靠著刀劍起家」等言論，更引起全球穆斯林教徒的嚴重抗議（李明峻，2006），都可看出西方世界對回教文化的長期衝突問題。

總之，回教世界雖然具有共同宗教信仰背景，但因為區域與政經歷史的緣故，各個國家的發展有許多的差異，從開發石油而致富到因戰爭貧困的國家都有。這些年來一方面波斯灣地區擁有大量的石油產量，引起跨國組織的覬覦或參與，另一方面因為長年的征戰，對於整個地區下一代的教育究竟有怎樣的影響，值得關注。

貳 基督教

一、宗教起源與教義

耶穌基督 (Jesus Christ) 從摩西的猶太教傳統中創立了基督教，早期的教義主要來自《聖經》，以後隨著社會的發展，各種教派不斷湧現，教義側重點也各異，但基本的信條包括：遵守十誡、相信三位一體、信原罪說等（宗教研究中心編，1993）。

二、基督教對教育之影響

㈠教育目的

　　從西方歷史來看，基督教可說是影響整部西方文明史的關鍵，儘管西方文明後來朝向所謂的「世俗化」與「現代化」的道路發展，迄今基督教仍影響許多西方國家的立國精神、社會運作，以及教育宗旨與目標等。基督教原是從猶太教傳統而來，信仰猶太教者很早就重視教育，西元初基督教即以教義曉諭眾人及其門徒，故教育在基督教歷史中其實是有重要的淵源。到了西元 80 至 110 年之間，基督教針對即將要受洗的民眾施與宗教教義。二世紀時，許多教會紛紛成立類似慕道者的教育訓練，包括要求孩童或者一般民眾學習聖經的經句、手工技巧以及識字，其他還包括遵守基督教義等。至於教學的方式採問答，成為後來的教義問答學校 (catechetical school) 等形式，學習時間大約為二到三年，通常都在教士家中學習，直到受洗成為正式的基督徒後仍然持續進修。後來這些非正式機構轉為以識字為主的正式受洗學校 (Schmidt, 2004)。在當時以羅馬帝國為主的社會環境下，基督教學校不但對世界文明的傳承有所貢獻，也創下幾個先例，其一、是兩性可以同時受教育。在當時社會背景下可謂革命性的創舉，因為過去只重視男孩的學習，女子無法接受教育。在基督教的教義下，兩性得以同時接受教育。其二、基督教重視教徒教義的學習，即使受洗完後仍持續學習，形成後來學校的雛形。其三、強調教育普及 (universal education) 與平等，不論身分地位，在上帝面前一視同仁，甚至更重視貧苦百姓，以致後來許多教會負起慈善教育的任務。

㈡學校制度

　　十六、七世紀馬丁路德與喀爾文等人對於教會發行贖罪券、神職人員的奢華與腐敗提出質疑與抗議，並標舉「因信稱義」、「唯靠聖經」這兩大宗教改革的號召，促成日後道德教育的重整、方言文學及大眾教育的快速

發展。宗教改革之後，基督教教育除了更強調「心的教育」與「腦的教育」同等重要外，在傳播新教福音動機的驅使下，更在歐洲以外的地區，如：美國與中國等地，建立以人文學科為主的大中小學，其中對於美國高等教育的影響尤其深遠。如同許多歐洲早期教會大學一樣，美國許多著名大學的前身都與宗教有關，主要是因為殖民地時期英國清教徒來到美國這塊土地後，試圖建立教會、實施宗教教育，以教化當地的百姓。例如在 1636 年哈佛大學的前身哈佛學院、普林斯頓、耶魯等，都與教會有關。後來獨立戰爭 (1775–1783) 爆發之後美國獨立，再加上受到啟蒙運動、工業化、專業化、以及科學化等思潮的影響，許多創辦早期大學的自由派清教徒，逐漸將具有教會宗旨的大學轉為朝向一般世俗、平民化的教育，再加上美國 1830 年「授地法案」(Morrill Land-Grant Colleges Act) 公布之後，成立了許多如密西根州立大學、加州大學等公立學校系統，更加深日後美國大學朝向世俗化的發展方向❹（金耀基，2003；Doss, 1995）。

㊟ 佛教

一、宗教起源與教義

佛教源於印度，由釋迦牟尼（Sakyamuni，生於 565–445B.C.）創立。釋迦牟尼原為古印度北部王族，成年後有鑑於當時在婆羅門教的「種姓制

---

❹ 從 1870 到 1970 年這一百多年間可謂美國高等教育轉型的關鍵年代，早期美國大學學習歐洲（尤其是德國）的大學模式，如模仿十九世紀洪堡德 (Von Humboldt) 等人在柏林大學所標舉的以「科學研究」作為大學的新理念。到了 1932 年英哲羅素 (Bertrand Russell) 在《教育與當今世界》(Education and the Modern World) 一書中更指明了學術的獨立與自由應為大學的「最高原則」，更肯定大學「教」自由與「學」自由的理念。直至二次大戰後美國大學蓬勃發展，無論是在質與量兩者可算是舉世之冠，由於知識爆炸及社會對於知識之倚賴與需求，大學儼然成為「知識工業」(knowledge industry) 之重鎮，學術與市場結合，也成為社會中的「服務站」，教學、研究與社會服務三合一，與以往的教會學校儼然有所不同。

度」下，造成社會中充滿階級性的壓迫和不平等，加上印度的天然災害頻仍，人民常受苦難折磨。釋迦牟尼有感於人類無法超越生老病死的輪迴宿命，遂在成年後捨棄王位，出家、遍訪名師與苦修，尋求解脫之道。終於在三十五歲時於菩提樹下成道，在恆河流域一帶傳教，被尊稱為佛陀（Buddha，意思是覺悟者），又叫釋迦牟尼。死後弟子將他的言論輯為佛典，並向各地傳佈，經後世君主的提倡，影響所及遍布整個亞洲地區。佛教分為提倡個人修煉的小乘佛法，與提倡普渡眾生的大乘佛法兩派。佛教代表人物包括：釋迦牟尼、達摩祖師與六祖慧能等。

佛教寺院主義 (monasticism) 是佛教教育的主要精神，該教派教導弟子如何依照佛教師父的教導，遵循整潔、戒律及道德的生活標準，如何透過「八正道」的修行，使受教者達到「涅槃」的最高理想境地，以獲得人生真正的自由，尋求心靈的解脫（Phenix, 1971: 156；方永泉，1998）。其特色如下（方永泉，1998；林朝成、郭朝順，2000；Ven. Master Chin Kung, n.d.）：教育宗旨重視人類生命的意義與價值，強調人與其他宇宙生命的和平共存；教育內容除了個人清修之外，研讀與翻譯佛教經典也是工作之一；教育方法強調紀律 (discipline)、打坐 (meditation) 與智慧 (wisdom)；傳到中國則與傳統文化中的孝道 (filial piety) 結合在一起。

二、對教育之影響

佛教內部對於釋迦牟尼所闡示的教義有不同的解釋，日後發展成大乘與小乘佛教兩大派別，兩者各有經典依據，且相互補充，成為重要的佛教教育內容。當時（大約五至十二世紀左右）印度的著名專研佛教的學者在那蘭陀寺 (Nalanda)（意譯為「施無厭」，即古印度著名佛教寺院）修持講學。此種寺院與學校結合的教育機構，遠在西方基督教福音進入印度傳播之前，頗具特色且屬少數早期佛教教義學校（方永泉，1998）。以寺院為主要教育機構，寺院本身融合了圖書館、博物館與學校等多種功能，透過佛教的藝術、建築、雕像與音樂等形式，傳達佛教教義。

總之，與其說佛教是一種宗教，不如視為一種哲學思想，因從未將佛

陀奉為神祇。佛教向外傳播成為世界宗教的同時，因與各地不同文化接觸後出現了與當地文化融合的情形，如與中國的儒家文化相結合，因此在實行方面也有因地制宜的特性，透過各種成人教育方式培養教師（暑期修習 summer retreat），藉由佛寺建築代表絕對生命及傳達宇宙絕對與相對真理，傳達對許多生命的愛心，也重視理性，以尋回個人的慈愛與智慧等。

肆 儒家

一、思想起源與內涵

儒家出現的時間約在春秋末年（西元前五世紀左右），代表人物首推孔子（西元前 551-479），他看到當時「天子失官，學在四夷」，於是興辦私學，率領弟子周遊列國，一方面了解民生和政治；一方面以問答方式講學，提倡「仁義禮智信」等道理作為做人和從政的道德標準，實行「有教無類」、「誨人不倦」教育。《論語》為孔子學生記載其一生教學言行錄，他的教育思想對中國古代教育的發展有極重要的影響，被世人譽為「萬世師表」，亦開創中國古代私人講學之風氣。其所建立的儒家學說自漢（西元前 206）以後成為中國歷代教育和文化的核心內容（王仲孚，2001；胡少偉，2002）。

黃光國在《儒家思想與東亞現代化》(1988) 一書中曾提出經濟成長的三大因素：⑴政治及法律；⑵經濟及地理；和⑶社會及文化等，其中以社會及文化因素最為基本：而東亞國家的經濟成就乃是良好的政策與社會文化因素互動後，克服不利的經濟及地理因素所造成的。此外，也有研究指出多數儒家文化圈的地區具有以下社會特質（周愚文，2001；黃光國，2005；Stevenson & Stigler, 1994）：

1. 高成就動機的群體主義

儒家社會中強調人際關係，尤其對其所屬社會群體需有強烈認同感與行為成就動機，且認為群體的目標和需求應放在個人之上。

2.強調實用導向的教育功能

在今日的「儒家文化圈」各國中，皆十分重視教育，學習過程強調積極求取問學的態度，雖然個人資質不同，但透過努力充實自我，即可克服先天之不足。此外，儒家求學的目的在於身體力行，應用所學改善社會。普遍教育水準高，文盲率逐漸降低，原因在此。

3.重視維持社會秩序的人倫關係

儒家強調「以和為貴」的「中庸」思想，重視人與人之間相互依存的和諧關係，凡事避免「過」與「不及」的毛病，以穩定社會秩序。總之，儒家內涵溫和的倫理規範所維繫的大環境秩序，對穩定社會結構頗有貢獻，也影響後世教育思想。不過，由於當時孔子只重以養成以古聖賢的是非觀念，並未考慮到新興知識❺等課題，或者這也是後人對於傳統中國儒家文化長期維持「超穩定狀態」所詬病之處。

二、對教育的影響

孔子視教育為治理社會國家的重要手段，提倡「學而優則仕」，影響後世儒家學者以求取仕途、在朝為官作為個人學習目的。孔子視教育為「教，上所施下所效也，育，養子使作善也」（《論語・說文解字》）。其教育目的包括「仕而優則學，學而優則仕」（《論語・子張篇》）。教育的社會功能在於使社會透過「庶」、「富」、「教」三步驟達到均富社會（《論語・子路篇》）。孔子在教學上的看法對二千多年來中國教師的教學取向提供一個重要的方向，即主張「因材施教、有教無類、溫故知新、學而時習之、不恥下問」等學習與思考合而為一的方法和態度，至今依然適用。尤其孔子倡導教師身教的重要，指出其身不正其令不行；並提出教師要學而不厭，誨人不倦等專業素養。孔子亦是推動中國古代私學發展的重要人物（胡少偉，2002）。

黃俊傑 (2003) 曾提出儒家教育的結構性基礎，包括：⑴以父子關係為

❺　指具體實用的知識及科學技能等，如醫學、工藝、商業等。

主軸的社會結構，其中具有連續性 (continuity)、包容性 (inclusiveness)、無性 (asexuality) 與權威性 (authoritarianism) 等特徵；⑵透過考試制度與官僚制度相結合，形成超穩定社會。

孔子生活於一個動盪的中國社會環境，在面對春秋時代，各地諸侯挾天子以令天下的社會秩序混亂狀況，他提倡仿古習周禮以重建社會秩序，一方面開啟了中國的私人興學，另一方面又促進了春秋戰國「百花齊放、百家爭鳴」的活潑學術風氣，其教育思想又無意間形成了中國二千多年的儒家文化，使教育成為歷代君王選士治民的統治工具，尤其是實施了一千三百多年的科舉制度，對中國學校教育影響深遠。

由以上對於伊斯蘭教、基督教、佛教與儒家教育的分析可知，在談論比較教育時，我們無法單從各國的教育政策與制度的施行驟下判斷，還必須從文化、宗教、歷史背景等因素，加上對各國的特殊時空背景予以了解，才能獲得較為完整的輪廓與客觀的認識。

第三節

比較教育的重要性

從前面兩節的闡述中，可看出從事比較教育之探討時，必須儘量將研究對象置身於歷史、文化與宗教等的社會脈絡 (social and cultural context) 中，尤其各國教育發展與設施大多其來有自，很難視為獨立事件，需兼顧本國的歷史與社會情境，才能準確的掌握問題，以檢視各國教育問題所面臨的內、外在影響因素，進而做出合理的分析與判斷。

以下謹針對比較教育如何在全球化潮流中，扮演解析與釐清各國教育問題之重要角色，加以闡述。

一、影響當代比較教育的三大潮流

比較教育之所以在二十一世紀更顯重要，主要在於以下三大潮流對各

國教育產生的影響:

(一)全球化經濟勢力的拓展

　　全球化將過去以西方歐美國家為主的思維方式，跨足到非西方國家，更將全球性的議題納入教育研究中，超越了過去以「單一國家」與「社會」為單位的研究範圍。全球化的潮流不斷強化「開發中」與「已開發」國家之間不公平的經濟競爭，連帶的也影響到各國家庭的功能與社區的組織，尤其對於開發中國家的貧富懸殊問題影響更為明顯。根據研究指出 (Carnoy, 2000)，在全球化潮流中，教育的功能逐漸發生變化，過去傳統上教育是為了訓練下一代，培養一技之長，以便在市場中找到工作獲得立足之地。而今教育不再僅限於學校階段，更重要的是如何透過擴充教育與在職進修 (further education or in-service training)，協助年輕人發展出新經濟就業模式中的特質，不僅為了習得一技之長，還要同時擁有新時代的文化素養，如: 電腦使用能力、資訊網路資料處理能力、企業文化的學習與創新等，這些都是在全球化過程中教育迫切需要轉型的部分。許多政府也都希望搭建一個終身學習網絡，增加與延長民眾學習的機會。因而比較教育在全球化時代中，可透過「中心國家」與「邊陲國家」雙邊組織或關係的研究，建立教育交流平臺，相互學習彼此的發展經驗，進而影響雙方的教育政策。

(二)資訊革命的提前到來

　　資訊的快速發展，尤其是網路世界不僅為現代人帶來無比的便利，也使現實生活 (real life) 中的人們有機會進入虛擬世界 (virtual world) 一探究竟。至於身為網路世代 (Net generation) 的年輕人，在行為模式、消費行為，甚至在資訊取得、認知發展、人格型塑與人際關係等方面，都有別於過去。如今，我們所面臨的這場資訊革命，將比起十八世紀的工業革命、十九世紀的資本主義發展、甚至二十世紀的科技文明影響都來得大（翟本瑞，2000）。

而網際網路對於傳統學習與教育方式影響更鉅，如前哈佛大學校長尼爾‧魯登史丁 (Neil L. Rudenstine) 就曾指出 (2001)，網際網路提供了無遠弗屆的資訊，充實了課程材料的豐富性，重視視覺學習，改變了傳統文字思考的學習方式。另外，學生關係也經常透過網路對話的方式彼此交換意見，學生在人際互動與學習過程中將化被動為主動，這些都是傳統教學所無法取代的優點。因此，隨著電腦資訊的日益發展，遠距教學已成為各國高等教育的新興市場。網路化教學、空中大學及透過網路進行全球化教學，已成為各大學積極發展的目標。如同管理大師彼得‧杜拉克 (Peter F. Drucker) 所預言，目前的大學校園可能在三十年之內全面消失 (Drucker, 1999)。儘管上述說法備受爭議，但許多國家透過網際網路設計出虛擬圖書館、虛擬教室、虛擬課程、虛擬大學等線上學習場域，卻是不爭的事實。網路大學與線上學習已成為當前世界各國競相發展特色的所在，也是二十一世紀教育改革中最重要的動力之一（翟本瑞，2000）。只是並非所有國家都能負擔得起昂貴的網路教學設備，而且在收費上容易形成不公平的問題（楊銳，2001）。至於在推廣網路教學時，如何加強一般人，尤其是成長中的青少年在資訊判斷、解析、與處理的能力素養，乃是重要課題，否則網路可能被誤用，而產生前所未有的後遺症。國際上貧、富地區發展原已不均，加上網路科技的發明，更加深了這道鴻溝。尤其各國教育界逐漸對「網路成癮」等問題加以重視，這些新興趨勢都加深了文化霸權與文化衝突等疑慮。因此，比較教育可以提醒我們，對所謂的「網路殖民」，甚至受「資本主義意識型態」等侵襲問題宜加以注意。

㈢新全球意識型態之爭

第三個潮流是後現代文化中所衍生出的新全球意識型態之爭等議題，如：911 事件的發生顯示西方與中東文化的衝突加鉅等。而最早提出回教世界等「東方國家」與歐美帝國主義世界之間不平等問題的學說，要屬薩伊德 (Edward W. Said) 所著的《東方主義》(Orientalism, 1978) 最具代表性。薩氏所探討的「東方主義」主要是指依西方人眼中所建構的關於東方

的一套認知與話語系統，東方被置於西方文化權力網絡中，被「他者」化
了。尤其西方視野中的東方總是落後、原始、荒誕無稽、神祕奇詭；相對
的，西方則是理性、進步、科學、文明的象徵。東方主義其實是一種受「文
化霸權」(cultural hegemony) 所影響下的產物。而此作用其實是透過觀念、
文化、歷史與背後的權力關係，造成西方與東方「支配與被支配」，西方透
過「主體」對東方的「客體」或「他者」實行文化殖民 (Said, 1978)。此書
對西方文化帝國主義進行嚴厲的批判，開啟了後殖民主義的一連串重要論
述。

　　到了 1994 年，薩伊德又在《文化與帝國主義》(Culture and Imperialism)
中，以文化殖民的角度，探討十八、九世紀殖民國以武力鎮壓當地政權，
打壓被殖民國（往往是邊陲國家）的文化、宗教、風俗習慣等，加上施行
殖民者人口移入政策，產生被殖民國人民被大量混血 (hybrid) 的情形。而
到二十世紀之後，這些原殖民的帝國主義國家，又透過文化的方式壓迫其
他非主流的聲音，使這些強勢文化成為共同認同的目標，模糊了族群、民
族及國家的界線，成為帝國主義與殖民主義的意識型態，將自己與他國作
「優、弱勢」、「我者與他者」的劃分。其中不只包含經濟與軍事的高下，
也隱含了道德上的優劣。擁有權力者即擁有文化詮釋權，自稱「優勢文化」，
而其他文化則被貶為邊緣區域性文化，被排除在國際主流文化之外 (Said,
1994)。

　　除了薩伊德等對西方文化帝國主義進行批判外，杭廷頓 (Samuel P.
Huntington) 也在《文明的衝突》(Clash of civilizations, 1996) 一書中提出
人類文化與宗教認同 (cultural and religious identity)，將是後冷戰時期世
界衝突的主要來源，認為朝向西化的發展並不就代表世界的現代化。隨著
都市化和大眾媒體的衝擊，加上貧富差距和種族分裂，尤其是基督教文明、
中國、伊斯蘭教越來越嚴重，世界各地人民的想法和西方人（美國）差別
愈來愈大。未來文明衝突之源，將是西方、伊斯蘭教、東正教、印度教、
非洲等之間的衝突，尤其是西方的自大、中國的專斷、與伊斯蘭文化的不
容異己，將會引起無可避免的衝突（參見圖 1-1）（林博文，2001；

Huntington, 1996)。因此，積極去了解其他民族如何看待這個世界的想法，尤其對各國文化與宗教等方面的了解，將有助於避免戰爭衝突的發生。

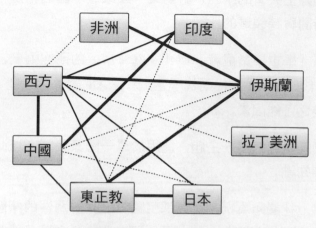

※線條愈粗，表示衝突關係愈嚴重

▶ 圖 1-1　文明發展圖
資料來源：Emerging alignments as predicted by Huntington (1996).

　　從上述這三大影響勢力，可以為比較教育研究提供全新視野，與新的研究模式與架構，甚至可透過各種新型理論的探索，作為在全球新經濟型態下，解讀各國教育轉型的重要機制。

二、比較教育有助於釐清各國教育發展之脈絡

　　比較教育是否一定要以外國教育研究為主？多年來這個問題在比較教育界有過激烈的討論，主要認為比較教育大多與外國的教育議題有關，研究地點也常常需要進行國外的實地研究 (field work)，所以在進行研究時不只需要有較龐大的經費支助，研究者本身也必須精通他國語言和文化。雖然國際上許多比較教育學者經常從事與國外教育、各國國家發展等有關領域的研究，但近年來有些人漸漸主張在國際研究的架構下，將跨文化等相關理論應用於單一國家分析（無論國內外）。根據美國史丹佛大學 Martin Carnoy 的研究指出 (2006)，以美國比較教育為例，在近二十多年來的發

展，可歸納出以下四種研究類型：

1. 透過國際上共有的議題，針對某一國家或地區的特殊社會情境，從事跨時間與跨領域的比較。

例如，以「學童學業成就」與「家庭背景」的研究為例，可以針對某一國 1970 年代與 1990 年代兩代學生，比較之間關係的改變，進一步探討促使上述改變之可能因素。

2. 針對國際研究的某一主題，運用於單一國家範圍，以此建立相關國家案例知識。

如同樣以上述議題為例，可以採用國際上共同關注的議題、理論或研究架構（如：文化複製理論），比較單一國家內，學童學業成就與家庭背景之間的關係，作為國際上的重要個案說明，建立該國在此相關領域中的知識建構。

3. 使用相同的資料蒐集方式與分析模式，研究幾個不同國家或區域的教育發展。

最常見的如 Stevenson & Stigler (1994) 在《學習鴻溝》(*Learning Gap*) 一書中，所進行如日本、美國、臺灣等地區的小學生學習成果比較，包括使用共同研究架構的問卷內容、訪談題目與教室觀察等資料蒐集方式，從事跨國間學童與學校教育的互動關係。

4. 從國際資料庫中選擇相關主題與項目，進行多國的資料比較。

例如，國際數學與科學教育成就趨勢調查（Trends in International Mathematics and Science Study，簡稱 TIMSS）、國際學生學科能力測驗研究計畫（Program of International Student Study Assessment，簡稱 PISA）、聯合國教科文組織國小學生學習測驗、拉丁美洲地區教育評量研究，或者南非聯邦的教育品質管理研究等，這些都是跨國組織所蒐集建立的資料庫，

研究者可向上述單位申請使用，以進行不同國家不同測驗之分析比較。

三、以民族國家 (nation-state) 作為研究策略或架構

比較教育發展迄今仍然有學科定位的爭議 (Altbach, 1991；羊憶蓉，1989)，甚至有不少學者將其視為一種「研究策略」或「理論架構」，超越平日所說的質性或量化研究，其中最典型的研究架構則是採用「民族國家理論」(nation-state theory)。由於今日絕大多數國家的教育仍以政府公辦為主，無論是制度規劃、資源分配、法律制定，以及學生學習成果評量等，都掌握在政府手中，透過民族國家理論可以檢視各國政府如何影響公立學校的運作、資源分配、甚至是教師資格的規定等，並進一步從事國際間的比較。

根據 Carnoy (2006) 的研究發現，民族國家理論最常透過「共同且一致」(consistent and coherent) 的比較基準作為分析單位，來進行跨國個案的比較分析。舉例來說，可先從教育投資角度來探討在教育成果相近的情況下，為何甲國需要比乙國投入更多的教育資源？為何丙國政府會採取此種教育體制？也可以去解釋教育系統中教師、受教者的定位問題以及學習成果等主題。其次，民族國家理論也經常被用於探討一國民眾如何爭取公民權的研究，而這和資本主義社會中公民權的爭取有很重要的關係。尤其是世界各國公民意識抬頭之後，教育正是協助一國民眾學習新知，培養獨立思考判斷能力，以解構資本主義如何強加於人的枷鎖等弊病，尤其對開發中國家提供教育資源，以提升人民能力等「賦權」(empowerment) 議題更值得探討。第三，比較各國學生考試測驗成績也是該理論被應用的範疇，透過學生的學業成績，來了解各國學校教育的效果，如前面的 TIMSS 與 PISA 等討論即是重要案例。

四、對教育私有化提出檢討與反思

從民族國家理論延伸出的第四種比較教育研究類型，為「教育私有化」潮流的研究。在現今新自由主義思潮盛行之下，許多國家面臨政府職能減

縮、財源困難的問題，於是將教育的經營權轉向個人或私人單位，因而出現了所謂「公辦民營」的新型教育模式，其研究前提假設為教育可透過市場機制的介入，宣導使用者付費的概念，來提供物美價廉的教育服務，以提升學生的學習成就。不過也有人反駁 (Carnoy & Levin, 1985) 教育市場化這派學說，認為只要政府本身推行資本主義，其教育型式無論是向私有化轉型或者維持公有化方向，背後動機都是為了保障既得利益的分配。只是教育私有化會對教師的組織與聯盟產生很大衝擊，使得原有教師工會與政府有所抗衡的力量為之瓦解。

另一方面，若干比較教育學者對民族國家在全球化過程的管理能力持保留態度 (McGinn, 1996)。一旦某國全面引進全球經濟模式、進行教育私有化後，來自國際上不同利益團體的壓力，或資本集團勢力的介入，將迫使該國教育權力重新分配，而最後終於導致政府勢力的全面消退。因此，有人提出民族國家與全球化理論等研究取向，其實是充滿著市場利益的思維 (Carnoy, 2006)，尤其當世界銀行與國際金融組織（International Monitory Fund，簡稱 IMF）等類似機構介入各國的教育資助時，其實大多是從自身的利益考量，甚少從改善該國教育環境、機會作為出發點。因此，我們在從事比較研究時必須了解這些機構背後的意識型態與利益動機，藉此來解析各國政府如何在與這些機構互動、妥協下，如何來訂定本身的教育政策。尤其在開發中國家最為明顯，一旦接受國際組織經援後，受助國必須遵守相關條約而失去本國教育自主性，使得教育議題日漸複雜化，這些都與三、四十年前各國主要還是由該國政府掌管教育事務的情形，迥然不同。

甚至我們可以看到在全球化的過程中，許多民族國家政府的行政權力與地方資源常常會淪於國際資本所宰制，尤其像教育的擴充與改革不僅是受該國社會政治經濟等各方面的影響，更會受到國際上強權國家的壓力。最明顯的例子就是近年來，亞洲國家模仿西方國家建立世界一流大學的政策，以及加入 WTO 之後必須開放教育市場，讓先進國家進入他國市場設立大學分校等，都可說是全球化經濟布局與國際競爭的勢力下的產物，使

得各國政府無法單單採用自身的標準，單獨管理與制定該國教育的遊戲規則（周祝瑛，2002）。總之，在面對國際市場上教育的重組更加明顯，許多國家的教育發展經常必須配合國際上相關資本企業與機構，於是自主性逐漸降低。

五、透過比較理論解析各國文化社會與教育

另一位比較教育學者 Cummings (1999) 採取組織分析模式 (institutional analysis)，認為從事教育議題的比較研究，必須要先深入了解各個不同的社會組織與情境脈絡，才有可能深入了解當地問題。因此質疑：類似世界銀行等機構所做的跨國投資與教育報酬分析，大多在展開研究前就已有既定的假設與投入產出模式，為了找出各國之間的相似性模式而刻意忽略彼此間的差異性，因而研究結果很難對被研究的國家產生真正的影響 (Carnoy, 2006；Cummings, 1999)。

至於其他比較教育中常見的理論，如：從結構功能主義或是現代化角度，來探討如何透過比較研究來促進社會進步、改善人類關係，不過此種研究往往因從國家宏觀的角度去看問題，而忽略社會中的次級團體與各樣細節問題。相對於此，另有一些人士提出後現代主義的概念 (Rust, 1991)，認為需透過微觀的批判分析，才能夠客觀地解構教育制度與社會組織中權力宰制的情形。後現代主義重點在於解構既有的教育概念，其中最著名的巴西教育學者 Paulo Freire 曾經出版《受壓迫者教育學》(*Pedagogy of the Oppressed*, 1970)，即是透過批判理論，分析教室中師生間不平等的語言與關係，藉此解構教育的情境脈絡，了解教育不公平問題之所在。此外，如解構主義 (deconstructivism)、建構主義 (constructivism) 與重建主義 (reconstructivism) 等理論，則試圖從微觀的角度，重新解構語言與權力關係，其中以馬克斯 (Karl Marx, 1818–1883) 為最著名的解構主義者，他提出學校如何為既得利益者服務，以及學校教育早已成為階級複製的工具等學說 (Marx & Engels, 1961)。

除了上述的全球化、民族國家主義與常見的理論外，還有一個重要的

研究焦點，關係教育情境與文化研究 (context and culture of education) 中的「文化移轉」(cultural transmission) 問題（參見圖 1–2），無論是針對民族國家或者全球化的研究，都無法自外於文化轉移的範圍 (Arnove, 2006)。尤其在研究任何「國家與教育」的關係時，免不了會涉及政治社會化這個議題。如何去形塑一個國家的公民，就必須考量深層文化的結構問題，如黃光國對儒家文化關係網絡中的情境脈絡等研究（黃光國，2000），甚至牽涉到家庭與宗教的文化脈絡及典範移轉等問題。

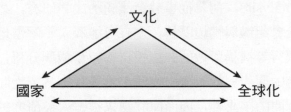

文化

國家　　　　　　　　　　　　　全球化

▶圖 1–2　文化轉移的三角關係
資料來源：改編自 *Compative Education and World Systems Analysis* (p. 50), by Arnove on 2006.

　　總之，比較教育研究很重視如何結合局內人的角度與局外（國外）的經驗，來進行本國教育的分析解釋，作為改良的借鏡參考。這其中充滿了「我與他人」(self vs. others) 的討論對話。一個好的比較教育研究可以選擇一個相近的介入因素，再加上類似的研究方法去解決一些問題。相對於上述如世界銀行等國際組織所慣用的實證主義則稍顯不足。比較教育除了希望建立通則外，也應考量該國的社會背景等因素，才能更深入了解教育結構背後的成因。因此一個好的比較教育研究典型，不僅在試圖形塑一個理論或者修正一個理論，更重要的是透過各個文化情境脈絡的探究，發展出新的研究架構與通則來，這可說是比較教育界對於當代教育研究最大的貢獻之一 (Carnoy, 2006)。

本章參考書目

Cubberley, E. P. 著。楊亮功譯 (1965)。西洋教育史。臺北：協志。

Stavrianos, L. S. 著。吳象嬰、梁赤民譯 (2006)。全球通史 (*A Global History*)。
　　北京：北京大學。2007 年 4 月 18 日，取自：
　　http://www.angelibrary.com/real/world/013.htm

方永泉 (1998)。西方當代宗教教育理論之評析──兼論對台灣教育的啟示。國
　　立師範大學教育學系研究所，碩士論文，未出版。

王仲孚 (2001)。中國文化史。臺中：大同。

羊憶蓉 (1989)。比較教育的研究趨勢。比較教育通訊，第 20 期，頁 20–26。

李明峻 (2006)。教宗失言事件與國際政治。2007 年 4 月 15 日，取自：
　　http://www.eusa-taiwan.org/News.asp

周祝瑛 (2002)。留學大陸 Must Know。臺北：正中。

周愚文 (2001)。中國教育史綱。臺北：正中。

宗教研究中心編 (1993)。世界宗教總覽。北京：東方。

周戎（2006 年 7 月 29 日）。東亞文盲近 4 億占人口 27%。東南在線，2007 年
　　4 月 3 日，取自：
　　http://www.gmw.cn/01gmrb/2006-07/29/content_456807.htm

林正芳譯 (1999)。日治時期臺灣教育史。宜蘭：財團法人仰山文教基金會。

金耀基 (2003)。大學的理念。臺北：時報文化。

林朝成、郭朝順 (2000)。佛學概論。臺北：三民。

林博文（2001 年，12 月 21 日）。杭廷頓文明衝突論敲響當代警鐘。中國時報，
　　2007 年 4 月 10 日，取自：
　　http://www.mkhistory.net/mkhistory/viewtopic.php?p=165&sid=0c490e
　　372cd6c5241bed859e048ef654

胡少偉 (2002)。孔子與陶行知教育思想的比較。香港教師中心學報，1，
　　144–158。

徐宗林、周愚文 (1997)。教育史。臺北：五南。

秦惠彬 (2008)。伊斯蘭文明。福建：福建教育出版。

黃光國 (2000)。論華人的關係主義：理論的建構與方法論的考量。華人本土心理學研究追求卓越計畫論文，未出版。2007 年 5 月 1 日，取自：http://francishsu.sinica.edu.tw/report_htm/paper3.htm

黃光國 (1988)。儒家思想與東亞現代化。臺北：遠流。

黃光國 (2005)。儒家關係主義——文化反思與典範重建。臺北：臺大出版中心。

黃俊傑 (2003)。傳統儒家教育與現代大學生活（演講大綱）。2007 年 5 月 4 日，取自：http://www.ntnu.edu.tw/aa/aa5/92.1.2article.doc

楊銳 (2001)。對當代世界全球化特徵及其在高等教育中影響的批判性分析。高等教育研究，22 (1), 6–100。

翟本瑞 (2000)。網路文化對教育領域之影響。南華大學社會學研究所：網路社會學通訊期刊，4。

劉海峰 (1996)。科舉——考試的教育視角。武漢：湖北教育。

Altbach, P. (1991). Trends in Comparative Education, *Comparative Education Review*, *35*, pp. 491–507.

Arnove, R. (2006). Commentary on Carnoy. *Comparative Education Review*, Vol. 50, No. 4, p. 572.

Carnoy, M. & H. Levin (1985). *Schooling and Work in the Democratic State*. CA: Stanford University Press.

Carnoy, M. (2000). *Sustaining Flexibility: Work, Family, and Community in the Information Age*. Cambridge: Harvard University Press and Russell Sage.

Carnoy, M. (2006). Thinking comparative and the international. *Comparative Education Review*, Vol. 50, No. 4, 20.

Cubberley, E. P. (1920). *The History of Education*. Cambridge, MA: Riverside Press.

Cummings, W. (1999). The institutions of education: Compare, compare, compare! *Comparative Education Review*, *43*, pp. 413–437.

Doss, M. S. (1995). Christianity and academic soul-searching. *Christian*

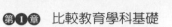

Century, March, 292–295.

Drucker, P. (1999). Beyond the Information Revolution. May 30, 2007 retrieved from:

http://www.theatlantic.com/doc/199910/information-revolution

Huntington, Samuel P. (1996). *The Clash of Civilizations and the Remaking of World Order*. New York: Simon & Schuster.

Kadi, Wadad (2006). Education in Islam-Myths and Truths, *Comparative Education Review*, Vol. 50, No. 3, 311–324.

Marx, K. & Engels, F. (1961) The North American Civil War. In K. Marx & F. Engels (Eds.), *The Civil War in the United States* (pp. 57–83). NY: International publisher.

McGinn, N. F. (1996). Education, democratization, and globalization: A challenge for comparative education. *Comparative Education Review*, 40, 350–351.

Phenix, P. H. (1971). The Role of Religion, p. 156。轉引自方永泉 (1998)。西方當代宗教教育理論之評析──兼論對台灣教育的啟示。國立師範大學教育學系研究所,碩士論文,未出版。

Rudenstine, N. (2001). Pointing of thoughts: Reflections on Harvard and higher education, 1991–2001. May 7, 2007 retrieved from:

http://www.neilrudenstine.harvard.edu

Said, Edward W. (1978). *Orientalism*. New York: Vintage Books.

Said, Edward W. (1994). Culture and Imperialism. New York: Vintage Books.

Schmidt, Alvin J. (2004). *How Christianity changed the world*. MI: Zondervan.

Stevenson, H. & J. Stigler (1994). *Learning gap: Why our schools are failing and what we can learn from Japanese and Chinese education?* NY: Simon & Schuster.

Ven. Master Chin Kung (n.d.). Buddhism as an Education. May 10, 2007, retrieved from: http://www.buddhanet.net/pdf_file/buddeduc.pdf

Chapter *2*

第 2 章

比較教育發展與研究

第一節

源起與發展

　　比較教育最大的特色之一是針對「變遷與發展」的相關議題進行探討 (Carnoy, 2006)，其研究對象更是充滿了多樣性。至於這個學科的建立，最早可從法國朱利安 (Marc-Antonie Jullien, 1775–1848) 於 1817 年首次提出「比較教育」一詞說起。但在此之前，各國早就出現教育的互訪與考察活動，這些都是比較教育發展的基礎。本節將介紹各時期比較教育的發展，與其說有不同的分期，不如說是一個階梯式的演進歷程（參見圖 2–1），每個階段都延續前一個時期的發展而成，即便當今社會，各國教育發展仍出現早期旅行者說故事與教育借用等情形。

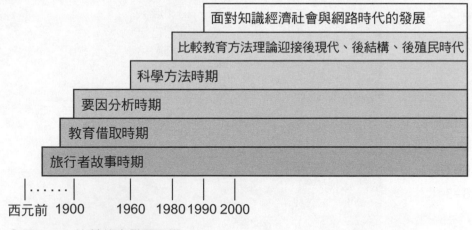

▶ 圖 2–1　比較教育發展分期
資料來源：研究者自行整理。

　　「比較教育」這個學科的建立，其實與十八、九世紀歐洲各國希望政府介入教育，透過學校教育鞏固政權有關 (Carnoy, 2006)。此學門的發展迄今仍是以歐美國家為主，然而在研究機構與研究人員的數量上卻以中國

大陸占最多。至於研究方法或理論的成熟度則仍以英美為首，儘管本身的研究資源與理論架構多來自西方國家，但先進國家的比較教育學者則往往將研究焦點置於開發中國家❶，如美國前比較與國際教育學會 (CIES) 會長 Val Rust，就提到國際組織對開發中地區的補助款項（包括研究人員、設備、儀器等），幾乎三分之二又回流到先進國家。由此可見，比較教育的研究也存在資源分配不均的問題。

以下謹針對幾個方面來討論。首先為比較教育的分期；其次為定義及其他領域（如：國際教育、外國教育等）的區別；再來針對研究取向、基礎與方法進行探討。最後，則談到比較教育如何運用於教育研究，以及與其他學科之間的關係。

壹 比較教育的分期與代表人物

比較教育的分期雖是為了研究上的方便，但也與當時國際發生的重大事務有關。綜合國內外各家之言（沈姍姍，2000；楊漢清、吳文侃，1999；謝文全，2004；Kelly & Altbach, 1986; Noah & Eckstein, 1969），各時期臚列如下：

一、希臘羅馬時期到十八世紀的旅行者說故事時期

旅行者說故事時期源於西方希臘羅馬時期，當時由少數的哲人在遊歷中談論他們的見聞，其中也包含各地的教育方式。在希臘時期（西元前330-170），最重要的要屬希臘人對於外來教育的仿效，如：柏拉圖 (Plato, 428-348 B.C.) 透過向斯巴達教育的學習，撰寫《理想國》(*The Republic*) 一書，提倡教育發展。其後在西元九世紀中，阿拉伯人曾經提及來到東方後看到中國人致力於讀寫的見聞；而十三世紀中葉的馬可波羅 (Marco Polo, 1254-1324) 於《馬可波羅遊記》(*Marco Polo*) 中更是廣泛介紹了東方國家

---

❶ 先進國家的專家學者與聯合國等國際組織的研究計畫，重點仍以開發中國家為主，例如史丹佛大學的 Martin Carnoy 進行墨西哥、非洲等地區的研究；Ruse Harold 與 John Horton 則從事中國地區的研究。

的文化、社會風情與教育狀況。這個階段的比較教育大多僅止於在旅遊過程中所習得的哲學、文學、藝術、宗教等見聞描述。

　　到了文藝復興時期，哲學家伊拉斯莫斯 (D. Erasmus, 1469-1536) 在歐洲各地旅行時，向各國領袖提出建構歐洲共同文化的教育改革理想與原則 (Holmes, 1981)。不過一直到十六世紀中，因為地理大發現與海外探險的風潮興起，歐洲民族的積極向外發展才間接促進國際間的了解。然而，真正大量的交流則是到了十八、九世紀之後，隨著民族主義與啟蒙運動的開展，各國相互學習、借鏡的情形更為頻繁。從十八世紀歐洲各國政府開始介入教育的過程來看，可以發現早期研究教育者多為官方代表，通常掌握教育規劃權力，透過考察他國教育實務，將對方成功的教育制度移植到本國。綜合來看，此階段比較教育具有非結構式，經由參訪而獲得浮光掠影與片面描述的特色。

二、教育借取時期（十九世紀為主）

㈠時代背景

　　大體而言，教育借用時期是在各國建立國家公共教育體制之後，基於「截長補短」、「他山之石可以攻錯」的社會需求下產生。當時各國已注意到其他地區與本國之間不同的文化或制度，並且對他國教育的記載中帶有強烈的好奇色彩，這樣的特色為今日的比較教育研究提供重要啟示（徐南號，1991）。沈姍姍 (2000) 綜合各家說法，將教育借取時期分為「教育借入」與「教育借出」(educational borrowing and lending) 兩種。

　　在「教育借入」部分，以朱利安為十九世紀的典型代表，也是第一位以科學精神，進行比較教育研究的法國官員。在此一時期，不僅有歐洲地區的相互借用，俄國學者也曾經到英、法、德等國進行比較研究。日本更於明治維新時採用教育借入的方式，在 1868 年派遣文部大臣赴歐美考察，花費將近三年的時間全面引進西方教育理論、制度、行政、辦學模式、經費、督學、教師、課程、乃至於學校建築等，而後公布教育法令，因此，

日本成為第一個仿效歐美國家，建立現代學制的亞洲國家（馮增俊，1996）。

　　至於「教育借出」部分，則是以十九世紀的普魯士 (Prussia) 為代表。普魯士在普法戰爭 (1870) 之後勵精圖治，於 1807 年至 1808 年間將教育制度全面更新，建立國家教育體系，並提出洪堡德研究型大學、技術教育、初等與中等教育劃歸為國家管理、及國家培養師資的師範教育等構想，成為後來各國參考的對象。到了二十世紀二次世界大戰後，許多原先被殖民的國家紛紛獨立，積極向外尋求新的國家教育典範規章。在此過程中，很大部分仍仿效原來的殖民母國，於是英國便成為大量輸出教育的例子。

　　從上述的討論裡，可以發現早期的比較教育致力於觀察與移植其他國家的教育經驗，以作為本國教育改革的依據。最初是屬旅行者隨性的記載，直到十九世紀才出現較有系統的外國教育考察報告，作為選擇性的借用。至於這些考察報告的共同特色大多出自有決策權力的政府官員，透過國外教育改革成功的經驗，作為本國執政者教育改革合法化的依據。然而，此時期最大的問題在於：透過旅遊觀察的考察方式所進行的教育模仿和移植，往往偏重教育制度的表象和敘事型描述，並未對制度的背後因素做進一步的探究。另外，在研究方法上也過於主觀，因研究資料多來自個人的觀察，不但不具全面性，且經常出現統計不嚴謹等缺失，因此無法在事前避免錯誤的教育借用（楊深坑，2005；楊思偉、沈姍姍，1996；謝文全，2004）。

㈡代表人物

　　此一時期的主要代表人物如下：

1. 朱利安 (Marc-Antoine Jullien, 1775–1848)

　　法國人，有「比較教育之父」之稱，著有《有關於比較教育工作之提綱與初見》(*Esquisse et vues préliminaires d'un Ouvrage sur l'éducation comparée*) 一書。由於當時拿破崙下臺，各方權力爭奪下，宗教與政治的勢力衝擊，歐洲地區急於建立民族國家，因此希望政府正式介入教育經費、法律、行政與師資培育等方面，尤其是公立中小學的建立顯得格外重要。

其間，各國的過程也有不同，例如：法國在建立國家教育之時，政府一直
扮演主導的地位。在各國教育制度尚未全面建立之前，朱利安受命進行普
魯士等國教育資料的蒐集，對初等、中等、高等教育，普通、古典、科學、
師範及女子教育，以及立法等進行全面的研究。在十九世紀交通仍不甚方
便的情況下，朱利安不但建議以問卷調查的方式蒐集系統資料，還發行教
育雜誌，希望建立永久性的國際組織與人員從事比較教育研究。此種透過
國際組織來增加各國的合作與了解的理想，要到二十世紀兩次世界大戰後
才得以實現，如：聯合國等國際機構的成立、英國倫敦大學、美國哥倫比
亞大學等分別建立比較教育研究所，以及 1956 年美國比較與國際教育學
會（Comparative and International Education Society，簡稱 CIES）等先
後成立，比較教育學科才擁有較好的發展條件。

2.庫森 (Victor Cousin, 1792–1867)

法國人，曾任法國公共教育部的高級顧問。受到普魯士腓特烈大帝
(Frederick the Great of Prussia) 首次主張將教育獨立於教會之外的影響，
於 1831 年前往普魯士考察，並於 1833 年出版《普魯士教育考察報告書》
(*Report on the State of Public Instruction in Prussia*)，成為影響後世法國及英
美等國文化借用的經典著作，也是日後法國建立初等教育制度的重要根據。
庫森在報告書中詳細敘述與釐清「國家與教會」在教育事務中的角色、如
何建立學校行政權威，以及規劃中產階級與商業階級對於教育資源的挹注
等（楊深坑，2005；Holmes, 1981）。庫森可說是一位具有「選擇性的文
化借用」(selective culture borrowing) 者，他主張需要考量本國人民的特
殊需要，才能將國外已成功的經驗移來作參考。至於在文化借用的過程可
歸納四個步驟：首先是界定本地的教育問題，其次為發現外國解決途徑，
第三是描述本地的先決相關條件，最後則是透過立法等手段，借用外國的
經驗進行教育改革。

3. 阿諾德 (Matthew Arnold, 1822–1888)

英國人，於 1868 年擔任英國皇家督學，曾至法國、荷蘭進行大眾教育考察，並陸續完成《文化與無政府狀態》(*Culture and Anarchy*) 等歐陸大眾教育與大學專書。由於他對歐陸教育的熟悉及考察經驗，認為英國應該全面建立中等教育系統，間接促成了英國日後著名的撥款學校教育法。另外，他曾撰寫《英國及歐洲各國平民社會及教育》，主張英國應該參照德國貧民生活改善方式。阿諾德可說是比較教育學者中著述立說影響教育政策的重要典型。

4. 曼恩 (Horace Mann, 1796–1859)

美國著名學者，曾於 1837 至 1848 年間擔任美國麻州教育董事會主席，除了每年蒐集教育資料，公布十二卷教育年度報告之外，並於 1842 年至普魯士考察半年後寫成《第七年報告書》(*Seventh Annual Report*)，其內容大多是參考英、德等地的教育現況，不但主張選擇性文化借用，並且也重視教育政策移轉，參考歐洲經驗，作為美國公立學校合法化、國家化，以及教師專業進行改革的參考依據，可謂美國參考歐洲經驗的代表人物。

5. 巴納德 (H. Bernard, 1811–1900)

為美國學界領袖，透過考察歐洲、譯介北歐教育文獻，將歐洲地區的教育制度（尤其是對普魯士的教育）介紹到美國。

三、要因分析時期（1900–1960 年代）

(一)時代背景

在〈二十世紀回顧〉(The 20th century in review) 一文中指出，二十世紀是人類歷史上前所未有的百年，其經濟與科技方面的發展，幾乎超越了前面的所有年代 (Wikipedia, 2007)。在十九世紀之前，大多數的社會變革，

僅止於所謂的理想宗教或者是軍事統治,雖然 1780 年到 1840 年約半個
世紀的工業革命,以機器代替人力,但真正對每個人的日常生活影響其實
有限。然而到了二十世紀,經濟的成長量比前幾個世紀增加了數倍。在社
會發展方面,也出現了「富者愈富,貧者愈貧」的問題,全世界幾乎有三
分之二的人口瀕臨於貧窮的邊緣。儘管如此,二十世紀末醫藥的發展延長
了人類的壽命,再加上資訊科技的發展、大規模的跨國工業、媒體市場,
為人類的歷史展開了新頁,尤其對於民主化的進程,更是產生了極大的影
響。

　　二十世紀也可說是女性主義蓬勃發展的時代。從十九世紀末二十世紀
初洗衣機的發明;第二次世界大戰因為男性大量到戰場,女性得以出外工
作;1960 年代第一顆避孕藥丸在美國問市;1970 年代墮胎合法化、禁止
性別歧視等,都影響女性地位的提升。機器與藥物的發展,還有節育的概
念讓女性得以擁有身體自主權。加上性別平等教育的提倡,尤其是在多元
文化思維之下,兩性平權的概念更形發展 (Wikipedia, 2007)。

　　雖然電燈泡、汽車、電話等發明在十九世紀末改變了許多人的生活,
但就國際情勢而言,亞洲與非洲國家仍是在歐洲國家的控制之下,只有中
國與日本始終是維持著較獨立的狀態。到了二十世紀,出現了有別於傳統
政治、外交和軍事的手段,一種透過「國際金融組織」來監控國際資本的
流動,及強迫負債國以私有化的方式,開放其商品市場的新帝國主義 (The
New Imperialism) 時代儼然來臨。

　　不過,儘管二十世紀的科技變革為人類生活帶來莫大的便利,但在這
個世紀爆發的兩次世界大戰也對各國造成震撼,尤其對歐洲國家社會與學
校教育的破壞和影響更是不容小覷。一次大戰期間,1917 年的俄國大革
命,使共產主義橫掃歐洲。到了二次大戰之後,一半的東歐國家淪為共產
主義控制,以蘇聯為首的共產主義集團,將所有人民的財產收歸國有,由
國家統籌分配。另一方面,兩次世界大戰間興起德國、義大利等國的獨裁
主義、1930 年代的經濟大恐慌,使得多數人質疑自由經濟市場無法解決社
會問題,於是許多人便紛紛傾向社會福利 (social welfare) 國家制度,希望

大有為的政府介入到社會運作及經濟產業，保護、提供人民生活的條件。美國羅斯福總統主持新政、北歐福利國家 (welfare state) 產生，都是大有為政府的表徵。不過先前強調個人主義及自由市場的情況，與當時集體主義和政府管理思想，出現針鋒相對的情形。

至於兩次世界大戰之中人類付出慘痛的代價，為了記取戰爭的教訓，1945 年 10 月 24 日於加州舊金山成立聯合國組織，以維持世界的和平。在戰後的教育部分，雖然 1948 年聯合國人權宣言提出、英國劍橋大學首次授予女大學生學位，看似有些進展，但是在 1950 年代的美國卻出現了「種族隔離問題」。儘管 1954 年美國聯邦高等法院判定黑白種族隔離政策違憲，然而到 1957 仍未落實，且出現種族暴動等問題。

在 1950 年代還有許多重要的教育事件，例如：美國結構功能主義的創始人 Parsons (1902–1979) 在 1951 年提出「教育是社會化機構的重要一環」的概念；1954 年召開開羅會議，提出阿拉伯世界國家應施行免費的義務教育的想法；1955 年成立中東國家識字聯合會，由 Dr. Frank Lambach 首次推動當代「全民教育識字運動」，透過「一個教一個」(each one teaches one) 的方式，促進社會流動、社區關係與成人識字。

除此之外，1955 年美國經濟學家 Milton Friedman 出版的《政府在教育上的角色》(In the Role of Government in Education) 一書中，首度提出教育券 (vouchers) 的概念；1956 年美國成立比較與國際教育學會 (CIES)。而在科技方面，蘇聯於 1957 年 10 月 4 日成功地發射第一枚人造衛星史波尼克一號 (Sputnik 1)；1961 年前蘇聯的加加林完成人類史上第一次宇宙飛行；1969 年美國阿波羅 11 號 (Apollo 11) 成功降落，阿姆斯壯 (Neil Armstrong) 踏上月球，都是人類跨時代的進展。不過這些太空競賽也引發美國教育落後的危機意識，在 1958 年公布「國防教育法案」(National Defense Educational Act)，加強美國學童的科學、數學、外語等能力。

總之，1900 年至 1960 年間經歷了兩次世界大戰與許多小型戰爭，再加上許多新興國家急於透過教育振興國家，教育間接成為國際性議題。與前一階段最大的差別在於這時的比較教育大致希望能從教育移植與借用

中，轉向對於歷史文化的研究，於是促成跨國資料蒐集成為比較教育研究之重要一環。

(二)代表人物

1.沙德勒 (Michael Sadler, 1867–1943)

英國學者，曾於 1900 年提出比較教育名言：「學校外的事務比學校內的事務來得重要；學校外的事務形塑了學校內的事務。」他強調任何學校制度的發展是無法單純地模仿或抄襲，而必須要去了解其形成的背後原因。他曾質疑研究其他國家教育制度的實用性，並認為從事比較教育研究不是去移植他國的教育制度，而是透過對於國外教育與社會背景整體情境脈絡的了解，找出解決問題的途徑，這樣才能作為本國教育的參考。

2.杜威 (John Dewey, 1859–1952)

為美國知名學者，曾於 1916 年出版《民主與教育》(*Democracy and Education*) 一書，開啟 1920 年代美國進步主義教育 (progressive movement) 的風潮。這種「以學生為中心」(student-centered) 的概念，顛覆了過去以教師為中心的傳統。杜威曾受多國之邀，前往介紹進步主義，例如：各國在第一次世界大戰之後，致力於意識型態與軍備的發展，導致部分國家孤立主義抬頭。當時蘇聯教育正處在真空階段，亟需向外尋求教育替代的概念，因此邀請杜威與二十四位代表前往，從事進步主義的介紹。杜威此行凸顯了美國「個人主義」、「以學生為中心」的思想，對革命初期以集體主義、社會思想為主的蘇聯不無影響。此外，杜威還分別至中國、土耳其等地區推行進步主義，都與這些國家當時歷經戰爭危機後，渴望向外尋求新的教育理念有關。

3.康得爾 (L. Kandel, 1881–1965)

於 1933 年出版《比較教育研究》(*Studies in Comparative Education*) 一

書（此書於 1954 年修定後更名為《教育的新時代：比較研究》）。康得爾從歷史出發，說明政治、社會及文化三大因素對教育制度的影響。此外，他還指出國家民族性的重要性，透過深入各國教育制度背後的精神與文化，了解影響學校內部運作的各種校外勢力，才能作為推動教育改革的動力（〈比較教育學的歷史和現狀〉，2007）。

4. 漢斯 (Nicholas Hans, 1888–1969)

英國學者，曾著有《比較教育：教育的因素和傳統研究》(*Comparative Education: A Study of Educational Factorsand Tradition*) 一書。漢斯曾於 1949 年針對歷史研究與因素分析討論，提出影響教育發展的三大因素，其一為種族、語言、地理與經濟；其二為宗教因素（天主教、英國國教傳統、清教傳統）；其三則是世俗的人文主義、社會主義、民族主義與民主制度等因素。他在研究中透過上述因素，分析英、美、法及前蘇聯的教育發展統計資料，以此尋求教育發展規則，釐清各國教育制度的影響要素。

5. 馬林遜 (Vernon Mallison)

英國學者馬林遜綜合了前述的看法，認為比較教育的研究應該重視民族與歷史背景，分為區域 (area) 與主題 (theme) 兩大研究類別。除了強調歷史演變的細節之外，還要根據最新的資料，重新檢視教育制度在歷史演變過程中的變動情形。重視民族性為其方法論核心，透過民族性的探討，檢視不同國家的文化及教育制度。他認為民族性由遺傳、環境、社會遺產與教育四大面向構成，不過因為各國的民族性不同，各國對於公民的要求與建構也會有所差異。

6. 斯耐德 (Friedrich Schneider, 1881–1974)

德國比較教育學者，於 1947 年出版《各國教育的動力》一書，他指出教育制度是地理空間、文化、經濟、學術（尤其是哲學的影響）、社會結構與政治、歷史、內在發展與外國影響等因素交互作用而成。斯耐德除了

透過前述八大因素，分析各國教育的動力與形成原因，亦透過歷史研究法進行各國教育的異同比較。

7.莫爾曼 (Arthur Henry Moehlman, 1907–1978)

在其 1963 年出版的《比較教育制度》(*Comparative Educational Systems*, 1963) 一書中，以人類學及文化角度將全世界劃分為歐洲、亞洲、美洲、非洲等文化區域，除了針對不同區域國家教育制度與文化背景進行介紹，亦討論、解決文化差異中所造成的教育問題，並試圖建立理論模型。希望透過理論模型，來分析不同國家教育發展的長期因素，辨別現有經驗與文化價值，以此來建立教育發展的法則。

(三)研究特色

有研究者（楊深坑，2000；方永泉，2002）指出，這個階段的比較教育多重視國際合作與因素影響，傾向於歷史文化與質的研究。此時期的學者大多重視民族性、文化與歷史對教育制度的影響。由於教育制度是一個國家文化、社會與民族精神的表徵，多數研究主張透過對於當時文化的批判，才能釐清教育改革的論述，或是預測出其發展趨勢。例如：一般人會認為英國重視博雅教育、法國重視文化陶冶、德國重視雙軌制升學與技職教育、蘇聯採非常實用導向的教育方針，及美國的通才教育，這些特色應該都和各國的民族性及社會背景有關，值得深入研究。

四、科學方法時期 (1960–)

(一)時代背景

二次大戰後，猶太人在聯合國的支持之下得以於加薩走廊 (Gaza Strip) 建立以色列國；而被英國占領的巴勒斯坦也在此獨立建國。由於這兩國的宗教、種族與政治背景差異甚大，形成阿拉伯的伊斯蘭回教世界和在背後支持以色列的美國雙方對峙情勢。

另一方面，戰後冷戰時期則開啟了以美國為首的西方自由民主國家，與以蘇聯為主的共產強權制度兩派勢力長達五十年的對抗。就教育制度而言，二次戰後許多新興國家受到美國等西方國家之影響，希望透過教育投資早日擺脫戰後的蕭條，恢復國力，並重新建立新的民族認同。而共產集團則興起了仿效蘇聯教育的蘇化運動。這段期間這兩種教育模式基本上不相往來，如中國大陸，一直到了 1972 年與美國建交後，才逐漸與西方國家交流。

1960 年代又被稱為「死亡與暴力的年代」(Time of violence and death)。1963 年甘迺迪總統遇刺身亡，1968 年甘迺迪總統的胞弟也遇刺，而長期致力於種族隔離與歧視問題的金恩 (Martin Luther King) 也在同年遇刺身亡。這一連串的事件展現了 1960 年代美國的種族暴亂問題。而資本主義與共產主義的爭戰 (capital vs. communism struggle) 引爆的越戰，不僅造成軍事與經濟的耗損，亦加劇種族與民權的紛爭(維基百科，2007)。

儘管在 1960 年代有前面的問題，不過在教育方面卻有不少進展。1961 年美國重要的經濟學者 Theodore Schultz 出版人力資源的代表作《人力資本投資》(*Investment in Human Capital*)，將教育視作改變貧窮與社會進步的關鍵。同年古巴發起大規模的掃盲運動；而麥當勞 (McDonald's) 也率先成立第一所企業大學 (Cooperate University)，雖然企業大學在 1990 年才成為世界商業的主流，不過培育商業人才也越來越受到重視。而在 1963 年，紐西蘭的 Sylvia Asshton-Warner 發表《教師》(*Teacher*) 一書，提出毛利人在紐西蘭白人社會遭受與原生家庭隔離的特殊經驗，引起西方世界的矚目。這一年托福測驗 (TOEFL) 成為外國人士進入美國大學的重要標準。1964 年美國「公民權利法案」(Civil Right Act) 通過；1985 年聯合國教科文組織 (UNESCO) 也通過促使亞洲地區實施初等教育中的義務化及免費制度。而在 1965 年美國公布了初等及中等學校教育法，向貧窮宣戰，另外反種族歧視的「肯定法案」(Affirmative Action) 也開始立法。在高等教育部分，加州大學柏克萊校區學生結合了女權、同性戀、少數民族等相關議題，提出言論自由運動 (The Free Speech

Movement)，試圖改變美國大學成立結構，成為了美國大學生社會運動的先鋒。

㈡代表人物

1. 貝瑞德 (G. Z. F. Bereday, 1920–1983)

美國著名的比較教育學者，在其 1964 年出版的《教育中的比較方法》 (*Comparative Method in Education*) 一書中，主張將比較教育研究方法科學化、程式化以及序列化，首次提出描述、解釋、並列、比較等四個階段，進行比較教育研究。

2. 安德森 (C. A. Anderson)

提倡以科學方法從事比較教育研究，其研究大多以結構功能論為基礎，透過量化分析來建立比較教育的分析模型。

3. 諾亞 (H. J. Noah,) 與艾克斯坦 (M. A. Eckstein, 1927–)

於 1969 年分別建立了一序列的比較教育的量化研究，提出確立問題、建立假設、概念操作、選擇個案、蒐集資料、實驗結果再到驗證假設等步驟，以此進行比較教育研究。

4. 金恩 (Edmund King, 1914–2002)

在美洲國家以社會科學方法研究比較教育的同時，英國的比較教育學者金恩博士認為，比較教育研究的重點是作為教育決策的參考，是否需要大量的量化資料以進行研究則抱持質疑態度。金恩提出所謂的「教育預測法」，主張用理想典型模式簡化資料，強調嚴密的資料蒐集方法與分析。

5. 霍姆斯 (Brain Holmes, 1920–1993)

英國倫敦大學教育學院教授，認為比較教育具有預測功能，應使用理

論、政治學與自然因素三種組合而成的規範模式，建立問題分析。該理論模式後來被廣泛運用於國家理論、現代化理論、結構功能理論、批判理論等探討教育問題；政治學的規範模式被運用於國家建立教育制度上的研究；自然因素規範模式則類似要因分析時期所採用的文化背景與地理因素。不少研究者以此作為比較教育的框架，透過各種因素的控制與觀察，達到教育預測目的。

6. 胡森 (T. Husen)

瑞典學者，曾主持國際教育比較協會，擅長使用量化方式從事跨國科學研究。主編《國際教育百科全書》(*The International Encyclopedia of Education*)，堪稱第一部真正國際性的、全面反映教育研究最新成果的大型教育辭書。

7. 米特 (Wolfgang Mitter)

德國人，曾歸納比較教育自 1950 年代之後發展的五大特徵，包括：⑴東西方衝突 (1950-1960)；⑵大規模的教育改革 (1970-)；⑶多元文化社會的跨文化研究與性別議題 (1970-1980)；⑷後現代化對抗長期現代化支配的研究 (1980-1990)；⑸普遍主義 (universalism) 與多元文化 (multiculturalism) (1990-)。

㈢研究特色

此時期比較教育著重發展法則與探索的實證主義（楊深坑，2000）。例如：Holmes (1958) 在〈社會變遷與課程〉(Social change and the curriculum) 一文，主張社會科學的研究應該學習自然科學法則。Noah 與 Eckstein 在 1969 年出版的《邁向比較教育的科學》(*Toward a Science of Comparative Education*) 一書中提出，為避免上述文化借用階段僅止於介紹外國教育的刻板印象，應該要釐清教育與社會的現象，運用嚴謹的科學方法，建立教育與社會關係的跨國性假設，以此來進行科學性的驗證。除此

之外，金恩 (Edmund King) 提出「生態觀點」作為政策評估的參考。他認為教育的發展不可能用恆定的法則來預測，因此在進行教育決策的比較分析時，需考量決策本身的動態發展，要深入了解該社會的生態，在過程中不斷回饋檢討與修正，如此才能使研究符合社會發展的需要 (King, 1968)。相對於金恩的說法，Holmes (1981) 對此提出不同的意見，他認為在進行教育改革政策的擬定時，需要有限度地對於實施結果作規劃，才能做一些法則的預測與評估。

　　從上文可看出各學者主張不一，但整體來看，在二次世界大戰之後社會科學實證方法逐漸建立，1960 年代量化的社會科學實證研究更為成熟，因此過去較屬質化的比較教育研究，面臨能否進行預測、成為通則等議題的挑戰，為此開始重視社會科學方法的建立。有別於先前教育文化借用的方式，此時期強調學習自然科學與社會科學的方法論，作為預測或解釋教育現象、因果關係的建立，並試圖找出超越時空的教育法則，以作為教育改革的依據。研究重點經常放在教育發展、教育計畫、學校教育成效，以及教育制度等問題的探討。此時期有許多國家為了早日建立現代化學校制度，採用結構功能論（如：現代化理論與人力資本論）的宏觀面來探討學校與社會的關係。到了 1970 年代至 1980 年代，各國面臨石油危機、南北越戰的影響，對於現代化理論中，強調「教育投資愈多，教育成果愈佳」等說法開始產生質疑，加上有人質疑 1950 年代至 1970 年代中的教育研究多未能扣緊當時文化、社會、經濟與政治的潮流，以致改革建議很難符合實際的需求。因此，提出比較教育應該重新檢視該社會的文化會脈絡，而非僅止於科學實證與量化研究的呼籲（楊深坑，2000）。

五、後現代、後結構、後殖民時代（1980 年代以後）

(一)時代背景

　　公民教育是 1980 年代各國最重要的教育議題之一，這段期間大部分研究是從階級複製或者公民素養的角度切入，討論階級文化與通識教育等

問題。值得一提的是，1981 年巴勒斯坦及猶太組織在中東共同成立一所「和平學校」，讓雙方學生與教師能夠一同學習。1982 年 Michael Apple 的經典著作《教育與權力》(*Education and Power*)，詮譯了教育中權力的關係。1983 年美國雷根總統提出了「國家在危機中」(A Nation at Risk) 的報告，指出美國的教育如果失敗，將會影響經濟、政治等各方面的運作。同年，哈佛大學教授 Howard Gardner《心靈的架構》(*Frames of Mind*, 1983) 一書，指出在 IQ 之外其他的八大智慧，影響了許多學校的教學方針與美國多元智能學校的產生。1985 年 UCLA 的教授 Jeanie Oakes 提出能力分班 (keeping track) 概念，及學校結構如何製造不公平等議題。同年 Walter Karp 於 *Harpers* 雜誌中出版 "Why Johnny Can't Think: The Policy of Bad Schooling" 一文，探討美國錯誤政策下的教育問題。上述這些著作都對教育影響甚深。

此外，1980 年代蘇聯與中國關係漸行漸遠，1985 年戈巴契夫擔任蘇聯共產黨的中央總書記，意識到財政上的惡化，於是進行一連串的政經改革，打破唯一蘇聯共產黨的局面，開放多黨制。1991 年 8 月「八一九政變」失敗後，戈巴契夫的權力整個轉移到葉爾欽手上，1991 年 12 月 26 日蘇聯正式瓦解，結束冷戰時期。

㈡代表人物

馬斯曼 (Vandra L. Masemann)

加拿大學者，有別於過去以宏觀的制度層面或跨國角度，來分析各國教育改革的做法，馬氏在 1986 年提出批判民族誌 (critical ethnography) 理論，採取人類學中微觀的參與觀察方法，透過學校、教室文化、生活方式與課程教學等，檢視當中的霸權結構與意識型態，挑戰過去以西方文化知識體系為主的思維。她認為過去殖民主義試圖將西方的教育體系強制介紹或是移植到第三世界國家的做法，常與在地價值發生衝突，很難符合在地人士的需要。因此，提出任何的教育改革必須植基於本土文化，唯有重

視當地社會化的過程與兒童的教養需求，才能符合教育變革的契機（楊深坑，1998）。

㈢研究特色

有別於上個階段的發展，此時期的比較教育轉向教育內部因素的研究。舉凡教育內容、學校教育對於學生的影響、知識的傳遞、製造與使用等議題均受到矚目。此外，批判主義、非結構性學校、社會地圖學 (social cartography)、後現代主義、全球化、國際主義及女性主義研究亦逐漸受到重視。這些新的發展使比較教育研究從過去著重宏觀的北美與歐洲主題，轉變為縮小範圍、且具有特定目標之議題，如：多元文化、語言與移民等研究。

其中 G. Kelly 和 P. Altbach (1986) 認為這個時期的比較教育面臨四大挑戰。首先是以「民族國家和國家特質」作為分析單位的適用性問題；其次是對「投入產出模式」與量化研究方式的質疑；第三是對結構功能論適切性的爭議；最後，則是比較教育新興研究議題，包括：新知識的產生過程、學生流動的趨勢、性別比例，以及學校內部評鑑等。

總之，二十世紀歷經兩次大戰戰後，興起民族主義，許多戰後國家面對社會重建的需求，民族性、民族主義與文化深層結構等相關問題受到重視，於是社會文化分析成為當時比較教育中的主流思潮（楊深坑，2000）。此種社會文化分析的研究受到 1990 年代冷戰時期的結束，批判主義、詮譯學、後結構主義紛紛興起的影響，教育分析從過去重視制度與社會文化層面，轉為以後現代主義、後殖民主義等微觀視野進行批判。尤其在全球化的潮流下，教育改革如何兼顧各地區族群、階級與性別文化之特殊性，是比較教育接下來的重要挑戰。

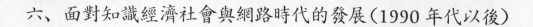

六、面對知識經濟社會與網路時代的發展（1990 年代以後）

(一)時代背景

　　1990 年代可說是對環境汙染宣戰的時代，1990 年第一屆「世界全民教育大會」(World Conference on Education for All) 在泰國舉行，同年日本鈴木基金會 (Suzuki Foundation) 提出環境教育概念，開始重視環境永續經營。1991 年世界成人識字教育發起成立「文化行動研究所」(Institute for Culture Action) 機構。1992 年開始倡導多元文化社會觀念。1994 年美國總統柯林頓 (Bill Clinton) 促請通過「目標 2000：美國教育法案」(Goal 2000: Educate America Act of 1994) 成立，倡導融合教育 (Inclusive Education)。1996 年反同性戀爭議開始；1997 年銷售百萬冊的《哈利波特》(*Harry Potter*) 問世，引起全球家長與教會組織的爭議；同年由 18 所歐洲研究大學跨國合作成立數位學習機構 (e-learning)，名為「二十一世紀的大學」(Universitas 21)。1997 年 Sheila Slaughter 與 Larry Leslie 共同撰寫《學術資本主義》(*Academic capitalism: Politics policies and entrepreneurial university*)，提出學術大學愈趨企業化的趨勢 (Slaughter & Leslie, 1997)。1998 年美國規定教師需要具備了解具有移民文化 (the second culture) 背景學童的能力。

　　1999 年 James W. Stigler 與 James Hiebert 共同出版《教學鴻溝》(*The Teaching Gap: Best Ideas from the World's Teachers for Improving Education in Classroom*)，此書相對於 1994 年 H. Stevenson 出版的《學習鴻溝》(*Learning Gap: Why Our Schools Are Failing and What We Can Learn from Japanese and Chinese Education*)，都是比較教育學中重要的書籍。雖然作者並非以比較教育學專長著稱，但是採取心理學專長從事跨國的研究，堪稱比較教育研究的新方式（楊景堯，2006）。1968 年，柯爾曼 (Coleman) 出版《教育機會均等》(*The Concept of Equality of Educational Opportunity*) 一書，此書是繼 1966 年著名的「柯爾曼報告書」(Coleman Report) 之後的

重要作品。該書指出：如果要讓全球的孩童能夠享有初等教育，其消耗的費用只等於全球四天軍事用途的花費，其中教育經費嚴重不足之問題值得關注。

二十世紀下半另一項改變世界的創舉為電腦的發明。從早期第一代大型的機器，到積體電路 (IC) 的發明，使得電腦體積縮小，使用更為便利。而電腦結合了語言、記憶體、文字處理系統、及網際網路 (Internet) 等多樣功能，不僅成為娛樂的工具，也廣泛應用到教育界。例如：美國德州鳳凰城虛擬大學 (University of Phoenix) 的設立，透過線上虛擬的模式，讓學生從註冊入學、繳納學費、購買資料，到教學研討、完成作業、參加考試、畢業典禮等都可透過電腦完成。網路虛擬教育影響了新一代學習方式的革新。例如，從前我們所指的文盲是不識字的人，如今的「文盲」則專指缺乏使用電腦工具能力的人。為此，傳統學習方式受到極大的衝擊，學校與電腦的競爭關係於焉展開。

在此階段，西歐國家歷經了歷史上頭一回的和平年代；至於中國大陸則首度在 1990 年代初期開始對外開放經濟；而非洲數十億人民隨著殖民主義的瓦解及冷戰的結束，得以真正建立國家，自主管理。

二十世紀當全球歷經多項改變時，仍有以下六大問題：首先是貧富國家的差距繼續擴大，世界上有超過五分之一的人口（其中 70% 是女性）正處於貧窮的困境，每日薪資所得不到一美元。此外，全球幾乎三分之一的勞動力面臨失業或未充分就業的危機（楊偉中，2001）。其次是疾病的問題，例如：SARS、西尼羅河病毒 (West Nile Virus)、瘧疾 (Malaria)、人類免疫缺陷病毒 HIV、禽流感 H1N1 等，仍是迄今尚未解決的問題。第三，在全球化潮流的影響下，英語成為全球共通的語言，不過中東國家反西方、反美的情緒持續高漲。雖然非英語系國家與民族逐漸成為弱勢，但全球人口數最多的中國與印度試圖闖出一條有別於西方道路的努力，值得關注。

第四個問題是恐怖主義與獨裁主義的興起 (terrorism and dictatorship)，以及核子武器威脅的陰影。第五個問題則是環境議題，聯合國「跨政府氣候變化委員會」(Intergovernmental Panel on Climate

Change, IPCC) 在 2007 年發出全球暖化警告，其報告指出：2100 年全球氣溫將可能增加攝氏 1.8 至 4 度，屆時將引發乾旱、饑荒、海水平面增高以及惡劣的氣候，而人類則須負最大的責任予以改善 (IPCC, 2001)。

　　最後是社會問題，除了都市化過程所產生的犯罪、單親家庭、網路色情氾濫問題充斥外，加上傳統的宗教與道德淪喪，新人類出現與過去迥異的價值觀念，增加了學校重新建立公民教育、建立學生正面價值觀的困難度。

㈡代表人物

1. 波斯東 (Ronald Paulston)

　　美國學者，於 1990 年代時發展社會地圖學 (social cartography) 的概念，透過地圖與社會情境中的位置，進行個人與文化群體的參與對話，釐清人們對周遭事物與社會變遷的關係 (Paulston, 1996)。其次以圖示來說明比較教育研究在各時期，所發展出的不同取向理論位置。主張從後現代主義角度，例如：包容多元、情境差異 (situated difference)、本地知識 (local knowledge) 與空間（相對減少以時間為單位）等概念，來詮釋權力、知識控制與當地社群之互動關係（方永泉，2002）。大體而言，波斯東為此時期的比較教育研究開啟了後現代主義的重要論述。

2. 特洛士 (Carlos Alberto Torres, 1950–)

　　美國學者，為 UCLA Paulo Freire 中心主任，以對中南美洲教育的批判研究著稱，常透過批判教育學等後現代主義角度，對教育權力及在多元文化中的世界公民角色進行探討。著有《教育、權力與個人自傳》(*Education, Power, and Personal Biography. Dialogues with Critical Educators*) 及《民主、教育與多元文化》(*Democracy, Education, and Multiculturalism: Dilemmas of Citizenship in a Multicultural Society*) 等書。

(三)研究特色

　　1990 年後冷戰結束、歐盟興起、蘇聯瓦解，以及東西德統一等，造成全球地理政治關係 (geopolitical relation) 迅速改變；加上國際商務、電子網路系統建立，使得比較教育必須重新調整理論架構因應。有研究指出 (Watson, 1999)，許多國家在 1980 年代進行的教育改革，在過程中雖有異同，但並未真正成功，因此有必要透過比較教育研究重新檢視為何未成功的原因。

　　長久以來，人們對比較教育屬於學科或領域的問題時有爭辯，但近來有逐漸將比較教育視為：透過來自不同學科的專業，採取「比較、跨國、與跨領域」的角度，來詮釋教育的現象與意義。至於二十一世紀比較教育所面臨的新挑戰，是如何在全球影響、政府權利轉變、資訊網路科技的蓬勃發展、以及長期歐美主導（不論是理論或研究方法或意識型態）所建立的模型中，走出各國特色？尤其在 2000 年美國 911 事件發生後，更讓人省思如何將研究的面向擴大，進而對各國各區域的教育內涵有所了解，以達到互為借鏡、互為表率的目標。這些應該是促進比較教育界朝向新興議題發展的關鍵。

貳 比較教育、發展教育與國際教育

　　Jones (1971) 則區分「比較教育」為當前教育制度的靜態研究；「發展教育」則偏重政策與變遷的主題；至於「國際研究」是這兩者世界觀點的一部分。Halls (1990) 則將比較教育分成為「比較教育研究」(comparative education study)、「外國教育」(education abroad)、「國際教育」(international education) 及「發展教育」(development education) 等四方面（轉引自沈姍姍，2000）。具體而言，「比較教育研究」主要在了解不同國家的發展歷程，與教育文化內部的分析；「外國教育研究」則是以其他國家的教育制度進行探討；「國際教育研究」則包括國際教育學對於多國、多元文化、種族、教科書、國際學校、跨國學校及國際人口生態等議題之

研究;「發展教育」則是在蒐集新興國家教育的發展,作為師資培育的訓練等工作。

上述的區分多是為了研究方便,無論是外國教育、國際教育,或發展教育,其實都有相互重疊之處。沈姍姍 (2000) 進一步指出,外國教育、發展教育可包含在國際教育中。雖然比較教育與國際教育有重疊互補之處,不過國際教育主要以發展國際態度與知覺,增進國際了解與合作為主;比較教育則是以國際教育的資料為基礎,進行學術研究。在二十一世紀全球化快速的進展過程中,比較教育正可以透過國際教育等資料基礎,做更具規模與預測性的研究。

參 比較教育與其他教育學科

儘管比較教育的發展已有百餘年的歷史,但仍不時出現該領域的認同危機,尤其是比較教育和其他學科之間的模糊關聯常引起關注。由於比較教育大多以區域研究為主、時間導向為輔,再加上比較教育參與的人員多來自各種不同學科的背景,如此跨學科的複雜性,較其他學科(教育史學、教育哲學、社會學等)更具多元色彩,這些都是比較教育的特質,卻也是長期備受爭議之處。雖然 1964 年哥倫比亞大學幾位學者提出比較教育方法論的質疑,Erwin Epstein 在《比較教育評論》(*Comparative Education Review*) 中,先後提出「認同的危機」(Olivera, 1988)。國內學者王家通 (1997) 表示,無論是比較教育或者是比較教育學,其實都是一種研究方法。沈姍姍也指出 (2000) 比較法其實是許多社會科學研究的特色,無論是比較文學、比較政治、比較社會學等,都有「比較」的本質。至於比較教育也與教育史、教育社會學、教育行政、教育經濟學、教育哲學等對象或內容有重疊部分,不過這些重疊之處也帶來研究的轉機。

舉例來說,比較教育學與教育史學有些相似的內涵。「歷史」是人類生活經驗的記錄,故對於社會發展的歷史,進行脈絡性的理解,必然可以整合比較教育研究的視野與實用性。例如:教育史上特別具有長遠影響性的歷史事件(民族國家與工業革命之興起),可說是型塑世界各國近代教育面

貌（尤其國民教育的誕生）的基礎。而比較教育另一項重要任務，乃是希望從不同的社會（如：以國家為主）體系中獲取經驗，以期能更有效地支持未來的發展。由此可見，教育史是以時間為主軸，而比較教育學則大多以空間為範圍，以不同的地區、國家作為研究素材，因此很多時候在進行單一國家或是跨國性的比較研究時，必須回歸到從教育史的文化脈絡來探析。

另外，比較教育與教育社會學又有許多共同關切的議題。首先，就教育社會學而言，其發展乃參考社會學的理論典範而來，結合教育場域的特殊情境進行探討，主要參考的有：⑴強調「合作與發展」的結構功能取向；⑵強調「解放壓迫與公義」的衝突取向；⑶強調「具體情境脈絡與行動效果」的解釋取向；⑷強調「知識分子主動發揮影響力」的批判取向等（陳奎憙，1994）。至於比較教育研究，乃是在各個不同社會體系中，進行比較與探索。因此，對於教育社會學的理解與學習，乃是比較教育進行的重要基礎。

另一方面隨著舒茲 (Theodore W. Schultz, 1902–1998) 等人提出的人力資本論，將知識與教育納入經濟發展的模式中，教育對於整個社會發展的重要性，從形而上的價值判斷，轉為可以具體量化的模式。到了 1980 年代，隨著新自由主義的引進，主張透過自由市場可提升學校效率的看法，在歐美等國日漸受到重視。如何透過自由競爭與市場化，節省經費並同時提升教育效率與效能，成為近來教育政策與教育經濟學領域的熱門議題。而比較教育則是關注這些自由市場理念對各國高等教育甚至教育改革所造成之影響。

至於比較教育和教育哲學也有密切關係，除了對早期西方文明與理性知識經驗的探討外，理性主義者與現代化的推動者，往往會根據中心理性的觀點，認定自己的理性，或是某種特定標準的理性，「較為客觀」，或是「較為優越」進而提出反動與批判（方永泉，2002）。尤其近年來，經常為人所探討的現代與後現代的交會——「結構、解構與建構」的爭論，透過比較教育的探討，更能找出教育哲學本身對於教育現場實務的重要影響

與核心價值。當各國在面臨教育改革的困境，與面對全球化競爭壓力的挑戰時，如何透過比較教育和其他跨領域學科的攜手合作，進行跨越與再轉化，乃是接下來的重要課題。

第二節

相關理論

即使早在十九世紀比較教育研究即已出現，卻一直到了 1950 年代以後，相關的理論基礎才逐漸完備，這也是為什麼有許多學者質疑，比較教育究竟是研究領域 (field of study)？還是一門學科 (discipline)？1950 年代的比較教育由於受到社會科學的影響，在研究中隨處可見結構功能理論學說、現代化理論、實證論、及人力資本論等的運用。到了 1970 年代，比較教育又面臨缺乏研究焦點的困境，因此必須自社會學和經濟學等主流學科中借用理論，例如：馬克斯主義及相關的衝突理論、合法理論、與新馬克斯主義等。爾後，比較教育又引進世界體系理論和依賴理論的分析模式，增加研究的多元性。到了 1980 年代加進了民族誌 (ethnography) 的概念，將研究方向強調從「量化」分析加入「質性」探究。自 1990 年代開始，後現代主義的研究取向開始大量應用於比較教育中，使得後現代、後結構、後殖民主義及文化研究等理論蔚為風潮。此外，波斯東 (R. G. Paulston) 等人也特別提出「社會地圖學」(Social Cartography) 概念，以此來解釋功能論為何發展成激進功能論，人文主義如何發展成激進人文主義等問題。這些論述都是比較教育學者，針對確認學科理論基礎及身分認同所作的努力（方永泉，2002）。

另外，1977 年《比較教育評論》(*Comparative Education Review*) 特刊，曾針對比較教育研究的現況 (state of art) 多所探討。其中有學者質疑：比較教育的研究為何大多採取世界體系 (world system) 或區域作為分析的單位？為何著重在國家之間的比較？另外有學者對於比較教育以量化方式，

分析各國教育成果的研究導向提出挑戰，並認為這類的研究也應由質化的方向來進行 (Epstein, 1987)。

其實，從 1970 年代以降，比較教育因受到批判取向的影響，促使許多學者採用新的眼光來解釋「知識變遷」、「社會權力關係變遷」等相關的教育課題。因此，原先比較教育研究中結構功能理論的主流思想，備受爭議。隨著 1980 年代後，馬克斯主義理論興起，教育的正當性 (legitimacy) 成為此時期的熱門題材。而 1990 年代隨著批判理論、多元文化主義和後現代主義的興起，對於長期受忽視的社會基層、草根性的研究題材（如：性別教育、種族歧視等）獲得更多的著墨與重視。尤其自蘇聯及東歐等共產國家瓦解後，重新將焦點移轉到教育，引起各國更多的重視。隨著時代變遷，比較教育研究從早期著重歷史文化分析，到重視社會科學理論的研究趨向，進而轉為對文化的深層反思，甚至出現對現有制度及研究的批判觀點，可見比較教育在發展過程中所呈現的多元風貌。

以下將就各相關理論加以介紹。

一、結構功能論、人力資本論

結構功能論 (Structure-Functionalism) 主要源於法國的涂爾幹 (Emile Durkheim, 1858–1917)，後由美國社會學家帕森斯 (Talcott Parsons, 1902–1979) 發揚光大。

結構功能論於 1940 到 1960 年大為盛行，影響社會科學頗深，主要以「宏觀的社會制度」作為分析的單位，認為個人是非理性且自我中心的個體，必須藉由社會的教化力量 (civilizing influence)，重整社會秩序，促進和諧發展。因此，該理論強調「社會的力量大於個人力量」，社會會對個人產生壓力，透過「社會化」使人在社會中得到幸福，形成以朝向國家社會利益發展為主的共同價值。此外，功能論者將社會視為緩慢進化的歷程，而每個人在社會發展過程中有固定的角色（角色決定論），當個人未能扮演好自己的角色時，社會衝突也隨之產生。這也凸顯了功能論強調「社會化」和「社會大於個人」的特色。

　　結構功能論對比較教育的影響，主要有三：其一，了解教育制度如何在「維持社會結構穩定」發揮功能；其二，在比較教育的跨國研究中，透過結構功能論的剖析，了解教育在不同制度中所產生的不同作用；其三則是將結構功能理論的附屬理論，如：人力資本論 (human capital theory)、現代化理論 (modernization theory) 等大量應用於第三世界國家或是開發中國家（沈姍姍，2000；Kelly & Altbach, 1986; Thomas, 1990），影響相當深遠。

　　以人力資本論為例，它興起於二次世界大戰後，將「人力」視為與土地、廠房、機械無異的「資本」，認為投資教育不僅能增加就業機會，也能增加個人的所得。因此，一個國家如果能挹注越多教育資源，便越能提升就業者的生產力，相對就能促進國家總體經濟的快速發展。此派理論的代表人物為舒茲，主張開發中國家經濟發展緩慢的原因是缺乏對教育的投資，如果能增加投資，對於國家的經濟發展將有決定性的影響。另外，世界銀行經濟學者沙卡洛托羅斯 (George Psacharopoulos)，曾於 1973 年研究 32 個已開發和低度開發國家的教育報酬率，發現在低度開發國家中，初等教育的報酬率比高等教育高。由此可見教育投資對於低度開發國家的影響，以及人力資本論中「投入—產出」和「教育」之間的高度關聯性（轉引自沈姍姍，2000）。

　　另一方面，在二次大戰後，受到美蘇對峙的影響，美國極欲圍堵共產勢力，以扶植戰後獨立的新興國家，透過西方的科技及經濟體制達到現代化程度，現代化理論因而興起。此一理論延續十八、十九世紀西方國家的工業革命理論觀點，假設人類社會的現代化歷程是一條單向的直線，每個國家都是從未開發的傳統社會演進到發達的工業社會；社會組織由簡單轉為複雜；分工從手工轉變為大規模機器代工；信仰態度則是由神祕且宿命的觀點轉向人定勝天的樂觀精神。也因為如此的線性發展，現代化理論主張所有的傳統社會都有逐漸朝向西方模式發展的可能（方永泉，2002）。

　　至於現代化理論中所描述的現代社會具有「工業化」、「都市化」、「普遍參與」、「世俗化」、「社會結構中高度分工」及「成就取向」等的特質（金

耀基，1992)。普遍參與和該國的民主制度、中產階級密切相關，藉由媒體傳播知識，使一般人能夠扮演主動參與的角色。世俗化則與宗教信仰相對，建立於科學和理性基礎上；成就取向則指出個人的成功肇因於特殊的知識技能而非特定的人際關係 (如家庭背景)。總之，現代化理論不但開啟了比較教育中對於「整體社會現代化」、「觀念現代化」、「政治現代化」等研究，也增加了許多二次大戰後新興國家對於教育、政治和經濟之間的一系列討論。

二、衝突理論及其相關理論

在 1970 年代，整個社會科學領域充滿著衝突理論 (conflict theory) 為主的思潮。這些理論的代表人物為馬克斯 (Karl Marx, 1818-1883)，在 1864 年提出《資本論》(*Das Kapital*) 後，其核心概念是主張唯物史觀，認為人類社會的發展全然植基於經濟生活上，所有與生產方式有關的即為經濟生產的基礎 (下層結構)，與生產方式無關的則列為「上層結構」(如：宗教、藝術、政治、教育等)。馬克斯理論認為人類原是積極樂觀的，人類的所作所為完全起於社會和制度的安排使然。由於社會變遷會使人心腐壞，形成少數利益團體把持社會並欺壓多數人的現象，衝突和剝削造成的階級 (class) 問題於焉產生。因此，個人可以透過衝突 (例如革命鬥爭) 改變社會。此外，馬克斯主義指出：社會變遷主要來自經濟力量的影響，生產關係也由此演變為有產階級與無產階級的對立，因而階級關係也是社會結構和社會變遷的基礎。

雖然馬克斯主義 (Marxism) 主張人類的歷史就是一部階級鬥爭史，但為何到了 1970 年代西方學界重拾馬克斯理論的研究？主要原因可能與 1960 年代到 1970 年代在美國出現的種族衝突與社會不平等現象有關。於是馬克斯理論重新為人所重視，並應用於教育上，探討資本主義對階級體系的形成，對剝削生產方式的控制，導致無產階級在辛苦勞動後只能獲得生產「剩餘價值」的問題。在這樣的體系下，學校彷彿是一個「階級複製」、「價值剝削」的場所。因此，強調個人要有階級意識，只有在被統治階級

中意識到自己的利益，並且以革命鬥爭的方式推翻資本主義時，才能保障個人的利益。而這些不同階級間的利益和意識型態衝突，正是後來季登斯(Anthony Giddens, 1938-) 所言，是導致二十世紀政治變遷的重要因素。甚至到了 2008 年以後的全球性金融危機中，歐美地區也重拾此派的理論加以研究。

此外，以馬克斯主義為基礎的衝突理論也出現不同的轉變，衍生出「依賴理論」、「世界體系理論」、「新馬克斯主義」、「批判理論」等相關的支派（圖 2-2）。如：在新馬克斯主義中，雖然具有馬克斯理論的辯證法、批判資本主義和社會主義等概念（沈姍姍，2000），但是此理論後來又分成兩股勢力，一是「人文馬克斯主義」，主要以人文的角度，堅持社會文化中上層結構的相對獨立，給予個人更多的自由；另一派則是著眼於經濟基礎影響的「結構馬克斯主義」。兩者的差別在於人文馬克斯主義者較強調人在社會中獲得自由的可能，教育雖然屬於社會文化中的上層結構，但仍具有影響經濟基礎的力量，改變上層結構（如：勞工階級的意識）就能加速革命的進行。例如：鮑里斯 (Samuel Bowles) 和季登斯 (Herbert Gintis) 所著的《資本主義中的美國學校教育》(*Schooling in Capitalist America*, 1976) 了，該書闡明美國的教育系統不但出現了資本家與勞工的階級分工事實，並且複製兩者生產關係的問題。而另外一位課程專家艾波 (Michael Apple) 則認為學校不只反映了當代經濟情況，並淪為各國政府、文化以各種方式形成連結與衝突的場所 (Apple, 1988)。

另外，新馬克斯主義的研究對於當代教育衝突與階級問題，如：「帝國主義 vs. 開發中國家」、「壓迫 vs. 被壓迫層級」及「學校是否複製資產階級的意識型態」等探討有所貢獻，尤其又以「核心」和「邊陲」的概念，解釋資本主義國家如何透過對外援助，控制他國政治經濟，對第三世界國家進行剝削，最受重視。此外，新馬克斯主義重視衝突分析，並認為教育（尤其是學校）是一個師生、政府權力不均衡的場所（沈姍姍，2000）。這些論點都是新馬克斯主義對比較教育的貢獻。

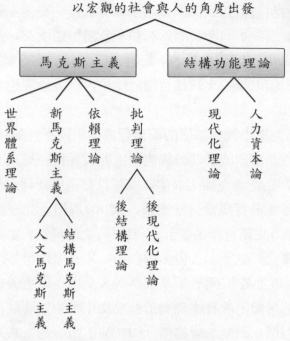

以宏觀的社會與人的角度出發

馬克斯主義　　結構功能理論

世界體系理論　新馬克斯主義　依賴理論　批判理論　現代化理論　人力資本論

人文馬克斯主義　結構馬克斯主義　後結構理論　後現代化理論

▶ 圖 2-2　衝突理論及其相關理論

　　總之，不論是結構功能理論、衝突理論及其相關的理論，大多從整體、宏觀的社會角度出發，具有結構導向。這種由團體運作開始建立個人與社會的關係，並以宏觀角度探討人與社會問題的理論，與後來從個人層次出發的批判理論和後結構、後現代等理論，相當不同。

三、依賴理論

　　依賴理論 (dependency theory) 針對已開發國家和開發中國家的關係進行討論，盛行於 1960 年代，代表學者為德國的法蘭克 (Andre Gunder Frank, 1929–2005) 及美國的經濟學家巴倫 (Paul A. Baran, 1910–1964)。這兩位學者特別將馬克斯主義中的「資本家對勞工的剝削」觀念應用在「西方國家如何剝削第三世界國家」研究上，藉此說明資本階級如何從中獲利，並進一步研究國際社會中，邊陲國家依賴核心國家的問題，如前者如何因

保留原殖民國家的語言，而缺乏自省能力等。此一理論的特色，即是探討全球被資本主義網絡覆蓋所區分的核心與邊陲兩部分。

其實遠自 1950 年代末期，中南美洲經濟之所以未能順利發展的原因之一，是來自外來投資者的干預，這些投資不但無法促進當地經濟成長，反而造成環境汙染、經濟利益遭到強占的弊端，尤其是世界性資本主義對中南美洲當地經濟利益的壟斷，使邊陲國家在新殖民主義的影響下，對核心國家形成不良的依賴循環。美國學者諾亞及艾克斯坦 (Noah & Eckstein, 1988) 曾指出依賴理論具有「中央與邊陲」(center-periphery)、「霸權」(hegemony) 與「複製」(reproduction) 三大核心概念。在比較教育研究中，可以運用依賴理論，從宏觀角度針對已開發國家對開發中或低度開發國家教育的干預及宰制加以探討；至於微觀部分則可以從教育結構中，核心對邊陲的思想控制著手，進而探討在弱勢家庭父母在教育水準不足的情形下，如何抵擋社會主流價值的侵襲？以及階級如何透過學校的正當性進行價值和階級複製，以維護其霸權等議題。另外在應用方面，如探討位處邊陲的臺灣知識菁英分子，如何認同其留學核心國家的價值，進而模仿該國教改政策，以及公費留學制度所帶來的國家建設影響等問題（沈姍姍，2000；周祝瑛，2000）。

依賴理論在 1970 年代雖有影響，但採取「邊陲國家即善，核心國家即惡」的二分態度，為人詬病，再加上此一理論注重市場而非生產關係，忽略邊陲國家內的社會結構，因而受到不少抨擊。

四、世界體系理論

世界體系理論 (world system theory) 的發展最早可溯及十五、十六世紀興起的航海探險。而創始者華勒斯坦 (Immanuel Wallerstein, 1930-)，因為觀察到全球失衡發展的趨勢，進而提出該理論。他認為資本主義已成為全世界的核心系統，若將全球以經濟發展的程度劃分，可分為「高度發展的核心區」和「低度發展的邊陲區」。核心國家不斷藉著經濟實力強化對邊陲國家的控制，甚至加強邊陲國家對核心國家的依賴程度。整體而言，

華勒斯坦的觀察著重在經濟層面，而較少觸及政治、戰爭和文化等因素對全球的影響（轉引自沈姍姍，2000）。

世界體系理論在教育上的應用頗為常見（Kelly, Altbach & Arnove, 1982），認為長久以來比較教育多以民族國家（national state）作為分析單位的取向，忽略了非西方國家。為了解決上述問題，Arnove（1980）建議將分析的範圍擴大到「經濟與文化」的依賴、核心與邊陲關係、以及趨同（或聚合）（convergence）與分歧（divergence）的互動上，並以依賴理論驗證霸權國家能對邊陲國家剝削之各種案例。這種「核心與邊陲」的看法與華勒斯坦理論中以世界市場的力量到各地的聚合分歧觀念十分相似。不過Arnove更強調透過世界系統理論，加強各國在國際系統的位置，對於解釋被殖民國家何以要採取原殖民國家的語言教科書、課程、技術等問題有更多的幫助。

五、殖民主義、新殖民主義和後殖民主義

殖民主義（colonialism）、新殖民主義（neo-colonialism）和後殖民主義（post-colonialism）的名稱雖然相近，但其意涵卻不同。一般而言，殖民主義係指第二次大戰前，許多列強國家對殖民地在政治、經濟等各方面施行的直接統治，使得被殖民者徹底喪失了國家主權。到了二次大戰後，許多殖民地陸續擺脫殖民母國的統治，進而相繼獨立，不過這些新興國家在政治、經濟等方面仍無法擺脫對殖民母國的依賴，這個時期即稱為「新殖民主義」階段。在此時期，殖民母國利用金融等各方面的優勢，躋身世界體系中的核心地區；反觀被殖民國，由於經濟和科技等方面的弱勢，淪為世界的邊陲地區。到了後來的「後殖民主義」時期則強調透過文化、知識、語言霸權對被殖民國進行全面的控制，這與前兩個時期透過經濟、軍事、政治干涉被殖民者的情形大不相同（王岳川，1999；方永泉，2002；陶東風，2000）。

其實後殖民主義的興起原因眾說紛紜，早期被殖民的印度和非洲相關研究是其興起的原因之一，不過在後殖民主義中最著名的要屬薩伊德（E.

Said) 在 1978 年出版《東方主義》(*Orientalism*) 一書，激起西方學界對於這股思潮的重視。到了 1980 年代後，後殖民主義的研究範圍涵蓋：婦女、文化、同性戀等議題，甚至與「後現代主義」及「後結構主義」結合，發展為所謂的「新人文學科」（方永泉，2002）。而學界也普遍認為，薩伊德是代表後殖民主義的重要學者之一。除此之外，傅科 (M. Foucault) 及達希德 (J. Derrita) 對此派學說的影響也不容忽視。

　　1990 年代以後，後殖民主義理論盛行於第三世界（開發中國家）。這些國家雖然已在政治、經濟方面擺脫殖民母國的控制，但在移民、奴役、抗拒、壓迫、再現、種族差異、文化教育及社會等層面上，仍受到前殖民國家的強烈宰制與持續壓迫，因而許多知識分子重新提出「反知識霸權」、「反殖民」的批判。

　　後殖民主義對比較教育最重要的啟發，在於重新思考原殖民國家對殖民地本土教育與文化的破壞影響，如：強迫殖民對象學習殖民母國語言，以及殖民教育何以具有菁英化與強烈排他性等問題。從被殖民國家獨立後，教育、社會、語言等方面仍與殖民母國緊密相連來看 (Altbach, 1995)❷，可以透過後殖民主義的分析角度，將第三世界在性別、種族、語言、文化發展與教育選擇等方面，如何重新與殖民國區隔，找出新定位的過程（方永泉，2002）。

六、後現代主義

　　後現代主義 (post-modernism) 興起於 1930 至 1940 年代，早期表現在建築和繪畫等藝術領域，隨後出現在 1950、1960 年代的社會科學、美學與文學批評中，除此之外也涉及後工業時代及資訊社會的探討 (Rust,

---

❷　後殖民主義提醒吾人重視殖民主義帶給殖民地的影響，在比較教育中，除了對外國教育報導的方式予以重新關注和反省外，還需加強對非主流國家的教育研究。以臺灣為例，本地的比較教育研究範圍大都侷限於歐美國家，對於第三世界，包括亞洲鄰國則非常陌生，因此後殖民主義的觀點可以在此提醒上述之盲點。

1991)。王岳川 (1993) 指出，後現代主義源自人們面對資訊科技發展、網際網路無所不在的情況，人類行為及思維模式對其所產生的反文化、反美學、反文學等極端回應。後現代主義透過「拒絕專斷」、「反對單一理性」、「抗拒主流理論架構」、「反對知識與政治霸權」等的方式，表達對現代主義的否定。除此之外，後現代主義強調「多元差異的存在」、重視「他者」及婦女、兒童、有色人種、經濟等弱勢族群的聲音，要求尊重包容非主流的論述、透過科際整合打破學習領域的界線（沈姍姍，2000）。此理論的代表人物吉胡 (H. Giroux) 認為，應該以「解構」和「正當性」等概念，重新檢視過去教育的盲點，重新採取進步發展、解放與啟蒙的思維，同時也為比較教育研究提供了新的觀點（轉引自方永泉，2002）。

此外，Usher 與 Edwards (1994) 將後現代主義應用於教育中，對崇尚現代化理論中的標準化課程、「技術化的教學理性」和「道德普遍化」等提出質疑，並認為後現代的教育應進行以下的反思：首先，在訂定教育目標與過程時，應該重視「多樣化」，除了教育組織結構、課程方法和參與應尊重多元之外，也須進一步重視不同的文化脈絡；其次，強調教育不應是社會秩序的再製或社會工程的改造，教育本身不應具控制力也不該被控制；第三，學術知識的生產與傳播不應具有支配地位，而只是教育的其中一環；第四，後現代主義的教育應重視文化脈絡與各階級的參與，將學習視為是生活風格 (life style) 的一部分，以此挑戰傳統的菁英主義教育；第五，教育應該處於一種「去中心化」及「鬆綁」的狀態，能夠包容正式教育以外的其他發展。由此可見，後現代主義為教育注入了相當不同的思維。

後現代主義，除了挑戰實證論及結構功能論外，亦透過「文化相對論」(cultural relativism)，了解他者與自身的不同，進而予以尊重（潘慧玲譯，1992）。在比較教育中則強調新興議題的研究，舉凡性別、校內的變項、學校的反教育功能、國家在課程與教科書的角色等，都受到重視，尤其後現代主義提醒比較教育研究者本身應具有除去「自我中心」(ego-centrism) 的思維，虛心聆聽局外人與弱勢者的聲音，進而對次級文化中的宰制與壓迫現象進行探討 (Welch, 1991)。

七、建構、結構及後結構主義

在前面談到後殖民主義時，曾提及其與「後現代主義」、「後結構主義」結合，成為新人文學科。然而要了解後結構主義，首先需釐清「建構主義」(constructivism) 與「結構主義」(structuralism) 的內容。建構主義最早可追溯至蘇格拉底 (Socrates, 469–399 B.C.) 的產婆法 (The socratic method)，代表人物有皮亞傑 (Jean Piaget, 1896–1980)、維根斯坦 (Ludwig Wittgenstein, 1889–1951)、布魯納 (Jerome Seymorr Bruner, 1915–) 及杜威等學者。建構主義強調個體擁有「主觀認識」的能力，可從自身觀察中去理解外在世界，因此每個人都有不同的建構環境、認識知識、經驗的能力，知識也不再有絕對意義，而是源於個人或由其他知識建構而來。建構主義與結構主義最大的差異便在於反對客觀主義。

另外，1960 年代以前，結構主義從整體的觀點出發，重視不變的原理，對於實證主義採取反對態度，並以社會的約束力量作為決定人類行動的基礎。這樣的主張與功能主義有相似之處。到了 1960 年代後，傅科 (Michel Foucault, 1926–1984) 及里歐塔 (Jean Francois Lyotard, 1924–1998) 以解構觀點，重新思考反省社會既有現象，開啟了後結構主義的發展。因此，結構主義與後結構主義的最大差別包括：⑴前者強調理性，後者卻對其加以批判；⑵結構主義強調主體性，而後結構主義強調個體異質性，並主張由原先封閉的結構改為開放的結構；⑶結構主義主張有系統的知識是存在的，而後結構主義則持否定態度（轉引自鍾啟泉，2004）。總之，後結構主義其實是對結構主義的全面挑戰，並透過「結構、解構、建構」的過程進行破壞與重建。後結構主義對比較教育的影響是發掘教育因國家管理下所產生的「排他性」、「霸權」和「正當性」等問題。該理論鼓勵多人參與、與重視學生主體地位，提醒人們重視教育差異背後所隱含的原因，在解構與建構的過程，都會改變教育的權力結構。

八、批判理論與批判教育學

批判理論 (critical theory) 以法蘭克福學派 (Frankfurt School) 為首，被視為新馬克斯主義的一支。強調人文社會科學領域中的知識分子，能透過行動產生不可逆轉的變化。如果人文社會科學領域過分追求自然科學領域的客觀中立性，則無異緣木求魚。因此，主張應轉向對社會現況進行有意識的批判與改變才較為實際。近代批判理論的掌門人哈柏瑪斯 (Jurgen Habermas, 1929–) 針對後現代思潮的困境，提出「重建現代性」的觀念，他認為應藉由「溝通」的過程達到「互為主體」的理想，以此接近較無宰制的「共識」與「進步」（王佩君，2004）。

至於在比較教育方面，1950 年代至 1960 年代的比較教育幾乎都將重點置於社會的「線性」發展上，長期以結構功能論為主，很少針對社會底層階級不平等的待遇進行分析。當時的結構功能論充滿了實證和科學方法至上的迷思，即使在 1960 年代以後發展了諸多理論（如前面介紹的人力資本論等），仍然很難脫離結構功能論對社會發展預設的線性模式框架（方永泉，2002）。因此，到了 1970 年代，此股以北美洲為主的比較教育研究思潮開始受到其他地區學者的質疑，其中又以歐洲和紐澳地區的學者最具代表性。當時美國學者仍著重量化的科學實證研究，然而許多地區的學者在此時即開始對文化研究感到興趣，認為應該從質性研究的角度切入，了解文化對教育發展的影響，和對知識、權力正當性、衝突性的議題加以探討，以此擺脫過去採取國家為單位等，類似世界體系理論的研究模式。

值得一提的是在 1970 年代的中南美洲也出現批判教育學的影響，而最為著名的學者即是弗雷勒 (Paul Freire, 1921–1997)。弗雷勒的思想根基於其早年在巴西、智利等中南美洲從事的成人識字運動，而在其旅居哈佛大學期間，又與同事 Giroux、McLaren 等人結合了當時的新左派觀點（如批判主義、文化霸權等）與後現代思潮，進而擴充批判教育學的內涵。弗雷勒在 1971 年出版的《受壓迫者教育學》(*Pedagogy of the oppressed*) 一書早已為世界各地，尤其是開發中國家所經常引用的教育經典。批判教育學

主張透過教育使民眾「彰權賦能」(empowerment)，促進其察覺本身所遭到的壓迫，透過實踐 (praxis) 來改變其受壓迫的命運，因此教育應成為文化行動持續解放過程（方永泉譯，2003）。而教育工作者應成為「轉型的知識分子」，領導學生去體察社會中無所不在的意識型態宰制問題，進而主動選擇自身的信念與行動去從事改變。弗雷勒反對社會再製及壓迫現實的不公問題、亦反對社會囤積式結構與灌輸式教育的現狀，而其本身長期推動成人識字運動，強調透過閱讀及對話，來實現個人的自主、自由、平等與尊重的理想，對近代比較教育產生相當重要的影響。

九、批判民族誌研究

1970 年代以後，受到批判取向的影響，比較教育開始針對學校內部結構等議題進行探討，透過民族誌研究、個案研究、行動研究等質性研究方法，進行學校抗拒教育改革等討論，彌補過去過度重視量化實驗分析和調查研究的取向 (Eisner, 1992)。

批判民族誌研究 (critical ethnography) 的重點來自批判理論，主要的討論從「是什麼?」(what is) 超越現實的描述分析，進展到現實「能怎麼樣?」(what could be) 的歷史架構，強調在不平等的關係中，揭露不平等的來源。批判民族誌與傳統民族誌不同的是：傳統民族誌強調文化分析及描述，而批判民族誌則希望透過實際作為，非僅止於口頭批判的方式來進行改變，尤其對受壓迫者和社會邊緣人的研究，是批判民族誌所關注的新焦點。其次，批判民族誌也對比較教育產生不少啟發，例如：針對種族主義、社會控制（如：官方語言與方言）、權力、社會、階級與資源分配等新課題的研究，都充實了比較教育（方永泉，2002）。再者，批判民族誌提供教育「改造」與「轉化」的功能，針對課程研究和教育複製等概念加以批判。Michael W. Apple (1942–) 從霸權的角度批判教科書，並且揭發潛藏的意識形態，並提出以批判的教育研究作為弱勢族群的工具，企圖掌握不公義的根源。Masemann (1982) 更批判過去將西方教育體系強加在被殖民國家中，不僅產生價值衝突，且無法契合當地需求，因此，教育改革必須包含本土知識。

透過批判民族誌來了解殖民母國和被殖民國在課程再製的問題，揭露學校
的重學術輕職業等功利傾向、學生的觀念物化與盲目崇拜、教育商品化、
教育文憑等學校生活等各層面的矛盾，也重新詮釋師生關係。總之，批判
民族誌試圖在結構功能和衝突理論之間走出第三條路線，將研究焦點轉至
日常的教育活動，值得重視（方永泉，2002）。

十、新自由主義與第三條路線

　　接下來要談的是比較教育研究過去較少涉及、但重要的理論架構。全
球化潮流下，許多國家受到新自由主義影響，教育改革不約而同的走向市
場化。此趨勢源自 1980 年代初期，英國首相柴契爾夫人 (Margaret
Thatcher, 1925–) 及美國總統雷根 (Ronald Reagan, 1911–2004) 等新右
派（保守派）人士相繼執政後，他們不約而同地提出新自由主義的施政理
念，新自由主義 (Neo-liberalism) 成為英、美兩國政府施政、經濟發展的
主流思想。其中，以美國為首的新自由主義大本營，透過經濟援助與貸款
的方式，向開發中國家推銷「華盛頓共識」(Washington Consensus)，使
得新自由主義向全球蔓延，紐西蘭、澳洲、加拿大、巴西、阿根廷甚至亞
洲國家均受到重大的影響。隨著各國採取新自由主義「大市場（經濟掛帥）、
小政府（私有化）」為主的政策，在教育改革方面亦大量引進競爭、鬆綁、
選擇等私有化市場概念，間接促成貧富差距擴大及教育階級複製等問題。
1990 年代中期以後，在歐美各國一系列的社會民主改革與左派政治人士
的勝選下，許多國家重新思索新自由主義為社會發展所帶來的嚴重後果，
因此進而提出新的改革方向。倫敦政治經濟學院院長季登斯，在 1998 年
出版的《第三條路線：社會民主再現》(*The third way: The renewal of social
democracy*)，即試圖以此學說超越「社會民主主義」和「新自由主義」兩方
的爭議，並提供長期歷經保守黨派執政的美國、英國和紐西蘭，在政黨輪
替後，重新檢討過去新自由主義政策所帶來的種種影響。

㈠自由主義與新自由主義

在談新自由主義 (neo-liberalism) 之前，有必要對自由主義進行了解。自由主義 (Liberalism) 的思想源自英國經濟學者亞當斯密 (Adam Smith, 1723-1790) 於 1776 年發表的《國富論》(*The wealth of nations*)。此一學說主張「自由貿易」是一國發展經濟的最佳途徑，因此應解除政府在經濟事務上的所有干預，鼓勵自由市場、自由貿易和自由競爭。

然而這項在十九、二十世紀初被美歐各國採行的學說，卻因為 1930 年代美國的經濟大蕭條 (The Great Depression) 而面臨挑戰。當時的經濟學者凱因斯 (John M. Keynes, 1883-1946) 認為自由主義只利於資本家，卻罔顧人民的就業權益，若要兩者兼顧，最好的做法即是由政府和中央銀行介入經濟活動，提升就業機會。這樣的主張正好符合當時美國總統羅斯福 (Franklin D. Roosevelt, 1882-1945) 的需要，便將凱因斯的論點納入「新政」(New Deal, 1933-1939) 之中，增加政府公共預算支出及民生補助的方式，挽救經濟蕭條的頹勢，促進眾人福祉。不過，就在凱因斯的經濟理論 (Keynesism) 推行數十年後，受到全球化及資金快速流動的局勢影響，各國政府面臨財政困難、資源緊縮等問題，許多企業界人士於是重新思考如何透過既有的經濟結構，進而提出以全球化為競技場的「新自由主義」概念。

新自由主義學派深受傅科 (Michel Foucault, 1926-1984) 學說的影響。傅科認為政府是為了政治理由存在的必要形式，與韋伯 (Max Weber, 1864-1920) 相似的是，傅科認為政治的理性包含各種形式、專家與制度，並具有各種技術來回應及控制 (Foucault, 1979)。這些論點也成為新自由主義的核心概念。

簡單來說，新自由主義包含以下五大主張 (Olssen, 2002)：

1.市場規則導向

一方面強調自由解放，消除國家政府的限制，以此開放企業競爭力，

增加投資及擴展國際貿易市場，如：成立「北美貿易協定」(NAFTA)。另一方面減少工會成員薪資，削弱世界各國工人過去已取得的權利。並企圖減少價格干預市場的模式，朝向自由資本及生產產品的方向發展。

2.刪減社會福利公益支出

大幅削減教育、醫療保險預算，降低對窮人的保護，減少道路橋樑修繕、飲用水供給等公共工程。諷刺的是，新自由主義卻不排除政府對商業機構的補助和減稅措施。

3.支持鬆綁

減低政府對任何可能收益的管制並減少對環保、工作保障等可能阻礙社會獲利的補助。

4.進行私有化

將公營事業如：銀行、鐵路、國道收費站、電力公司、學校、醫院等單位逐漸出售給私人，以民營化的方式來提升這些機構的經營競爭力。

5.消除公共財產及社區合作概念

藉由增加個人責任來取代公有社群概念，讓窮困的民眾自尋生路。

由此可見，在建立自由市場的過程中，以往主張自由主義的人士視政府干預為一大威脅，極力排除政府的管控，以捍衛個人的自主與自由。相對的新自由主義卻認為「政府的政策、機制及面對企業的態度」是影響自由市場發展的關鍵因素，因此必須透過掌握資源的政府權力，並進一步由政府訂定法令、設置相關機構，提供資源，以此創造合適的市場 (周祝瑛，2005)。新自由主義對政府態度的轉變，使得各國政府透過社會、政治、經濟等相關基礎部門全力推動新自由主義理念之餘，在教育方面也同樣實行一連串改革，舉凡私有化與自由選擇、鬆綁與競爭 (deregulation and competition)、開放教育系統、引進企業界的治理哲學 (managerialism)、

加強中央的主導權力和改進教學與評量，達到「效率與效能」的雙重目標等，都是新自由主義教育改革致力的方向 (Dale, 2001; Giroux, 2002)。然而，在改革過程中卻常以「自主與緊縮」(autonomy and devolution) 為口號，對個人權利進行多方干預，產生各國社會貧富差距加大，教育階級複製及學習成果兩極化等問題。因此，比較教育研究逐漸重視上述議題，並透過跨國個案比較，進行相關問題之探討 (Chou, 2008)。

(二)第三條路線

早在 1930 年代歐洲學界就開始討論，是否有一種介於自由資本主義和共產社會主義的折衷路線。其中著名的捷克經濟學家塞克 (Ota Sik, 1919–2004) 開創了超越共產主義與自由主義的思維，在其 1972 年出版的《第三條道路：馬克斯─列寧主義與現代工業社會》(*The third way: Marxist-Leninist theory & modern industrial society*) 一書中指出，政治經濟制度既是「人文關懷」與「經濟效率」的結合，也是「國家計畫干預」與「合作社式自主企業市場競爭」的聯結。「第三條路線」即是上述理想「混合經濟」的道路。塞克於 1968 年「布拉格之春」後，擔任捷克副總理時，在經濟體系中引進上述的新機制（劉阿英，2005）。

到了 1980 年代興起另一派「趨同論」(convergence theory) 的討論，認為在兩次世界大戰和幾次全球經濟危機的國際背景下，實施自由資本主義的西方國家，開始意識到其發展過程中所產生的社會不公現象，轉向社會主義學習，引入「福利社會」的概念和經驗，試圖緩和資本主義所造成的勞資矛盾，因而進入所謂的「福利資本主義」時代。另一方面，前蘇聯與東歐等國社會主義在 1990 年代之前的實施過程中，出現效率不彰、社會貧窮化的問題後，亦應向資本主義學習市場機制，以提高經濟效率。因此這種強調資本主義和社會主義並非截然對立，可以相互影響、借鏡的概念，成為第三條路線的主要思想 (Economy Professor, n.d.)。

到了 1998 年季登斯出版《第三條路線》一書時，企圖調和二十世紀西方社會民主主義和新自由主義兩大政治思潮，象徵一種中間偏左的政治

路線，重視社會財富的重新分配與創造，其主要訴求如下（阿丙，2006；Giddens, 1998）：

⑴開創市場機制中的公共利益，重視社會平等與社會包容性 (inclusion)：主政者不但要考量窮人的需求，也要使富人認同社會利益生產機制，為社會共同效力；

⑵社會福利不只是消極照顧窮人，更應考量社會整體服務需求；

⑶福利救助的具體目標，是要給予窮人選擇生活的空間，並幫助其開創個人的財富以改進生活，而非使其依賴救助的資源；

⑷政府的福利資源，應投注在人力潛能開發與環境資源上，而非僅止於生活物質的供給。可由政府邀請其他企業部門一同來負責福利開支，並交由社區與非營利部門實際執行。

換言之，第三條路線的核心價值是「社會平等」與「社會包容性」(inclusion)，讓每個社會的公民成員不僅在形式上具有此資格，而且在其現實生活中能夠行使民事權利、政治權利及相應的義務。而「就業」與「教育」是維持個人自尊和生活水準，為促進社會平等的首要項目，因此政府不但要讓所有公民具備工作所需的基本技能，還要使大多數人獲得更高的教育水準，培養民眾的批判能力，並造成諸多社會問題的菁英統治進行檢討與反省（尹貴義，2006）。

自 1990 年代從美國的科林頓 (William Jefferson Clinton, 1946–)、英國的布萊爾 (Anthony Charles Lynton Blair, 1953–)、德國的施羅德 (Gerhard Schroeder, 1944–)、紐西蘭的克拉克 (Helen Clark, 1950–) 在執政中相繼推行第三條路線的理念後，各國重新檢討原先教育政策中過於強調市場化與競爭機制，忽略教育機會的公平性與弱勢族群賦權 (empowerment) 的做法。目前許多歐洲國家和原先由中間及左派執政的國家也陸續朝第三條路線修正，努力重新在經濟發展和社會公平間尋求一個平衡點，而隨之修正的教育改革路線，從比較教育角度來看，深具研究價值，尤其在後教改時代的臺灣，有必要重新檢討過去主張鬆綁、放權的教改理念，重新檢視改革成果。尤其在當前的全球金融風暴中，如何修正資

本主義下過度強調競爭與績效的教育政策，仍有待吾人進一步觀察（公共電視研究發展部，2001）。

第三節

研究方法

比較研究法 (comparative method) 最早可溯及古希臘亞里斯多德在《雅典政制》(*Athenaion Politetia*, 332–322 B.C.) 中對 158 個城邦政制憲法所進行的比較。到了十九世紀以後，人類學家與文化學者等時常進行跨文化的研究，甚至後來在語言學、政治學、社會學、醫學、工程、法律、建築及公共政策等領域，也經常使用此種研究法進行討論。比較教育也採用上述的研究取向，進行教育現象與制度的探討。以下介紹社會科學中的比較研究法，再介紹此一研究法中量化與質化的研究取向，接著將聚焦於比較教育中的研究方法與步驟、資料蒐集與分析特色等方面之探討。

(一)社會科學中的「比較方法」

在《比較方法論》(*The Comparative method: Moving beyond qualitative and quantitative strategies*) 一書中提到，社會科學領域幾乎很難避免採用比較方法，尤其在討論「變項與變項之間的關係」時，常需要從比較的角度，透過量化或質的分析 (Ragin, 1973)。比較研究可為教育政策的制定提供依據，這是因為教育政策的制定過程複雜、涉及因素繁多，為使決策符合理性科學，就必須全面認識各種因素。這時即須就某一問題與其相關的事物進行比較，從中分析優劣得失，以協助政策符合現實所需。

比較研究法常用於跨文化、社會、種族、階層研究，以此界定、分析、解釋跨社會中的異同現象，藉以了解他國文化的特色、研究步驟與尋求解決問題途徑 (Hantrais, 1995)。在進行跨國研究時，如何取得具有「可比較基準」(comparable unit) 的資料庫，並尋找概念性 (conceptual) 與功能性

(functional) 相似的研究指標，即是研究的基本要素。

　　例如，對許多社會學者而言，在進行研究時必須考量所關注的社會現象究竟是「特例」還是「共有文化」的問題。比較方法論提供了一個區分社會文化現象的架構，透過比較分析架構，檢視社會與文化的差異、情境脈絡與跨國比較等，以有助於對不同社會、結構及功能的了解。

　　自 1970 年代以後，跨學科領域、國際合作與聯繫網路 (networking) 逐漸形成，當時從歐洲的跨國比較研究中，讓許多學者接觸不同角度的分析方式，對社會文化、組織、習俗、傳統價值系統、生活型態、語言等面向的研究有所助益。這些研究大多使用「並列」(juxtaposition)，如：並排各種資訊來加以分析的方式，由個人或者團體蒐集資料，根據現有或新開發的資訊來進行探討。當然這種大型的研究計畫在樣本的選定上常被質疑，因此有時會採歸納法進行分析。從起初大略的假設逐漸集中到某一種特有規則；或者透過演繹法，將現有理論為基礎推論到個案，這些都是常見的研究方式。至於比較教育近年的發展也有從以往大型的跨國研究，轉而從制度、規章，到對校園與教室的關係、個人的認知情況等小型研究。不過有趣的是，大部分研究團隊只針對外國的資料進行研究，很少聚焦於本國的問題情境；只有單獨的研究員才會從較小的地區或單一國家進行考察 (Hantrais, 1995)。

㈡比較方法中的量化與質化研究

　　一般而言，量化研究通常強調「統計資料」和「問卷調查」分析，著重實證與理性等方面的釐清；而質化研究則常採用「晤談」、「個案研究」、「觀察」及「文獻分析」等方式進行。比較研究法常結合前述兩種研究取向的特質 (Bray, Adamson & Mason, 2007)。

　　Picciano (2004) 曾以四個角度分析量化與質化研究。首先，就目的而言，量化研究以數據資料進行描述，並歸納不同變項間的關聯性；質化研究則強調自然情境中現象的描述與解釋。其次，在資料來源方面，量化研究以教育問卷調查或資料庫的數據來進行變項間的研究；而質性研究，尤

其是民族誌等則強調田野調查，並以文字訪察紀錄及攝影資料作為輔助。第三，就取樣而言，量化研究欲建立研究的普遍性 (generalization)，因此在資料蒐集時經常透過隨機 (random) 抽樣的方式，尋找具有代表性的樣本，以便將研究結果推論到其他群體。通常在跨國及跨文化的研究中會採取前述的抽樣方式，並對所要觀察的變項加以操作定義，再進一步透過理論假設或驗證來闡明研究對象間的關連性。

儘管量化理論在研究前已先設定假設，再以資料統計來驗證，這種強調客觀科學的方法卻與質性研究大相逕庭。這是因為質性研究重視個案處在自然的情境下。質性研究者常將自己視為資料蒐集工具的一部分，再加上他們和研究對象有密切的接觸互動，研究者必須先在資料蒐集前摒除既有的理論和定見，進一步在研究中透過其主觀的判斷，逐漸建立研究發現。第四，在研究的過程中，質性研究者比較重視細節，以詳細的參與式觀察和深入的非結構式訪談蒐集資料，透過這種形式研究對象也較能自由分享自己的經驗。質性研究除了重視在特定時期中觀察對象的事件、過程與行為，在方法上則著重貼近自然與整體性，例如：從不同角度來觀察學校與社區，藉由「同情的理解」(empathetic understanding) 予以詮釋，並關注個體與整體情境互動的情形等。一般而言，質性研究者在研究現場通常不強調理論及假設驗證，而是在觀察過程中詮釋理論，研究結果也以歸納、探索性而非演繹及提出規則的形式出現。不過也因為質性研究方式過於彈性開放、缺乏結構性，不時會遭受批評，必須加以注意。

(三)比較教育的研究方法與步驟

比較教育研究切入的角度眾說紛紜，從歷史、文化因素到直接借取皆有之。不過臺灣較常使用的研究方法大多參考前美國哥倫比亞大學 (Columbia University) 比較教育學教授貝瑞德 (George Bereday, 1920–1983) 的說法。貝瑞德曾在《比較教育方法論》(*Comparative Method in Comparative Education*, 1964) 一書中指出，比較教育除了進行外國教育的調查分析外，同時也蒐集社會、歷史、經濟、政治等其他學科的資料，

以利教育與社會環境的比較研究。貝瑞德將比較教育分為兩大研究模式
——「區域研究」(area study)、「比較研究」(comparative education)，以
及四大研究步驟——描述 (description)、詮釋 (interpretation)、併排
(juxtaposition)、比較 (comparison)。其中區域研究以描述、詮釋兩步驟
為主；比較研究則包含了併排 (juxtaposition) 與比較 (comparison) 兩步
驟（Bereday, 1964; Eckstein, A. & Noah, 1969；謝文全，2004）。

　　具體而言，區域研究先使用描述方法蒐集欲比較的國家或地區的教育
資料，透過第一手、第二手及輔助等資料，從各國的教育公報、立法機關
的紀錄、報章雜誌等來源進行事實 (what is it) 的研究。當資料蒐集完畢後，
第二步驟——詮釋，則是針對各國教育制度現況探究為何如此 (why is it)
的背後因素。貝氏曾以下圖 2-3 來說明美國對外教育援助的比較分析，在
圖 2-3 即能看出描述與詮釋的比較教育研究步驟。

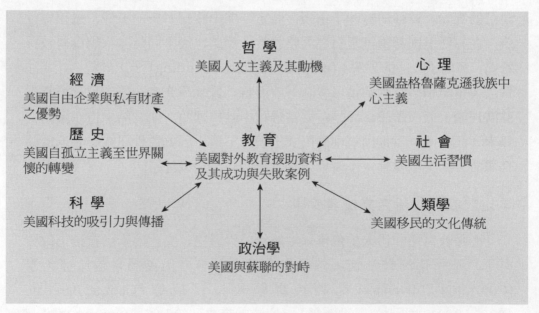

▶ 圖 2-3　美國對外教育援助的比較分析
資料來源：引自國際比較教育學（頁 88），沈姍姍，2000，臺北：正中。

　　至於比較研究 (comparative study) 則是將各國的教育制度併排比較。首先將各國或區域的教育資料，根據相同或可比較基準 (identical or comparable factor) 因素，加以系統條列，以此呈現靜態（基本的統計資料）與動態（發展中的趨勢）的資料。在此步驟中，一方面可以了解各國教育的基本事實，另一方面也能從中得出這些資料是否具有可比較性 (comparability)，以此進一步獲得結論或假設。在圖 2-4 中即能看出不同併排形式的特點。

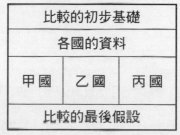

文字式併排形式　　　　　　　　圖表式併排形式

⊙ 圖 2-4　貝氏併排基本形式
資料來源：引自比較教育行政（頁 42），謝文全，2004，臺北；五南。

　　當併排步驟完成後，接著透過比較（又稱同時比較，simultaneous comparison）的步驟對各國或各地區的資料反覆加以研究，再進行「說明比較」(illustrative comparison) 與「對稱比較」(balanced comparison)。大體而言，說明比較主要是將各國的資料隨時穿插說明文字以比較；對稱比較（或稱均衡比較）針對各國在某一時期或是共同比較基準的相對比較，而其中又包含「輪流比較」與「融合比較」。「輪流比較」依照「對稱比較」的單位輪流細述；「融合比較」則融合「輪流比較」中各國的章節，使用章節的方式討論。總而言之，比較教育有其獨特的研究模式和步驟，從下圖 2-5 大致可以看出這些模式與步驟的關係。

　　除了貝瑞德的比較教育研究法之外，臺灣的比較教育研究亦經常採納前英國倫敦大學教授霍爾姆斯 (Brian Holmes, 1920-1993) 的論點。他主

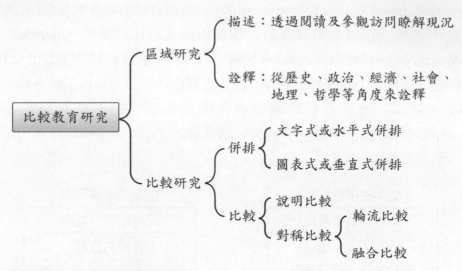

區域研究
　描述：透過閱讀及參觀訪問瞭解現況
　詮釋：從歷史、政治、經濟、社會、
　　　　地理、哲學等角度來詮釋

比較教育研究

比較研究
　併排
　　文字式或水平式併排
　　圖表式或垂直式併排
　比較
　　說明比較
　　對稱比較
　　　輪流比較
　　　融合比較

⊙ 圖 2-5　比較教育研究模式
資料來源：引自比較教育行政（頁 48），謝文全，2004，臺北：五南。

張比較教育制度發展原則，需透過預測並擬定發展的計畫，才能使教育或社會依循原有的計畫發展。而在其 1965 年出版的《教育中的問題》(*Problems in Education*) 則參考杜威的思維術，提出以問題研究法 (problem approach) 為主的步驟。在問題研究法的步驟中，首先須選定問題，當選定國家或地區共有的問題後，根據不同的學科種類將問題加以分類，以形成可以分析的基本單位。第二個步驟則是擬定解決的政策，在比較各種教育問題之後，對於所有可能的解決方案予以分析。接下來，第三個步驟為確定各種有關的因素，舉凡意識型態、社會制度及天然的地形、氣候等因素都需要了解。一旦對該地區的環境有深入的了解之後，第四個步驟便要預測各種方案在當時環境中可能形成的結果。儘管以量化資料作為教育預測標準有其困難性，但霍爾姆斯的模式不失為教育預測時的有效參考 (Holmes, 1965)。

　　其他著名的社會科學研究者諾亞 (Harold J. Noah, 1925-) 和艾克斯坦 (Max A. Eckstein) 1969 年共同撰寫《邁向比較教育的科學》(*Toward A Science of Comparative Education*) 及《比較教育的科學研究法》(*Scientific*

Investigation in Comparative Education)。他們倡導以社會科學的方法進行比較教育研究，將一般社會科學量化方法論應用於比較教育中，並以科學的態度及科學化的研究策略進行比較教育分析，其實施步驟如下（謝文全，2004）：

1. 選定研究題目

例如華人地區的補習風氣為何比美國盛行？法國的教育行政制度為何比美國趨向中央集權？美國的公立學校為何不像英國一樣繼續實施宗教教育等？以教育上共同問題作為研究出發點。

2. 研究假設的擬定

研究問題中具有兩個或兩個以上的變項關係，以前文「華人的補習風氣為何比美國盛行」為例，可以假設華人地區升學觀念較美國濃厚，因此補習情形會較盛行，再從中找出補習與升學之間的連結。

3. 釐清概念及選定指標

將上述的假設抽象概念化為操作型定義（operational definition），例如：升學的觀念可以透過學生就學率、教育投資對於國民生產毛額比率的影響，或者教育人口占全國從業人口的比率等方式定義，而補習則可以依據課後學生學習所占比率，及家長的投資作為操作型定義。

4. 選擇研究樣本

根據研究者本身的時間、經濟以及能力等條件，以適切性、控制性與經濟性等三大原則，找出最具代表性的國家或對象作為研究樣本。

5. 蒐集資料

當樣本決定之後，採取實地訪談、考察、使用二手資料、網路資訊等方式蒐集資料。

6.分析資料

將蒐集來的資料分類，並利用各種統計作為分析基礎。

7.做出結論

根據資料分析結果，決定接受或者是拒絕研究假設，並整理相關結論
以供當局參考。

總之，上述學者中，諾亞和艾克斯坦比較強調量化的社會科學研究，
霍爾姆斯屬於質性研究，而貝瑞德則提出分析層次的大方向研究步驟。雖
然方法不同，但整體而言，比較教育研究方法論仍然深受社會科學領域的
影響。

㈣比較教育蒐集與分析資料

在比較教育蒐集與分析資料方面，通常不外以一手、二手與輔助資料
為主，其中一手資料 (primary sources) 是未經過全面學術分析的原始資
料，甚至是個人親自蒐集的資料，舉凡立法機關的討論紀錄、民眾的訪談、
實地採訪或問卷調查等,都屬於一手資料。而二手資料 (secondary sources)
則是引用他人的現成產品，或是各種出版品的內容，使用方便且成本低廉，
例如各國教育部及聯合國教科文組織所發布的教育統計資料、報章雜誌，
或者是各種民間、政府提供的資料庫,都是近年來比較教育常使用的工具。
至於輔助資料 (auxiliary sources) 雖然屬於間接或隱含關係的資料，但對
研究來說仍具有參考價值。整體而言，一手、二手與輔助資料的取得與運
用，對於比較教育研究皆相當重要。

㈤比較教育研究注意事項

史丹佛大學的 Carnoy 教授 (2006) 建議比較教育研究須注意五件事：
⑴資料的蒐集必須與當時的教育現況、政策等現實結合；⑵分析單位必須
具有「相似性」或「可比較性」，就好比橘子和香蕉的甜度無法相比一樣，

對於比較基準的選擇與運用要相當謹慎；⑶研究者必須了解自身的主觀意識，在研究過程須避免主觀意識摻雜其中；⑷在研究不同國家教育經驗時，要能設身處地為他人考慮，透過同情的理解，站在相同的角度，考量問題形成的背景因素；最後，⑸比較教育具有「相對性」(relativism)，沒有所謂的「絕對價值」，任何制度置於不同的社會中，皆無優劣之別，只有相對的問題而已。

　　Carnoy 進一步認為比較教育領域具有歷史性 (historical)、演繹 (deductive)、論證 (discursive) 的特色，常使用質性與量化方法進行研究。他曾採用結構功能主義的角度，觀察近來國際學童數理評量問題，並進一步建議透過量化的方式，找出教育差異、預測性和原理原則。最後，他指出長期資料庫的實證研究，更能夠影響教育政策的發展；至於結合質、量特性方法的比較教育研究更能帶來不同的社會影響力 (Carnoy, 2006)。

第四節

分析單位

　　Bray 和 Murray (1995) 指出，過去的比較教育研究多半以跨國比較為主，忽略一國之內多層次的探討，為了因應新的發展，提出了一種以立方體、多層次與多領域的比較分析取向（參見圖 2-6）。其中，第一層是地理面向，包括：洲與洲之間（洲際）、國家、各州或省、地區 (districts)、學校 (schools)、教室 (classrooms) 以及學生個人 (individuals)。其次，在「非地區性的人口組成」(non-locational-demographic groups) 中，包括：族群 (ethnic groups)、年齡 (age groups)、宗教團體 (religious groups)、性別 (gender groups)、其他 (other groups) 及全部人口 (entire population)。第三個面向為「教育與社會」(aspect of education and of society)，包括：課程 (curriculum)、教學方法 (teaching methods)、教育財政 (educational finance)、管理階層 (management structure)、政策改變 (political change)、

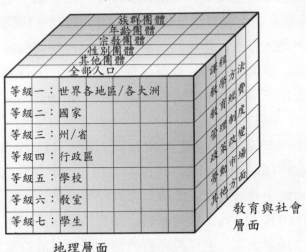

非地區性的人口組成

族群團體
年齡團體
宗教團體
性別團體
其他團體
全部人口

課程
教學方法
教育經費
管理制度
政冶改變
勞動市場
其他方面

等級一：世界各地區/各大洲
等級二：國家
等級三：州/省
等級四：行政區
等級五：學校
等級六：教室
等級七：學生

教育與社會
層面

地理層面

▶圖 2-6　比較教育分析層次架構圖
資料來源：引自 *A Frame work for comparative
education analyses* (p. 475), by Bray & Thomas on
1995, *Harvard Educational Review*, 65 (3).

勞動市場 (labor market) 及其他方面 (other aspects)。透過這個模型，能夠
從不同角度來剖析教育問題，尤其每個獨立的小立方體都可以作為比較教
育獨立的研究單位。

　　此外，Bray 等人進一步在 2007 年出版的《比較教育研究：取向與方
法》(*Comparative Education Research: Approaches and Methods*) 一書中指出，
比較教育的分析單位甚多，大自地理位置，小至教室內的教學活動，都可
進行分析比較。例如：地理位置、時間、文化、價值、教育政策、教育制
度、課程、教育成就、教育行政結構與組織等，皆可作為分析比較的單位
（見圖 2-7）(Bray, Adamson & Mason, 2007)。以下將摘錄 Bray (2007) 書
中的重要實例，來說明比較研究中分析單位釐清的必要性。

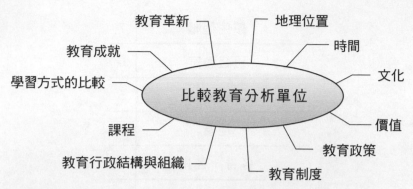

▶圖 2-7 比較教育分析單位
資料來源：引自 *Comparative education research: Approaches and methods* by Bray, Adamson & Mason on 2007. Hong Kong: Springer.

一、地理位置

(一)重要性

　　從比較教育的歷史沿革來看，無論是早期從不同國家與地區的考察訪問來學習借用他國的教育經驗，晚近 George Bereday 的比較教育四大研究步驟，還是後來 Ronald Paulston 的社會地圖學 (social cartography)，都說明了地理位置 (place) 在比較教育中的重要性。因為受到全球化的影響，地球村的時代早已來臨，但實際上整個世界的發展卻依然充滿著貧富國家與地區間的懸殊差距。另一方面，網際網路雖然已發展純熟，但仍有許多未開發地區處於戰爭與飢餓的邊緣，根本無法取得相關的資訊。而在這樣的情況下，比較地理位置就成了重要的分析單位。

(二)主要分類

　　根據 Bray 和 Murray (1995) 的研究指出，地理位置能分為以下七個層次，如下圖 2-8 所示：

學生個體	7
班級教室	6
學校	5
地區	4
各省、各州	3
國家	2
世界五大洲	1

▶ 圖 2-8　地理位置分析的七個層次

資料來源: 引自　*Comparative education research: Approaches and methods* (p. 366) by Bray, Adamson & Mason on 2007. Hong Kong: Springer.

1.世界五大洲

　　各洲在自然和人文的風貌上通常存有差異，從氣候、語言文字、政治體系、殖民歷史、經濟組織、國家目標、文化傳統與社會發展等方面都有所不同。除了地理上的五大洲外，經常可見的各種政經聯盟，例如: 紐澳、加勒比海、或者南太平洋的各個社群，甚至北美美加、南美、東南亞及中東等地的組織，都可以作為比較分析的對象。而在比較教育研究中，以洲區分的有歐盟（EU，截至 2007 年 3 月共有 27 個會員國）、北美自由關稅組織（The North American Free Trade Agreement，3 個會員國）及亞太經濟合作組織（The Asia-Pacific Economic Cooperation，簡稱 APEC，21 個會員國）等，都是比較教育中常見的分析單位。

2.國家

國家可能指的是政治實體，也可能指的是一個文化的集合，不論界定為何，國家是比較教育研究經常採用的分析單位。Morris 等人 (Morris & Sweeting, 1995) 曾以 Bereday 的四步驟，探討亞洲四小龍（香港、臺灣、南韓、新加坡）的教育與經濟發展互動關係。而世界銀行 (World Bank) 等所使用的跨國大型資料庫研究，也多半以國家作為主要的分析單位。值得注意的是，以國家為單位的比較研究，往往忽略了區域中的差異，值得進一步討論。以加拿大、美國、澳大利亞、德國、英國的教育制度為例，加拿大有十省和兩個特別行政區、美國由五十州聯合組成、澳大利亞有六個州與兩個特別行政區、德國有十六個省、英國則有四大區域和三套教育制度。在這種情況下，如果單以國家為單位，往往會沖淡一國之中各地的教育特色與差異性，形成過度推論的情形 (Manzon, 2007)。因此，當國家成為分析單位進行各國比較時必須注意上述問題。

3.各省、各州

常出現於教育行政由地方掌控的國家。例如，針對美國五十個州不同的教育制度、教育經費、課程等方面的問題進行研究；也有從英國的蘇格蘭、英格蘭與愛爾蘭之間的教育發展及制度，來凸顯該國內三處之間的差異 (Manzon, 2007)。

4.地區（通常以城市或村落為主）

涉及較細微的個案研究，如 Hansen (1999) 就曾針對中國大陸兩個少數民族地區，進行公辦學校對族群認同影響的研究。有時也會將「村落」、「社區」作為分析的單位，探討父母教育權及社會地位等變項的關係，屬於地方性的研究。大體而言，這些研究通常會透過跨個案的分析方式 (cross-case analysis)，選取同一地區的幾所學校，調查其間的異同之處，係屬較微觀的分析方式。

5.學校

須注意到各校特有的文化，如：所在地區的外在環境、行政組織、社區文化、家長社經地位，或校內文化、校長領導風格、教師組織文化、課程教學與師生關係等。

6.教室班級

以特定班級或某一科目為分析單位，來了解某些教育問題，例如：實施多元智慧教學，對實驗班與非實驗班學生的學習效能影響為何？尤其是在當今網際網路盛行之後，許多「虛擬教室」(virtual classroom) 內將會出現什麼樣的新型課程？師生互動與班級經營方式？又與傳統教室內的活動有何差異？這些課題都值得進一步深入研究。

7.個人或個體

主要從校長、老師、家長、學生或是其他社會人士等個人教育觀感或教育經驗出發，找出不同文化中個人的教育期待，如對師生角色與學業成就的期待等。在以個人或個體作為分析單位時，通常會結合較多層次的分析單位 (multi-level analysis)，如：地區、學校等。

總之，上述探討可謂印證了二十世紀初比較教育學者 Sadler 曾提到的校外事物是影響校內事物的重要關鍵一說 (Sadler, 1900)。透過地理位置進行分析比較，為比較教育常見的典型。

㈢具體研究

在比較教育中，以國家或地區為單位的研究相當常見，如 Myers (2007) 對巴西 Porto Alegre 與加拿大多倫多兩地的激進公民教師教學實務進行比較；而 Zhang (2006) 也探討非洲撒哈拉國家城鄉識字的差距，透過地理分析比較能讓吾人更了解不同地區的教育實務問題。

二、時　間

(一)重要性

　　時間是比較教育領域中的重要分析單位，在各期的比較教育都有以時間為分析單位的研究。在 1997 年的《比較教育評論》(*Comparative Education Review*) 特刊中❸，曾提到兩個世紀以來比較教育「學科定位」的問題。而在 2000 年及 2001 年英國發行的《比較教育期刊》(*Comparative Education*)，也針對比較教育不同的歷史分期、理論發展與研究方法之演變進行探討。在面對全球化及網路資訊的影響，比較教育未來的發展又會面臨何種變化？這種以時間為分析單位的研究，更加有趣。

(二)主要分類

　　在比較教育研究中，時間分期通常都與社會重大事件的發生有關，例如:，二次世界大戰後許多新興國家紛紛獨立，希望透過國家對教育的公共投資，提升人力資本，發展經濟建設；加上 1957 年蘇聯發射 Sputnik 號人造衛星的衝擊，許多國家在教育政策上大量採取人力資本與現代化理論來因應。到了 1970 年代美、蘇對峙的冷戰時期，於是新馬克思主義再度被提出來討論；而 1980 年代，新殖民主義與後現代化理論一度盛行；至於1990 年代以後，後結構、後殖民等批判教育學說，一度成為比較教育中重視的典範。雖然比較教育在各年代著重的研究焦點並不相同，但是從由上述時間的發展走向，可以瞭解比較教育的研究與時事關係密切。

(三)具體研究

　　英國比較教育學者 Cowen (2002) 曾指出，比較教育專家十分重視以

---

❸　The State of the Art: Twenty Years of Comparative Education. Edited by Andreas Kazamias. Special Issue of Comparative Education Review, Vol. 21, No. 2/3. June/October 1997.

時間為單位的研究，不管是歷年重要的世界各國教育大事、重要言論、大事紀、或是政府教育政策報告書、白皮書、各種制度的建構、教育行政分權或集權的轉變等歷史檔案，都不可或缺。例如：北京師範大學顧明遠教授編輯的《二十世紀的中國教育》、加拿大著名學者許美德 (Ruth Hayhoe) 在 2004 年出版的《*Full circle: A life with Hong Kong and China*》，甚至是倫敦教育學院成立一百週年的回顧等，都是以特定的時間、特定的事件做區分的歷史研究。此外，過去常為人所探討、從歷史情境脈絡中的討論主題，如 1950 年代美國退伍軍人法案 (The G. I. Bill) 對高等教育擴充的影響歷史，或中國大陸文化大革命期間（1966 年至 1976 年）的教育發展等。這類研究通常會從較宏觀的政治、經濟、社會、宗教、與文化發展角度，去詮釋教育的實況及問題，屬於一種延續性的、動態性的延伸探究。至於經濟的轉變、生活型態的調整、科技發展、政黨輪替、或者是學術研究的不同典範等，也是進行時間分析比較的切入點 (Bray, et. al., 2007)。大體而言，以時間為分析單位的研究，在比較教育中的應用廣泛，但如何尋找可靠的歷史材料，並做正確的詮釋？或者是如何分期？則需考驗研究者的智慧了。

三、文　化

(一)重要性

　　在質性研究中經常會考慮文化傳統對於教育設施與教育現象的影響。早期的比較教育研究者，如：Sadler、Kandel 與 Hans 始終強調在進行比較研究時，必須考量當地的文化背景、社會因素等。即使在晚近的比較教育研究中，仍經常涉及不同文化對教育成就的議題，諸如：東亞地區內由於升學與未來就業息息相關，在父母眼中，孩子的學習絕對是首要任務，學業的好壞是關係未來人生發展；反觀其他地區如在南美洲的巴西反而重視孩子的球技，如果孩子不會踢足球，可能會被人瞧不起。而這些差異都與文化傳統有關。Watkins 與 Biggs (1996) 曾提出幾個有趣的問題：華人

學習者 (The Chinese Learner) 是否真的比較勤勉? 英國是否充滿帝國主義思維? 而美國高中琳瑯滿目的選修課程 (Shopping mall high school) 是否因受到資本主義的影響? 從這些問題都能看出文化傳統在比較教育研究中的重要性。不過文化脈絡中也存有許多刻版印象 (stereo type)，因此在進行研究時，必須經常留意這類的問題，避免種族歧視的心態產生。

(二)主要分類

文化是人們共通的思維模式或生活型態，常聽到人們說德國人守時、苦幹與踏實；法國的浪漫、富有想像力，這些形容其實都是各國的文化意涵。因此在進行比較研究時，如何界定文化概念就相當重要。另外，也有人把文化當成一種生活方式，於是有所謂的國家文化 (national culture)、國家認同及自我認同等的概念 (Bray, et. al., 2007)。最明顯的例子就是：被殖民國家獨立前後的種族認同研究，與移民者對殖民母國與新移民地區的認同差異等探討。

(三)具體研究

Bray 等人 (2007) 曾指出，以文化作為分析單位時應採用較為寬廣的文化情境，關注文化脈絡中知識如何被理解和建構等問題。除了運用 IEA、World Bank 等跨國的資料庫外，通常較常見的方式是以不同的理論(例如：結構功能論、批判理論) 為基礎的民族誌研究。Hofstede (2001) 在《文化後果》(*Cultural Consequences*) 中曾研究五十個國家的跨國企業對文化特有的認知，發現這些跨國企業存在五個國家認同問題 (national identity)，即：(1)文化中對於掌權者的關係遠近；(2)社會不確定性的避免；(3)集體主義與個人主義；(4)男性化與女性化取向的差異；(5)長期與短期的發展取向等。另外，有些研究只針對一個國家中的種族問題進行探討，例如：強調雙元文化主義 (bi-culturalism) 的紐西蘭，在教育措施及語言等政策上，需考量白人與毛利人不同的文化，這都是研究的重點所在。

而 Tobin (1991) 觀察美國夏威夷、日本京都、中國三地的幼兒學校，

透過多元民族誌的方式，比較不同文化對課堂教學、師生關係、學生衝突、及家長期望等問題進行不同角度的分析，並發表《幼兒教育與文化》(*Preschool in three cultures*)，是絕佳的跨文化比較教育題材。這些微觀的跨文化分析著實讓我們對各國教育的細部內容有更深層的理解。

四、價　值

㈠重要性

　　價值觀的研究通常出現在心理學、倫理學與哲學領域，而比較教育研究關切的焦點常是東西方社會的教育價值觀，如 Cummings, Gopinathan & Tomoda (1988) 出版的《亞洲與西方價值教育之相對性探討》(*The Revival of Value Education in Asia and the West*)，即以價值為分析單位，試圖瞭解價值觀對於學校制度、道德、公民素養發展等方面的影響。

　　另外，如美國密西根大學歷時二十五年，涵蓋七十八個國家的世界價值 (world value) 調查，則希望瞭解各國目前的價值觀現狀，如「世俗－理智化的價值」(secular-rational value)、「傳統價值」(traditional values)、「生存價值」(survival values) 和「自我表現價值」(self-expression values) 之區分，透過這些議題來比較各國的價值觀與社會現實問題（最新各國價值觀比較研究成果，2004）。

　　而在國內方面，張善楠 (2000) 在《轉變中的華人價值觀——教育政治與社會結構之互動》中，針對臺灣、中國大陸、香港及新加坡四個華人地區的大學生進行實證研究，了解其權威主義取向、政治回應及對於經濟、組織和文化發展所產生的價值抉擇、生存和生活適應等因應，凸顯價值研究在比較教育研究中的重要性。

㈡主要分類

　　以價值為分析單位的研究，除了在研究方法（量化或質化）、研究對象的多寡（國家數、樣本數等）、價值觀的內涵（普遍或特殊的取向），甚至

是歸納或演譯方式等方面有所不同外，還可針對社會中所重視的價值觀來探討，如：個人與社會價值有何差異？在社會變遷中傳統文化與價值的調適為何？價值觀如何影響學校教育？價值教育在政策訂定與學校實務層面的差距為何？這些問題值得進行比較 (Lee, 2007)。

⒀具體研究

　　此類研究最著名的應屬聯合國教科文組織所推動的「跨國公民教育計畫」(The IEA Civic Education Study，簡稱 CES，2007)，這項大規模量化研究，於 1995 年至 2001 年中在二十餘國發放近九萬份問卷，調查各國公民教育在民主態度、移民問題、國家認同、學生參與政治及公民知識應用的實施狀況。除了上述的大規模研究，也有其他規模較小的專案，例如：Lee 與 Fouts (2005) 曾針對美國、英國、澳洲、俄羅斯、中國等五個不同國家教師心目中良好的公民素養進行卷調查。

　　以價值作為分析單位的研究，除了透過問卷或訪談的方式外，還須考量所探討「價值」在不同文化與國家中的詮釋問題。尤其跨國的問卷及訪談，不僅涉及語言翻譯問題，對於文化及社會背景也需要加以瞭解。無論是質性或量化研究，其研究目的、工具、團隊、及研究過程等，都需要詳加規劃，而其中的價值澄清問題，也需要研究者審慎澄清以對。

五、教育政策

㈠重要性

　　教育政策可謂各國建立教育體制、施行教育目標、推動教育革新的火車頭，尤其在面對當前經濟發展、人口組成、意識形態、與政府組織快速轉換的情況下，加上網際網路的興起、個人主義的抬頭，還有民主國家人民普遍面對政府信心不足的挑戰下，教育政策能否符合多數納稅人的期望？能夠有效落實？將是重要的比較分析單位。

㈡主要分類

進行政策的比較研究時，有兩個基本的詮釋角度值得一提 (Yang, 2007)：

1. 理性的角度 (the rational perspective)

主要認為政府的公共政策會儘量從公眾的利益出發，符合決策效能，如蒐集各種有效的資訊，從中去做問題的界定、政策的形成、政策的採納以及推動、及成效評估等。譬如目前臺灣地區提出十二年國教，從理性的角度來講，教育主管當局應已透過長期的研究，具有相當的完整資料做基礎，才會提出政策藍圖。

2. 衝突批判的角度 (the conflict perspective)

認為教育政策的制定通常是在社會各界衝突之下妥協的產物，所以在這種衝突點強、聲音大就有糖吃的概念下，各個政策就成為各方權力妥協的結果。於是教育政策的產生通常是為解決危機與問題，以亡羊補牢的方式產生，甚至政策的產生也可能是為了保障既得利益者。故在互動的過程中，政府決策難免具有矛盾衝突，甚至是出現權力鬥爭的情形。

㈢具體研究

無論是量化或質化的跨國教育政策比較研究，通常會考量到時間的因素，如在什麼時間點中，各國的教育制度如何受到社會變遷的影響？或是在面臨重大社會議題與國際事件（如加入 WTO、全球石油危機、全球暖化和溫室效應等）影響下，教育政策於是出爐。此外，一國的青少年犯罪問題、網際網路興起、家庭結構的改變等，由這些國內外的因素所產生的政策，都可能成為跨國之間的比較研究基準。Levin (2001) 曾提出教育政策研究中的教育革新議題，可包括四個階段：政策起源、採納、實施、與效果評估，這四階段值得作為政策比較分析的考量基礎。另外，有些研究則

會根據不同的統計來源，例如政府統計、政府公報、統計年鑑、跨國統計研究、跨國比較研究成果分析等，都可作為訂定教育政策的參考依據。

例如美國總統布希倡導「沒有孩子落後法案」(The No Child Left Behind Act) (2001)，主要基於美國學童在國際學科競賽中始終成績不佳的緣故，美國行政當局因此透過國際的比較成果作為施政依據。由此可見在從事各國政策的比較研究時，必須考量應該採取怎樣的研究取向（理性、批判）？對於政策的結果分析固然重要，但政策實施的過程中，如何從不同角度蒐集民眾對於政策的不同意見也相當重要，只是類似的跨國政策研究，大多採取宏觀角度，比較缺乏類似以民族誌來採集當地居民見解的做法。

六、教育制度

㈠重要性

許多研究都採用教育制度作為比較分析單位，主要原因是這些教育制度深具各國的代表特色。因此早在二十世紀初比較教育學者 Sadler (1900) 即指出如何從國外的教育制度中，選擇適合本國所使用的部分；Kandel (1933) 也特別提出六個國家教育制度的研究；還有包括聯合國教科文組織 (UNESCO) 所主持的各國教育統計調查等。

㈡主要分類

到底制度中哪一部分適合去討論？例如以國家為單位的教育制度，可以分成教育行政組織，學校制度，甚至學校中的領導及管理、教師的培養及資格審定、升學與就業的路徑——中學階段採雙軌或單軌分級制度，上述這些都屬於教育制度的一環。教育制度通常除了會受到國家與政府的政策影響外，有時也會受到其他因素影響，例如由於儒家文化圈盛行升學主義，因此東亞地區產生以升學為導向的特殊教育設施，這些都在比較教育中經常被提出討論。至於一般的學校制度，則主要指學前教育、初等教育、中等教育、高等教育到成人教育的階梯式分級。

(三)具體研究

如以中國為核心，探討中國的一國兩制，如：中國本土與香港、澳門這三個地方不同的教育系統制度之間的差異為何；或者是以美國的五十州為主題，探討各州不同的教育系統，尤其是對於義務教育年限的區分，由各州訂定。另外，英國如英格蘭、愛爾蘭、蘇格蘭、威爾斯等四大區域，何以各自擁有不同教育系統？因各有不同的傳統、歷史淵源、政治現實，包括語言上的差別等，所以對於教育設施、課程，學校也有不同的期望和狀況 (Bray et. al., 2007)。

七、教育行政組織與結構

(一)重要性

以教育結構組織作為分析單位，其主因是這些項目會影響到該學校的教育成效與學生學習表現，尤其近年來各國之間的競爭加劇，學業成就的國際比較愈來愈受重視，且已成為比較教育中重要的主流之一，例如瑞士洛桑管理學院每年針對各國政府效能的評估，甚至中國上海交通大學和英國倫敦泰晤士報 (Times) 所進行的世界一流大學排行榜，都加深比較教育對於各國教育組織結構進一步探究的動力，尤其是在從事教育借鏡或移植時，常會去探討各國教育行政組織結構的效能問題。

(二)主要分類

比較教育在教育組織研究中，時常結合質與量的研究取向，一方面從宏觀角度看各國的教育行政組織、教育部門、教育主管當局與政府各部門的關係，從組織結構或功能來討論（如中央集權或地方分權的差異），或是從國家以下的層級，來看各個不同教育行政組織之間的互動情況，甚至就學校中的校長領導、校內組織文化、學校與地方行政當局的互動等，都是討論的重點。甚至可延伸到以項目，如：組織結構內的軟硬體資源、經費

來源、課程架構、時間分配、教職員生、校長領導、管理與決策過程、人際溝通，以及在教與學方面，如：師生關係、親師關係及學習的成果等探討。

(三)具體研究

此類研究過去常針對各國的教育主管部門的職掌與功能進行探討，如中央集權與地方分權的差異為何？近年來則比較著重在教育組織與內外環境、人員的互動等，如日本國立大學改革，包括：國立大學的重組、整併與行政法人化；追求世界一流大學等政策，多從教育架構組織方面著手（取自 http://www.jsps.go.jp/english/about_us/ono_1106_e.html）。

八、課　程

(一)重要性

課程牽涉到一國教育理想的落實與否，常被視為是教育的核心。Marsh 與 Willis (1995) 認為，課程透過系統的學習內容和前人經驗的累積，不僅具有傳承文化，還有整合知識體系與社會價值，這些都是各國重視課程的因素。至於課程能否反映一國的教育目標？課程如何在教學互動過程傳遞給下一代？如何透過測驗來評量學習成效？如何反映社會與經濟的效益？如何在課程中，結合知識、技能與未來就業市場？這些問題則是比較教育重視的焦點。

(二)主要分類

首先，跨國的課程比較常以「課程評量」的角度研究各國課程對於教育成果的影響 (Adamson & Morres, 2007)。其次，也常由詮釋性的角度，探討不同的文化下課程如何落實的問題。而政府對課程的支援態度，如：經費補助、軟硬體設施及教師的進修與資格規定等，都是在研究中所欲了解的內容。第三，則是採批判的後結構、後殖民，或者女性主義、社會公

平正義等觀點來討論課程,尤其是教科書中傳遞的不公平訊息或意識型態,
更備受矚目 (Apple, 1991; Bray, et. Al, 2007)。

㈢具體研究

　　前文曾提到課程會透過教科書來傳遞不同的思維方式。Sleeter 與
Grant (1991) 就曾針對美國四十七本社會科學、語文、閱讀、科學、數學
教科書內容在種族、階層、性別等方面反映出來的差異進行分析,結果發
現教科書中所傳遞的訊息,對不同的階層,會產生不同的效果反應。

九、學習方式的比較

㈠重要性

　　過去比較教育大多集中在宏觀研究,對於教學現場和不同文化的「教
與學」研究較少。但是在 1970 年代以後,心理學逐漸重視教室現場經驗,
尤其教導與學習方式的研究相繼提出,成為教育成效的有力解釋證據。這
些研究通常涉及跨文化的心理學研究,以不同國家、不同地區的學習成就
(如:課業分數、學習效果、態度的轉變、教室中的實際教學狀況等)作
為研究對象。值得注意的是,在學習方式的比較中,必須考量某些概念是
否具有普遍共識的問題。有不少學者曾透過內容分析 (content analysis) 從
事這類的研究,如:心理學家 Sternberg (1998) 提出,不同學習策略對學
生學習成果的影響;Ehindero (1990) 針對 250 個奈及利亞大學生的學習
策略進行研究,結果發現一般大學生的學習包括:努力用功、瞭解學習內
容以及記憶背誦教材內容(強記而非理解)等方式。另外,哈佛大學的
Howard Gardner 教授在 1983 年出版的《心靈架構》(*The Frame of Mind*)
中提到,除了智商 (IQ) 以外,還有音樂、肢體、人際、內省等八大智慧。
可見從不同學者的研究都可以看到學習方式對教育的影響。

㈡主要分類

以學習方式作為分析單位的有：華人 (Chinese Learner) 與西方人學習方式的差異；而針對學習方式與學業成績、個人認知及自我內在控制；學習與自尊的跨文化研究，都曾討論。

(三)具體研究

不少學者曾研究新加坡、日本、臺灣、香港及美國等西方國家的學生，在不同科目的學業成就、師生互動與學習態度、考試作業方式及家長態度的差異，並從中歸納亞洲國家學生學習成績較好的因素 (Stevenson & Stigler, 1994; Watkins & Biggs, 2001)。而 Jin 和 Cortazzi (1998) 也曾以問卷與觀察的方式，比較英國與中國學生對好老師的期望，結果發現兩國最大的差別是：中國學生除了期望老師是能傳授知識的經師外，還需是能關懷學生的人師；而英國學生則期望老師以專業導向與教學方法為主。

此外，在分析單位中，究竟是以個別學生還是以個別教師作為分析的單位問題？也需要考量。而在不同文化中又該如何尋求樣本的對等性 (comparable)，值得關切。總之，迄今各國對學習方式的比較教育研究仍有待加強。

十、教育革新（改革）

(一)重要性

比較教育之所以將教育革新視為新興的分析單位，主要基於下列因素：

1.新世紀的挑戰

在以知識經濟為主的現代社會中，因為全球化和資訊科技的影響，知識半衰期從過去每十年一次，到現在每三年就出現，這種情形導致傳統的學校組織架構和教學面臨前所未有的挑戰。

2.各級教育的變化

為了因應教育的變遷、改革與創新，各級教育需要進行調整措施，例如小學除了讀、寫、算之外，是否需要加強解決問題及創意課程？中學階段是否應從雙軌制轉為學術升學和職業試探並重的綜合模式？這些問題都值得進一步研究。

3. 高等教育市場化

受到全球化的影響，新自由主義強調「小政府，大市場」的概念盛行於各國。過去將高等教育視為公共財 (public goods) 的看法，如今受到新自由主義的影響後，視大學為私人消費的一環 (consumer's goods)。尤其在 1980 年代以後，各國高等教育擴張，高教資源受到政府財政緊縮的影響，使得許多國家引進企業的營運機制。而目前世界一流大學的競爭，也促使高等教育朝向市場導向。

4. 多元文化的挑戰

在各國政經發展過程中，學生紀律、公民教育以及國家認同的問題逐漸受到重視。各國青少年的行為與紀律問題差異甚大。各國公民教育、多元文化思想、學習尊重與批判思考等議題，都需要進一步了解。

5. 資訊科技的引進

先進國家的中小學如何引進資訊科技（Information and Communication Technology，簡稱 ICT），透過網際網路與電腦科技提升教育的質與量，都是備受重視的教育革新議題。

6. 課程

前面已談到比較教育研究中課程的分析方式，而在探討教育革新議題時，也不能忽略課程的討論，例如：臺灣中小學階段如何推動以能力導向的九年一貫課程？網路虛擬大學對傳統校園將產生什麼樣的衝擊？教育鬆綁後，家長在擁有教育選擇權時，如何著手兒女的最佳教育投資？在市場

導向的教育中，企業界的競爭機制引入學校後，使學校文化發生什麼改變？這些都是新興教育革新議題中不容忽視的一環。

㈡主要分類

一般而言，教育革新的研究可依循幾個標準 (criteria) 進行，以實施 ICT 教學為例，可以探討的問題有：師生角色、課程目標、考試方式、基礎建設等方面的改變情形；科技在教育過程中扮演的角色；而引進科技設備學生的學習成就是否有明顯的改變？上述問題不但可採跨國問卷調查方式，還可以透過個案研究，分析某地區或某學校採用 ICT 後產生的改變 (Law, 2007)。

受到全球化過程的影響，知識半衰期縮短強化了工作中的合作與競爭，也使比較教育革新的問題浮現。除了前面談到的資訊科技問題，許多國家，如美國、新加坡、丹麥、韓國及臺灣紛紛提出「創造力教育」加以因應 (Law, 2007)。這些新興的議題對於比較教育研究而言，深具探討價值。

㈢具體研究

自 1990 年以來，國際上針對 ICT 領域有兩項大型的比較研究，第一是 ICT Mediation of Educational Achievement，其研究重點在於比較各國使用 ICT 方面的教學成效；OECD 國家 (Organization or Economic corporation and Development) 則研究引進 ICT 之後對學校的影響。Alexander (2000) 曾在五國文化 (Five Cultures) 研究報告中，分析科技發展對英國、法國、美國、俄羅斯、印度教育環境的改變。由於比較教育學者普遍傾向理論概念、模式分析及宏觀探討，缺乏對教學現場及實務面的關注，這些研究也是目前比較教育學者最容易忽略的一環，值得注意 (Law, 2007)。

二十一世紀是各國重新致力於教育改革和教育革新的時代，如何針對教學工具、概念、教學方法、學習方式進行研究，已是時代所趨，也是各國政府在進行教育改革時所不容忽視的問題。

研究主題

一、學科定位爭議猶存

　　比較教育的發展雖已經過一百多年，但至今仍存在理論、方法、與其他學科關係有待「定位確認」等問題。許多學者表示，無論是比較教育或比較教育學，都與其他社會科學 (social sciences) 領域，如比較文學、比較政治、比較社會學等具有共同的特色，都可算是一種「研究方法」或「取向」（王家通，1997；沈姍姍，2000）。至於比較教育與其他教育專業如教育行政、教育社會學、教育心理學等、甚至與各級教育研究（高教、中教、初教甚至幼教等），也常出現重疊的內容。例如：比較教育史是以時間為主軸，而比較教育學則常以空間為範圍，由不同的地區、國家作為研究題材。在從事單一國家或是跨國研究時，又往往必須回歸到教育史的脈絡中。由此可見，比較教育本身具有跨學科、跨領域的特性。比較高等教育學者 Philip Altbach (1991) 則認為，直到 1990 年初，比較教育是一門「跨科系的領域」，透過跨文化的情境來了解教育，其在世界各主要大學或研究機構中的發展仍然受限，仍處於相當邊陲的地位。不過，到了二十一世紀，隨著全球化腳步的到來，比較教育研究進入了另一個新紀元，尤其在「高等教育國際化」與「教育改革」潮流下，逐漸受到各國的重視。

二、比較教育期刊研究主題調查

　　1977 年美國《比較教育評論》(Comparative Education Review) 曾經出版了一本特刊，針對二十年來該期刊所刊登過的文章主題做探討 (Kazamias, 1977)，發現多數的研究在比較指標的信度 (validity of indicator) 與變項等存有爭議。作者認為似乎 1977 年以前的比較教育就已

假設「教育制度與經濟制度」之間存有相關，但教育投資 (education investment) 與教育回報 (education return) 之間沒有清楚界定關係；且大多採用描述統計，而缺乏推論統計。可見當時的量化基礎薄弱，加上許多資料過時，以致缺乏具說服力的有效問卷資料。

另外，Biraimah (2007) 在擔任《比較教育評論》期刊編輯時，曾經觀察七份來自美、歐、澳洲的比較教育期刊，分析從 2000 年至 2004 年內這七份的比較教育研究期刊的內容，發現以下結果，見表 2-1：

▶ 表 2-1 七份比較教育期刊主題分析

世界地域分布	期刊名稱	本國研究 (Self)	他國研究 (Others)	其他教育議題
North（北方）	Comparative Education Review (US)	6.0%	48.7%	45.3%
	Compare (UK)	6.7%	65%	28.3%
	Australian Journal of Education《Australia》	14.6%	14.6%	70.7%
	Asia Pacific Journal of Teacher Education (UK)	16.7%	2.4%	81.0%
South（南方）	Southern African Review of Education (Botswana)	86.2%	3.4%	10.3%
	Journal of Maltese Education Research (Malta)	59.4%	3.1%	37.5%
	Asia Pacific Education Review (Korea)	53.7%	3.7%	42.6%

資料來源：Studying "self" and "others": Differentiated patterns in journal publications, by K. L., Biraimah, 2007, paper presented at the 51st Comparative and International education Society 2007 Annual Conference, Baltimore.

雖然該研究的期刊比較基準頗具爭議，但作者仍將文中的 "North" 代表北方（西方歐美與澳洲）的研究，而 "South" 則指南方（非洲、亞洲及地中海地區）的研究。此種分法明顯的是採取世界體系理論的「中心」與「邊陲」地區的概念。研究結果發現，屬於北方的期刊其中有 49%–65% 是針對他國的研究，反觀南方研究則有 3%–4% 是研究他國。在北方的研究裡 6%–17% 是強調本國的研究，而 54%–86% 的南方期刊是針對本國的

研究。再細分時發現北方研究 28%–45% 的比較教育評論是針對教育相關
主題，而 *Australian Journal of Education* 和 *Asia Pacific Journal of Teacher
Education* 這兩份期刊，則有近七至八成的內容是針對教育議題而來。南方
的期刊中 *Southern African Review of Education* 的文章有 10% 是以教育研
究為主題，而 *Journal of Maltese Education Research* 和 *Asia Pacific Education
Review* 兩本雜誌則有高達 38%–43% 的比例。

　　換言之，我們可以發現 91% 來自北方的比較教育相關期刊是針對他
國研究，例如比較教育相關理論等教育議題；而來自南方的期刊 97% 主要
研究本國及教育議題。由此可見，南北兩大區域劃分的出版形式存有頗大
差異，可能是歐美等先進國家的學者，一方面與國際組織合作（如世界銀
行或聯合國教科文組織），大多經費是針對開發中國家的研究為主，因開發
中國家的教育問題多且仍待解決，不像先進國家大致底定。至於南方期刊
則多強調本國研究，較少關注國際的教育發展，可能是南方期刊刻意透過
這樣的偏重方式，鞏固他們的發言權，以此來加強本身的國際曝光率。

　　另外，從過去幾年國際性期刊中，我們可以歸納比較教育研究的三大
趨勢：

　　第一，從單一國家的、國際的、國與國的比較，朝向較複雜的脈絡因
素；從過去簡單的分工，朝向更多的科際整合、部門整合與人員整合的方
向。而作者背景大抵有四種型式：⑴理論與實務工作者；⑵研究者與政策
訂定者；⑶比較與國際教育相結合者；⑷從單一的區域逐漸改為跨領域者。

　　第二，增加了更多取代性與另類的知識，例如：針對 Paul Freire 所提
到對學習者的賦權 (empower learner)、改善 (ameliorate)、解放
(emancipate) 等研究。而 Michael Apple 等人 (1988) 則提出解構
(deconstruct) 與重建 (reconstruct)、宰制者與被宰制者 (domination and
subordination) 等概念。

　　第三，結合研究與實務，並可透過以下兩種策略達成：⑴利用「在地
全球化」，讓在地的研究成果成為全球的議題；⑵讓「理論情境脈絡化」，
從上述期刊中，可看出南方期刊本身具有高度地區性，兼具情境脈絡化的

特色，而其中最大的挑戰就是如何將當地特有的主題，以現有的理論及研究典範進行更深入、更廣泛的連結，使得在地問題能夠與全球共通議題相結合，這是多數比較教育期刊最感興趣的部分 (Biraimah, 2007)。

此外，另一份針對 2005 年《比較教育評論》所刊登文章引述的 1676 篇文章，進行主題分析 (Raby, 2006)，結果如下：

從比較教育科際整合的領域特質來看，這些作者們所引述非教育領域論文大多來自「區域研究」(area study) 期刊，其次為「健康領域」(health field)、「政治科學與外交政策」(political science and palmary policy) 等期刊。至於教育領域方面引用最多的是一般 (general) 的教育期刊，其次為高等教育期刊，第三為研究方法方面期刊，第四是教育基本理論期刊。其中以 2005 年為例，高等教育相關期刊出現最多，至於教育改革或教育發展方面的文章數量，反倒不多見，可看出在比較教育中各國作者關心的議題甚為分歧。

在研究的主題方面，從 1997 至 2005 年間以成人、農村、識字、職業、非正式教育、通識教育等議題占絕大多數，其次才屬於比較教育研究類。就研究地區而言，針對中亞、南亞及東南亞的文章出現次數最多，其次是俄羅斯的教育討論。總之，這些期刊大多是針對第三世界地區的討論為主。其中 1997 年出現最多的地區為東亞，其次為歐洲，再者為跨洲研究。到了 2005 年就轉成為以歐洲地區為主，其次為中亞與東南亞等地。至於中東與北非始終是維持中等數量 (Raby, 2006)。這些主題取向或者與主編等人的個人偏好有關，或者與受當時世界重大事件的發生所影響，真正原因值得進一步去探究。

三、比較教育新興議題

(一)全球知識庫的建立與應用

根據美國哥倫比亞大學 Steiner-Khamsi 教授的觀察 (2007)，比較教育最新興的研究趨勢為因應「全球知識庫」(knowledge banks) 的建制，藉

此改變過去該領域缺乏實證資料與標準化研究的刻板印象。這些跨國大型知識庫包括：由聯合國教科文組織及 OECD 國家等所進行的 TIMSS、PISA、公民教育等測驗，這些都有別於傳統資料庫，不僅蒐集跨國的教育統計資料、重視各國學生學業成就測驗成績，更重要的是提供描述現象之外的診斷與建議。在量化數據之外，這些國際評量都提供了以證據為主 (evidence-based) 的參考資訊，提出如：學校改革、教育實務中的各種問題、國際標準指標，甚至公布調查研究結果等，來建立公正的資料庫，作為社會大眾要求各國政府教育改善的施壓依據。

值得注意的是，這些全球知識庫的研究結果引起各國不同的反應，例如 PISA 結果對於成績優異的芬蘭，在國內外的反應即不相同。起初芬蘭國內並不在意此國際評比中的結果，直到國外人士紛紛向芬蘭叩門請益祕訣後，芬蘭各界才真正了解這些國際評比的影響非同小可。其他像韓國就是從這些評比中，更確定其現有教育的改革方向。至於敬陪末座的墨西哥，該國政府對這樣的國際評比顯得反應冷淡。

至於美國自 1980 年以來，學童在各種國際評比中，往往成績乏善可陳，因此歷屆總統都提出教育改革方案，尤其 2000 年布希總統上任以後提出「沒有孩子落後」的政策，加強美國各州的學童學力測驗，及增加全國教育指標等，讓美國的教育從過去地方分權、各自為政的情況，逐漸走上全國統一課程綱要、加強紙筆測驗的評量方式等做法。這些重大改變正是受到上述國際評量指標的影響所致。相對的德國也在跨國公民教育評量方面敬陪末座，但他們的反應卻遠不如對 PISA 結果的重視，此種「冷處理」做法應與兩德統一後，公民教育在德國已逐漸邊緣化，以及其國內已歸化外籍勞工的族群認同爭議有關。所以最近興起的全球知識庫所蒐集的跨國資料，在某個層面上可對該國政府之教育施政產生壓力（尤其是學生學習成就測驗），甚至包括世界一流大學的排行，對亞洲各國所造成的重大影響。這些評比雖利弊兼而有之，但卻可建立揭發腐敗的指標，對某些國家形成改革壓力 (Steiner-Khamsi, 2007)（參見圖 2-9）。

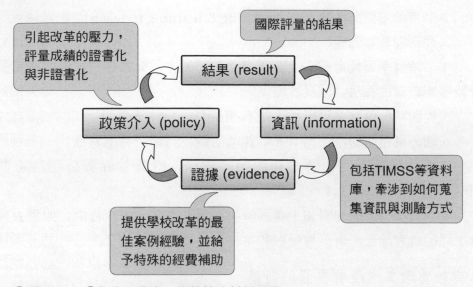

國際評量的結果

引起改革的壓力，評量成績的證書化與非證書化

結果 (result)

資訊 (information)

政策介入 (policy)

證據 (evidence)

包括TIMSS等資料庫，牽涉到如何蒐集資訊與測驗方式

提供學校改革的最佳案例經驗，並給予特殊的經費補助

▶圖 2-9 「全球知識庫」的學校改革循環圖
資料來源：引自 *The politics of comparison in global knowledge banks* (p. 201), by Steiner-Khamsi on 2007.

　　總之，這些透過全球或是國際化的標準來釐清一國政治、經濟與教育方面的優缺點，而形成公眾輿論壓力，間接促成政府必須回應，進而提出改革政策，這些都是當前比較教育盛行的做法。

㈡為初學者設計的議題

　　除了上述討論外，根據加拿大多倫多大學的高等教育研究中心 (Ontario Institute for Studies in Education, OISE) 所出版的《比較與國際教育：教師篇》(*Comparative & International Education: Issues for Teachers*) (Mendy et. al., 2007)，作者提出透過跨國與跨文化的研究，從北美、非洲、亞洲、中南美洲、歐洲以及中東等地區的歷史與哲學討論中，尋求一個適合於教師或比較教育初學者的入門架構。此書特別提出幾個比較教育新興的議題，包括：

　　1.全民教育與學校社會學 (education for all & comparative sociology of schooling)；

2.師資的培育與在職進修 (teaching & learning to teach)；

3.性別與教育問題；

4.了解教學與教育——從跨國與文化的角度，來看各個社會與國家對
於教學與教育的看法，以及實際狀況；

5.從跨國的角度來看學校革新 (school improvement)；

6.國際評量測驗，包括 IEA 等跨國測驗、跨國研究的意涵；

7.原住民教育的學習方式與知識建構，對於差異與公平的看法
(diversity & equity)；

8.教育如何為衝突與和平尋求解決途徑？在多元的社會中，如何去尋
求不同的教育途徑，來促進世界和平、為世界公民而教育。

(三)與教育改革或改善有關的討論

在比較教育的研究中，尤其是教育改革方面，經常涉及到制度的借用，
或國與國之間的觀摩與模仿。作者綜合各方意見，提出近年來新興的關注
焦點：

1.借用先進國家的教改經驗

這部分通常以國家為單位，如比較歐陸、英國、美國、紐澳等國的教
改經驗，如何為他國所借鏡，尤其在全國統一課程綱要、學習領域取代傳
統學科等方面。

2.華人學習成就

華人學習 (Chinese Learner) 主要是針對 1980 年以後跨國的學童學
業競賽中，經常會討論何以華人學童在學業上領先，其中必然會提到華人
學習的特質和文化傳統，以及對於教育的價值觀念，包括：教育目的、教
師地位和角色、家長投入及期望、社會中職業的分類等，這些都是影響華
人學童的重要學習因素，也因此延伸出東西方文化對於教育影響的一連串
討論。

3.對文化衝突的關注

自 2001 年美國 911 事件後，在各大學校園中的伊斯蘭教文化研究中心 (Center for Islamic Studies) 如雨後春筍般紛紛設立，主要是西方國家對於中東社會充滿了誤解，尤其是其教育長期為西方世界所忽略。所以如何彌補這些缺點，重新予以定位與學習，是歐美國家學習與伊斯蘭世界和平相處的重要途徑。

4.國際性教育成就測驗

主要著重在提教育成就與文化之間的關係，尤其各國文化對教育成就的定義與期望有何不同？究竟應該仿效東方華人的考試、背誦、記憶，或者應學習西方國家強調個人獨立判斷，以及重視書本知識之外的技能？這些都引起許多國家重新界定教育成就之意義。

5.精英教育與大眾教育

以歐陸國家來說，傳統上是精英制度和階級社會。直到十九世紀才開始提倡大眾教育（或國民教育），但過程中教育上仍保有精英教育系統，如英國的公學 (public school)、法國的 Lycée 與德國的 Gymnasium 等。各國教育何以會強調學術研究、或者重視職業導向？如伊朗、印度、中南美洲，甚至日本、臺灣、韓國不同的教育重心也大多會被歸因於文化和價值觀的不同使然。

6.學校效能研究

各個學校的特色與效能主要還是受到各國文化價值所影響，包括：東亞地區的學校效能不僅包含學生的學習，也包含學生的成績、上課的秩序、班級經營、教師的社會地位、教師的教學技能及資格等。西方學校則強調學童參與多元的發展、創意，及教育經費分配和有效使用，這些部分依然與文化價值有關。

7.公民教育

最近各國經常討論到公民教育議題，尤其是在傳統社會快速轉型後，家庭功能逐漸式微，青少年的自殺率偏高（尤其在北歐、西歐、蘇聯、日本等先進國家），行為問題日趨嚴重。在此情況下，如何去因應新時代的需求，調整各國公民教育的內涵、實施的過程以及成效等，都值得討論。

8.文化衝突的議題

如中國大陸和伊朗分別在 1966-1976 年（文化大革命）、1980-1983 年間發生社會運動，造成傳統文化和西化的鉅大隔閡。日本在十九世紀的明治維新運動走向西化的道路，也影響日本的人才觀。至於在伊斯蘭世界，教育是以培育具有伊斯蘭教文化色彩的純淨個人為主，此內涵和西方以基督教、天主教為主的文化、或東方的儒家文化差距甚大，值得關注。

9.新興國家認同

1991 年南非取消種族隔離政策後，南非學童的種族認同問題即不斷有所討論；臺灣以及東歐、蘇聯、兩德統一之後，國家的族群認同都值得重視。

(四)全球化與在地化議題

1.理論面

(1)針對批判理論、後現代理論、後結構理論等（與「後」有關的理論）及全球化與本土化，對於各種教育理念、政策、措施之影響。

(2)國際上的重要議題，包括：各種文明衝突對教育之影響，如 911 事件、南亞海嘯、美國與阿富汗和伊拉克、以阿、基督教與伊斯蘭教的衝突與緬甸風災、四川震災、臺灣八八水災等對教育重建之影響。尤其是針對環境永續發展與貧窮等議題。

⑶若干新興地區，如歐盟的語言政策、國際交流、OECD 及 PISA 等國際競賽對兒童學力提升之影響；其他地區如：印度、前蘇聯、巴西、中國所謂「金磚四國」(BRIC) 的教育發展及科學教育等議題，也漸受重視。這些方面皆值得從全球化、本土化與在地化之爭論中進行探討，透過 WTO、GATTS 架構從事對教育事業之衝擊及因應研究。

⑷在本國方面，可針對臺灣現階段之重要措施提出上述理論之對應討論。如十二年國教、能力和學歷、教育機會公平與效率之爭論、外籍配偶子女文化與學習適應，及城鄉與貧富差距，尤其是少子化與師培制度的改良問題等。

2. 實務面

⑴各國現有之教育措施，如提升學童學力及競爭力等問題、少子化與終身學習、網路對學校教育之影響、世界公民之具體做法、青少年犯罪問題等。

⑵涉及各國的教改政策及問題亦為重點，如：美國的教改、英法德等中小學教育課程改革、創新教育之做法等。在此方面可參考用 Levin (2001) 的四種教改概念架構去評論。

⑶在高教方面，各國追求世界一流大學的做法，如大學如何受到新自由主義之影響、大學整併與行政法人化（如日、德、英）、大學產業化、市場化之趨勢對大學發展之影響，學費調整、與大學營運績效問題等，皆值得關注。

⑷在國內教改方面，可針對十多年教改之政策或實務面，進行與鄰近亞洲國家之比較等主題。這些都是國內比較教育研究值得探究的課題。

本章參考書目

Freire, P. 著。方永泉譯 (2003)。受壓迫者教育學。臺北：巨流。

方永泉 (2002)。當代思潮與比較教育研究。臺北：師大書苑。

王岳川 (1993)。後現代主義文化研究。臺北：淑馨。

尹貴義 (2006)。第三條道路：中國建設和諧社會的他山之石。2007 年 5 月 2 日，
取自：http://www.singtaonet.com:82/weekly/weekly0619

比較教育學的歷史和現狀 (2007)。2007 年 5 月 4 日，取自：
http://student.zjzk.cn/course_ware/bjjy/images/011.htm

王佩君 (2004)。淺談哈伯馬斯批判理論。網路社會學通訊期刊，41，2008 年
4 月 15 日，取自：http://www.nhu.edu.tw/~society/e-j/41/41-21.htm

公共電視研究發展部 (2001)。新中間政策的電視服務公共化與數位化──國與
紐西蘭的問題與挑戰。2007 年 5 月 21 日，取自：
http://www.pts.org.tw/~rnd/p2/010118.htm

王家通 (1997)。比較教育論叢。高雄：麗文文化。

王岳川 (1999)。後殖民主義與新歷史主義文論。濟南：山東教育。

沈姍姍 (2000)。國際比較教育學。臺北：正中。

周祝瑛 (2000)。他山之石──比較教育專題研究。臺北：文景。

周祝瑛 (2005)。新自由主義對高等教育之影響──以紐西蘭為例。教育研究月
刊，136, 148–158。

阿丙 (2006)。淺談公民社會與第三條路。2007 年 5 月 2 日，取自：
http://www.inmediahk.net/public/article?item_id=161627&group_id=33

美國鳳凰城大學突出的教師後臺服務特色 (2007)。2007 年 4 月 20 日，取自：
http://learn.cpic.com.cn/ilearn/en/learner/jsp/xljy/xljy_3.htm

徐南號譯 (1991)。比較教育學。臺北：水牛。

徐曉雲 (1994)。Kelly, G. P. & Altbach, P. G. (1986)。比較教育：挑戰與應戰。
載於趙中建、顧建民選編，比較教育的理論與方法：國外比較教育文選（頁
332–359）。北京：人民教育出版社。

張善楠 (2000)。轉變中的華人價值觀——教育政治與社會結構之互動。臺北：商鼎。

陶東風 (2000)。後殖民主義。臺北：揚智。

最新各國價值觀比較研究成果 (2004)。2007 年 5 月 21 日，取自：http://kgb.blogsome.com/2004/02/08/countriesvalues/

馮增俊 (1996)。比較教育學。江蘇：江蘇教育出版社。

楊思偉、沈姍姍編著 (1996)。比較教育。臺北：空大。

楊深坑 (1998/1999)。教育知識的國際化或本土化——兼論台灣近年來的教育研究。教育學報，27 (1), 361–379。

楊偉中 (2001)。世界反全球化鬥爭與台灣左翼青年運動。2007 年 4 月 14 日，取自：http://www.xiachao.org.tw/?act=page&repno=69

楊深坑 (2000)。迎向新世紀的教育改革——方法論之省察與國際改革趨勢之比較分析。教育研究集刊，44, 1–34。

楊深坑（2005 年 11 月）。教育改革研究方法論的回顧與前瞻。論文發表於國立臺灣師範大學主辦之「華人教育學術研討會」，臺北。

楊景堯 (2006)。新世紀高等教育政策與行政。臺北：高等教育文化。

楊漢清、吳文侃 (1999)。比較教育學。北京：人民教育出版社。

詹盛如 (2000)。世界銀行教育援助之研究。國立暨南國際大學比較教育研究所碩士論文，未出版，南投。

維基百科 (2007)。越南戰爭。2007 年 5 月 18 日，取自：http://zh.wikipedia.org/wiki/%E8%B6%8A%E5%8D%97%E6%88%98%E4%BA%89

潘慧玲譯 (1992)。比較教育中「比較」之疑義。載於楊國賜、楊深坑合編，比較教育理論與方法，第一章，頁 2–5。臺北：師大書苑。

劉阿英 (2005)。布萊爾與第三條路線。2007 年 5 月 21 日，取自：http://news.bbc.co.uk/chinese/trad/hi/newsid_4460000/newsid_4465200/4465211.stm

戴曉霞 (1995)。比較教育與國家發展：兩個互相衝突的觀點及其展望，載於中華民國比較教育學會主編，教育、現代化與後現代化（頁 65–83）。臺北：

　　　師大書苑。

謝文全 (2004)。比較教育行政。臺北：五南。

鍾啟泉 (2004)。多維視角下的教育理論與思潮。北京：教育科學。

Alexander, R. (2000). *Culture and pedagogy: International comparisons in primary education*. Oxford: Blackwell.

Altbach, P. (1991). Trends in Comparative Education. *Comparative Education Review*, Vol. 35, No. 3, pp. 491–507.

Altbach, P. G. (1995). Education and neo-colonialism. In B. Ashcroft, G. Griffiths & H. Tiffin (Eds.), *The post-colonial studies reader*. London: Routledge.

Apple, M. (1988). *Ideology and curriculum*. London & New York: Routledge & Kegan Paul Ltd.

Apple, M. W. (1990). *Ideology and Curriculum* (2nd ed.). New York: Routledge.

Apple, M. W. (1991). *Ideology and curriculum*. N.Y.: Routledge.

Arnove, R. F. (1980). Comparative education and world-systems analysis. *Comparative Education Review, 24* (1), 48–62.

Bereday, G. (1964). *Comparative method in education*. New York: Holt, Rinehart & Winston.

Biraimah, K. L. (2007). Studying "self" and "others": Differentiated patterns in journal publications. Paper presented at the 51st Comparative and International education Society 2007 Annual Conference, Baltimore, February 25–March 1.

Bowles, S. & Gintis, H. (1976). *Schooling in Capitalist America*. New York: Basicbooks.

Bray & Thomas (1995). A Frame work for Comparative Education Analyses. *Harvard Educational Review, 65* (3), 475.

Bray, M. & Murray, T. (1995). Levels of comparison in educational studies: Different insights from different literatures and the value of multilevel analyses. *Harvard Educational Review, 65* (3), 472–490.

Bray, M., Adamson, B. & Mason, M. (Eds.) (2007). *Comparative education research: Approaches and methods.* Hong Kong University Press.

Carnoy, Martin (2006). Rethinking the Comparative and the International. *Comparative Education Review,* Vol. 50, No. 4, 551–570.

Chou, C. P. (2008, forthcoming). The Impact of Neo-Liberalism on Taiwanese Higher Education. *Emerald Journals,* Volume 9. International Perspectives on Education and Society Series.

Dale, R. (2001). Constructing a long spoon for comparative education: Charting the career of the New Zealand Model. *Comparative Education, 37* (4), 493–501.

Eckstein, A. & Noah, H. J. (1969). *Scientific Investigation in Comparative Education.* London: Macmillian Company.

Edmund King (1968). *Comparative Studies and Educational Decision.* New York: Bobbs-Merrill.

Eisner, E. W. (1992). Educational reform and the ecology of schooling. *Teacher's College Record, 93* (4), 610–627.

Epstein, E. H. (1987). Against the currents: A critique of critiques of ideology in comparative education. *Compare, 17* (1), 17–28.

Foucault, M. (1979). Governmentality (trans. R. Braidotti). *Ideology and Consciousness, 6,* 5–28.

Gardner, H. (1983). *Frames of Mind: The theory of multiple intelligences.* New York: Basic Books.

Giddens, A. (1998). *The Third way: The renewal of social democracy.* Cambridge: Polity Press.

Giroux, H. (2002). Neo-liberalism, corporate culture, and the promise of higher education: The University as a Democratic Public Sphere. *Harvard Education Review, 72* (4), 1–31.

Halls, W. D. (1990), ed. *Comparative education: contemporary issues and trends*. London: J. Kingsley Pub.; Paris: UNESCO.

Hansen, M. H. (1999). *Lessons in being Chinese: Minority education and ethnic identity in Southwest China*. Hong Kong: Hong Kong University Press.

Hantrais, L. (1995). *Social policy in the European Union*. London: Macmillan Press.

Holmes, B. (1958). Social change and the curriculum. In G. Bereday, & J. Lauwerys (Eds.), *Yearbook of education: The secondary school curriculum*. London: Evans Brothers.

Holmes, B. (1965). *Problems in education*. London: Routledge.

Holmes, Brian (1981). *Comparative Education: some considerations of method*. London: George Allen & Unwin.

Jones, R. W. (1971). A Three-Factor Model in Theory, Trade, and History. In J. N. Bhagwati and C. P. Kindleberger, eds., Trade, Balance of Payments, and Growth, Amsterdam: North Holland, pp. 3–21.

Kandel, I. L. (1933). *Comparative Education*. New York: Greenwood.

Kazamias, A. (ed.) (1997). The State of the Art: Twenty Years of Comparative Education: Special issue on *Comparative Education Review*, Vol. 21, No. 2/3.

Kelly, G. P. & Altbach, P. G. (1986). *New approaches to comparative education*. Chicago: The Univ. of Chicago Press.

King, E. (1968). *Comparative Education & Educational Decision*. London: Mathuen.

King, Martin L. (1967). Beyond Vietnam: A Time to Break Silence. Accessed on 08/21/2009 at http://www.hartford-hwp.com/archives/45a/058.html

Levin, B. (2001). *Reforming education: From origins to outcomes*. New York: Routledge-Falmer.

Manzon, M. (2007). Comparing places. In Bray, M., B. Adamson and M.

Mason, *Comparative education research: Approaches and methods*. Hong Kong: The University of Hong Kong and Springer.

Masemann, V. L. (1982). Critical ethnography in the study of comparative education. *Comparative Education, 26* (1), 13–14.

Mendy, K. et al. (2007). *Comparative & International Education: Issues for Teachers*. Canada: Canadian Scholars Press.

Myers, J. P. (2007). Citizenship education practices of politically active teachers in Porto Alegre, Brazil and Toronto, Canada. *Comparative Education Review, 51* (1), 1–24.

Noah and Eckstein (1969). *Toward a science of comparative Education*. New York: Macmillan.

Noah, H. J. & Eckstein, M. A. (1988). Dependency theory in comparative education: Twelve lessons from the literature. In J. Schriewer & B. Holmes (Eds.), *Theories and methods in comparative education* (pp. 165–192). Frankfurt am Main: Peter Lang.

Olivera, C. E. (1988). Comparative Education: Towards a Basic Theory. *Prospects*, Vol. XVIII, No. 2, pp. 167–185.

Olssen, M. (2002). The restructuring of tertiary education in New Zealand: Governmentality, neo-liberalism, democracy. *McGill Journal of Education, 37* (I), 57–88.

Ono, M. (2003). "Scientific Trends in Japan—The University Reform," in the 1st Meeting of the Heads of Research Councils in Asia. Retrieved May 24, 2007 from: http://www.jsps.go.jp/english/about_us/ono_1106_e.html

Paulston, R. G. (Ed.) (1996). *Social cartography mapping ways of seeing social and educational change*. New York: Garland.

Picciano, A. G. (2004). *Educational research primer*. London: Continuum.

Raby, R. L. (2006.11). 2005 Comparative Education Review Bibliographic: Changing emphases in scholarly discourse. *Comparative Education Review*,

Vol. 50, No. 4, 696. 2007 年 2 月 18 日取自：
http://www.journals.uchicago.edu/CER/journal/issues/v50n4/500407/5
00407.html

Ragin, C. (1973). *The Comparative method: Moving beyond qualitative and quantitative strategies*. Berkeley: University of California Press.

Rust, V. (1991). Postmodernism and its comparative education implications. *Comparative Education*, 4, 610.

Sadler, M. (1900). How far can we learn anything of practical value from the study of foreign systems of education? (Reprinted 1964). *Comparative Education Review*, 7 (3). 307–314.

Said, E. (1978). *Orientalism*. New York: Vintage.

Slaughter, S. & Leslie, L. (1997). *Academic capitalism: politics, policies, and the entrepreneurial University*. MD: The John Hopkins University Press.

Steiner-Khamsi, G. (2007). The politics of comparison in global knowledge banks. Paper presented at the 51st Comparative and International education Society 2007 Annual Conference, Baltimore, February 25–March 1.

Thomas, R. M. (1990). *International comparative education—Practices, Issues, & Prospects*. Oxford: Pergamon.

Usher, R. & Edwards, R. (1994). *Postmodernism and education*. London: Routledge.

Watson, K. (1999). Comparative Education Research: The Need for Reconceptualisation and Fresh Insights. *Compare, 29* (3), pp. 233–248.

Welch (1991). Knowledge and legitimation in comparative education. *Comparative Education Review, 35* (3), 508–531.

Wikipedia (2007). The 20th Century in Review. Retrieved May 8, 2007 from: http://en.wikipedia.org/wiki/The_20th_century_in_review

Yang, R. (2007). Comparing policies. In Bray, M., Adamson, B. & Mason, M.,

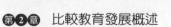

Comparative education research: Approaches and methods. Hong Kong: The University of Hong Kong and Springer.

Zhang, Y. (2006). Urban-rural literacy gaps in Sub-Saharan Africa: The roles of social-economic status and school quality. *Comparative Education Review*, *50* (4), 581–602.

Chapter 3

第3章

國際教改

國際教改背景

　　根據研究指出，世界各國的教育改革通常會與當時發生的重大事件有關。以下謹就二次世界大戰以來，各國教改的共同背景敘述如下 (Levin, 2001)：

一、1950-1960 年的教育改革

㈠透過教育改造社會的期許

　　1950 年代，各國鑑於二次大戰所造成的後遺症，亟需從戰後廢墟中振興，因而許多政府努力投資教育，希望藉此提振國力。當時的教改目標，是為了透過教育來改造社會、振興國力，因而獲得社會上廣泛的支持。政府於是透過各種稅收來增加教育投資，甚至從公部門大量撥款、挹注教育。

㈡因應戰後的嬰兒潮 (baby boomer) 的生育高峰

　　二戰後出生的人口達到高峰，各國政府必須大力投資並擴展教育規模，興建學校，以改善辦學品質。因而此時期各級學校的軟、硬體設備都得到前所未有的發展。

㈢人力資本論和現代化理論的盛行

　　除了人口增加外，此時許多西方工業國與戰後獨立國家，奉行人力資本論及現代化理論，將人力視為資本，認為只要增加國家經費投資，就能發展教育，促進經濟成長，朝向現代化國家邁進。

二、1960-1970 年的教育改革

(一)畢業人口就業失衡

二戰後的生育高峰，固然促使教育發展，但也產生市場無法吸收過剩人力的情況。到了此階段，無論是先進國家或開發中國家，都出現了學校培養出來的畢業生和就業市場無法結合，造成失業問題。

(二)教育期望過高

此時期出生率逐漸減緩，人們從過去對教育充滿期望，到後來發現學校本身無法減少貧窮、預防犯罪與失業等問題。許多新興國家在大量投資教育後，也發現經濟狀況改善有限，因此開始提出：「是否真能透過教育，來促成國家的經濟復甦？」等懷疑。

(三)財政金融發生問題

1970 年後，在歷經兩次世界性的石油危機與美蘇冷戰的國防擴張後，各國開始面臨財政緊縮，許多政府的赤字預算與通貨膨脹愈來愈嚴重，因而無力持續教育的擴充。

三、1970-1980 年的教育改革

此時期，各國政府逐漸修正自 1930 年代以來，美國羅斯福總統 (Franklin Delano Roosevelt, 1882-1945) 在「新政」(New Deal) 中，主張由政府來全面主導公共事務、形成「大有為政府」的構想。以英國柴契爾夫人與美國雷根總統為首的「新自由主義」思潮逐漸抬頭，支持「小政府、大市場」政策，主張降低富人稅、減少社會福利與教育等支出。

四、1980 年代之後的教育改革

此時期可謂「後現代主義」、「後福特主義」(Post-fordism)❶及「資訊

❶ 1970 年代之後，由於資訊科技、全球化、消費文化的快速發展，各工業國家先後進入後工業時代，生產模式也由原先主張大量生產的福特主義變成建構

社會」的來臨，挑戰各國政府教育介入的角色，如 Giddens (1994) 與 Ball (1998) 等人都提出：公共教育投資不斷受到商業與市場的影響，政府將原本應負的政治責任推向市場與個人，影響人民權利等批判（戴曉霞，2002）。

此外，此時期各國亦面臨如：教育資金不足、以及少數菁英分子對於整體辦學成效不滿的挑戰，教育鬆綁與自由化呼聲高漲，還有各種利益團體，包括：社會人士、教師與家長所組成的團體，紛紛參與教改政策，甚至有更多的商業組織支持削減公共教育預算。其中，最著名的要屬紐西蘭、澳洲及美國，在制定教育政策時，大多邀請政界與企業界的領袖來參與教改會議，教育界的代表反而被邊緣化 (Good, 1997)。同時政府逐漸採取企業經營的方式，包括：縮減國家干預，引進市場機制等。

總之，自 1980 年代之後，許多國家的公共預算急劇縮減，影響了教育組織結構、文化價值、投資分配、管理方式、社會關係，以及公共福利等。其中，為了增加家長決策參與及經費分擔，政府率先提供額外經費支持家長團體，結果也造成許多商業教育機構或企業集團，掌握到以家長為主的團體，介入教育機構，進而謀求利益等後遺症。

第二節

國際教改綜覽

根據「世界比較及國際教育學會」前主席 Mark Bray 在「比較教育研究：取向與方法」(Comparative education research: Approaches and methods)(2007) 一文中指出，比較教育的分析單位甚多，大至地理位置，小至教室內的活動都可進行比較分析。本節將根據 Bray 所提出的幾項分析單位，進行世界若干國家教育改革的概覽及評述。

生產彈性，以後福特主義為導向的工業思維。然而後福特主義不只是生產模式的改變，更是一種政治和社會的改變，大學不僅是一種社會機構，也同時面臨其所在社會各行業之間的權力重整。

一、以地理位置為分析單位

整體而言，本書嘗試以地理位置中的「洲與國」為單位，在全球五大洲中，選擇若干特殊國家進行描述與分析。由於「教育改革」是近年來比較教育十分關注的議題，因此本章中除了探討各國教改動向外，也必須留意各國的地理位置、歷史傳統、與政經發展等因素。

全世界中，首先以國家介入教育，並且建立公立學校系統的國民教育，當屬西歐國家。十八、十九世紀時，歐洲如：德國、法國、英國等地，就已建立公立學校系統，並且在教育觀念上，逐漸從過去菁英階級轉向到平民教育。因此比較教育在討論各國教育制度時，常常會以西歐諸國（如：英、法、德、葡萄牙、西班牙、荷蘭等）作為標準。此外，由於這些國家較早建立民主政治與經濟體制，並且透過海外殖民，將本國的教育理念、制度以及宗教傳播到全球各地。因此無論是北美、中南美洲、亞洲、紐澳、與非洲等地，都受到這些國家的影響。尤其，這些國家不但建立了現代的教育系統，近年來也不斷採取許多重大教育革新方案，在制度、經費分配、教師、師資培育，甚至在課程的改革與教育的觀念等，都在五大洲中執牛耳、引領風騷 (Cummings, 2003)。

至於東歐國家，則因長期以來與蘇聯的關係密切，加上二次世界大戰等因素，成為共產主義國家一員，與西歐相比之下，在政治、經濟、教育方面的發展較為緩慢且保守。一直到 1991 年蘇聯瓦解後，東歐經濟開始復甦，教育上逐漸進行重整，並且改變過去以蘇聯模式為主的中央集權制度，朝向符合民眾需求、強調創意思考、與重視學生取向的教育哲學。

歐洲國家的教育特徵在於教育上實施雙軌制，主要是深受社會階層的影響，傳統以來就以菁英及平民的雙軌制為主，高等教育也都以培養菁英（宗教領袖、政府菁英）為主，中學階段就以職業導向、學術導向區分；有些地區甚至從小學四、五年級，就開始進行分流的規劃。相對之下，美洲地區的發展，可以分為北美與中南美洲。北美包括美國與加拿大，在全球的教育發展上，無論是識字率或者教育資源、教育理念，都較為先進，

尤其是美國的高等教育幾乎是全球數一數二。

至於美、加兩國雖然都受英國殖民的影響，但美國是用革命的方式取得獨立，因此所有的社會、政治與教育等，都儘量與英國有所區隔；而加拿大則在大英國協中自然的取得獨立地位，因此在教育上，仍保有英國的傳統，並且以公立學校系統為主。美國的教育發展過程中，因受到獨立戰爭以及南北內戰的影響，導致教育發展上少了歐洲國家的歷史包袱，尤其在美國西部拓荒的過程中，亟需採取實用主義，因此在推動教育過程中，地方色彩相當濃厚，尤其美國獨立後，憲法即規定教育權由各州政府掌握，因而聯邦政府的權力有限（周祝瑛，2000）。

另外，美國教育深受 1930 年代以來杜威進步主義的影響，強調兒童中心教育。到了 1958 年以後，有鑑於蘇聯的太空發展而公布國防教育法案，朝向重視基本讀、寫、算等科學、外語的能力。從 1950、1960 年代，再加上戰後嬰兒潮的教育擴充，到了 1970 年代，教育發展達到歷史新高，但也出現市場與教育需求的問題。1980 年代，雷根執政受到新自由主義後，採取市場經濟的取向，許多大學、公立學校開始經費縮減。2000 年時，布希總統上臺之後，有鑑於美國學童在國際競賽中的落後，因此統一全國教育標準，建立全國課程綱要，更提出全國標準化測驗，對各校的辦學績效、學童的學習表現，做定期評估。而這樣的概念也影響到其他各國。

至於同處美洲大陸的中南美洲，教育的最大特色是在十九世紀之前，也同樣受到歐洲殖民的影響，具有歐洲特色，採取中央集權，以及社會階級菁英導向的教育制度等。即使在十九世紀各國紛紛獨立之後，中南美洲的教育仍然具有濃厚的社會階級意識，尤其高等教育的發展，遠超過中小學的規模，加上許多私立學校為中上階層所專屬，政府對私立學校的持續補助也是全球中少見。不過中南美洲各國間的差異性頗大，甚至有些地區連基本的識字率，都還有待努力。因此從二十世紀以來，這些地區的非正規教育即成為各國教育的重點 (Carnoy, 1974)。

至於非洲方面，由於多數國家在二次世界大戰後才獨立，因此北非與西非深受法國的影響，其他的東非、南非、中非等，大多以英國殖民為主，

教育上也深受殖民母國的影響。以南非為例，由於 1990 年代前實施「黑白種族隔離政策」(Apartheid)，教育水準不亞於先進國家，但是相對的，有色人種與黑人的教育權利則長期受到壓抑。到了取消種族隔離政策之後，南非政府大力推動「種族融合政策」，加強黑人和有色人種教育的提升。不過這十多年來，仍然遭遇到許多困難，如早期種族隔離政策所遺留下的社會問題，包括：經濟上的困頓、教育觀念的歧視，還有區域裡的貧困、犯罪率高漲等情況。因此，南非的教育改革仍然問題重重，如：1990 年開始從事大學整併工作，目的是想要破除過去黑、白人大學分離的情形。不過，成效仍然有限，在許多新興的大學中，黑人的教職員比例依然偏低 (Ashby, 1996)。

至於中東地區本書只介紹以色列與伊朗。中東地區種族複雜，也是世界三大宗教的發源地。由於宗教、石油、及礦產等經濟利益，使得中東地區自二十世紀中期成為世界火藥庫，不但多年來發生許多戰事，甚至戰火延伸到先進國家，包括：兩次世界大戰、石油危機、及美國九一一事件等等。其中，以色列的教育因猶太人強調教育與宗教的結合，重視教育及科學研究，所以在整個中東的教育發展上屬先進國家之列。

至於伊朗，在二十世紀中，始終面臨究竟是要恢復伊朗的傳統文化、回教文化? 還是應該要西化、向西方學習現代化的爭議? 尤其是在 1980 年時，伊朗歷經一次文化大革命，試圖剷除所有西方文化思想，導致許多大學關閉了三年之久。於是許多人開始致力於如何恢復伊朗的傳統伊斯蘭文化，加強國家認同等問題討論上。所以整部中東的教育發展史，其實充滿了「宗教與國家認同」問題，尤其是與西方霸權不斷爭戰的歷程。基本上來說，以色列與伊朗在整個中東地區的教育發展仍屬較佳的國家。

到了亞洲地區，由於此地區是世界人口最多、密度也最高，區內東亞、東南亞、南亞等地的文化習俗、氣候差異都很大，尤其像是東北亞包括：日本、韓國、中國、臺灣、以及東南亞的越南、新加坡等地，由於受到儒家文化的影響，以致教育上充滿「學業成就取向」、「重視升學考試」的文化，可說是各洲中最為明顯的特徵。這些地區大多在二次世界大戰前淪為

殖民地，二戰獨立後面臨教育重整及教育擴張問題，尤其深受現代化理論的影響，相信西化是振興國力的重要途徑，認為教育投資越多，就能培育更多的人才。至於中亞地區的教育，以及回教文化為主，重視宗教生活，教育上以培育宗教人才、以及淨化心靈為主。這些地方又多是游牧民族，與東亞人口密集、強調升學的教育取向非常不同。

至於南亞地區的印度也是人口眾多，由於曾被英國殖民，整個教育系統仍然具有英國的傳統，強調階級、菁英制度。與中南美洲類似，國內地區差異非常大，高等教育素質甚高，但基礎教育，包括初等教育的普及化則有待提升。另外，教育上仍具有階級性，尤其存在性別上的嚴重差異。此外，教育上重視科學和數學，較為忽視人文，與中南美洲教育偏好人文取向成為強烈對比。

至於東南亞，雖然也受到儒家文化的影響，包括菲律賓、印尼、馬來西亞等地，都是在第二次世界大戰後獨立的新興國家。其特色之一是人口複雜，語言政策多元，教育屬中央集權。至於在整個教育投資上，原強調出口型勞力密集工業，當前則面臨教育制度如何調整過去以偏向記憶、考試為主，轉向強調學生興趣的理解、綜合分析、解決能力以及創造配合經濟等取向。近十多年來的教改重點，是新加坡受到英國教育傳統影響，非常強調英語教育，小學四年級就進行分流，加強不同教育程度學生的分軌，這是新加坡在東南亞獨具特色之處。

至於位在亞洲南端的紐、澳等國，其特色為地廣人稀，在 1980 年以前曾實施所謂的「白澳政策」，強調白人的世界。在此之前屬大英國協的一員，農牧業產品外銷英國，與亞洲的關係並不密切。到了 1980 年以後，歐洲共同市場成立，紐、澳地區原有的農牧產業發生滯銷，加上長久以來屬社會福利國家 (the social welfare system)，教育上採大家長制，人民從出生到老死由政府一手包辦。到了 1980 年紐西蘭工黨執政後，為解決國內經濟蕭條問題，引進新自由主義，主張「小政府、大市場」，將教育鬆綁並引進市場競爭機制。有人將紐、澳視為「社會工程革命的實驗室」，即是說明紐、澳兩國如何從社會福利國家，轉型到新自由主義的鬆綁轉變過程，

堪稱世界少見 (Francis, Rolf and Jack, 1996)。

　　這兩個地區還有一個重要特色，就是白人與原住民間的問題，例如：紐西蘭是全球少數以「英語與毛利語」作為官方語言的國家。澳洲地廣人稀，其中也有許多原住民的教育問題。這些國家一方面具有英國的傳統，又兼具本地少數民族的特色。此外，這兩個地區非常強調教育市場，所以在美國 911 事件發生後，留學生申請美國簽證不易時，紐澳兩國急起直追，尤其是澳洲頓時成為留學生重要的選擇地之一。

　　在教育改革上面，紐澳受到英國全國課程標準測驗的影響，教育上強調辦學效能 (effectiveness)。另外在教育研究上面非常強調批判理論，是質化研究與批判理論的發源地，尤其是在種族多元文化方面或是雙元文化的研究上，可說是首屈一指。

　　總之，在全球的教改中，可發現以各洲作為比較分析單位的研究非常之少，主要是各洲際與洲內之中的差異甚大，很難去做一個概覽。例如：北歐、北美等國家，地廣人稀，以農牧業或工業為主，其經驗很難推廣到其他國家。加上人文、文化傳統、教育哲學等，各洲教育發展也都不一樣。誠如比較教育學者沙德勒 (Michael Sadler) 提到，校外因素遠比校內還來得重要。可見當我們談到各地教育發展時，絕不能忽視地緣以及地理環境等因素。

二、以時間為分析單位

　　此部分主要是以時間 (time) 單位做分析。在比較教育中，經常會從歷史的角度來看問題，例如各國或各地區的發展如何？國家如何建立教育制度？各國教育模式受到何種影響等。

　　其次是各個時期的教育理論發展，例如：在比較教育的發展過程中，如何從二十世紀初的歷史分析，到後來的要因分析，以及二次世界大戰之後提倡現代化理論、人力資本理論，然後 1960 年代盛行社會科學方法論，1980 年代的全球化理論、世界體系理論（中央與邊陲的討論），或是 1990 年之後的後現代、後結構、後殖民等，這些理論隨著時間的進展，各有不

同的時代意義與各種教育發展的運用。

第三，在教育發展過程中，一般人會質疑十九世紀以前，中南美洲國家在葡萄牙、西班牙統治下，其教育制度如何模仿原有的殖民母國？到了十九世紀獨立後，又如何持續受到歐、美教育的影響？後來所謂後殖民或新殖民主義的概念討論時，也都是與時間有關。

三、以學校制度為分析單位

此外，根據 Cummings (2003) 比較世界六個主要國家教育發展與學校制度的建立過程中，發現長久以來我們始終認為各國的學校制度深受美國影響。然而根據作者的歸納整理，發現其實全世界存在三種特殊的教育制度，且各具特色。首先，Carnoy (1974) 提出來英國的教育制度是如何被移植到印度與牙買加。Kelly (1982) 檢視越南引進法國的教育制度與思想時，法國如何透過教育政策同化越南人？Ashby (1966) 指出英國與法國如何分別影響印度、非洲（西非以法國為主，西非以外的非洲地區則主要是受到英國影響）的教育發展？

另外，Tsurumi (1977) 探討 1895 年到 1945 年中，臺灣在日本殖民下的教育發展。Hong (1992) 根據上述的研究，針對韓國在 1910 年到 1945 年如何受到日本殖民的影響。從上述的研究中可看出各國在教育制度的演進中，深受歐美或日本的影響。Cummings (2003) 更進一步分析來自歐洲與中東的三大學制系統，包括歐陸模式、英美模式、及回教世界模式（見圖 3-1）。

在上述三個模式中，作者 (Cummings, 2003) 曾經區分宗教對於文化與教育的影響。例如，回教對中東文化影響深遠，但當代的學校制度則受歐陸和英美的影響。在歐陸教育模式中，經常出現由上而下的標準化模式進行集權制，包括：政策、法規、教育、經費、師資等，完全由中央統一規劃。至於英國的傳統教育制度，比較強調社區參與，甚至逐漸走向市場經濟。在整個教育過程中，比較強調選擇透過非正式的管道，來進行教育資源投資等，所以歐陸與英國這兩個管理模式相當不同。其中，日本可以

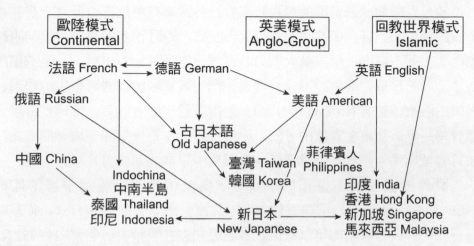

▶圖 3-1　全球三大學制系統❷
資料來源：修改自 *The institutions of education: A comparative study of educational development in the six core nations* (p. 131), by Commings on 2003, UK: Sympsiu.

說是在歐陸和英美模式中最為特別，因為她同時受到法國、德國與美國的影響 (Tsurumi, 1977)。歐陸模式主要是以公立學校為主，而英美模式則與公、私立學校並行。尤其在英國系統，公學是一個私立學校，而大學也多是公私立並存。美國高等教育甚至以私立學校為主。反之，歐陸模式則大部分（從義務教育到高等教育）是以公立學校為主。由上述可知，整個教育發展若從歷史上去區分的話，可以看出一些特殊的淵源。

四、以考試制度為分析單位

面對全球的國際學科能力測驗潮流下，許多研究都顯示就教育總資源

---

❷ 中南半島 (Indochina) 原法文 Indochine。(Indochina) 中南半島（含馬來半島）亦稱印度支那或中印半島，指亞洲東南部的半島，東臨南海，西瀕印度洋。中南半島通常特指曾經是法國殖民地的「法屬印度支那」，包括今日的越南、柬埔寨（舊稱高棉）、老撾三國，簡稱「越棉寮」；「印度支那」一詞是音譯自法文 "Indochine"，表示位於印度與中國之間並受兩國文化影響的區域。東南亞、臺灣、歐美等地的華人普遍使用「中南半島」一詞，意思為「在中國南方的半島」。

（不論是在時間或是資源的投資）來看，各國都有將近有百分之十是花在考試的準備上，甚至經費也達百分之十左右。而且很多國家把評量和考試加在學生學習身上，形成莫大壓力。考試類型通常分為兩種，一是總結性評量、一是形成性評量。形成性評量在西方國家裡比較強調學生的作業、老師的觀察、訪談 (interview)，還有老師自己出的考卷等。形成性評量大部分都是隨時隨地在實施的考試。總結性評量主要是每隔一段時間實施，如月考或期末考，甚至畢業考試（德國高中畢業成熟證書）等。

雖然考試模式不盡相同，但考試制度的始祖，應屬中國的隋朝 (589–618)，隋煬帝為了建立他本身的國度，將過去的選才方式，從品德與行為中漸改為特別的筆試科目，考試範圍以在學校中的學習內容為主，希望選拔士族，鞏固政權，同時選取孔子與儒家學說，來加強人才的選拔與評鑑標準。與中國最大不同的是，西方國家的知識強調論證、辯論與邏輯的推展，這與中國在選才上比較強調經書的記憶與背誦，從中出現創新的情況不同。所以中國在長達一千多年的考試制度（在 1905 年廢除）中，主要是「重考試、輕學校」的制度，除了少數官方的高等教育培育人才外，大部分是以私塾的方式來傳授知識，尤其是在 15 歲到 30 歲之間，要透過層層的考試制度，包括：識字、語文、板書等，最後才由政府選拔出適合的人才，來為公家服務。

西方國家的考試制度主要發展於十七世紀時，由傳教士引進到歐洲。如普魯士在 1748 年，開始透過考試制度來選擇行政官員，也透過大學教育來培養行政官員。到了 1788 年，德國的古典中學引進成熟證書考試制度，成為大學入學的必要憑據。直到十九世紀初，考試制度才正式成為德國選才的根據。另外，在十九世紀時，英國東印度公司也受到中國的影響，將考試引進該公司作為選拔人員的依據。直到 1872 年時，英國政府正式引進作為官員考試的項目。所以在比較東西方選才考試時，發現十九世紀時，考試制度基本上已經成為英國社會選才的機制，不僅是官方人員，也包括醫學、法律以及商業等證書的考試。另外，在西方的考試制度中，仍然相當重視育才，開始時先選才，然後再育才。但後來發展到重視育才這

個部分，也就是在學校制度興起之後，評量與考試的功能逐漸納入正規教育中 (Cummings, 2003)。

五、小　結

　　從上述考試與評量制度討論中，可以發現：為何西方國家後來並沒有發展成類似中國或日韓等的所謂「文憑病」(diploma disease)，其中當然與本身的社會制度及文化傳統有關。例如：西方重視學校教育遠高於考試，而在東方社會考試始終是一個重要的選才機制，且「選才」與「育才」不同軌道，所以後來中國長達一千多年的考試科舉制度，成為維持中國「超穩定」社會的重要機制。到了日本、香港甚至韓國，即使在科舉廢除之後，仍然受到考試文化的影響，出現「考試領導教學」、「考試重於一切」、「考試是一切升學就業的依據」等情況。

　　最後，有人質疑 (Hong, 1992; Kelly, 1982)：為什麼現在的學校制度幾乎都仿效西方國家？為什麼長久以來，中國、印度、伊斯蘭國家等，其傳統教育制度並沒有隨著時代推進而傳承下來？反而是在十九、二十世紀中全部改成西方制度。中國甚至在 1949 年之後，完全模仿蘇聯的制度。理由何在？由此可見，比較教育研究有助於類似問題的探討，透過討論激發更多的年輕人繼續去思考諸如：為什麼現代社會中傳統的東方學校制度無法傳承下來？等問題。

第三節

國際教改實例

　　為了探討國際上教改的趨勢，本節採用四大框架：⑴教育改革的背景；⑵主要的教育改革政策與法令；⑶教育行政制度與學校制度；⑷教育改革的評論，綜覽各國家的教育改革實例，並加以討論。

㈠臺　灣

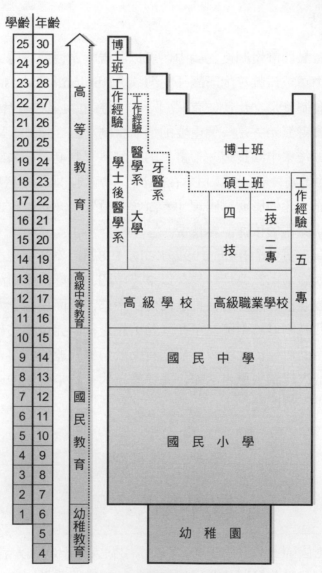

註：上圖中的「工作經驗」為臺灣醫學系學生的實習
資料來源：現行學制，教育部，2009年8月12日。取自：
http://www.edu.tw/files/site- content/B0013/98edu- sys.pdf

臺灣小檔案

1. 總人口數：23,007,737 人（2008 年 09 月底）

2. 土地面積：36,179 平方公里

3. Per capita GDP (USD)：17,116 美元 (2008) ❸

4. 各級學生人數：國小 1,831,913 人 (2006)；國中 951,236 人 (2006)；高中職 752,232 人 (2006)；大專院校 1,296,558 人 (2006)

5. 識字率：96.1%

6. 近年重要教改方案：十年教改、師資培育多元化、九年一貫課程、多元入學方案等

7. 臺灣教育部網站：http://www.edu.tw/

8. 資料來源：

(1) http://www.ris.gov.tw/ch4/static/st1–0.html

(2) http://zh.wikipedia.org

(3) http://www.stat.gov.tw

(4) http://www.cepd.gov.tw/

一、歷史背景

(一)早期的臺灣教育（1895 年以前）

十七世紀上半葉荷蘭人進駐臺灣（明朝天啟四年，1624），1627 年在臺南建築「熱蘭遮城」(Zeelandia)（即今天的「安平古堡」）之後，臺灣的教育於焉展開。1630 年代跟隨荷蘭東印度公司來臺的傳教士干治士 (Georgius Candidius)，利用羅馬拼音將新港附近的平埔族語言文字化，並

---

❸ 由於各國 per capita income（中譯為「按人口平均國民收入」或「個人平均所得」）之換算不易，資料來源除了參考各國官方網站外，還參考以下網站：
http://www.state.gov/r/pa/ei/bgn/index.htm,
http://siakhenn.tripod.com/capita.html,
http://siteresources.worldbank.org/DATASTATISTICS/Resources/GNIPC.pdf

以此文字教授民眾聖經，被稱為新港文或新港文字。1636 年荷蘭傳教士羅伯圖斯・尤鈕斯 (Robertus Junius) 更開始在新港社創立學校招收平埔族學童，教授新港文、聖經與羅馬文字。後來，南部平埔族大社中，都有這類由傳教士設立的教育機構。這些學校，可謂臺灣教育的啟蒙機構（徐南號，2002）。

然而真正普遍在臺灣實施教育活動的要算是鄭成功建立的明鄭政權。1661 年鄭成功擊退荷蘭東印度公司後，其後由繼承者鄭經與陳永華積極從事臺灣教育工作。1666 年，陳永華於臺灣首都承天府建造全臺灣第一座孔廟，後來孔廟成為全臺第一所由官方出資興辦的求學場所。

1683 年中國清朝統治臺灣，施琅在臺灣設立「西定坊書院」，是免費入學的義學。其後，清朝政府於 1704 年在臺南設立具有漢人傳統的崇文書院，至 1895 年，清朝已於臺灣設立了數十所官辦或官民合辦的書院。當時臺灣，除了儒學、義學、書院之外，還有由私人籌辦的小型書房。這些以八股文為主的教育體系，與現代的教育體系尚有一段距離（徐南號，2002）。

㈡日據時代的臺灣教育 (1895–1945 年)

光緒二十一年 (1895) 馬關條約簽訂後，臺灣、澎湖成為日本殖民地。此後日本在教育文化上，先後採取「同化主義」與「內地延長主義」，要求全臺民眾接受「日本教育」，其特性如下：

　　1. 以推廣日語為主要語言的殖民教育；

　　2. 視教育為國家事業，教育方針配合日本國政策需要；

　　3. 注重高等教育，以養成統治階級之助手，行殖民之便；

　　4. 重視臺灣人之識字及職業教育，但對臺灣人與日本人實施差別待遇，尤其高等教育方面，臺灣人只能讀少數如醫科或農業科系。

整體而言，日本殖民時代重視基礎教育及師資之培育工作，一方面凝聚國民意識、灌輸效忠國家的觀念；同時傳達日本文化中的修養、態度和技能，促進臺灣的現代化，使臺灣學童成為日本實踐國家目標的工具。另

外，也解除臺灣女性纏足的傳統，允許女童入學，大幅提升女子受教育的機會。這兩項政策不僅讓臺灣殖民地女性走入早期工業生產線，也提供臺灣婦女進入專業和公共領域的機會（林正芳譯，1999）。

在日本統治臺灣的五十年中，初期日本以掠奪資源為主要目標，其後，則轉變態度，以臺灣人民「皇民化」為統治目標，其教育目的即透過當時的公學校（臺灣人所讀的，有別於日本人讀的小學），對臺灣兒童進行社會化改造，並透過日語課和修身課，嚴格要求個人的行為與態度必須符合日本精神，並以高壓統治的方式，培養臺灣人學習日本式的思考方式和情感表達。

(三)戰後的臺灣教育

1945 年臺灣光復初期，在積極更改日本學制及推行國語運動時，面臨師資嚴重不足的困難。1949 年國民政府遷臺，大陸教育界人士進入臺灣以後，「師荒」的問題暫時解決，但也出現國語、日語的過渡階段。

國民政府遷台以後，教育始終配合「反共國策」。在 1953 年首度通過的來台教育改革方案，其內容包括：(1)加強民族精神教育；(2)加強生產訓練及勞動服務；(3)實施文武合一的教育，包括實施軍事訓練及推展童軍教育；(4)推行生活教育。由此可見當時教育以培養反共愛國人才為目的，具有國民黨黨化色彩。

早在光復初期，初中與高中被列為同一學制（屬中等教育階段），除一般「三三制」外，省教育廳於 1950 年指定師範學院（現師大）附中及嘉義女中進行「四二制」的實驗，至 1965 年實施四二制的初高中增至 411 所。此外，由於政府在這段期間鼓勵私人興學，故私立中學的成長亦極為迅速（見表 3-1）（周祝瑛，2004）。當時為了普及教育，遂於 1947 年 1 月 22 日公布「臺灣省學齡兒童強迫入學辦法」，使學齡兒童就學率從 1944 年的 71.39%，1954 年的 90.83%，至 2007 年底已接近百分之百 (99.16%)（教育部統計處，2008）。

▶ 表 3-1　臺灣九年國教前歷年臺灣省中學校數

年度		日據最繁榮時期	三十四學年度	三十六學年度	三十八學年度	四十學年度	四十二學年度	四十四學年度	四十六學年度	四十八學年度	五十學年度	五十二學年度	五十四學年度
校　數	合　計	45	137	122	121	129	133	145	194	225	278	359	411
	國　立	0	0	0	0	1	1	1	1	2	2	1	1
	省　立	1	40	33	34	35	43	48	51	53	55	56	57
	縣市立	38	84	77	74	74	70	68	105	119	156	202	240
	私　立	6	13	12	13	19	19	28	37	51	65	100	113

　　此外為了配合臺灣早期的工業發展，1956 年後職業學校的發展成為施政重點。早先日據時代，職業學校的類科僅有農、工、商、水產等四類，1956 年以後另增加醫事、家事、新聞、美術工藝，並自 1968 年起大力發展工職教育。在 1968 年實施九年國教之前，高中、職學生之比例為 6：4；至 1975 年，已轉變為 3.8：6.1；1983 年的比例為 3.2：6.8，到 2007 年為 3：7，由此可見高職教育的比例往往隨著時代而發生改變。

　　至於高等教育，1954 年以後政府致力於恢復大陸原有大學及學術機關，如國立政治大學、清華大學及交通大學等先後在兩年內分別復校。而東海大學、東吳大學、中原理工學院及中國醫藥學院等私立大專院校，也紛紛成立或復校。至於在日據時期即已成立的五所大專院校，也進行改組（參見表 3-2）。到了 1971 年時，大學及獨立學院已有二十二所，專科則多達七十所。而自 1950 年開始，大學設有研究所碩士班，而 1957 年 2 月又增設博士班，從中可見臺灣高等教育的發展（周祝瑛，2004）。

　　在師範教育方面，日據時代日本人為了同化臺灣，很早建立師資培育機構，但當時的臺灣人則多居於準訓導或助教職位。光復後，依循日據時代舊例，師範生仍享有公費優待，學生素質優秀且服務意願高，這也成為光復初期國民教育得以紮根的原因（周祝瑛，2004）。

▶ 表 3-2　臺灣光復前、後大專學校之改組

	光復前	光復後
校 名	臺北帝國大學 臺北經濟專門學校 臺中農林專門學校 臺南工業專門學校 臺北女子專門學校	國立臺灣大學 併入臺灣大學法商學院 省立農學院 省立工學院 未繼續辦理

二、主要的教育制度與法令

　　臺灣的學校制度包括學前教育的幼稚園，小學六年，國中三年；高級中等學校分別為高中三年，或高職三年；專科學校依入學資格之不同，分別為招收國中生入學的五年制專科，及招收高中生之三年制專科與高職生為主的二年制專科；大學及獨立學院修業期限以四年為原則，但得視學系性質，延長一至二年，並依學系實際需要另增加實習半年至二年。

　　國民教育依憲法規定，以養成德、智、體、群、美五育均衡發展的健全國民為宗旨，凡六歲至十二歲的學齡兒童，一律受基本教育，免納學費。其貧苦者，由政府供給書籍。我國國民之基本教育採學區分發入學，在1968 年以前僅包括國小六年教育，後為提高全民教育水準，適應國家建設的需要，乃於該年度起，將國民教育延伸為九年，初中三年改為國中三年，連同國小六年，合稱九年國民教育。

　　至於教育行政機關過去在中央為教育部，在省為教育廳（1998 年廢省後撤除此單位），在地方為直轄市教育局及縣市教育處；此外尚有社會教育機構如各級圖書館、藝術館、博物館等。而不同層級的教育行政機構權責如下：

1. 中央：教育部

　　依據教育部組織法，中央的教育部職責有三：(1)主管全國學術、文化、教育行政事務；(2)對於各地方最高行政長官執行其主管事務，有指示、監

督之責；⑶就主管事務，對於各地方最高級行政長官之命令或處分，認為有違背法令或逾越權限者，得提經行政院會議議決後，停止撤銷之。

2.地方：直轄市教育局

在臺北及高雄兩直轄市政府內設有教育局，負責該直轄市的教育行政業務。

3.縣市教育局（處）

縣市教育行政主管機關為縣市政府，其主要職權有三：⑴設立及管理縣市立學校及社會教育機構；⑵視導縣市立學校及社教機構；⑶劃分國民中小學學區並分發學生入學（沈姍姍，2000；周祝瑛，2008）。

三、教育改革

綜觀臺灣近半世紀來的教育發展，自日據時代結束後教育的質與量都迅速成長。若仔細檢視教育的各種實質發展，卻可看出有兩條路線，即光復初期到 1987 年之間，國民黨力行的黨化教育，及 1987 年解嚴之後追求鬆綁放權的教育（林玉体，2002）。當然，不同時期的教育發展重點，都與各個時代的背景脫離不了關係，因此必須從時代情境脈絡分析，如此對臺灣教育才會有更深層的理解。

其實從 1980 年代以來，世界各國進行政府組織再造、功能重整的過程中，都關注到教育問題。因此不論是歐美國家或是鄰近的亞洲地區，都如火如荼的進行教改。臺灣在 1987 年解嚴之後，冀望社會重建的過程中，對於人才的培育有更多元、開放的思維和做法。於是 1994 年，民間發起「四一〇教改大遊行」，希望從結構面來改造臺灣教育，並提出四大訴求：⑴落實小班小校；⑵廣設高中大學；⑶推動教育現代化；⑷制定教育基本法。而四一〇教改大遊行後，引起政府對教育問題的重視，因而成立「行政院教改會」，兩年後提出：⑴教育鬆綁；⑵帶好每一個學生；⑶暢通升學管道；⑷提升教育品質；⑸建立學習社會等五項教改建議（周祝瑛，2003）。

以下謹針對 1990 年代以後臺灣教育改革的主要內容進行介紹（周祝瑛，2003；丁志仁，2000；黃政傑，2000）：

(一)教育鬆綁

教育鬆綁的訴求早期是以教育自由化、民主化和多元化為焦點，旨在調整過去中央政府（尤其是教育部）對教育權限的過度管制，賦予地方和學校更大的自主權，最終達到保障基層教師專業自主權的目的。教育鬆綁的政策首先反映在大學法的修訂（1994 年修正公布，該法自 1948 年制定公布），以大學自主、教授治校和學生自治為三大主軸，使大學脫離教育部門的控制，自行決定大學教育事務（包括校長選舉）。其次，訂定師資培育法（自 1979 年制定公布，1996、1997 年修正公布），開放師資培育市場，改變傳統由國家控制師資的方式，讓各大學得以參與中小學師資培育工作。而 1995 年公布的教師法，以教師專業自主權為核心，規範教師的權責和保障，對於教師的影響甚大。1999 年公布教育基本法，有教育憲法的位階，規範其他教育法規之作用，內容提倡教育參與、教育中立、照顧弱勢學生、尊重學生權教師權和家長權等理念，深具意義。另外，「國民教育法第八條」中規定教科書開放民間編寫，帶來了中小學教科書的全面開放（黃政傑，2000）。這些法令都使臺灣教育朝向鬆綁、開放的方向發展。

(二)帶好每一個學生

要帶好每一個學生的做法相當多元，以保障教育人權為例，由於受到國際人權教育的影響，國內也開始強調尊重學生受教權和家長教育選擇權。如 1987 年人本教育基金會發表「教育權利宣言」，國內大學生團體聯合公布學生人權宣言等，大多以要求學生基本人權、自治權和學習權等之保障。至於在家長權益方面，除了爭取家長參與教育事務的權利，也希望解除私人興學的限制，設置更多私立學校，及給予私人辦學自主權，使家長教育選擇權確實得以體現。另一方面，在爭取教師權益上，1987 年「中華民國全國教育會」與「教師人權促進會」兩個民間團體分別成立，前者為教師

與學校、家長及行政單位的對話窗口。後者則重視教師人權等訴求。而
1994年教師法訂定後，各校得以成立教師評審委員會，並允許教師依法成
立各種教師組織，教師權益更受保障（行政院教育改革審議委員會，1996）。

　　至於在保障弱勢族群教育上有幾個方面：⑴加強原住民教育，在行政
院設原住民委員會，並制定公布原住民族教育法，保障原住民教育經費；
⑵在各機關成立性別平等教育，如在行政院成立「婦女權益促進委員會」；
在教育部成立「性別平等教育委員會」，在教科書審定方面，也納入兩性平
等的審查標準等；⑶改善身心障礙學生教育，包括加強軟硬體建設；⑷增
設母語教學，在國小推動母語教學，使學生有機會學習母語，保存母語及
其所代表的文化；⑸提倡鄉土教育，將鄉土文化納入國小國中課程中，增
進學生對鄉土的認識和愛護，以促進各地區鄉土文化的保存與發展。

㈢暢通升學管道

　　為了減緩升學壓力，暢通升學管道亦從許多層面著手。首先擴充高等
教育入學機會，例如開拓三條教育國道，其中第一條教育國道是學術教育
系統，學生由國小國中升入高中；第二條教育國道則是廣設四技二專、二
技學校，讓高職和專科學校畢業生能夠進入就讀；第三條教育國道則是由
各大專院校進修部門提供社會人士進修機會的回流教育。

　　其次為逐年提升高中比例，除新設普通高中外，另評選適合的國中改
制為完全中學（國、高中合校），鼓勵職業學校及普通高中改辦綜合高中，
藉此朝向社區高中發展，讓學生能就近入學，改善越區就讀問題。

　　另外改革入學制度，實施多元入學方案，廢除聯考制度，以其他入學
方式取代，讓不同學生能夠選擇適合的入學方式參加。這些入學方式包含
推薦甄選、申請入學、自願就學方案、資優學生保送甄試入學、特殊學生
入學等。實施的對象包含高中、高職、五專、四技二專、二技及一般大學
等類學校的招生。此外，全面推動國中生基本學力測驗、技專校院及大學
考招分離方案等（吳武典，2005）。

㈣提升教育品質

為了改善教育品質，首先全面提升職前師資培育工作，加強現職國小、國中、高中、高職師資在職進修，與工作環境及待遇的改善。此外為了促進大學學術發展，由政府補助大學追求學術卓越計畫，並於 2006 年推出五年五億頂尖大學計畫，而大學與技職院校的教育評鑑也成為提升高教品質之重點。

至於在中小學課程方面，自 2001 年起實施九年一貫課程，提出十項現代國民所需具備的能力；打破傳統學科組織、將課程統整為語文、數學、社會、健康與體育、藝術與人文、自然與生活科技及綜合活動七大學習領域。強調課程統整與協同教學；並自國小五年級起實施英語教學；降低各年級上課時數；實現學校本位的課程發展。此外推動小班教學實驗，調降國中國小班級學生人數至每班 35 人以下。

而國民教育法修訂後，讓校務會議成為學校真正的決策機構，舉凡校長的遴用、學校預算、校務發展計畫、教科書選用、學生獎懲規定、成績考查等項目都要經過校務會議討論。此外，最後，針對教育經費（每年約四千億臺幣），加強預算監督網，以提高運用效能（丁志仁，2000）。

㈤建立學習社會

強調推廣終身學習理念及統整終身學習體系、建立回流教育機制。如在技職教育體系建立彈性多元學制，通暢學生進路管道，規劃科技大學、技術學院、社區學院、專科學校、職業學校、綜合高中及國中技藝班之一貫體系，打通技職教育的瓶頸，以提高學生就讀意願。此外，教育部並公布實施終身教育白皮書，建立學習型社會組織。

總之，在 1984 年到 1999 年 15 年間，公布了一連串如：師資培育法、教師法、國民教育法、教職員退休及撫恤條例，家長會設置辦法等法案，讓臺灣教育發展更加多元等。除了中小學的校長改為遴選，教科書開放民編、部審、校選，開放另類國民教育等外，也對高等教育進行財務改革與

結構調整，減少國家補助，要求國立大學自負部分財務責任，大學自行募
款的比例大增，增加對私立大學的補助，拉近公私立大學的教育成本和學
費差距。

四、教改評論

「教育鬆綁」可謂臺灣近十餘年來教育改革的主軸，以教育自由化、
民主化和多元化為焦點，調整中央政府教育部對教育的權限，讓地方和學
校擁有更大的教育自主權，規劃多元的教育活動，讓教育切合學生的學習
需要。然而這段期間教育改革卻也出現政府和民間、體制內和體制外、師
範體系和非師範體系的分隔與衝突，都是不得不正視的問題（吳武典，
2005；黃政傑，2000）。

如前所述，世界各國從 1980 年代以來在政府組織再造過程中，都會
關注教育問題，但與許多先進國家的改革經驗相較，很少像臺灣有如此大
幅度的變動。從臺灣短短十多年的教改中橫切面來看，改革的範圍有：課
程（九年一貫）、教學（領域取代科目、合科取代分科）、教材（教科書廢
統編、開放民營化、一綱多本）、入學方式（取消聯考、引進高中職及大學
的多元入學方案）、成績評量（多元評量取代傳統考試）、師資培育（取消
公費師培、開放多元管道）及學制（十年或十二年國教的研議）等。

從縱切面來看，上自大學自主、法人化；技職院校大幅升格，大學校
數與人數的急遽擴張；高中職社區化，廣設公立綜合高中，減少高職比例，
消除明星高中；國中的自願就學方案、技藝班、小班小校，基本學力測驗；
國小的母語、英語及鄉土教學，漢語、通用拼音之爭和建構式數學實驗；
而下至幼稚園的幼托整合，十二年國教向上或向下延伸等政策，往往都涉
及整體教育制度的變動。

而在教育行政權力的分配與重組上，隨著臺灣實施地方選舉制度，制
定地方教育自治法規，再加上校長任期制實現後，劃分了中央及地方教育
權限。但有時中央和地方教育人員隸屬於不同政黨時，使得整個教育行政
系統產生分裂問題。

　　臺灣教改過程中經常引進西方國家的教育思想與制度成效不一，各有不同的反應與需求，成效也不一。不過由於先進國家推動教育改革時，大多會建立追蹤與考核機制，透過科學研究，較為精準地掌握改革的進程，並且將改革資訊公開透明化，以接受各方監督。反觀臺灣十餘年來的教育變革實施迄今，尚未真正見到比較具體的成效評估報告，除了缺乏長期研究與回饋機制，加上臺灣行政體系慣有的「由上而下」決策模式，造成教改理念與現實的落差。

　　誠如吳武典 (2008) 等人所言：十年來臺灣的教育改革的最大成效為：社會普遍肯定教改推動者的用心和教育改革的必要性，然整體而言，臺灣的教育改革過程出現了如：與教育脫節、民粹掛帥、決策過程不夠周全等弊端，尤其是缺乏效果評估❹，值得關注。

---

❹　九年一貫課程試辦期間，號稱有一百多所學校進行實驗 (每校有三百多萬元的補助)，可是始終未見教育實驗設計，也缺乏完整而嚴謹的實驗成果報告。其他如多元入學方案、建構式數學、「一綱多本」、「廣設高中大學」、「英語及鄉土語言教學」及師資培育多元化等政策後的流浪教師，皆有類似問題 (周祝瑛，2008)。

二 中 國

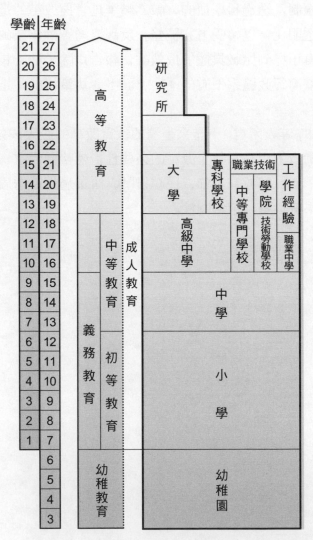

資料來源：

http://en.wikipedia.org/wiki/List_of_countries_by_literacy_rate
http://en.wikipedia.org/wiki/List_of_countries_by_GDP_%28nominal%29
http://stats.oecd.org/wbos/default.aspx?DatasetCode=RENRLAGE
Data refer to the year 2007. World Economic Outlook Database-April 2008, International Monetary Fund

中國小檔案

1. 總人口數：1,321,290,000 人 (2007)
2. 土地面積：9,596,960 平方公里
3. GDP：2,234,133（百萬美金）；Per capita GDP(USD)：6,000 美元 (2008)
4. 識字率：90.9% (2007)
5. 各級學生人數：(2003)

   初等：126,543,608 人

   中等：97,351,826 人

   高等：15,186,219 人
6. 中國大陸教育部網站：http://www.moe.edu.cn/

一、歷史背景

　　中國現代教育始於清末（二十世紀初）廢科舉 (1905)、設學堂，建立現代學制，過程中融合了傳統文化、國外的思想制度移植，與本身教育轉折的變遷經驗。民國成立後，中國新式教育（當時稱為新學或新教育）的起源與發展，有相當大的因素是為了與過去中華文化的傳統有所區別，如：五四運動時強調新文化運動，主張「打倒孔家店」，提出反對舊教育、舊文學與傳統文化等行動，所以在整個中國現代教育建立的過程中，大都刻意與傳統文化與舊制度保持距離。儘管從清末到民初，甚至後來的國民政府時期，都在強調「中體西用」，而胡適、杜威等的文化教育思想也不斷交錯影響著近代中國，許多當時的教育革新構想與方案也大多移植自外國，因而常出現無法適應中國現狀和需求的情況。尤其大多西方新式教育侷限於沿海地區和大城市中，很少能推展至其他地區，至於邊遠地區與一般農村則仍保有傳統的教育觀念與維持老式做法，例如：尊重知識、崇尚讀書人的儒家傳統觀念尚未改變；民間辦學、私人辦學的傳統也依然存在（費正清，1994）。

　　至於在 1930 年代陝甘寧邊區等地（為中共發源與流亡老革命區，又名老解放區）受到蘇聯勢力的影響，逐漸發展出有別於沿海或傳統士大夫

的社會觀念。在 1930 至 1940 年代廣大的農民社會中（全國約 90% 的文盲人口），不少人士提倡平民與鄉村教育運動（如：民初的梁漱溟、晏陽初與陶行知等），崇尚法國的勤工儉學與蘇聯反資本主義，重視工農階級生活的思想改造工作，可說是另一種西化的探索過程。尤其 1949 年後國民政府自大陸撤退，中共接收大陸、建立政權後，在 1949 年 12 月召開第一次全國教育工作會議，指出新中國教育：「以老解放區教育經驗為基礎，吸收舊教育某些有用的經驗，特別要借助於蘇聯教育建設的先進經驗」（汪學文，1979）。

中國大陸後來的許多教育措施，如：重視社會主義意識型態、強調政治與勞動相結合教育、實行黨對學校的領導、報考大學時個人身家與政治調查、免費上大學、大學畢業後分配工作、甚至 1950 年代推動小學五年一貫制等實驗，都可說是延續陝甘邊區的教育經驗。

另外，當時全面學習蘇聯模式❺，強調教育理論要承繼馬克斯主義思想，主張教育是「上層建築」的一部分，是經濟基礎的反映，教育需遵照階級性和黨性原則，尤其強調蘇維埃教育是要為無產階級服務的事業。在培養具有共產主義社會公民特性時，也需重視專業系統知識的傳授，稱教師為園丁，強調教師在教學中思想行為的主導作用（顧明遠，2004）。於是在 1950 年代初頒布「新民主主義的文化綱領」中，重申新中國的教育是具有「民族的、科學的、大眾的」特色，採取高度中央集權制，學校中

---

❺ 鑑於 1920 年代蘇聯教育改革受到杜威實用主義的影響，學生在校中無法學到系統的知識與能力。於是 1930 年代重新進行全面中小學教育的改革和調整，強調學科中心、課堂中心、與教師中心等理念，反對杜威的實用主義教育思想。也提出教育是上層建設，是經濟基礎的反映，階級社會的教育具有歷史性、階級性；教育是要為無產階級服務的事業。另外引進了「教育」、「教學」、「教養」等三個概念。凱洛夫 (Kairov) 在《教育學》(1948) 的第一章第一節，論述了各個社會形態的教育以後指出：「教育總是和政治相聯繫著的。無產階級社會主義革命必然要消滅阻礙社會向前發展的資產階級的階級教育，而以共產主義教育來代替它」。蘇聯凱洛夫教育理論體系可謂影響了中國教育理論達半個世紀之久。

以政治教育取代道德教化、與人格養成，需結合國家的利益與價值，反對一切人文主義（包括宗教）的教育內涵，強調教育的工具性與技術性導向（杜作潤，1999）。當時大量模仿蘇聯的教育經驗，建立蘇聯模式學校、積極翻譯教育理論、著作和教材，邀請蘇聯專家擔任教育部與大學顧問，重視科學與專業技術人員的培養、及派遣留學生到蘇聯學習等（杜作潤，1999；顧明遠，2004）。

同時隨著中共全面推展社會主義革命，儒家等傳統文化再度受到嚴厲批判，包括民國初年從西方傳入的新式教育，都視為是具有封建餘毒的舊傳統，而需極力予以消除，甚至連當時各種私立學校都紛紛收歸國有，禁止任何資本主義或私人企業的存在。儘管 1950 年代以後，中國的教育路線曾多次出現「紅與專」路線之爭（即強調革命運動或專業素養何者為重？）(Hawkins, 1984)，不過大多時候仍以毛澤東的反對智育與考試至上、反對理論脫離實際、反對制度化、與反正規化教育等思想為主流；尤其毛本人擅長煽動民粹主義（如：發動各種群眾運動、甚至進行革命武裝鬥爭），經常將教育高度政治化，用政治批判和群眾運動來挑戰教育，最後造成十年文化大革命 (1966-1976) 中全面教育中斷等嚴重後果（汪學文，1979；周祝瑛，1988）。

一直到 1976 年文革結束後恢復高考制度（大學聯考），重新形成了新的考試主義與學歷文憑主義，傳統中考試領導教學（應試教育）的升學主義情形再度盛行。此種升學競爭在 1980 年代被稱為「片追」（片面追求升學率），1990 年代被稱為「應試教育」，可見升學壓力始終難以去除。為此 1990 年代，中國政府重新提出以為追求素質教育（均衡發展教育）為重心的改革行動，決心減輕學生壓力。至於消失已久的私人興學也在新的經濟改革中，重新在 1990 年代中期恢復。由此可見，近十多年來中國的教育改革，基本上維持著過去以教育促進中國現代化的目標，深具教育工具性實用思想。

總之，在中國教育現代化的過程中，二十世紀上半期學習及引進日本、德、法與美國等教育模式；1949 年以後中國大陸的教育發展，除了繼承了

中國部分傳統與陝甘經驗外，還深受蘇聯教育的影響（相對臺灣則學習美國為主）。到了 1990 年以後的改革開放，則試圖脫離蘇聯模式，學習西方歐美經驗（杜作潤，1999；Hayhoe, 1989）。

二、教育制度

由於近代中國長期的戰爭，加上許多不利社會因素使然，中國到了 1949 年時，文盲人口仍高達 90%。為此中共開始把掃除文盲視為優先的發展重點，主張「教育須為社會主義現代化建設服務，必須與生產勞動相結合，培養德、智、體等方面、全面發展的社會主義事業的建設者和接班人」（汪學文，1979），訂定為各級各類學校的教育方針。當時中共當局也體認到借鑑外國教育經驗時，必須考慮到中國的實際社會需求與狀況，不能直接抄襲別國的經驗與模式，因此強調要建立具有「中國特色」的社會主義教育理論和教育制度（吳文侃、楊漢清，1999）。

整體而言，中國大陸的教育充滿了各種實驗性，且經常縮短學校年限。例如自 1949 年後，大陸的學校制度就已歷經七次變革，目前是以「六三三四制」及「五四三四制」為主。到了 1986 年才開始實施九年義務教育，為了因地制宜，將全國分成三大區域、分期推動。歷年來學制變化主要的特色在於（程介明，1992）：

⑴受到政治與經濟因素的影響甚鉅，教育改革試驗多。

⑵學制變化大，盡量縮短學習年限；正規（普通）與成人教育並行（俗稱「兩條腿走路」），全力掃除文盲。

⑶教育行政體制調整迅速，教育主管部門常隨不同的時期而有變化，中央一級原名「教育部」或「國家教育委員會」，國務院所屬部委亦設有「教育司（廳）」；省一級設「教育廳」或「教育委員會」；與省同級的自治區、直轄市也設「教育局」；縣級則設「教育局」或「教育委員會」。

⑷教育規模大，各級學校數與學生數都非常龐大，大中小學學生就超過二億三千多萬人。

茲就 1949 年以來大陸教育的發展簡述如下（周祝瑛，2002；楊景堯，

1998；范利民，1996；王瑞琦，1994)：

(一)文革前 (1949-1965 年)

此時期又可分成三個階段：

1.蘇化階段 (1949-1957 年)

此階段主要是向蘇聯一邊倒，強調學習蘇聯經驗，接收私立院校及三次大規模的校、院、系調整，在各級教育內容和學習方法體制上，均採蘇聯經驗。

2.大躍進階段（1958-1960 上半年）

由於當時中蘇關係交惡，加上學習蘇聯經驗與中國實際問題結合有困難，因此興起了全黨全民辦學運動，實行教育大躍進，教育上也從「蘇化的教育政策」，轉為「毛澤東主義的教育政策」，建立黨委領導制（以黨領校），成立校辦工廠及正規與業餘教育並進的「兩條腿走路」制度。

3.調整階段（1960 下半 -1965 年）

有鑑於上個階段所造成的經濟衰退與教育問題，此時期由劉少奇接任國家主席，提出修正主義路線，以「提高、充實、鞏固、調整」為方針，重視教育質量的提升。

(二)文革時期 (1966-1976 年)

由於發動了文化大革命，中共中央提出以無產階級掛帥的群眾路線口號，試圖建立毛澤東思想學校。例如在高等教育上，首先廢除高考制度，改採「推薦與選拔結合」的辦法，停止招收研究生，並大量裁撤、合併與搬遷各種高校。結果造成 1976 年全大陸大學畢業生只剩 103 萬 3 千人，其中 67 萬是 1965 年以前入學的大學生。

㈢文革後迄今（1977- 迄今）

文革後進行以下幾個階段的改革：

1. 撥亂、反正、試探、調整階段 (1977-1984 年)

此時期為了整頓文革後的問題，配合四個現代化，中國大陸重新採用了調整、改革、整頓、提高等方針，來加強教育的提升，希望從中國社會主義為出發點，建立具有中國特色的教育體系。

2. 規範方向、體制改革階段（1985-1989 年上半）

為了配合經濟體制的改革，在 1985 年通過關於教育體制改革的決定。此時期希望以穩定的規模、良好的結構、徹底的改革以提高教育的質量，達成大量培育優秀人才的目的，以符合四個現代化以及三個面向的要求❻。

3. 治理、整頓、緊縮、昇華階段（1989 下半 -1992 年）

由於 1989 年 7 月發生天安門事件，同年下半年高等教育全面緊縮，出現了減少高校招生人數，調整科系專業結構，實施社會實踐活動等。高等教育重新受到政治掛帥的影響，再度強調思想政治教育。

4. 加速發展階段（1993 年 - 迄今）

1990 年代，由於配合市場經濟的發展，教育上採取一連串的改革措施，如：1993 年公布了〈中國教育改革和發展綱要〉，發展多種形式聯合辦學、三級管理、高校收費、「211 工程」、1998 年公布〈高等教育法〉及 1999 年公布〈面向二十一世紀教育振興行動計畫〉等一連串加速改革的措施。

---

❻　中國四個現代化以及三個面向：

四個現代化：農業、工業、國防、科學技術四個方面全面的現代化。

三個面向：面向現代化、面向世界、面向未來。

三、學　制

中國在 1985 年 5 月《中共中央關於教育體制改革的決定》認為基礎教育（指小學到高中階段）管理歸屬地方。在學制方面，分為學前教育、基礎教育、高等教育與成人教育等階段（吳文侃、楊漢清，1999）。

㈠學前教育

主要以幼兒園為主，招收三至六歲學齡兒童，採公立及民辦（私立）辦學方式並行，上課形式分全日制、半日制、定時制、季節制，和寄宿制等（杜作潤，1999；王家通，1996）。為了減輕人口成長壓力，大陸自 1980 年初實施一胎化政策，除了農村、少數民族地區及父母皆為獨生子女外，其餘一對夫婦只能有一個獨生子女，因此幼兒園的入學率高達 45% 以上（周愚文，1999），一般家庭（尤其是城市居民）對子女教育相當重視，也有許多幼兒在寄宿幼兒園上學。

㈡基礎教育

中國將小學、初中及高中通稱為「基礎教育」。在 1949 年，大陸學齡兒童入學率僅 20%，全國人口中文盲比例高達 80%-90%（杜作潤，1999）。因此透過各種非正規的教育途徑來掃除文盲成為施政重點，成人教育與正規教育並行、重點與非重點學校並存，成了往後五十年的大陸教育發展特色。到了 1986 年〈義務教育法〉公布，將全中國分成三區、分段實施九年義務教育（包括五至六年的小學、三至四年的初中）。1989 年又發起了救助貧困地區失學少年基金的「希望工程」活動，到了 1998 年小學適齡兒童入學率達 98.93%，在校生人數約 1 億 4 千萬人。2006 年全中國小學生共一千七百二十九萬人，增加的數量主要在農村，小學學齡兒童淨入學率也高達 99.27%（中華人民共和國教育部，2007）。

至於初中階段，分普通初中與職業初中兩大類，屬義務教育範圍。到 2006 年底全中國九年義務教育推廣比率達 98%，全國平均人民受教年限

約 8.5 年左右（中華人民共和國教育部，2007）。儘管如此，長期以來由於升學競爭的關係，1980 年曾發布了一批所謂重點中學（包括初中與高中）。1986 年〈義務教育法〉實施之後，基本上取消了重點與非重點的名稱，且按學區就近免試升入。但由於升學高度競爭的緣故，一般升學率較高的初中仍採入學考試，少數越區就讀或分數未能達到錄取標準的學生，近年來也可採繳費或捐資方式入學。在義務教育階段一般的初中學生免收學費，但雜費仍須由家長負擔。

高中階段，主要採取入學考試（如「中考」方式），學校種類包括普通高中、職業高中、普通中等專業學校（俗稱「中專」）、技工學校、成人中等專業學校及成人高中等。其中普通高中與職業高中階段職業教育的人數（包括成人教育部分）比例約 5.4：4.6。

此外，普通高中自 1990 年開始實施「畢業會考」制度，由各省、自治區、和直轄市統一命題與統一計分。通過之後才能進一步參加升大學的高等學校全國統一招生考試（俗稱「高考」，即大學聯考）。高考每年 6 月下旬舉辦，考試科目包括語文（國文）、外語及數學為必考科目，另文史類（文科）加考歷史與政治、理工農類（理科）加考理化（即所謂「3 加 X」方案）；外語院校並加考英語（外語）口試或聽力測驗（周愚文等，民 89）。考前每位考生填寫高考志願時可針對四檔（批）高校，包括：重點高校，一般高校，大專，及高職（屬高等教育階段的職業教育）等四類梯次的招生學校。考生針對四個梯次的學校，在每個梯次中選擇一個學校，每校填四個專業（或科系），作為高考志願。另外，由於許多重點大學是面對全大陸招生，因此各省分配到的招生名額不一，同一個學校的同一科系，會出現高考分數不一的情形。此舉主要是為了平衡區域、重視地區差異的緣故。

大陸的高考制度同樣的也經過幾次變革，例如：文革期間 (1966–1976年) 廢除高考制度，改為「（工作）單位推薦，（高等）學校審查錄取」的招生方式，導致了大學水準大幅下降（周祝瑛，1999）。到了 1977 年恢復高考，1978 年恢復研究所招生，設立重點學校，重新對外國際交流。1980年通過學位條例，自此大學及其以上的畢業生可同時獲取「畢業證書」及

「學位證書」（文憑）兩項證明，前者由大學校長署名，代表學生的「學習歷程」，後者由大學的「學位評定委員會主席」簽字，代表「榮譽」（即臺灣的學位證明），但並非每位畢業生都可得到兩份證書，尤其是後者（楊景堯，2001）。

㈢高等教育

此階段分為專科、本科（大學部）及研究生教育三階段，修業年限專科二年、本科四年到五年，研究生三至五年不等。在 1997 年以前，全部高校實施「包學費、包分配」制度，高等學校和中等專校的學生上學享有公費，畢業時由政府分發工作。不過到了 1997 年以後，大陸全面實施「供需見面，雙向選擇」的自主擇業制度，大學生上學需繳學費，畢業就業需事先與用人單位接洽，再由學校分發。值得一提的是大陸高等教育除了全國普通（正規）高校（包括四年制的大學、學院與兩年制的專科）；尚包括高等專科學校和職業技術學院（以兩年制的專科為主，又稱高職）。而設有研究生教育的機構除了高等學校外，另外還有許多科研（研究）機構（如：中國科學院）也可培養研究生（張力，2000）。

㈣成人教育

除了上述正規的教育制度外，成人教育制度也是大陸學制的重要一環，俗稱的「兩條腿走路」即指正規與非正規教育形式。在農村地區一般由普通中、小學附設成人教育，如：農民夜校等。在城鎮，則由普通高校附設幹部專修科、師資本專科、夜大學、函授學校等。其中的廣播電視大學直屬大陸教育部，自 1980 年中期開辦以來，已培育數千萬人。值得一提的是，成人教育也可取得學歷，一般分為「正規學歷」與「非正規學歷」教育兩方面，前者包括各類型的業餘 (part-time) 學習方式及成人學校。後者則是透過各種國家檢定考試方式，如：自學考試（同等學歷考試）、國家文憑考試等形式進行。

四、教育改革

(一)基礎教育改革

　　綜觀近十餘年來，大陸地區小學教育改革政策，包括進行教育管理體
制改革、普及九年義務教育、推動素質教育、實施新課程、加強西部地區
小學教育、以及加強小學德育工作等（林新發、王秀玲，2005）。

　　首先，在教育行政方面，1985 年發布《中共中央關於教育體制改革的
決定》，提出「實行基礎教育由地方負責，分級管理的原則」，由縣、鄉兩
級政府辦理中小學為主。其次基礎教育法制化發展，連續發布一連串相關
法案，包括 1986 年《義務教育法》，將義務教育延長為九年，1993 年《中
國教育改革和發展綱要》，明確基礎教育的發展方向和基本方針。同年又頒
布了《教師法》，對教師的權利、義務、資格和任用、養成和培訓，以及對
教師的考核、獎勵、待遇等法律權益作出明確規定。1999 年初又制定《面
向二十一世紀教育振興行動計畫》，強調「科教興國」政策。同年 6 月，又
發布《關於深化教育改革，全面推進素質教育的決定》，改善以往以升學考
試，學校教育與生活脫節的情形，重視學生的均衡發展。

　　在推動義務教育與素質教育的同時，2001 年 6 月公布《基礎教育課程
改革綱要（試行）》，展開 1949 年以來第八次基礎教育課程改革，包括從
保障每一個人的「學習權」，到「三級課程管理」政策，試圖改變以往應試
教育的弊端，包括強化品德教育，重視人文素養與媒體教育等。值得一提
的是，這次課程改革確立兩種課程——學科課程與綜合實踐活動，期能改
造學習方式，發展學生個性。這次課程改革的特色包括：從「集權」到「放
權」；從「學科中心」到「社會建構」；從「傳遞中心教學」到「探究中心
教學」等轉型（鍾啟泉，2005）。

　　但過程中也出現各級教師配合不足的情形，因此自 2007 年起，中國
各師範院校的師資培育課程進行重新修正，頒布《教師專業標準和課程標
準》，建立教師評鑑制度等。目前中國已開放所有合乎資格的高等院校培養

教師（類似臺灣的師資培育多元化）。不過當前新課程改革也出現城鄉與地區差異、中小學階段銜接不足、課程資源缺絀和配套欠缺等問題（林新發、王秀玲，2005；周祝瑛，2006）。

㈡高等教育改革

自 1980 年代以來，隨著大陸勞動市場的改革開放，教育體制的調整遠遠不及經濟體制改革的步伐。由於中國從控制型的計畫經濟轉向社會主義市場經濟的過程中，涉及到整個社會型態、經濟體制、管理體制與方法，以及人民觀念、思想、生活方式的重大變革，因此對高等教育產生很大的衝擊。例如：過去的高等教育一切都納入國家計畫之內，辦學體制為國有化、領導體制多頭馬車。而政府對高等學校更是高度管理，使得在教學與研究方面與社會隔絕（楊廣德，1998）。因此到了 1995 年的教育法及 1999 年的高等教育法後，試圖以法律規範教育改革，改變過去大學統一招生與統一畢業分配制度，重視雇主、員工的雙向選擇，及重新調整大學科系與課程。提升資源效率，鼓勵各大學進行產、學、研三方面聯合辦學。引進校長負責制，管理權力下放各校。最後，進行大學整併、引進市場競爭機制，鼓勵向各界籌措經費與進行院系調整等改革 (Pepper, 1996)。

除了上述，大陸高等教育目前尚推動如「建設一流大學」（如：211 工程與 985 計畫）、「二十一世紀的中國高等教育」以及研議「WTO 對中國高等教育影響」等議題（鍾宜興，2002）。

㈢最近的改革規劃

中共召開十七屆全國代表大會（2007 年 10 月）時曾提出「建設人力資源強國」構想，訂定《國家中長期教育改革和發展規劃綱要》（簡稱《規劃綱要》），總結文革結束後三十年的發展經驗，擬訂 2009 到 2020 年 12 年中國整體教育改革的藍圖。初步內容如下（中華人民共和國教育部，2009）：

1. 擴大教育規模

將擴大 9 年義務教育至 100% 的普及率（目前為 99.3%），降低青壯年文盲率到 1%（目前約 4%）；拉近中等職業教育與普通高中人數；15 歲以上人口平均受教育年限提高到 11 年以上，年輕的勞動人口提高到 13.5 年（目前為 8.5 年）。2020 年全國高中階段年齡層有 85% 可以入學（目前僅60%），40% 的 18 至 22 歲人口可以進入高等教育（目前僅 23%）。

2. 提升教育品質

預計 88% 大學畢業生半年內可以就業；全國人才總量達到 2.7 億人；高等院校申請發明專利許可量達 4 萬件，高等院校國際科學論文收錄數達到 250 萬篇。

3. 重視職業教育

中等職業教育在校生數計畫達到 2450 萬人；農村勞動力轉移培訓和農民工培訓超過 3500 萬人，農村實用人才培訓超過 6000 萬人。

4. 加強終身學習

全國 50% 以上的民眾都可以進行各式各樣的學習活動。

5. 保障教育公平

保障農村人口都能擁有 12 年免費基礎教育的權利。

6. 多管道籌措教育經費

教育總經費應提高到占 GDP 的 6.4%，包括：增加政府財政投入，教育財政撥款增加幅度要高於財政經費性收入增長幅度，預計 2012 年國家財政性教育經費支出達 GDP 4%，2020 年達 4.5%。此外，鼓勵社會各界投資與捐資給學校、擴大學生學雜費等籌措管道，並健全學校經費使用管

理制度，引進績效評估等制度。

7.解決教育差異和資源不公問題

包括改善平衡區域、城鄉、學校和學生群體之間受教育不公平與發展不均等問題。

上述《規劃綱要》於 2009 年中公布實施，希望藉此改善民生、促進社會公平、構建社會主義和諧社會的發展，以實現中國成為小康社會的理想。值得注意的是，這份文件所規劃的政策內容，仍是以國家意志為主導，由上而下的政策，並未充分延續過去二十多年間，普及九年義務教育和高等教育大眾化，教育行政管理體制改革、辦學體制改革，以及投資體制等改革的經驗。

五、教改評論

綜觀上述中國的教育改革及問題,不難發現其中錯綜複雜及牽連廣泛,並且息息相關,可說是與中國社會大環境息息相關。例如：近二十年來相關教育法規、政策甚至重大教育改革，大多是為了因應大陸由計畫經濟，轉型到社會主義市場經濟的需要。無論基礎教育或高等教育改革政策，大多是為了解決當前中國在面對新時代潮流和世界經濟所遭到的新挑戰，尤其迫切需要全面提升人民素質。

另外，近年來中小學教育改革的重點，大多是針對為減輕恢復高考二十年之後所造成的「應試教育」（升學考試壓力）而來。其中包括：改革大中小學的課程與教材，辦理小學免試升初中、停辦重點初中、改進各級考試制度、和檢討高考制度等因應措施（周愚文等，2000）。同時，自 1998年以來中國大量擴充大學招生名額，尤其計畫到 2010 年，大學生的毛入學率（指進入正規與非正規高教的比例）達 15%，希望達到高等教育的大眾化階段，藉以減輕學生升學壓力，舒緩「應試教育」。此外，希望打破過去計畫經濟時代，由國家壟斷、政府包辦教育的情況，重新開放私立教育，開發社會資源，促進教育的多元化和多樣化，並不斷向地方下放教育權力，

促進教育的地方化等。

　　總之，中國經過二十多年的改革開放，人民生活與社會水準已有相當的進展。進入二十一世紀知識經濟的時代，全球化競爭趨勢增強，特別是加入世貿組織 (WTO) 等國際組織，帶來嚴峻挑戰。中國進行教育改革自有迫切需要，惟在改革過程中造成教育資源分配不均、利益糾結、地區差異、貧富不均、教育機會不均等、及有關配套措施的不足，產生不少問題，值得重視。

　　就整體發展而言，中國教育在硬體上的全面且快速提升，帶動各部分的鬆綁與調整。但在教育的現代化思想與觀念上，卻常因求速效，導致急功近利的政策，而忽略過程中人文的陶冶與素質提升，與教育的主體性。尤其在批判思考、適應能力、與創新精神等方面仍顯不足，也無法速成。而創造力最能發揮的條件之一是重視民主、強調多元與尊重，中國教育改革恐怕還是不能忽略自五四運動以來尚未完成的理想，包括教育民主化、重視兒童性向與個性、崇尚學術自由、大學自主等根本之道。

　　最後隨著中國開發大西部與經濟發展迅速，即將推動的《規劃綱要》中特別關注教育公平問題。尤其是著重支持農村教育發展，實施免費義務教育，資助家庭經濟困難學生問題，有別於過去只重視發展與效率的做法，值得關注。

三 日 本

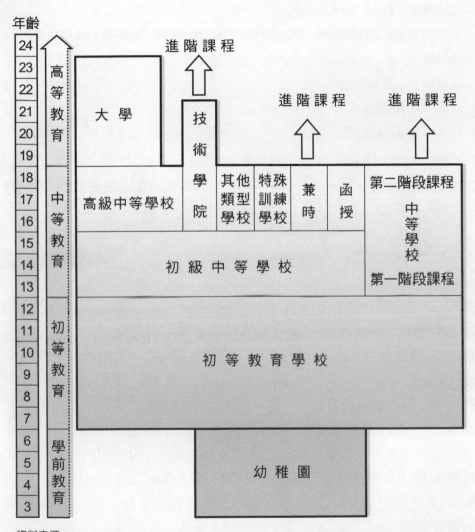

資料來源：

王家通（2003）。日本教育制度——現況趨勢與特徵，王家通，2003。高雄：復文。

http://en.wikipedia.org/wiki/List_of_countries_by_literacy_rate

Data refer to the year 2007. World Economic Outlook Database-April 2008, International Monetary Fund.

日本小檔案

1. 總人口數：127,288,419 人 (2007)

2. 土地面積：377,873 平方公里

3. GDP：4,434,993(Million USD)(2006)；Per capita GDP(USD)：34,000 美元 (2008)

4. 各級學生人數 (2005)：

   學前：1,738,766 人

   初等：7,197,458 人

   中等：7,239,113 人

   高等：3,143,566 人

5. 識字率：99.9%

6. 近年重要教改方案：綜合學習時間

7. 日本文部科學省網站：http://www.mext.go.jp/

一、歷史背景

　　十九世紀的日本已是相當完整的封建王國，當時有 40% 的男性與 10% 的女性擁有識字能力。1868 年明治維新運動，一方面廢除封建制度 (feudalism)，另一方面建立新的中央官僚體制。在明治天皇時期 (1868-1912)，認為教育是團結國家與發展科技的重要途徑，不僅能提供良好的人力，還能培養國家未來的領導人才 (Cummings, 1980)。當時無論是日本武士或是平民百姓，都願送孩子入學，以致十九世紀末日本的識字率幾乎超過了當時的英、美兩國。當時日本已實施四年義務教育，直到 1940 年代才提升至九年。明治維新時代，學校強調能力分級，孩子很早就開始學習競爭。

　　二次世界大戰前，日本政府大量投資教育經費，學習歐美教育經驗，由中央政府統一教育經費管理與人員任用，建立全國教科書供給制度，設立全國統一課程，小學階段全屬必修性質，中學階段則有能力分流制度。除了重視外語學習，亦強調道德教育及毅力的訓練。在教室管理方面也強

調班級團體活動、學習和諧及互相尊重的人際關係 (Stevenson, Azuma & Hakuta K., 1986)。由此可見,日本學校重視培養下一代遵守社會團體規範勝於教導個人的價值觀。

整體而言,日本的教育發展可分為以下四個階段(朱永新、王智新,1992):

(一)明治維新以前

西元六世紀時,中國文化透過朝鮮人傳入日本,遂有西元 645 年的「大化革新」,不僅學習唐朝的政治模式,建立中央集權體制,也按中國教育模式建立日本最早的國家教育制度。

(二)近代《學制》的頒布

日本在十九世紀面臨西方國家的槍炮威脅,遂有「明治維新」,透過改革促進日本現代化。在過程中,發展出兩種不同的國家路線:一是歐化路線,積極宣傳歐美自由主義和功利主義思想;另一則是復古路線,主張儒家道德,宣揚皇道、國粹精神。這兩條路線有時相互抗衡,有時也相互讓步與共存。但近代日本教育大體按照歐化路線規劃。1872 年明治天皇發布了模仿法國教育制度的《學制》,教育宗旨在培養德育、智育、藝育三方面全才,全體國民無論貧富、性別,皆能學習實際有用的知識。

(三)近代教育制度的成熟

明治年間 (1868–1912) 是日本教育走向成熟的關鍵年代,這段期間歷經「國粹主義與歐化主義」的抗爭與調和、《憲法》頒布、《教育敕語》下詔等。尤其《教育敕語》確認明治維新後的教育基本方針。當時即設立日本最早的教育機構「公學校」(即小學),目的為:(1)保存皇室制度;(2)強調東方道德觀;(3)學習西方的科學以維繫國家的興盛。而在 1872 年的《教育敕令》(Charter Oath) 中規定每個孩子都需識字,並提倡義務教育,強調每一個孩子不分家庭背景與性別,都需進入學校就讀 (Ministry of

Education, 1980)。因此日本各地很早就普設小學，讓民眾獲得義務教育，學習實用技能。在 1872 年後，短短數年間就有數以萬計的小學產生。當時每天上課五小時、每週六天，課程包括：讀、寫、算、體育、地理、地科、歷史、寫作等。日本明治時代小學教育的義務化奠定了往後日本國力的基礎。

㈣近代教育制度的再整頓

二十世紀初，西方的社會主義、民主主義、自由主義等思潮逐漸在日本盛行，掀起了各式新教育運動，包括：兒童中心主義、經驗主義、合科教學試驗，甚至出現國家主義、民族主義的色彩。到了 1930 年代民族主義勢力逐漸抬頭，學校成為培養皇國國民的軍事訓練學校，導致日本加入二次大戰，學校也捲入戰火。

二、主要的教育制度與法令

日本近代的教育發展過程，非常重視透過學校推動民族主義教育，尤其在二十世紀初軍國主義更加高漲，導致 1930 年代以東南亞作為日本對外發展的基地。到了二次大戰戰敗，由美國為主的聯軍接管後，日本才開始進行社會重組，學校教育也隨之重新規劃，不過教育體制仍然維持中央管理的特色，強調全國一致與同質性，雖然以「發展個人競爭」為教育宗旨，但過程仍重視集體主義、團隊合作與服從概念。

在學制方面，日本結合英國、法國和美國的教育特色，尤其是二次世界大戰聯軍占領期間實施「六三三四制」，包括：學前教育（幼稚園）、初等教育、初中、高中以及大學。其中在中學階段包括：技術學校、盲人學校、聾啞學校和其他殘障學校以及其他特殊訓練學校。高等教育還包括特別訓練的學院，如：護理和工藝等，也有短期大學、研究所等。

日本是當前全球識字率最高的國家之一，在 2000 年日本將近有 40% 的 18–22 歲同齡學生進入公立和私立大學就讀。到了 2005 年有 93% 的同年齡青少年進入高中就讀，且大部分都能畢業。不過日本隨著出生率下

降和老年人口增加，各大學出現招生員額不足的問題，因此近年來日本大學一方面積極進行結構轉型（如招收非傳統的成人學生），另一方面也積極改善國內的教育，來吸引國際學生。

三、教育改革

日本自十九世紀中葉以來約有四次教育改革。第一次教改是明治維新以後，在 1872 年發布的「學制」，成為日本教育制度的起源。後來在 1912 年到 1925 年，日本盛行民族主義，教育也朝向民族主義發展。

第二次教改則是在二次世界大戰無條件投降後，由文部省緊急廢除學校中的軍事與軍國主義內容，並發布建立世界和平的方向發展。尤其在 1945 年至 1946 年聯軍占領期間，美國教育使節團研究改革方案，而後公布日本戰後教育改革藍圖。另外，根據日本憲法，制定教育基本法及學校教育法，由美國強制實施六三三四制，取代過去的制度。1950 年初，日本經濟迅速發展，產業結構從農業轉型到工業，為了提升勞動力的素質，新的教育體制也針對實業高中品質、理工科系、產學合作及中小學的課程大綱進行大規模改善。

另外，日本自二次世界大戰後，大學校園興起大規模的自治運動，社會亦推動男女平等概念，而私立大學也獲得政府援助，強調保障學術自由。到了 1960 年代，高等教育數量膨脹，許多人對高教品質產生懷疑。由於大學入學競爭過於激烈，學力測驗成為學生入學就讀的重要參考。同時大學受到產業界的影響逐漸失去學術自由，教育品質日益低落。隨著日本高教大眾化後，許多原先不具學習意願或準備不足的高中學生，紛紛進入大學就讀，加上缺乏淘汰機制，讓學生誤以為進了大學等於擁有未來工作的鐵飯碗，於是造成 1960 年代大學動亂，出現所謂的「教育荒廢」等問題 (Bjork & Tsuneyoshi, 2005)。

到了 1970 年代，經濟發展迅速，已成為世界經濟強國，但當時亦面臨全球石油危機與財政困難，教育體系也出現一些弊端，例如：教育內容與過程呆板，只強調孩子們的死記能力，缺乏創造力，造成「考試煉獄」

(exam hell)、考試領導教學的封閉學習環境，自殺、校園霸凌與逃學的現象層出不窮 (Ministry of Education, 1980)。另一部分，由於政府對學校教育干涉過多，學校教育失去靈活性與創造性，師生缺少積極主動性。

日本的第三次教育改革，自 1984 年中曾根康弘首相提出「臨時教育審議委員會」開始，延續至二十一世紀初。該委員會首先提出終身教育、初等教育、高等教育及教育行政等方面大規模的重新調整。最初的重點包括：重視傳統、振興民族文化及建立符合國際水準的新教育內容。其次，臨教審提出八項改革建議：⑴建立完善的終身學習體制；⑵改革初等及中等教育；⑶改革高等教育；⑷振興日本學術；⑸適應時代變化的改革；⑹改革教育行政與財政；⑺改革教育體制；及⑻其他相關領域的改革 (MEXT, 2007)。

綜上所述，第三次教育改革持續進行長達近二十年原因如下 (Tsuneyoshi, 2004)：

1. 日本廣大就業市場中的員工素質有賴提升，並朝發展下一代的創造力，而非保留過去傳統一致薪資階級的培養方向。

2. 人口老齡化與少子化的問題加劇，調查顯示：日本在 1992 年 18 至 22 歲的青少年人口約有兩百萬，到了 2009 年青少年人口只剩下一百二十萬。許多大學在出生率下降的情況下，被迫進行整併甚至關閉的命運，有些也被迫朝向企業界發展，開放成人教育市場。

3. 全球化的競爭促使日本教改的急迫性。在這波改革中，中小學教育著重在減少課程分量，增加更多選擇；大學則希望提升教學品質，引進校外管理者，推動大學轉型。

到了 1997 年文部科學省又提出教育改革計畫，內容包括：⑴重視心靈教育，建立中學六年制、學制多元化，檢視大學的管理運作，實施人權與兩性平等教育；⑵因應少子化及高齡化社會，重新促進學校的護理與社會福利工作，加強知識教育、學前教育及對科技人才的培育；⑶確立校外聯繫合作，增加社會志工服務，推動有益青少年的活動；⑷加強留學生文化交流，改善日本的英語教學，促進學術國際化；⑸協調社會各界，結合經濟各部門與地方團體合作，擴大教改幅度。

從 1998 年開始，日本已試辦大學跳級制度；1999 年設置公立「完全高中」，建立青少年生活輔導；2000 年之後在高中入學中加入面談制度。另外，也設立「第三者評鑑機構」，來評鑑國立大學。

在面對接連不斷的青少年犯罪、班級崩潰等問題下，於是 2000 年 12 月召開教育改革國民會議，由 26 位成員（包括大學教授及教育界人士）提出中小學改革方案，內容包括：⑴加強中小學每月的社會服務活動；⑵提升小班化的個別學習；⑶每年實施高中學習評量測驗；⑷廢除大學入學年齡的限制，縮短四年大學年限；⑸撤換問題教師，擴大校長權力；⑹重新調整日本臨教審 (1984–1987) 所提出的以「自由化、個性化」為中心的教育路線。

此外，2000 年春天推出了第三波教改的核心——全國新課程改革，內容包括 (Goodman & Philips, 2003)：

1. 所有中小學生每週上課五天，每年上課時數比 1970 年整整減少一千小時（不包含課後的補習）。

2. 提出統整學習課程 (integrated learning classes)，主張教室中的學習不需要依賴教科書，盡量鼓勵學生發展興趣、輕鬆學習 (relaxed education)。

3. 讓學生遠離過去不斷密集考試、重複記憶與背誦的嚴格過程，朝向以兒童學習為本位的教學。

4. 讓學生擁有更多課程選擇的權利，各個學校有更多元的發展。

5. 提倡「發現學習」，提升孩子的興趣。

6. 教育部不再出版教科書，改由各地來編製，在內容方面也以道德教育取代過去的倫理教育，並增加相關課程。

7. 在學上課期間，鼓勵學生從事社區志工活動，加強學生的社區服務。

在同一時期，日本社會也出現許多關於大學效能的質疑。從國際比較觀點來看 (Goodman & Philips, 2003)，日本中小學強調「努力學習、用功、緊張、高結構性」。透過有效率教育方式，正好符合日本工業或企業所需的高品質人才。可是日本大學卻剛好相反，呈現出「鬆散、充滿以社交生活

為主、缺乏結構性的學習氛圍」。根據國際管理發展機構提出《世界競爭力
年鑑》(World Competitiveness Yearbook) 報告 (IMD, 2001)，在四十九個
經濟實體中，日本大學教育幾乎是倒數第一。為了解決此問題，日本在
2001 年後，提出「大學結構改革方針」，要求國立大學配合時代變化進行
結構改革，以增進國際競爭力。內容包括：⑴進行國立大學的重組與合併；
⑵將國立大學改為獨立行政法人，採取民間經營模式；⑶引進大學競爭機
制，透過第三者評鑑，提升大學的研究與品質；⑷建立學科定期的評量系
統，讓國立大學達到世界水準。

到了 2004 年，已有九十九所國立大學完成大學法人化程序，成為人
事、經費及教學研究的主體。此外，各校亦設立中期目標，由文部科學省
組成的民間委員會定期至各校評鑑。對大學教育產生重大壓力。最後，日
本也提出建設三十所世界一流大學，及三十個重要研究領域的構想，是今
後高教改革的重要依據。

四、教改評論

日本歷次教改都與其當時的社會情境有關 (Goodman & Philips,
2003)，例如：

1.日本的生育率從 1991 年每個家庭 1.5 個小孩，降低到 2006 年的
1.47 人，由於出生率急遽下降的緣故，加上教改後校園逐漸鬆綁，校園裡
的霸凌與青少年問題反而嚴重。

2.教育改革過程出現日本模式與西方模式的衝突。日本的傳統模式以儒
家文化為主，重視努力多於天賦，家長對於學生的期望高，且願意投資更多
的費用，送小孩到課後的補習班，加強課業輔導 (Stevenson & Stigler, 1992)。
相反的，西方模式則以小孩的興趣選擇為主，與日本學習現場格格不入。

3.西方的改革理念，如：個人主義、創造、國際化、鬆綁等，被日本
人視為是自私和不成熟的表現。因此學校能否包容西方的特色不無疑義。
尤其在創造力的部分，是否也需強調基礎知識的學習？另外，有人認為各
個學區表面上自由鬆綁，而實際上中央對學校、時間、教學等仍有主控權，

學校自主的問題仍待解決。

4.在國際化過程中，英語學習成為各校重點，在推動英語教育的同時，是否會影響日本學童的日語能力，以及對日本文化的看法，也引起許多討論。

5.日本家長對教育改革存有很大的質疑，一方面希望可以減輕孩子的壓力，另一方面又擔心隨著每週縮短為五天上課，會降低學習效果。在2006年的調查報告中 (Goodman & Philips, 2003)，有 60% 的民眾反對這樣的情況，許多家長開始把孩子送到補習班，甚至 20% 的都市地區孩子進入私校就讀，使得原來在日本名聲不佳的私立學校，在教育改革後反而獲得發展機會。

換言之，日本的第三次教改主要是為迎合雇主與中產階級的需要而來。過去教育被視為社會流動的重要機制，現在反而被質疑成複製社會階級的工具。如同許多 OECD 國家、肯亞及臺灣，在推動教育改革之前教育機會較為公平，透過教育所產生的向上社會流動比率遠比實施教改的 1980、1990 年代來得大。此外，日本的教育改革強調課程鬆綁，主張不以考試作為評量，雖然課程設計有彈性，但也間接造成地區及社經地位不同的差異。近年來日本經濟蕭條，加上少子化的緣故，家長反而更重視教育的長期投資，原先的課程鬆綁是希望讓學生有更多時間尋找各自的興趣與理想，但結果卻使日本年輕人失去了對工作的投入與熱忱，影響日本的就業市場 (Goodman & Philips, 2003)。例如日本自 2002 年倡導週休二日、縮減課程內容、實施「寬鬆教育」以來，不少家長憂心孩子學習能力低落，學校仍然致力於拚升學率，甚至有的自行恢復週六上課。2007 年底公布 PISA 成績，日本學生數學和科學排名更大幅滑落，震驚日本社會，也引起教育單位積極投入教育路線轉換的努力（甄曉蘭，2008）。繼 2008 年 3 月公告「中、小學新的指導綱領」後，日本大幅提升課程的分量及難度，次年又公布「新高中學習指導綱領與特殊學校新學習指導綱領」，除了加強英語、數理、傳統文化等有關學科教學外，也恢復 10 年前課程修定時被刪除的內容，希望擺脫近年來實施「寬鬆教育」、造成學習力低落的問題（教育部電子報 349 期，2009）。

（四）韓　國

年齡					
			研 究 所		
24					
23			高 等 教 育		
22	大	教	產	專	技
21	學	育	業	門	術
20		大	大	大	大
19		學	學	學	學
18			高 級 中 等 教 育		
17			普 通 ／ 職 業 學 校		
16					
15			初 級 中 等 教 育		
14			中 級 學 校		
13					
12					
11					
10			初 等 教 育		
9			初 級 學 校		
8					
7					
6					
5			學 前 教 育		
4			幼 稚 園		
3					

資料來源：韓國教育部網站：http://english.moe.go.kr/

韓國

1. 總人口數: 48,846,823 人 (2006)

2. 土地面積: 99,646 平方公里

3. GDP: 787,627(Million USD)(2005); Per capita
   GDP(USD): 19,231 美元 (2008 Per capita GNI)

4. 各級學生人數（詹卓穎、張介宗、傅濟功,2000）:

   初等 3,834,561 人

   中等 4,425,118 人

   高等 2,300,365 人

5. 識字率: 99.0 % (2005)

6. 近年重要教改方案:「全人教育」、「地方教育機構自主權」

7. 韓國教育部網站: http://english.moe.go.kr/

8. 資料來源:

   詹卓穎、張介宗、傅濟功 (2000) 韓國的教育與社會文化。

   http://en.wikipedia.org/wiki/List_of_oountries_by_literacy_ratey

   Data refer to the year 2007. World Economic Outlook Database–April
   2008, International Monetary Fund

一、歷史背景

　　韓國教育思想深受中國儒家文化所影響，早在四世紀時就開始建立高教機構（俗稱國立儒家研究中心）。到了七世紀以後（約 660 年），韓國統一，建立朝代，於 682 年興建國立儒家學院，提供士紳階級與官宦子弟教育機會，培育政府人才 (Kim, 2003)。同時，韓國由中國引進科舉制度，西元 992 年於首爾成立高等教育「官學」，由中央政府派遣官員到各省、各地推動地方教育。自 1392 年起，儒家思想再度成為韓國教育、政治及社會運作的核心。

　　從韓國歷史來看，由於模仿中國科舉制度，中國古典文學成為重要學習項目，直到十九世紀末才因對外開放門戶而有所改變。雖然早在十七到

十八世紀間，當時韓國從海外歸來的年輕學者即已開始進行現代化運動，主張引用西方知識，如：歷史、政治、經濟學、自然科學以及人文等，推動韓國現代化。不過這些主張實際上仍與過去的儒家學說結合。

韓國的中等教育階段在十四世紀以前已有發展，當時分別在首都與村落設立學校；初等教育大部分由私人進行。到了十六世紀時，中央政府設立公立中學，由主張新儒家學說的人士從事私人興學。尤其到了十九至二十世紀時，國外基督教會紛紛辦學，不但准許女子就學，也肩負移植西方思想的任務。時至今日，這些私立學校系統在韓國已占有相當的地位。

西元 1882 年，韓國的官學開始對所有社會階級開放。1886 年由美國傳教士透過翻譯教導英文，協助韓國成立第一所現代學校，建立現代教育制度。直到 1990 年代，一些專收富裕家庭子弟的私立中學紛紛成立，許多位在首都及其他大城中的男子學校，都是韓國相當具有傳統特色的學校。

至於高等教育方面，1905 年到 1906 年成立新式大學，後因日本殖民而暫告中斷。日本占領期間 (1910–1945)，大量推動殖民地教育，影響韓國傳統教育的發展。當時只有 30% 的兒童能夠進入小學就讀，20% 的學生進入中學就讀，進入高等學校就讀的比例更少。日本於 1923 年仿東京帝大，在韓國首爾（原名漢城）成立首爾大學，當時日本學生占 60%、韓國學生僅佔 40%。

1945 年 8 月朝鮮半島獨立，分別由美蘇占領，南半部稱為「大韓民國」，北半部稱為「朝鮮人民共和國」。1950 年的六二五戰役又將其分為北韓與南韓。北韓受前蘇聯影響，建立社會主義政權，成立「朝鮮民主主義人民共和國」；南韓則受美國託管。自 1950 年到 1953 年韓戰以來，兩韓隔著北緯 38 度線軍事分隔線，不但沒有往來，且還處於軍事對峙狀態，直到近年，雙方才展開初步接觸。1945 年美軍接管南韓時，曾大力推動「六三三四制」或「六六四制」（初中和高中各占三年），提倡男女合校，引進美國地方學校的董事會，並推動九年義務教育。然而美軍撤退後，因戰後資源缺乏之故，義務教育只好縮短為六年。從 1973 年開始，原來美軍建立的各地學校董事會轉為由教育部任命，實施中央集權制，省、市的教育

委員會也大多缺乏實權，由教育部管理。到了 1980 年代後期，全國的教育行政事務與資源分配，包括：體制建立、課程發展、教師認證、與教科書等，皆改由中央集中辦理 (Kim, 2003)。1948 年設立「文教部」開始負責全國教育行政工作，1990 年改稱「教育部」。2001 年改名為「教育人力資源發展部」，機關長由副總理兼任。2008 年 2 月，原教育部與「科學技術部」整合成為「教育科學技術部」。負責制定人力資源開發、科學技術革新政策，以及學校教育、生涯學習的企劃、整合、更正、評鑑工作，並掌管原子能及科學技術等事務。

在教育行政與管理方面，韓國教育受軍人政府干政的影響，教育採中央集權制，強調大有為政府。長期以來南、北韓關係的緊張，多少也影響雙方教育發展，雖然南北韓同文同種，但北韓仍是封閉的社會。另外，有許多人士將韓國在韓戰後能夠迅速恢復，歸功於教育投資，以識字率為例，在 1940 年成人識字率為 42%；1970 年為 87.6%；1980 年代後期，成人識字率則高達 93%。

近年來，韓國學生在國際數理競賽中（如 PISA 與 TIMMS），成績表現優異❼，入學率高，在 1985 年即有四百八十萬的小學生，其中 99% 繼續就讀初中；1987 年有 34% 的學生入高等教育機構就讀，是全世界比例最高的國家之一 (Education/Literacy in Korea, 2000)。然而韓國不僅強調升學主義，亦重視大學文憑，因文憑和就業管道結合，學生進入著名大學可以建立個人網絡 (personal network)。因此，唯有擠入一流大學，才有機會邁向菁英階級，如此促成了韓國家長希望孩子進入國立大學的期望壓力。到了 1980 年代以後，大學校數與招生數量持續擴張，「高學歷、高失業率」的問題也層出不窮 (Kim, 2003)。

❼　韓國 PISA 排名：

年代	數學	閱讀	科學
2000	2	6	1
2003	2	2	3
2006	4	1	10

二、主要的教育制度與法令

韓國目前的教育制度源自二次世界大戰後美軍建立的「六三三四」制，一到六年級為「初等學校」，初中階段三年稱為「中學校」，高中階段三年為「高等學校」，其中 60% 為普通高中，40% 為職業高中。目前韓國實施九年義務教育，於 1969 年取消初中的入學考試，1981 年取消大學入學考試，改採取多元入學方式。但是到了 1991 年又引進了新的大學考試制度，在入學成績計算標準中，有 40% 來自高中在校成績，其他部分則是以各大學舉辦的學術測驗成績計算，其他表現也涵蓋其中 (Chae, 2004)。

韓國小學階段教授九個科目，中學階段有十一個科目，高中則分為職業和普通高中。另外，還設立許多單科、特殊性向的藝術、美術、音樂、科學、數學等專門高中，以培育有特殊專長的學生。在高等教育方面，分成四類型，分別是四年制的大學（醫科是六年）；仿照美國兩年制的初級學院；以培養師資為主的教育學院或教育大學（韓國的小學教師基本上都具有大學學歷）；以及神學院及一些特殊的學校。

大體而言，韓國教育制度有以下特色（全淑伊，2004；楊思偉，2007）：

1. 韓國自古以來就有學生運動，甚至在韓國獨立運動中占有重要地位。韓國自 1950 年代到 1980 年代，分別出現大規模的大學生示威運動，著名的國立大學與大學生都積極參與。

2. 全國僅有十所國立大學，私立學校的學生占八成以上，近年來也以興建私立學校作為擴充高教的途徑。

3. 中小學教師雖有工會保障，但卻被視為公務員或左派人士。到了 1989 年，由於教師反抗政府而進行示威活動，很多教師遭到解聘。

4. 中小學課程仍以背誦練習為主，考試內容包括：數學、科學、韓文與英文等學科，升學壓力不小。

5. 韓國是世界上首先在中小學使用網際網路的國家之一，在 2001 年將教育部改成「教育人力資源發展部」，強調發展教育人力是國家最重要的任務，因此聘請具有學術背景的人員擔任教育部長，但通常任期很短，平

均只有一年左右。

三、教育改革

1953 年韓戰結束後，南、北韓的關係日趨緊張，雖然雙方近幾年已加強交流，但由於北韓的核武威脅與軍事強人政治，交流仍然有限。如同其他戰後新興國家一樣，韓國自 1960 年代起，開始重視教育在經濟與國家發展中扮演的角色。而到了 1980 年代，韓國經歷了亞洲四小龍的經濟奇蹟後，社會面臨轉型，於是積極推動教改，分為以下幾個階段（金淑伊，2004）：

(一)第一教改階段 (1945–1959)

這個階段主要加強韓國戰後社會的重建，推動民族與民主教育，完成教育制度與法令化工作。

(二)第二教改階段 (1960–1979)

此時期以培養產業界人才為主，並加強教育正常化，實施初中免試入學制、高中平均化政策，與推動實驗大學等政策。

(三)第三教改階段 (1980–1987)

此時學生過度補習與升學主義成為社會焦點，因此為了促進教育公平、增加就學機會，採取以下措施：

1.擴大高教入學率，禁止私人課後補習與家教活動。由於私人補習和家教會擴大貧富差距，因此只要被發現的話，學生會被退學，教師也會遭強迫辭職。不過 1980 年公布的教育正常化及防止補習方案，卻造成補習教育地下化的後遺症。

2.為了讓學生專心學習，減少政治運動的參與，各大學執行嚴格的學生淘汰制。成績在後 30% 的大學生將會被迫退學；而兩年制的學院則是對成績在後 15% 的學生進行退學。然而此制度在 1984 年引起社會不滿而遭

廢除。

　　3.韓國雖然在 1968 年廢除初中入學考試，但到了 1980 年仍有非競爭性的統一考試，或者依照學區抽籤入學。中學校（十四歲到十六歲）不實施能力分班，但高中分為普通高中與職業高中兩種。在 OECD 國家中，韓國有 97% 的高中生完成學業，可說是全球高中畢業率最高的國家之一。韓國向有「考試煉獄」之稱，不過自 1989 年大學入學考試的通過率為 35.2%，大學生占同年齡比例僅次於美國。

　　4.韓國相當重視個人關係，進入好大學對未來工作的影響很大。從 1980 年開始，韓國政府開始資助私立大學，到了 1993 年初中階段的私立學校經費有七成左右來自政府補助，高中階段也有四成左右受到政府補助。此種對私立學校大量補助的措施，反而削弱了政府應負擔公立學校經費的責任。

㈣第四教改階段（1989-迄今）

　　韓國在 1989 年成立「教育政策諮詢委員會」與「中央教育審議會」，在教育決策上扮演重要角色❽。到了 1990 年代，為了增進地方教育行政的自主性，又重新組織地方教育委員會，賦予各校和大學較大的自主空間。

　　在面臨全球化問題和大學結構發展危機中，韓國在 1993 年成立「教育改革總統委員會」（Presidential Commission on Education Reform，簡

---

❽　其功能為蒐集、綜合教育輿論；調查、研究教育制度；提出、審查教育改革案；確立國家教育的基本政策及長、短期教育發展計畫等。1987 年「教改審會」向教育部提出十項教育改革案，包括：(1)學制改革，將六三三四制，改為五三四四制，允許小學生提早入學；(2)改善普通高中及大學入學制度；(3)推行優秀教師保障法；(4)改善教育內容與方法；(5)培養小學、初中階段科技人才；(6)建立各大學教育的特色，整頓大學評價認可制度；(7)建立終身教育體制；(8)結合教育自治與地方自治，增加經營國、公立大學的自律化；(9)擴大教育投資；新設地方教育稅、發行教育債券，設置運作私學振興基金會等。並與教育部門合作，提出培養符合未來社會需求及統一兩韓之教育人才等長短期教育政策（金淑伊，2004）。

稱 PCER)，提出「教育自由化」，鬆綁大學入學考試等理想。到了 1995 年提出相關報告，內容指出 (Han, Moo-Young, 2004)：⑴韓國教育充滿考試引導升學的壓力，中小學與大學的教育學習淺化；⑵ 1994 年政府的公立補助教育預算只有 GNP 的 3.8%，但是私人的課後補習卻占 GNP 5.8%，家長課後補習 (hagwon) 負擔沉重；⑶政府過於控制教育，影響教育人員的專業自主發展；⑷學生道德低落，需加強品格教育；⑸提供公平的教育機會，修正政府教育管制的幅度，並成立「國家教育評鑑機構」(National Institute of Education Evaluation，簡稱 KIEE)；⑹擴大學生招生比例，在 1998 年時，韓國的大學及二年制大學可容納當時 94% 的高中畢業生進入就讀；⑺由於高教擴充，使得參加研究所入學考試的人數大增。因此 PCER 在 1997 年改變策略，一方面減低一流大學的招生人數，避免教育質量下降，另一方面將大學分級為研究型大學與教學型大學；⑻由政府大量補助研究型大學，協助其發展成世界一流大學。

　　上述報告書指出韓國因大學考試競爭激烈，產生一連串教育問題，解決方式需調整、修正整體的教育結構，擴充大學入學機會，減緩入學競爭。到了 1997 年金大中上任後，由於面臨亞洲金融危機，整個社會受到轉型的挑戰，如何振興韓國經濟成為當務之急，加上當時韓國社會厭惡政府大權在握的情況，提出以下改革政策：⑴教育自由化，解除對教育人員的控制與管理；⑵鬆綁，由中央轉為地方的管理體制；⑶廢除大學入學考試制度，解除教科書、課程、大學學費、大學名額及學生選舉等方面的管制。另外，也針對 PCER 計畫提出修正，推動「韓國二十一世紀金頭腦」(Brain Korea 21，簡稱 BK21) 教改計畫。另外，積極在高等教育中培養 ICT(Information Communication Technology) 產業人才 (Kim, 2005)。

　　2008 年李明博宣誓就任韓國新總統，無論在選前或選後，時常提及韓國教育問題。其教育改革的框架和措施如下（李水山，2008）：

1.提升公共教育品質

　　擁有足夠的自主權，學校才能有多樣化的發展，除了 6 所自主型私立

高中外，將對其他 1800 多所高中每年追加 10% 的教育經費，經濟相對落後和偏僻的農漁村及大都市邊緣地區，增設 150 所公立優質高中、50 所特色專業高中。

2.提高英語教學水準

近年來，韓國中小學學生到國外留學人數增長迅速，有「因公共教育的崩潰，而使韓國教育難民周遊世界」之譏。希望透過降低英語教育的成本，培養 3000 名英語教師，擴大初、高中英語授課範圍，除語言學習外，其他課程也逐步開始用英語講授，使高達 14 億韓元的課外英語輔導、補習費用減半。

3.保障大學自主辦學

主張逐步廢除全國統考，實行大學自主招生、自主辦學。計畫分階段實現國立大學法人化方案，擺脫教育部的統一管制。

然而韓國國內對於新教改政策，也出現一些反對聲音，尤其不贊同政府打破維繫 30 多年的「平準化高中」教育體系，以及大學自主招生可能帶來的新一波補習熱潮和學業負擔等政策。

四、教改評論

韓國教育改革，雖然逐漸引進自由化、鬆綁以及市場競爭，但仍然呈現由政府主導的情況，如由教育主管機構進行全國地方教育績效評量。另外，為了加強與政府其他部門的協調聯繫，將教育部與人力資源發展部合併為「教育人力資源發展部」，進行資源重新分配。不過韓國教改迄今仍有不少批評聲浪，如強調升學主義、家長教育負擔過重、教學制式與外塑，無法引起學生內在動機與培養創新人才等 (Chae, 2004)，其中較大問題包括 (Kim, 2005)：

1.從 1980 年初開始一連串由上而下的改革方式，引起教師工會的改革疲憊。

2.教改後，學校教育失敗的爭論甚大，學生私人補習情況未減，大學的入學考試壓力仍然很大。

3.教改推行過程中，政策與人員之間缺乏協調。

4.公部門與私部門之間缺乏夥伴關係。

儘管這些問題依然存在，但在過去近四分之一個世紀的教育發展中，韓國不斷調整過去以中央標準管制、缺乏競爭者的制度，引進以激勵誘因，引進創新、自我導向與競爭等觀念，尤其在中、小學國際競賽中成績優異。在高等教育方面，也持續國內各個綜合高中與單科高中的特色，培養網路設計、電玩等文化創意產業人才，成效備受好評。

五 印 度

學齡	年齡		
24	18	高等教育	博士班
23	17		研究所（碩士班／學士後）
21	16		
20	15		大 學
19	14		
18	13		
17	12	中等教育	（後期）高級中學／中等學校
16	11		
15	10		
14	9	基礎義務教育	高級中學／高級中學／（進階）小學／初級學校
13	8		
12	7		（進階）小學／初級學校
11	6		
10	5		小學／初級學校／·小學／初級學校
9	4		
8	3		
7	2		
6	1		
5		幼稚教育	幼稚園後期（UKG）
4			幼稚園前期（LKG）
3			

工作經驗

資料來源：

http://education.nic.in/sector.asp#stages
http://en.wikipedia.org/wiki/List_of_countries_by_literacy_rate
http://en.wikipedia.org/wiki/List_of_countries_by_GDP_%28nominal%29
http://stats.oecd.org/wbos/default.aspx?DatasetCode=RENRLAGE
Data refer to the year 2007. World Economic Outlook Database-April 2008, International Monetary Fund.

印度

1. 總人口數：**1,147,995,898** 人 **(2008)**

2. 土地面積：**3,287,590 km²**

3. GDP：**903,226**（百萬美元）；Per capita GDP(USD)：**2,800** 美元 **(2008)**

4. 各級學生人數：（**2004** 年）

   初等：**138,867,877** 人

   中等：**83,858,267** 人

   高等：**11,852,936** 人

5. 識字率：**61.0%(2005)**

6. 印度教育部網站：**http://www.education.nic.in/**

一、歷史背景

　　印度是世界四大文明古國之一，其教育發展迄今已有 3500 多年的歷史，大致可分為四個時期：古代與中古時期教育，這兩個時期深受宗教，尤其是穆斯林教育的影響。第三個時期為英屬殖民時期 (1858–1947)，教育英國化，按英國模式辦學。第四個時期為 1947 年獨立以後推動現代化教育（印度教育，2007）。印度採「高等教育發展在先、中小學教育發展在後」策略。在十七世紀以前就已經發展出相當專精的高等學府，開設藝術、建築、繪畫、邏輯、文法、哲學、天文、文學、佛教、法律以及醫藥等課程。在鼎盛時期，有些學校甚至擁有高達一萬名學生的規模，但當時的教育也和印度「種姓社會」(Caste Society) 一樣具有階級性。

　　到了十九世紀，英國殖民印度之後 (1858–1947)，引進英國教育制度，不再強調傳統的印度教育，重視教育對印度各種階級開放。1947 年印度獨立，1950 年成立印度共和國，當時人口約三億五千萬，到了 2005 年人口成長到十一億，占全球第二。現代的教育制度主要延續十九世紀英國的西方模式和傳統，傳統印度學校的特質幾乎被取代。二次大戰後，印度政府致力於掃除文盲，普及義務教育，提高教育品質與受教人口，尤其嘗試以高等教育的重點發展來帶動各級學校教育。然而由於經費、人口、地理等

因素，成效相當有限（趙中建，1992）。

二、主要的教育制度與法令

　　二次大戰後印度成為聯邦制國家，印度憲法規定教育行政分為「中央、邦和縣地區」三級管理制，但以邦一級為主。中央教育部為各邦教育部的諮詢顧問，負責教育計畫與革新方案，督導直轄區的教育、國家重點大學與科技機構、全國教育發展計畫，及國際文化教育科學的交流活動等。依據憲法規定各邦擁有教育自主權，實施普及義務教育，所有公民受教平等。至於邦教育部可制定邦的教育政策，主管邦內中小學教育，也掌管當地的高等教育。縣地區的教育機構主要負責初等教育事項。不過學校管理制度不甚統一，可以根據各地的情況與條件辦理，各校也可自由選擇不同的語言授課。

　　依憲法規定，國家要為所有兒童提供免費教育和義務教育到十四歲，然而各地學制不一，大致可分為：學前教育、初等教育、中等教育及高等教育四個階段。學前教育從初級幼兒園到高級幼兒園，發展讀與寫的能力；初等教育則是六到十一歲，共五個年級；而中等教育初中為十一到十五歲，六到十年級；高中從十六歲到十七歲，十一到十二年級（有些地區初中是六到八年級，而高中是八到十二年級）。兒童入學年齡為五歲到六歲，教育結構因邦而異❾。

　　印度由於城鄉差距問題，到了 2000 年時，農村地區小學入學率只達

---

❾　1968 年印度政府推動全國統一的「十二三學制」，其中「十」代表普通教育，包括小學和初中；「二」代表高中階段（有的邦納入中等教育內，有的邦附屬高等教育預科）；「三」代表高等教育階段（印度教育，2007）。印度教育向來強調數理和科學，以升學為主，其大學入學考試競爭激烈。學校教學則是以教師為中心，強調分數導向。印度的教育改革非常強調菁英化，與傳統上的種姓制度和地區差異有關，即使在英國統治期間仍然有這個問題。此外，傳統上印度始終強調數學與理科的課程，較忽視社會科學和藝術。印度的教育委員會甚至一度提出印度的教育應培養工程師和科學家，而不是歷史學家，這樣的觀念導致學生選擇志願時重理輕文的偏向。

94%，有些地區甚至只有 84%。這些數據顯示了印度在掃除文盲方面，尤其在鄉村偏遠地區仍有困難。高中和大學階段，許多學校都是以英語教學為主，少數地區以地區性語言來教學，教科書、書本和考試，多是個人家庭負擔。印度各邦原有獨立課程，但是到了 2005 年全國實施統一課程。各大城市仍以公立學校為主，私立學校主要出現在中等教育階段，須遵守全國統一課程規定，也多與國際資格認證，如：英國劍橋的語言認證，及英國 A 級大學入學考試資格接軌，屬於中上階級的教育。

印度的高等教育主要隸屬「人力資源發展部」，以公立學校為主。另有十八所中央級大學，由政府的各委員會掌管。高等教育階段的技術學校、技術學院以及大學主要教授專業領域知識。在政府預算方面，中央級大學的經費逐年增加，使得地方性的大學相形見絀。而私立的印度理工大學 (Indian Institute of Technology, Kharagpur) 在 2006 年全球前二十名理工大學的排行中，僅次於美國麻省理工學院 (MIT) 及加大柏克萊校區 (UC, Berkeley) (NUS accorded World's Top 20 universities ranking, 2006)。至於印度的法律學院也相當具有特色。1980 年中期以前印度的高等教育擴張過於迅速，造成大學生失業情況嚴重。後來在國際組織如世界銀行等協助下，進行高教結構調整，尤其加速大學私有化政策，但其結果褒貶不一 (Jayaram, 2005)。

三、教育改革

(一)掃除文盲

印度目前全國十五歲以下人口占 35%，教育投資雖規定為 GDP 的 6%，但實際上只有 4% 左右。而中央教育經費中，近 97% 為中小學教師的人事費用，各校可使用的經費相當有限。早在 1964 年到 1966 年時即有教育委員會，為了克服印度的多語言困難及地區、種族與性別上的不平等，提出教育要朝向現代化、全國統一及掃除文盲❿的理念。2000 年提出的全

❿ 1990 年代當時存在的性別與種姓制度的差異，預估約有 3500 萬到 6000 萬

民教育運動 (Movement to Educate All)，希望在 2010 年達到全國初等教育普及化的目標，並消除性別和社會階級差別問題。到了 2002 年時該教育政策獲得了全國教育政策方案 (National Policy of Education) ⓫ 的重新檢視，加強對少數民族與女性教育的重視（趙中建，2004）。

　　由於印度土地遼闊、地區差異大，在義務教育上推動困難，文盲的比例高，從 1960 年代即進行掃盲運動，1979 到 1985 年間的成人識字教育計畫，透過遠距教學，讓偏遠地區的民眾（尤其是農村女童）也有機會學習。到了 1980 年代時，若干農村的偏遠地區有將近 75% 的孩子未曾入學，因此 1986 年上述 NPE 特別強調建立非正規的成人教育（尤其是女性成人教育），透過聯合國教科文組織的協助步上軌道。1992 年除了推動非正規教育之外，在中小學階段強調提升入學機會、教育品質及識字率等三方面。

(二)備受爭議的全國課程綱要

　　在課程改革方面，2000 年國家教育研究與訓練委員會 (The National Council of Education Research & Training) 發表一份「全國課程綱要」(National Curriculum Framework)，希望將全國中小學課程朝向「印度化、國家化與精神化」發展，建議刪除所有外國的內容，及對印度文化有偏見的部分。不過印度的國家認同不只是印度文化 (India culture)，還有其他多元的種族，如：穆斯林及其他少數民族，這份全國課程綱要忽略了印度多元文化社會的發展，加上事先並未徵詢各邦意見，後來經印度高等法院宣判而暫停。儘管如此，新版教科書中的歷史及社會科學方面依然被迫修改，引發不少問題 ⓬。

───────────────

　　的學童、六到十四歲的青少年未在學校就讀。在十年級之後由於學習成就不大加上設備不足等，因此輟學率高，再加上很多地區經濟困難，兒童提早就業的壓力，才有加強這些孩子教育機會的呼聲。

⓫　1986 年印度政府提出新的教育政策（簡稱 NPE），主要針對二十一世紀的到來，如何改善教育制度，重視科學與數學教育，增加教育投資，擴大入學機會，增加教育的開放性，重視教育的世俗化及社會的公平性等。

⓬　例如六、七及十一年級中有三本歷史教科書整個內容被刪除，表示教科書本身

(三)中學生分級制

由於印度存在社會階級、城鄉差距與貧富懸殊等問題，造成教育上的不公平與學習壓力。2005 年印度因升學的壓力及青少年自殺率攀升，迫使其改變過去以分數為取向的評量方式，改由較大範圍的分數等級分級制替代之。此外，早期較強調科學、數理方面課程，不重視學生戶外活動，近年來則有所轉變，較強調運動、環境、生態、野生的動物歷史等方面的學習 (Lall, 2005)。

(四)高等教育改革

二次世界大戰以來，印度高等教育迅速發展，成為僅次於美國的世界高等教育大國，但急遽擴充的結果也出現不少問題，如：教育品質下降、辦學經費不足、大學生失業和人才外流等情形亟待解決。為此，印度政府在 1980 年中期，配合國際組織如世界銀行等的資助，成立「高等教育品質評定委員會」，進行高教結構的調整、加速大學私有化、開拓大學籌措辦學經費管道，及防止人才外流等措施（易紅郡、王晨曦，2002）。1986 年全國教育政策方案 (NPE)，即針對高教擴張與大學生失業問題，提出高等教育結構重組與私有化的概念。在經費部分，1970 年代政府補助縮減到9%，到了 2003 年卻高達 24%，甚至有的減幅超過 50%。因此印度大學紛紛成立撥款委員會等單位，扮演追求經費、卓越與公平的角色。近年來，印度社會也出現了國立大學自主化，和使用者收費的呼籲 (Wikipedia, 2007)。

四、教改評論

印度自 1950 年代以來隨即宣布實行免費基礎教育，但由於政府經費有限，在實行義務教育時，家庭負擔仍大（趙中建，2004）。雖然歷屆政府均會強調如何提升教育品質、增加高等教育的預算、提升識字率與掃除

也涉及宗教及政治上的紛爭。

文盲等，也希望打造世界一流的大學，但在初等和中等學校方面，卻相對弱勢，尤其農村地區教育資源嚴重不足。儘管每次新政府上臺時都強調要增加教育預算、引進結構的改革，可是往往缺乏具體的行動。

印度教育比較強調記憶學習、偏重考試分數，較少注意學生品格、創造力的發展等方面。在入學方面，除了分數之外，也強調階級制度、使用語言及宗教隸屬等，很多高等學校甚至會保留相當比例的名額，保障特殊階級、少數語言的使用者或者其他宗教的信仰者，造成教育不公等問題。而印度在工程、醫學及其他畢業收入較好的科系，也常出現所謂大學「賣學位」的現象。近年來，受到市場經濟的影響，許多公立大學受到政府鼓勵，進行「市場化」，如提高學費或者與私人企業合作，開設一些迎合市場需要的相關課程。

直至今日，印度仍是一個多民族、多宗教、多語言以及具有獨特種姓制度的社會，加上經濟和教育發展的不平衡等，使得印度全國初等教育存在著嚴重的不均衡，許多偏遠地區的初等教育條件，仍然十分惡劣（趙中建，2004）。

雖然印度外包產業 (outsourcing industry) 的成功常被歸因於教育成果，但事實上擁有高達數千萬高等教育畢業生的印度，卻未因全球化挑戰而有所改變。例如，醫、理工與管理學院的師生上街遊行，抗議政府計畫將增加弱勢種姓的入學保障名額（從現有的 22.5% 再增加 27%），雖然印度政府向來對不同社會階級（種姓）實施保障名額制度，只不過這次作法卻影響到印度最菁英的一群。目前受到全球化的影響，印度許多機構都留不住菁英人才，理工學院的教授短缺（比例高達 40%），研究成果也大幅下滑，人才外流問題仍待解決 (Mehta, 2006)。

長久以來，印度的教改著重高等教育，對於設校、學生人數、授課內容、收費等管控十分嚴格，各學術機構所擁有的自主權與多元化程度也很低。有研究指出 (Jayaram, 2005)，「管制過度」是導致印度今日高等教育動盪的主因，造成學術機構普遍品質低落，大學保障名額已成為國家干預教育的象徵。因此，在全球化的影響下，迫使政府大量投資教育、尊重高

等教育機構的自主權 (Mehta, 2006)，成了當前印度教育最大的挑戰之一。

六 東南亞

本節將簡介東南亞的新加坡、泰國、馬來西亞、印尼、和菲律賓等五國的教育改革。

一、歷史背景

在歷史背景方面，東南亞五國有以下共同特色 (Pennington, 1999)：

1.除了泰國之外，其他的國家都曾經是西方國家的殖民地，且大多在二次世界大戰後獨立，教育發展仍存有殖民母國的影響（吳紀先，2007）。

2.這幾國的種族相當複雜，也影響到官方語言的設立，例如馬來西亞及新加坡，除英語外還有其他官方語言。

3.各國經濟發展程度差別很大，如新加坡為亞洲已開發國家，而印尼、菲律賓屬於開發中國家，城鄉差距大。

4.在二次世界大戰時這些國家的產業結構，大多以勞力密集的手工業與加工產品為主，當時各國的教育目標首在掃除文盲與提升識字水準。

5.各國都受到全球化、國際化、科技化、多元化與民主化等影響，在教育發展過程中，隨時推出不同的改革方案。

1997 年亞洲出現金融風暴前，除新加坡外，這些國家的教育面臨一些挑戰，例如：自 1980 年代中國、越南、印度等地崛起以後，這些地區物美價廉的出口產品，逐漸取代過去東南亞產業密集、廉價勞工等初級工業的外貿。這種情形迫使上述國家重新進行教育改革，但當時仍有不少國家持觀望態度。一直到 1997 年亞洲金融風暴造成東南亞各國經濟蕭條；泰國、馬來西亞等國不得不重新思考教育對策，如重新設定各級學校的學生能力指標，培養符合知識經濟社會所需的人才。另外，也全面檢討傳統教師本位及強調記憶的學習方式，加強師資培育與課程改革，重視批判能力之培養等。有些國家（如泰國、印尼等）更逐漸朝向教育經費鬆綁的方向發展，以符合地方教育的需要 (Pennington, 1999)。

二、五國教改簡介

㈠新加坡

　　新加坡在 1965 年獨立，政治上採大家長式的威權體制，教育上強調效率。由於受到英國殖民一百多年的影響 (1819–1942)，教育基本上仍承繼英國傳統，小學六年、中學四年和兩年的大學預備教育。1997 年新加坡教育法中規定，實施十到十一年（六年小學、四到五年的中學）的普通教育，2003 年訂定強迫入學教育法，規定六到十歲的孩子必須入學，否則家長會被判刑入獄❸。1997–2003 年之間更強調中小學的資訊科學發展，全面建立各校的網路系統。

　　新加坡的改革通常以經濟發展為主軸，教育也往往配合國家發展而來，如早在 1965 年就提出雙語教育改革，1985 年建立資優教育、分流、能力分班的體系，其中英語教學備受重視，導致非英語的學生往往被視為第二等（李智威，2007）。另外，在中小學階段實施升學班與就業班，普通班與資優班之分，此種情況再加深了教育機會的不公平。

　　在 1997 年亞洲金融風暴之後，新加坡和馬來西亞先後都提出了「精明學校和創意兒童計畫」(Smart School & Creative Kid)，斥資二十六億美元在七年內建立兩百五十所電腦化學校 (Smart School Project in CLMV Countries, 2002–2003)。1997 年以後，新加坡三百十五萬人口中大多數具有十年以上的教育水準（國二以上），然仍無法因應新時代的需要，因此自 1997 年起，新一波改革中除了加強原本的教育分流與資優教育外，更強調學生獨立思考學習。

　　回顧 1970 年末，新加坡為了減緩學生中輟率而允許小學能力分班的做法，自小學四年級開始需要經過學科測驗，進行 EM1、EM2、EM3 的篩選分流教育，到了中學階段已分為學術性向與職業性向學校。在此情況下，

❸　新加坡無義務教育的觀念，事實上是沒有義務教育名稱的義務教育，其中初中叫中學，高中包括：初級學院、理工學院、工藝教育學院等（宋梅，2007）。

各分流學校彼此缺乏交流，而且在小學四年級實施分流，不但過早分化影響孩子後來的發展，且常出現遺珠之憾。因此，2006 年 9 月新加坡教育部公布一項修正小學階段能力本位教育 (ability-driven education) 的研究，在 2008 年全面實施以課程來取代目前的 EM3 分流制度，由過去學科成績改為各科為主的分流方式；增加分流階段的學術和職業導向的學生，能夠在不同選修課中交流 (Singapore Government Press Release, 2004)。

而新加坡的另一項教改政策為繼續加強資優學生的學習。從 1984 年開始資優教育方案（Gifted Education Program，簡稱 GEP），全國前百分之一的學童從小學到中學階段接受加深、加廣的課程，以增加他們的能力 (Singapore Government Press Release, 2006)。而 2008 年所實施的新辦法就是讓這些資優和非資優學生透過運動及課外活動等，增加彼此交流及均衡發展的機會 (Gifted Education Programme (Singapore), 2007)。

㈡泰國

其實從 1960 年代到 1980 年代中期，雖然泰國初等教育入學率成長了 90%，中等教育也有 70% 左右的成長率，但義務教育到 1997 年仍只實施到五年半，6 歲到 17 歲的青少年有四分之一沒有入學，21 歲以上的勞工有四分之一未達小學畢業程度，且學校的教學和學習方式經常僅止於記憶層次，教育素質有待提升。於是泰國教育部在 1999 年提出〈2000 年中小學教育目標〉（李志厚，2002），試圖改變過去教師中心的教學方法，提倡兒童中心的學習，改革內容包括學習評量方式，重視學生解決問題的能力，以激發學習興趣，並將過去單一標準化的考試方式改為多元評量。其次，調整教育行政組織與職權，改變過去的中央集權制度，盡量朝向地方需求發展，賦予地方更多的教育權力。此外，泰國幅員廣大、城鄉差距明顯，山區少數民族的教育問題更加嚴重。所以泰國政府邀請亞洲開發銀行及世界銀行，來參與偏遠地區的學校建立工作，以改善這些地區的學校品質 (Pennington, 1999)。

㈢馬來西亞

馬來西亞（簡稱大馬）在二次世界大戰後脫離英國殖民 (1874–1930)
與日本占領 (1942–1945)，於 1957 年完全獨立。由於馬來西亞屬多種族
國家，戰後施行新的國民教育制度以推動馬來語為主。另外，在全球化潮
流和本土化需求下，馬來西亞採取一種獨特的因應措施。如在 1990 年代
教育改革國家報告書中提出，大馬教育的主要轉變即是將整個教育體制轉
向鬆綁、民主化、私立化、標準化和伊斯蘭化等方向。而在伊斯蘭化、統
治菁英的既得利益、經濟轉型及技術革新等多方因素影響下，繼續推動許
多新政策，如：擴充受教育的機會與管道、改革課程、學校革新、革新師
資教育及高等教育的私立化等，這些改革特色在於建立一種有別於全球趨
同化的教育政策（李莫莉、俞貞、任友群，2004）。

到了 1995 年的教育政策重點為如何讓馬來西亞教育具有民族的多元
特性[14]。1997 年後逐漸將小學半日制，提升為全日制學習，學生畢業後可
以升上國中或獨立中學。同年，馬來西亞和新加坡先後都提出了「精明學
校和創意兒童計畫」(Smart School & Creative Kid)（徐雲彪，2005），強
調了要充實中小學與私人機構合作，引進 IT 人才，希望建立九十所完全電
腦化的學校（其中 30% 來自農村地區），藉以改變過去勞力密集的產業，
進而轉向知識經濟發展，透過學校的電腦化加強學生學習、考試、甚至是
尋求資訊上的獨立；更重要的是這些課程強調科學、科技、數學、英文以
及馬來西亞的官方語言，大力發展資訊工業，透過這些做法希望能讓馬來
西亞在 2020 年成為亞洲多媒體的超級走廊（馬來西亞華文教育，2003）。
幾年下來此計畫已舉世聞名，成為高科技發展的溫床，為本地和國際公司
的多媒體超級走廊建立良好的聲響。

到了 2002 年時馬來西亞教育部又公布「2001–2010 年教育發展藍
圖」，強調為因應全球化的挑戰需要，培養更多知識、經驗導向的工藝人才。
同時馬來西亞亦強調數理教學的改革，希望改變過去以考試為主的教育方

---

[14] 馬來西亞受到中華文化、印度文化、回教文化和西方文化的衝擊影響。

式，讓學生從過去的被動灌輸，轉向主動獲取知識，培養數理的理解能力及應用能力。不過這幾年馬來西亞教改雖強調鬆綁與授權，但仍很難擺脫政治上的行政權威，反而因改革幅度過大、配套條件不足，造成教改困難和成效不定的情況 (Pennington, 1999)。

(四)印尼

印尼是一個多民族且全球最大信仰伊斯蘭教的國家。1945 年成立印尼共和國之後，改變過去殖民地的教育方式，建立新型的教育制度。由於長期受到殖民統治（自 1602 至 1945 年），文化與教育備受忽視，以致 1945 年全國人口中有將近九成以上的文盲（趙中建，1998）。為了解決文盲問題，印尼展開掃盲運動，到 1961 年五十四歲以上的民眾仍然有 75% 自認為文盲，到了 2002 年時，全國的文盲率降低到 12.1% (Education in Indonesia, 2007)。

印尼政府自 1984 年實施初等義務教育，1995 年延長九年義務教育。在 1989 年教育法中規定，教育是政府、社區和家長的共同職責。而在 1993 年的國家政策中，除鼓勵地方社區參與教育的發展，在課程方面也鼓勵發展地區特色課程，例如 1990 年代容許地方學校課程有 20% 當地教材內容。2004 年時印尼也提出新的課程綱要，改變過去教師中心的方式、強調重視學生的學習環境與過程。不過如同泰國一樣，因為土地廣大，印尼教育發展最大的挑戰應屬城鄉差距問題，加上政府設計全國課程的能力有限，成效仍有待檢視。

在 1997 年亞洲金融風暴時，印尼全國經濟衰退 13%，影響許多城市家庭的子女教育，使得許多學生中輟。在 1998 年到 2000 年期間，都市中等學校輟學率增加了三倍（尤其是女孩）。許多孩子必須到外地打工、乞討或賣報紙來維持家計。有鑑於此，亞洲開發銀行及世界銀行貸給印尼三億美金，同時在全國發起「留在學校運動」(Stay in school campaign)，甚至在電視廣告中提出「我是一個上學的孩子」("aku anak sekolah"—"I'm a school kid.") 的口號，成立特別基金，協助四百萬來自貧困家庭的學童繼

續升學到中學，且持續五年補助 (Pennington, 1999)。此基金在第一年實施時，80% 的窮困孩子每月所領到的費用僅有兩塊半美金，僧多粥少的問題亟待解決。於是促使印尼政府重新思考教育經費下放補助策略，讓地方上的學校擁有更多的管理權及經費分配權，使各校可依據需要挪用 20% 的經費。

㈤菲律賓

菲律賓 1946 年宣布獨立，2002 年全菲人口高達八千多萬（世界第十三名）（菲律賓，2007），由於擁有太多各地方言，溝通困難，目前仍有八十多種通用的語言。

菲律賓教育制度為「六四四制」，學年從 6 月開始，4 月結束，自 1995 學年度開始，小學年齡為六到十二歲的六年制；中學為十二到十五歲的四年制；而高等教育則是十六到十九歲的四年制（工程學，法律和醫學需至少五年）；少數私人學校則提供七年的小學教育（菲律賓教育系統，2004）。

中學階段提供三種課程：普通中學、職業中學和科學中學。前者為 4 年的二級綜合理論課程，而職業中學則提供部分普通中學課程及職業課程。科學中學則提供比普通中學課程更進階的科學、數學和英語課程。高等教育分大學學士、碩士和博士學位（菲律賓教育系統，2004）。

至於教育行政方面，由教育、文化及體育部（Department of Education, Culture and Sport，簡稱 DepEd）負責和管理中小學教育。高等教育則歸「高等教育委員會」（Commission of Higher Education，簡稱 CHED）管理。另有專門負責中學與一般社會人士技能訓練開發的「技術教育與技能發展局」(TESDA)（菲律賓教育系統，n.d.）。

至於在教育改革方面，1950 年代菲國政府以穩定國內的政治和經濟為主，教育深受政治專制與民族主義的影響，發展相當有限。到了 1960 年代開始推動教育現代化，並在國內經濟壓力與國際競爭下，開始朝向職業技術教育發展。從 1970 年代到 1980 年代，隨著國內經濟的發展，菲律賓建立多元與多層次的教育體系，培養中、高級人才。近年來教育改革（尤

其是初等教育），首推 1972 年所頒布的《初等教育改革法令》，分別於 1973 年和 1977 年針對小學，推動勞動教育、實用工藝和職業教育課程。到了 1980 年代末，菲律賓往往以立法作為保障的手段，落實教育發展（潘立，2003）。

　　總之，菲律賓自二次世界大戰結束以來，在政治、經濟和教育方面的進展相當緩慢。到了 1990 年以後，除了推動科技教育之外，也強調基礎教育，希望提升社會邊緣群體，或是偏遠地區的教育機會。近年來最重要的改革重點，在於以經濟發展為目標，透過教育促進產業結構的改變，來推動掃除文盲、輔助失學和成人文盲等措施，亦強調科學和數學教育方面的人才培育。由於經濟上的弱勢，在推動過程中，不只出現城鄉差距與貧富懸殊問題，也因許多政策移植套用先進國家的教育模式（尤其是美國），反而忽略國內教育的真正問題，導致教改成效大打折扣。

（七）澳 洲

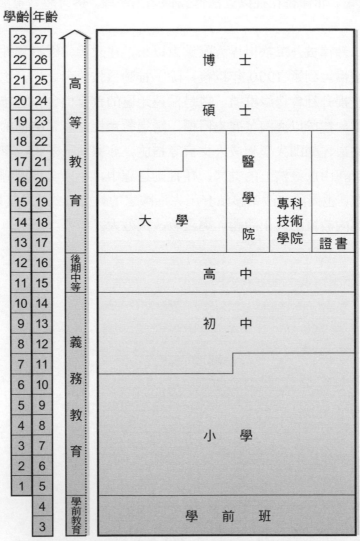

參考資料：
http://en.wikipedia.org/wiki/List_of_countries_by_literacy_rate
http://en.wikipedia.org/wiki/List_of_countries_by_GDP_%28nominal%29
http://stats.oecd.org/wbos/default.aspx?DatasetCode=RENRLAGE
Data refer to the year 2007. World Economic Outlook Database-April 2008,
International Monetary Fund

澳洲

1. 總人口數：21,334,859 人 (2008)

2. 土地面積：7,686,850 km²

3. GDP：778,601（百萬美元）；Per capita GDP(USD)：38,100 美元 (2008)

4. 各級學生人數：(2004)

   初等：1,934,549 人

   中等：2,492,235 人

   高等：1,002,998 人

5. 識字率：99.9%

6. 澳洲教育部網站：http://www.dest.gov.au/

7. 資料來源：

   http://www.dest.gov.au/sectors/school_education/default.htm

   http://www.studyinaustralia.gov.au/Sia/zz/Home.htm

一、歷史背景

澳洲（Australia，意即南方土地）與紐西蘭為鄰，並與東南亞遙遙相對。1788 年英國在此登陸並自雪梨附近開始殖民，1850 年大英帝國 (The United Kingdom) 於澳洲成立六個主要殖民區，直到 1901 年各殖民區紛紛獨立，遂由六個州共同組成澳大利亞聯邦 (The Common Wealth of Australia)。近年來農、礦產業轉型為與建築、交通、金融、教育與醫療有關的服務業，勞動市場逐漸朝專業化發展，因此學校課程遂加重溝通、研究技巧及電腦能力，並提高與他人合作的團隊技能 (Castles, Gerritsen & Vowles, 1996)。

澳洲是一個典型的移民國家，其人口自 1950 年至 1990 年間成長了一倍，全國每三個人中即有一人為第一代或第二代移民。1980 年代中期，澳洲解除「白澳政策」，逐漸形成多元文化社會。當地原住民從英國殖民之初的三十萬人口銳減至數萬人，幸而近年來澳洲鼓勵生育，原住民的地位

也有所提升。不過 1990 年代初期，全國約有 2.5% 原住民血統的兒童，居住在經濟與教育不利的偏遠地區。

澳洲聯邦政府負有全國教育投資與管理之責，教育政策也是各個政黨的重要施政方針。其中，具有社會民主傾向的工黨 (Labor Party) 較強調維持教育機會公平、提供補救措施及鼓勵教師與家長的決策參與。而自由及國家黨 (Liberal and National Parties) 則較重視維持學術水準、父母的學校選擇權，及提供職業相關課程。1980 年代澳洲受到新自由主義的影響，加上歐洲共同市場成立後，農畜產品無法直接銷往英國，澳洲政府的兩個執政黨不約而同地提出以提升公共部門競爭力為主的經濟鬆綁政策 (Castles et al., 1996)。在教育上一改過去由各州政府主導的做法，例如：重新調整教育目標，義務教育階段以發展個人及社會化為主；在高中及大學時期則強調經濟與社會目標的實踐；尤其提高大學的自主權與辦學績效，發揮市場機制。在研究經費、海外招生與課程開設上，配合市場需求，採取競爭方式。

二、主要的教育制度與法令

澳洲的教育體制，大致承襲英國的系統，義務教育長達十二年，通常五歲入學。各地的教育制度稍有不同，小學有些地區是六年，有些是七年，中等教育從第七年或第八年（各州不同）開始，直到第十二年（十五歲到十七歲不等）（見表 3-3）。但高中課程都是在十二年級結束。學制上為單軌制國家，分三個階段：小學六年、中學六年（含初中四年及高中兩年）、專科二至三年及大學三至六年（如：文、法、商、理科三年，工科四年，法律四至五年，而醫學則需七年）。一般欲進入高等教育者，必須至少完成十二年級教育。高中畢業生可選擇兩條升學管道，分別是以實用職業課程為主的技術學院或進大學就讀。全澳約 68% 的兒童在公立學校接受免費教育，32% 就讀私立或非政府補助學校。

▶ 表 3-3　臺灣與澳洲中、小學對照表

臺灣學制	小學一年級	小學二年級	小學三年級	小學四年級	小學五年級	小學六年級	國中七年級	國中八年級	國中九年級	高中一年級	高中二年級	高中三年級
澳洲學制	Year 1	Year 2	Year 3	Year 4	Year 5	Year 6	Year 7	Year 8	Year 9	Year 10	Year 11	Year 12

資料來源：作者參考自 http://www.austudy.com.tw/abroad/high%20school/High%20School%20System.htm。

　　澳洲中小學依據全國統一的課程大綱設定八個主要科目：英語、數學、科學、健康與體育、技術、社會及環境學、外國語言及藝術，一般學校對於傳統的英語、數學、科學及社會科學十分重視。多數初、高中都是在同一學校 (High School)，中學七、八年級必須修基本科目：英文、數學、科學、體育，校方也鼓勵學生依個人興趣選修電腦、音樂、各種語言、藝術、歷史、地理、社會、商科和技藝課程。到了中學最後兩年（十一及十二年級，相當臺灣的高二及高三），即需選修準備進入大學、公立專業技術學院或私立學院的進階課程。每位學生在十二年級時，須參加各州舉辦的高中畢業文憑會考及校外考試，再依學生在校內成績和畢業會考分數，申請大專院校就讀。

　　澳洲的高等教育系統主要分為兩大系統，一為普通大學，大多是國立大學（包括各州所屬的公立大學，聯邦政府資助的大學），私立學院由私校協會 (ACPET) 負責，是澳洲獨特教育系統；另一個系統屬技術專科學校 (Technical and Further Education，簡稱 TAFE)。1990 年的高等教育法規定分級與課程認可等項目❶，目前的高等院校約有學生六十多萬人（王秀瑋，2000）。技術專科學校採門戶開放政策，提供職業訓練與實用課程，以及博雅教育，由州政府和地區政府負責和管理，其中 90% 屬於兼職的成

---

❶　從 2009 年起採用其它多數州的澳洲高等教育入學許可排行。此舉將使州／自治區政府與聯邦政府間產生較大的教育一致性，未來並可發展單一、可比較的大學分級。

人學生，畢業後可獲得文憑 (Diploma) 或副學士 (Associate Diploma) 學位，成人學生和大學生的比例為 7：3。

在教育行政方面，儘管澳洲聯邦政府擁有相當大的權力，不過教育事業仍由各州政府及自治區的教育局 (State Education Department) 管轄，全國另有兩個自治區 (two territories) 也和各州政府一樣擁有教育事務管理權。聯邦政府設「教育、科學與訓練部」(Department of Education, Science and Training，簡稱 DEST)，僅負責首都地區的公立教育，以及撥款補助各州，推行教育計畫（黃坤錦，1994）。雖然澳洲並無全國統一的教育制度，不過各州之間差異性很小，且有趨同傾向 (Mckenzie, 1992)。自 1970 年以來，聯邦政府在教育行政權力上有逐漸增加的趨勢，主要原因有二：由於州內教育經費百分之五十來自於聯邦，各州對聯邦政府經費撥款的仰賴大增，各界呼籲教育改革的壓力持續不斷。過去各州教育部門對於聯邦政府的要求經常抵制反對，不過基於經費補助因素，使得聯邦政府的教育行政權力日漸擴充，甚至自 1980 年以後，即鼓勵各州採用全國通行的規範，如統一全國開學日、規定教師薪資與課程改革等事項。聯邦政府設教育部長一人，向聯邦國會負責。在澳洲教育委員會 (Australian Education Council) 的安排下，各州教育局長與聯邦教育部長定期集會商討事宜。

各州教育局主要職務為招募及聘任公立學校教師、提供學校建築、設備、物資等硬體裝置，以及補助學校若干的經費。有些州將行政、員額配置及課程修訂等事宜交由地區教育辦公室與學校辦理。另外，1975 年以前，各州聘有督學 (inspectors)，督導公立學校及師資素質，扮演地區教育辦公室及學校之間的橋樑。近年來，許多州改採另一套督導與評量學校辦法，督學已較為罕見。

值得一提的是，早在 1989 年聯邦教育部長及州教育局長共同通過一套全國通行的十大教育目標，包括：發展學生在識字、算術、電腦、外國語言、創造藝術，及環境認識的知識與技巧。這套教育目標成為往後各州課程發展與檢核的共同架構，即後來的澳洲「全國統一課程標準」的基礎❶❻。

三、教育改革

　　澳洲教育自 1980 年代以來迄今歷經無數變革。首先，由於完成高中學業的人數明顯增加，連帶影響中等及高教課程、評量與學校結構的改變。其次，在師資培育方面，過去澳洲教師地位及待遇欠佳，因此重新建構教師行業及師資培育機構，吸引高素質的年輕人投入教學行業。至於在高等教育方面，隨著大學與技術專業學校的差別逐漸消除及後來進行合併，全國各地出現許多大型且設有分校的大學。在自由市場機制下，各大學日漸在各種教學、研究與設備經費方面競爭，開始徵收學費，對高等教育帶來重大衝擊。至於在課程方面，如何有效協調學校、州政府與各相關機構以符合多元文化社會的需求，因應國際上變化萬千的經濟環境，以提升澳洲人民競爭力，這些都是澳洲訂定全國統一課程後，亟需解決的問題 (Mckenzie, 1992)。

　　另一方面，在 1999 年召開的「教育、就業訓練與青年事務聯席會」中，決定一項名為「澳洲面向二十一世紀全國教育目標」，強調透過學生學習成果報告及政府經費補助辦法，來提升各校辦學效能與品質。其中，「全國學生定期學力評鑑」與「十二年級畢業證書制度」，藉此消除各地課程及教學的成績差距的提議最受矚目。世界經濟論壇（World Economic Forum，簡稱 WEF）曾指出，澳洲在全球一百二十五個國家中，數學及科學排名不佳的情形。因此，澳洲自 2006 年始興建二十四所技術職業中學，培養特殊職業性向學生，以改善這些問題（世界經濟論壇，2007）。

　　此外，近年來澳洲政府推動教育「國際化」頗具成效，自美國 911 事件發生後，影響國外留學生之申請意願，澳洲反而在近幾年積極推展國際交流業務，留學人數僅次於英美等國❶。尤其澳洲聯邦政府及各州政府皆

---

❶　澳洲全國統一課程標準後來成為臺灣推行九年一貫課程的參考架構之一。

❷　據聯合國教科文組織《2006 年世界教育數據彙編》(Global Education Digest 2006) 統計，截至 2004 年全球出國留學生共有兩百五十萬人，比 1999 年的一百七十五萬人增加了 41%。其中西歐國家的留學生占 17%，中國占 14%，

設有專職機構，各層級教育也設立聯盟或組織，發展與監管該層級教育的
國際活動；各級學校也會視其學校屬性，自行進行國際交流活動。其中較
著名的機構包括「澳洲國際教育處」(Australian Education International)，
各大學的「澳洲大學副校長委員會」和技職教育機構的「澳洲技職教育聯
盟」(TAFE Directors Association) 都在澳洲的國際教育發展上扮演重要角
色。具體而言，自 1985 年起，澳洲各級教育機構透過六種方式來進行國
際交流與合作 (Australia Education International, 2007)：校際正式交流與
合作協定 (Formal Agreements)、參與國際組織 (Participation in
International Organization)，如亞太經濟合作組織 (APEC) 等，建立海外
活動 (Offshore Activities)、遠距教學雙聯制、交換學生 (Student
Exchange)、及共同研究合作 (Research Collaboration) 等，推動國際合作
計畫。其中國際學生 (International Students) 招募，每年為澳洲帶來三十
多億澳元的外匯收入。此外，並提供歐美、亞洲大學生短期工作簽證，鼓
勵 35 歲以前的外國人到澳洲進行短期打工旅遊 (work and travel)。

四、教改評論

自二次世界大戰以來，澳洲實施「福利國家」政策，教育被視為有助
於人民的公共財，政府應負起責任，提供人民免費的義務教育。隨著人口
增長，教育急遽擴充，尤其在中等與高等教育領域機構擴充迅速，入學機
會大增。多數人（包括政府）對教育充滿信心，認為透過教育可以提升個
人發展，增加社會流動的機會。

然而，自 1980 年代初期以來，隨著歐洲共同市場的成立，澳洲經濟
面臨重大轉型挑戰，加上國內失業人口激增（尤其是青年失業），學校教育
首當其衝成了眾矢之的，成敗備受各界質疑與批評。於是 1980 年代中期，

南亞和西亞地區占 8%，全球高等教育人數也在這幾年內增加了 40%。以美國
吸引外國留學生最多，占全世界 23% 的留學生，其次是英國 (12%)、德國
(11%)、法國 (10%)、澳洲 (7%) 和日本 (5%)，全球三分之二的外國留學生
都在這六個國家 (UNESCO, 2007)。

澳洲先後採取「解構政府」與「經濟自由化」等一連串激進措施，無論是自由派或社會民主（如工黨）黨派執政，其政策大致相仿，亦即改變過去福利國家的政策，改採追求效率、鼓勵競爭的自由市場理論，成為國家政策的主軸。在這一連串政府結構重組、強調效率、競爭的大環境下，過去優先考量社會公平，扶持弱勢的教育理想，也逐漸被辦學自主、追求績效、自由選擇等論調所取代。

　　在面臨世界金融危機下，技術訓練及在職、再就業訓練成為澳洲經濟復甦的重要部分。依據 2008 年公布的世界經濟合作發展組織 (OECD) 教育報告，澳洲具有世界級的技職教育與訓練系統 (Vocational Education & Training System，簡稱 VET)，包括：雇主的參與、重視配套措施、建立全國性的專業資格認證架構、強調創新與彈性開放，及政府投入高額高等教育投資基金 (Education Investment Fund, EIF)。目前澳洲聯邦政府推行「就業整合」計畫，補助企業雇主支付實習生 1/3 的薪資，以確保學徒 (apprenticeship) 制度的運作，並在全國設立 70 萬個生產力中心，提供準備就業者及在職者增進專業技能的訓練（教育部電子報 347 期，2009）。另外，聯邦政府計畫在 2020 年前，提升貧困學生的大學入學比率至 20%，國、高中學生留校率提升至 90%。並與州政府合作，提供中小學學生在校內時就有機會接觸業界，尋求工讀機會，提早讓他們建立就業觀念。此外，建構大學和職業技術學校的合作平臺，並提高 25 歲至 34 歲澳洲成人占 40% 的大學畢業率（教育部電子報 349 期，2009）。

　　雖然澳洲社會面臨如此轉變，但是教育權力卻在地方分權化 (decentralization，或譯「去集中化」) 下，出現逐漸向政府部門集中的情形。過去澳洲各州教育局必須負責教育改革的推展與執行，如今卻改由地區，甚至地方各學校來承擔。學校主管（如校長）又因為訓練不足與能力不及，無法因應新環境的需求，轉向加重校內各科教師主任或資深教師的負擔。如此，在各級學校被迫必須追求績效、自負辦學後果的壓力下，且淪為官僚機構的一環 (Welch, 1996) ⓲。

⓲　澳洲八所國立大學為了爭取經費和增加對政府與立法部門的遊說能力，於

　　另外，教育資源的緊縮，正足以反映政府在訂定教育政策時的泛政治化與規避責任的做法，例如：政府引進了各種學生測驗機制、學校表現效標，鼓勵各校提升辦學績效以爭取教育資源。這些由上而下的各種「指標」，美其名在於提高教育效能，實際上使得教育有失去原有的自主性之虞；尤其讓學校中的教學關係、學校氣氛及課程效果等重要關鍵，淪為政府規定指標的數字。

　　1999 年起成立八校聯盟（The Group of Eight，簡稱 GO8）。與美國長春藤私校聯盟不同的是，這八所都是澳洲相當著名的國立大學，且有五所位於澳洲首都坎培拉 (Wikipedia, 2007)。

紐西蘭

年齡	研究所

研究所

年齡

24	
23	
22	高 等 教 育
21	大 教 產 專 技
20	學 育 業 門 術
19	大 大 大 大
	學 學 學 學

高 等 教 育

大　教　產　專　技
學　育　業　門　術
　　大　大　大　大
　　學　學　學　學

18	高 級 中 等 教 育
17	
16	普 通 / 職 業 學 校

15	初 級 中 等 教 育
14	
13	中 級 學 校

12	
11	
10	初 等 教 育
9	初 級 學 校
8	
7	

6	
5	學 前 教 育
4	幼 稚 園
3	

資料來源：紐西蘭教育部網站：http://www.minedu.govt.nz

紐西蘭

1. 總人口數：4,268,014 人（2008 年 6 月）
2. 土地面積：268,680 km^2
3. GDP： 105,986（百萬美元）； 人均 GDP
   30,256(USD)(2007)
4. 識字率：99.9%
5. 各級學生人數：(2004)
   初等：353,062 人
   中等：503,347 人
   高等：243,440 人
6. 紐西蘭教育部網站：http://www.minedu.govt.nz

一、歷史背景

　　紐西蘭 (New Zealand/Aotearoa，意即白雲故鄉) 國土為臺灣的七倍大，人口卻只有臺灣的七分之一，居民大多是歐洲移民 (pakeha)，其次是土著毛利人 (Maori)。紐西蘭 1840 年成為英國的殖民地之後，在政府制度、宗教、生活、法律、教育等方面均受到英國的影響。1980 年代，紐國當局才正式承認 1840 年英國與毛利人簽下的「瓦當義條約」(Treaty of Waitangi) 內容，首次承認毛利文化及其語言、生活方式是紐西蘭重要的一部分，而將英語和毛利語共同訂為紐西蘭的官方語言（周祝瑛，2005a）。

　　紐西蘭 1936 年由工黨 (Labour Party) 首度執政時，即宣布成為福利國家 (Welfare State)，1939 年教育部宣布所有人民一律接受免費教育，俾行使公民權利 (Barrington, 1990)。在工黨的福利政策下，教育成為公共財 (public goods)，政府有責任提供或改進教育品質，讓所有人都能在這個體制下免費入學。當時紐西蘭仍為大英國協的一員，藉著向英國輸出大量的農產品賺取外匯，後來歐洲共同市場 (European Common Market) 於 1957 年成立，紐西蘭逐漸失去出口英國的優勢，經濟開始下滑。1984 年工黨再度執政時，遂改變過去由政府主導經濟、管制金融以及仰賴歐洲出

口的政策，而轉向太平洋地區發展經濟。在採取自由市場經濟 (free market economy) 的過程中，許多過去的社會福利，如：醫療、教育、保險等措施，逐漸改由人民自行負擔。到了 1990 年 12 月，受到當時國內經濟衰退的影響，紐國政府宣布經濟與社會改革方案，教育部也宣布「公平、效率、自主、自決」四項指標，以市場經濟導向調節教育供需規律，一改過去完全由政府補助教育的原則，轉而讓社區有更高的自主權，學校與社區居民、家長、教師形成伙伴 (partnership) 的關係。

二、主要的教育制度與法令

紐西蘭雖地廣人稀，在教育行政上卻採中央集權的管理方式。教育部為紐西蘭首要的政府部門組織，負責紐西蘭的教育系統。1989 年以前教育處 (Department of Education) 負責中小學教育，到了 1988 年公布「明日學校」報告書❶，隔年，改設教育部 (Ministry of Education)。隨著政府鬆綁與放權政策，目前教育行政權力逐漸朝向地方分權的方向，新設的教育部主要負責提升全國教育水準及保障教育機會公平等政策。本身並非教育資源的主要供應者，而由個別選出的各地董事會負責各公立學校。儘管如此，教育部底下仍設有幾個部門 (agencies)，包括：幼兒教育發展部門、特殊教育部門、生涯規劃部門、教育及訓練資源機構、紐西蘭資格檢定局 (New Zealand Qualifications Authority, 簡稱 NZQA)、教育檢定辦公室 (Education Review Office, 稱 ERO)、學習媒體公司 (Learning Media Limited) 以及教師註冊董事會等機構。

(一)學校制度

紐西蘭保有英國教育體制，凡兒童年滿五歲，就可在生日隔天入學就讀。從一年級到十三年級（五歲至十七歲），都屬義務教育範圍。其中小學六年，中學階段前半部（七、八年級）稱為初中或高小 (intermediate

---

❶ 「明日學校」自 1989 年開始將教育行政權力下放，開啟了紐西蘭的教育行政與效率的改革。

school)。中學後半部（九年級至十三年級）稱為高中 (colleges)。大學通
常是十八歲到二十歲，一般為三年，榮譽課程為四年。碩士班、博士班年
限不等。紐西蘭教育以公立學校為主，小學規模通常不大，從數十人到數
百人不等，境內八所大學全部是公立大學，也有數十所技術學院。

　　紐西蘭學校種類眾多，一為公立學校，通常為男女合校，以學區劃分，
採就近入學。各級學校雖需遵守政府規定的全國課程綱要，但也可根據本
身的需要設計教學內容。學生的學費來自政府補助，但各校建築維修，則
由學校對外募款自行修繕。第二種為毛利語言學校 (Kura Kaupapa Maori)
也是公立學校，校內一律使用毛利語並教授毛利文化。第三種是私立學校
（或稱獨立學校），設立條件必須能符合政府所規定的資格並且加以註冊，
經費仰賴學生的學費外，也依靠政府補助。第四種為寄宿學校 (boarding
school)，可能是獨立的學校或政府資助的公立學校，通常在學費上有公私
立之別，但在住宿費有統一徵收標準。第五種為遠距學校 (correspondence
school)，是一種公立學校，主要為偏遠地區的學生服務，各年齡層的學生
都能參與註冊遠距學校。最後一種為在家學習（home schooling 或是
home-based schooling），是自學或在家學習，父母親能夠獲得若干補助，
政府亦可透過一些檢定來追蹤學生的學習成效（周祝瑛，2005b）。

㈡學校管理

　　教育部將過去由政府（教育處）統管的方式，本身僅負責教師資格的
審查和規劃全國中小學課程綱要，全國中小學改由地方管理，由各地董事
會來負責。一般中小學的董事會 (Board of Trustee) 由家長、社區志工、校
長和教職員代表所組成。在中學階段董事會還需包括一個學生代表出席參
加。此外，紐西蘭教育重視教育機會公平的保障，尊重每個不同種族背景
以及文化傳承的個體；某些學校（尤其在中學階段），設有「毛利學習中心」
或「英語加強班」，來協助原住民及英語為第二語言的學生進行補救教學。

(三)中、小學課程

紐西蘭全國統一課程標準之下，各校的課程由董事會 (Board of Trustee) 決定教學內容及學生資格的評定項目等。包含七個學習領域：語言（本國語言和外國語言）、數學、科學、技術、社會科學、藝術、健康及體育活動。相對應的能力指標包括：溝通、數學能力、資訊、解決問題的能力、自我管理及競爭、社會性及合作、身體健康、工作及學習。由於紐西蘭重視識字 (literacy) 與運算 (numeracy) 素養，因此小學階段英語的課程時數最多，其次是數學，而紐國教育工作者認為小學階段必須讓孩子精熟他們的優勢語言，加上數學邏輯思考能力的培養，才能協助孩子在日後的學習。

(四)高等教育

紐西蘭的高等教育包括大學、綜合技術學院、教育學院，以及毛利的大學等。大學學位包括：證書課程 (Certificate)、文憑課程 (Diploma)、學位課程 (Degree)、及學士後課程 (Graduate Program)，包括碩士、博士等。每一課程等級都有不同就讀年限。舉凡年齡超過二十五歲的成年學生進入高等教育機構就讀，不僅有加分，政府還會提供生活費用補貼。相對於白人，毛利人在中小學或是大學階段，都只占少數。然而近年來受到政府政策及毛利語言學校的影響，毛利人總數占人口的 15%，但大學畢業生已提升到所有畢業生的 12%。

在大學中，教育最為熱門，2000 年時成長速度大約是 9.1%，其中有71% 的學生取得國小教師資格。其次熱門的選修科系是運動與娛樂，與自然觀光條件有關；另外是電腦專長。此外，大學中最常見的科系是商業與貿易，幾乎有五分之一的大學生修習此領域課程。從 1998 年起，由於大學學費連年調漲，政府開始實施學生貸款，在 2001 年的資料發現，超過半數的大學生，畢業時負債一萬多紐幣（近四十萬臺幣）貸款及信用卡貸款（周祝瑛，2005b）。

三、教育改革

㈠貧富學區補助不一

　　自 1995 年開始，紐國政府將全國中小學劃分成十個等級的經費補助分級制度 (the docile weighting system)，進行經費補助。政府只提供每個學生基本補助，其他的行政、人事維修、活動費用則由各校自行負責。在此制度下，全國學區分為一到十個等級：一級是最貧困的學校，十級是最富裕的學校。劃分標準主要根據家長的職業收入、住家附近的人口分布、父母是否有領取社會福利救助，以及學生中毛利人和太平洋島民所占比例等人口資料。等級一的貧困學校，每年每個學生比等級十的學生多領六百八十紐幣（折合臺幣一萬五千多元）的補助。這些學校可以透過經費購買電腦科技器材、聘請教師進行各方面的補救教學，或是邀請閱讀專家來校進行研習課程。此種分級制度，主要希望讓原本處於不利地區的弱勢學校獲得政府較多的經費補助，俾能對學生進行補救教學，可謂以人為強制來提升弱勢族群的受教權（周祝瑛，2005b）。

㈡能力分組因材施教

　　相較於臺灣學校強調的「常態分班」，紐西蘭的學校卻盛行能力分組。許多課程如：數學、語文甚至科學等，都會依照學生能力分組上課，紐西蘭進行上述做法時，不用「能力分班」(streaming) 的字眼，而改用「能力分組」(cross grouping 或 tracking)，讓不同能力的學生，得到不同的發展（周祝瑛，2005b）。目前紐西蘭中小學沒有固定的教科書，根據教育部公布的全國課程綱要，由教師設計主題進行教學，並發展學校課程，讓各校在課程研發上有更多的自主空間。各校校長不僅負責行政工作，還要進行全校課程領導。在課程設計方面，大多採取螺旋式概念，由淺到深重複學習，直到畢業前完全學會為止。

㈢強調問題解決能力及高層次思考

近年來紐國各級學校十分強調思考及創意，並將此理念貫串於各科教學中，如有些學校將每個學期的最後一週訂為「問題解決週」。該週課程除了評量學生的學習成果外，亦加強學生解決問題培養、建立高層次思考及動手操作能力。紐西蘭小學強調二十一世紀是創意 (creativity) 與高層次思考能力 (high-order thinking skills) 的時代，而這些能力都要從小學習（周祝瑛，2005b）。很多學校訂有明確的願景，以淺顯易懂樸實的方式讓學生在學習過程中建立概念與信心。而校方透過每週的校內通訊告知學校的近況，重視與家長的溝通，俾使雙方積極配合，以協助學生培養良好的學習習慣與能力。

㈣大學入學考試改革

紐西蘭過去一直苦於高中教育和升學及就業脫節的問題，從 2002 年開始逐年以「紐西蘭全國教育資格檢定測驗」(the National Certificate of Educational Certificate，簡稱 NCEA)，取代原有的高中會考制度。將高中的修課學分及大學入學考試連結，認可學分包括英文、數學到影劇課程等，到了 2004 年會考制度已完全被 NCEA 取代。這一個新制也迫使紐西蘭高中教育進行調整，並要求教師接受新的訓練，以了解當前世界的發展和社會所需的人才。

在全國資格架構下的 NCEA 制度，透過高中學分的認證及成就標準措施，分為四個等級：⑴基本等級，凡在高中修八十個學分，其中包含八個數學計算學分和語言識字標準，具備流利的閱讀和寫作能力就可通過學分參加考試；⑵第二級除了需要上述八十個學分以外，還需要再修六十個學分；⑶第三級需要六十個三等級的學分或是二十個二等級的學分；⑷第四級則為申請大學獎學金等級，內容較深，進入大學通常需要四十二個第三等級的學分。如此一來所有的學生在修課時，必須要仔細研究與將來修習課程及 NCEA 考試的關聯性。NCEA 有些學分可以在學校選修，也可以在

職場或其他學校選修，但需要政府事先認可。

NCEA 通常包括兩部分，一是校內考試，一是校外評量。校內考試成績計算方式是每年集中的筆試，平時學校上課的口試、口頭演練，及個人作業資料等為主。校外評量則根據不同的科目進行高中生集體考試。目前紐西蘭很多大學都會要求高中生入學前要完成特定學分的選修，這些學分與考試均與未來大學選系結合。

紐西蘭新制的校內評量，強調動手操作、口語表達、創意思考及團隊精神，好比是社會專業人士所追求的認證證書，記錄著學生的詳細資料。這個制度也與以前強調分數的會考制度不同，以英文一級證書為例，評量內容包括創意寫作、正規寫作、平時一般考試、視覺與口語、繪畫、媒體與話劇、規範性的閱讀和研究報告等，由此可以更加了解學生的特長。

除了 NCEA 之外，紐西蘭還有國際學士學位 (International Baccalerate, IB) 及英國劍橋考試制度 (UK Cambridge Exam System)。IB 系統通常是考五到六科，包括科學、數學、人文、藝術和兩科語言課程，考試時必須和在校所修的課程搭配。全紐西蘭四百多所學校中約有十多所學校是採用 IB 全球認證的畢業生考試；另有六十所學校是採用劍橋考試；其他大部分的學校則採用 NCEA 制度。這些考試都是一種檢定考試，因此學生通過之後可依成績申請大學。大部分的大學會採取一到兩個檢定系統，每個學生可以依其需要參加特定的檢定系統，這些系統也會影響教師教學及選課 (New Zealand Qualification Authority, 2007)。

四、教改評論

自 1980 年代中期以來，紐西蘭和澳洲一樣採取了「解構政府」與「經濟自由化」等措施，改變過去福利國家的政策，以追求效率、鼓勵競爭為施政主軸。在這一連串政府結構重組、強調效率、競爭的大環境下，原先強調社會公平的教育已逐漸被經濟效率等合理化論調所取代（周祝瑛，2005a；Dale, 2001）。這樣的轉變，固然是紐國在面對國內外經濟壓力時所採取的變革措施，但也是招致政府推卸責任的批評 (Yeatman, 1993)。

另外，在紐西蘭教育政策自由化與鬆綁的過程中，教育權力表面上似乎在縮減（如：政府減少政策干預與經費補助），而實際上政府權限卻不斷擴充 (Giroux, 2002)。這如同 Hall (1998) 指出，英國柴契爾主義 (Thatcherism in Britain) 一方面削減了政府的福利部門及反對政府的干預，但另一方面卻又變成極端仰賴政府導向。紐西蘭同樣出現類似的矛盾，情形如下 (New Zealand Council for Educational Research, 2007)：

1. 教育部權力的擴充

在 1990 年，取消原仿自英國的「大學撥款委員會」(University Grants Committee)，改由教育部主導，根據不同的規章及目標直接提供大學經費補助。

2. 削弱大學的權力

如設立紐西蘭資格審查局 (NZQA)，取代大學原本授予學位、資格檢定的權限，造成教育部長的擴權。

3. 引進體制外機構

在教育部底下成立「高等教育審議會」(Tertiary Education Advisory Commission)，原來是為了增進大學市場機制，卻因為忽略對現有體制的尊重，以致引起人民反感，間接促使執政黨下臺。另外，大學為了爭取經費，必須符合政府規定（包括學生招生與就業），而大學的研究與教學也不得不反映市場需求。

在紐西蘭高等教育改革中，新自由主義的競爭機制已經對該國造成很大的影響，尤其將大學視為知識商業 (knowledge business)、將學生視為顧客 (consumers) 的做法不但大膽，也頗具爭議 (Gordon & Whitty, 1997)。

另外，從 1990 年以來，紐西蘭高等教育學費逐年提升，到了 2005 年其公立大學學費高居世界前四名 (Braddock, 2005)。到了 1999 年大選後，

紐西蘭勞工聯合陣線 (Labor Alliance Government) 上臺，總結過去各政黨的主張，提出政治上的「第三條路線」(third wave politics)；並於 2000 年至 2001 年，提出三份教育報告書，重新檢討過去十多年來新自由主義過度強調市場競爭、忽視社會福利的做法。尤其在當前世界各國大多為朝向知識社會 (knowledge society) 發展的方向努力之際，紐西蘭的各級教育如何修正新自由主義的做法，重新投入對知識經濟社會的尖端科技研究，加強對移民現象所改變的人口結構、種族及就業等問題提出解決，值得關注。

紐西蘭經過十多年新自由主義的實驗，歷經不同政黨輪流執政而有修正，但整個大方向大致不變、實施內容大同小異。目前紐國在教學上要求各校授課內容能盡量回應二十一世紀社會及企業等部門的需求；在行政方面，希望建立一個顧客導向的環境；同時致力於海外國際交流，並透過網際網路進行全球洲際間的聯合授課等 (Webber & Robertson, 1998)，其改革的推動與調整歷程值得臺灣借鏡。

德　國

年齡

年齡	
22	
21	技 術 學 院 或 工 作
20	
19	
18	職 業 學 校
17	
16	
15	
14	綜　實
13	合　科
12	中　中
11	學　學
10	
9	
8	小　學
7	
6	
5	幼　稚　園
4	
3	

大學或技術學院

技術學院或工作

職業學校

主幹學校

文科中學

資料來源：

德國教育部網站：http://www.bmbf.de/

德國

1. 總人口數：82,244,000 人 (2007)

2. 土地面積：357,050 平方公里

3. GDP：2,888,699(Million USD)；Per capita
   GDP(USD)：34,800 美元 (2008)

4. 各級學生入學率 (2005)：

   學前 72.20%

   初等 86.50%

   中等 87.73%

5. 識字率：99.9%

6. 德國教育部網站：http://www.bmbf.de/

7. 資料來源：

   王家通 (2003) 各國教育制度。臺北：師大書苑。

   http://en.wikipedia.org/wiki/List_of_countries_by_literacy_rateÿ

   Data refer to the year 2007. World Economic Outlook Database–April
   2008, International Monetary Fund

一、歷史背景

德國教育發展歷史可分為以下幾個階段 (Cummings, 2003; Wikipedia, 2008)：

㈠普魯士階段 (Prussian era, 1814–1871)

德國的文化和教育深受路德教派的影響，1517 年馬丁路德發動宗教革命，提倡平民教育，使民眾能直接閱讀聖經，對於日後德國發展義務教育影響甚大。十八世紀的普魯士公國是世界第一個提供免費義務教育的國家，此一階段的八年初等教育 (Volks Schule) 更成為德國教育最重要的傳統之一。平民學校不僅教授初階的職業技能，也發展學生的讀、寫、算能力和品德道德教育。在小學八年畢業之後，許多富裕的家庭將孩子送到私

立的預備學校就讀四年制的中學，然後進入大學；至於一般的平民百姓在小學畢業後即就業。直到 1870 年普法戰爭發生後，普魯士開始訂定許多教育規定（如：教師資格檢定）以提升教育品質。

㈡德意志帝國 (1871–1918)

德國在 1871 年統治各個城邦後，第一次形成統一的國家，逐漸建立中等教育，並於 1872 年成立第一所女子中學。大體而言，各邦均採用中學成熟證書，並有下列四類學校：

1.九年制綜合學校 (Oberreal Schule)

強調現代科學與數學等教學內容。

2.九年制實科中學 (Real Gymnasium)

強調拉丁文、現代科學與數學等科目。

3.六年制主幹學校 (Real Schule)

學生在校期間接受職業訓練，以實際就業為主。

4.九年制古典文法學校 (Gymnasium)

授課內容以拉丁文、希伯來文、希臘文和一門現代語言為主。

㈢威瑪共和 (1919–1933)

一次世界大戰之後，威瑪共和期間建立四年制的義務教育，稱為「基礎學校」(Grund Schule)，學生畢業後，通常會就讀四年制的中期學校，如繼續升學則可進入上述四種中學。而到了二十世紀初，前述四種學校的發展已相當完善。

㈣第二次世界大戰後（1945 年以後）

這個階段的教育制度仍與前幾個階段相近，1949 年德國恢復獨立後，在新憲法中賦與各邦教育自主權。而戰後聯軍接收西德 (Federal Republic of Germany)，除了剷除納粹課程之外，在教育發展，尤其是高等教育中的人文學科 (humanities) 方面頗受美國的影響。

到了 1960 年代，因為德國教育在國際評比中呈現劣勢，加上教育思潮轉向唯實主義，社會出現不少教育改革的呼聲，這波教育改革浪潮在 1964 年出現高峰。1970 年代，德國提出教育結構改革計畫，企圖引進美國的綜合高中制度，這份計畫可說是德國近年來教育改革的重要文獻，可惜缺乏具體規劃，成效有限。

至於東德（原名為「德國民主共和國」，Germany Democratic Republic）在二次世界大戰後成為蘇聯的附庸國，早在 1960 年代即建立獨特的教育制度，由「多元技術學校」提供六到十六歲青少年十年的義務教育。學生十六歲畢業後通常透過畢業考決定其是否從事職業工作，或者可以再接受兩年額外的教育，取得「成熟證書」後進入大學就讀，這套制度到 1990 年兩德統一後才予以廢除。

東西德學制的統合是兩德統一之後教育上最大的挑戰。如何融合東德的職業教育與西德的分流教育？如何維持普通與職業教育的雙軌制？實科中學以上的職業專門學校與專門高級學校之間如何交流，以利學生升學與就業？如何一方面保留古文中學升學特色，另一方面又加上職業的陶冶？因此，兩德統一後的改革，主要在於如何將職業教育納入一般學校，讓學生獲得職業訓練。另外 1992 年德國提出提早實施外語教學及升學輔導的措施；1994 年提出基礎學校法，重新訂定社會文化教育條件、家庭結構的學校教育目標等，這些都是德國教改的重點 (Hahn, 1998)。

德國在歷史發展過程中有其獨特優勢，由於實施早期的分流教育 (early selection) 和社會隔離政策 (social segregation) 成效不錯，因此使其對教育深具信心。由於德國為聯邦制國家，聯邦管轄外交、國防、貨幣、

海關、航空、郵電等事項；而教育權隸屬各邦，教育改革的權力皆掌握在各邦手中，若有涉及全國性的教育改革則須經由各邦的文化部長會議通過才能決議。因此，德國在 1970 年代以後很少出現大規模的教育改革方案。

二、主要的教育制度與法令

(一)教育行政

德國教育行政分成聯邦、邦和地方縣市三級，層級最高的教育行政機關為「聯邦教育與研究部」(Federal Ministry of Education and Research)，設立於 1955 年。德國的聯邦政府並不負責教育事項，為一諮詢顧問單位。當各邦面臨教育立法或教育財政等權限問題，常透過全國性的教育組織（如：「各邦文化部長常設聯席會議」）協調解決。德國基本法中規定各邦擁有教育自主權（如：柏林的教育行政機關為「柏林教育、青少年及體育部」），並由文化部掌管課程、經費、教學計畫、教師培訓等事項；至於各縣市教育局為基層單位，掌管基層學校、主幹學校、實科學校以及特殊學校等地方教育事務。

(二)學制

德國的學前教育提供三歲到六歲兒童選擇性入學，六歲以上屬義務教育，其教育年限由各邦自行決定，通常九年到十年不等。在小學階段為常態編班，除了少數邦（如：柏林）為六年之外，大部分為四年制的基礎學校。小學畢業後，進入中學階段前有兩年的「定向階段」，可透過老師的建議及學生與家長的意願，決定往後就讀的學校。中學階段採取「分流制度」(tracking or streaming)，依據學生的學習成就，將學生篩選進入不同學校就讀，具有提早分化的特色。主要採「一本四枝」的形式進行，有四種學校可供學生選擇，依次為文法中學 (Gymnasium)、實科中學 (Realschule)、主幹學校 (Hauptschule) 及綜合中學 (Gesamtschule)，這四種學校的特色分述如下（陳惠邦，2001）：

1. 文法中學（5–13 年級）

修業年限約九年，主要是招收學術潛能資優的學生，教育重點是讓學生未來能進入大學就讀。德國的政府領導階層、社會菁英多半出自於此。

2. 實科中學（5–10 年級）

程度次好的學生常會進入此類學校，修業年限約五或六年。學校以培養工商業界、政府機關的中等實務人才為主。在課程方面強調提供配合社會經濟發展的需要科目，注重現代科目及語言課程。實科中學是一種試探性學校，讓學生有機會試探性向與考慮未來。畢業生大多繼續接受全時制的高級職業技術教育或科技類的高等教育，少部分接受職業訓練。

3. 主幹學校（5–9 年級或 10 年級）

一般程度的學生就讀五年制主幹中學，所學的課程內容，主要為將來就業傾向準備。畢業生多繼續進入職業教育體系完成學徒實習訓練，完成訓練後多從事手工業、製造業等工作。

4. 綜合中學（5–10 年級、7–10 年級或 10–13 年級）

模仿美國制度，修業年限在三至七年不等，規模較大，是一種結合實科中學、主幹學校與文法中學三種學校形式的學校。綜合中學主要為了改革傳統中學過早分流的問題，給予學生多樣化的課程選擇與均等的教育機會，避免過早分化。

在中小學課程設計方面，強調多元語言，除了德語之外，每個學生都擁有兩種外語能力。通常在小學時的前五年以德語教學為主，六、七年級選擇第一個外國語，到了八至十一年級時加入第二個外國語，有些學校甚至還引進第三種語言。另外，德國大多學校雖然沒有規定制服，但是基本上強調學生的秩序與紀律。上課時間，小學通常在八點到十二點，中學一點半放學，每節課四十五分鐘到九十分鐘，課程之間通常只有五到十分鐘

的休息時間；考試內容多數以問答方式為主，很少使用選擇題。

很多德國學生在十年級就已到市場就業，到了十二、十三年級有「成熟證書測驗」(Abitur)，學生通過這項考試後可以進入高等教育機構就讀，至於職業取向的學生通過此測驗也可以申請入學。德國教育的特色就是讓學生能在職業學校習得一技之長，也可以在職業訓練中心或公司行號學習，甚至透過師徒制獲得證照。德國在 2004 年中國交通大學的世界一流大學排行中，有七所大學名列其中，而最著名的就是慕尼黑工業技術大學，由此也可見德國強調技術教育的影響。

近年來德國高等教育人口在社會大量需求下迅速擴充。在 2000 至 2001 年間高等教育人口約 172 萬人，占 19—26 歲人口中的 33%，這些學生分布在四所綜合大學、九十所大學、六所教育學院和十六所神學院中。除了這四類具有大學地位的高等教育機構之外，尚有兩百餘所藝術學院、專門高等學校和公共行政專門高等學校。這些學校相當於我國專科與技術學院，也可授予學士與碩士學位，但學術地位比大學低。一般大學除了少數學科外，大多依據高中會考的成績申請入學。多數的德國大學學生修業年限為六年左右，早期以公立大學與免費教育為主，學生就讀時可領取生活津貼與享用健保折扣，政府亦提供對中下收入家庭的子女生活補助，其中一半作為貸款。此外，還有 1% 的大學生獲得不需償還的獎學金，不過自 2006 年起，德國大學開始徵收每學期五百歐元的學費，目前實施學費的五省包括：巴伐利亞、巴登佛騰堡、漢堡、黑森、薩爾省，且並非省內所有學校皆實施，繳費制度仍在試辦階段，對於畢業年限也有所規定（Wikipedia，2008；德國教育部網站，2008）。預計 2010 年起，才全國徵收學費。

三、教育改革

1.教改與政黨

德國的政黨可分為左派與右派兩大陣營，左派（又稱自由派）強調平

等主義，主張照顧弱勢族群，趨於大眾觀點；右派（又稱保守派）則反對平等主義，傾向菁英主義和強調適性教育[20]。由於不同黨派有不同的教育理念，德國近年推行綜合中學與全日制學校的設置，就因受到政黨意識與政客的影響，而備受爭議（謝斐敦，2006）。

德國的教育行政深受政府結構的影響，其特徵有二，一是屬於「地方分權」的制度，國家直接介入的程度有限；二為社會團體是政府行政管理的伙伴，這些團體通常屬於中央集權組織。因此在整個決策過程中政府需與各個社會團體不斷的協商、討論，也有人將這種情形稱為「半主權的政治制度」，比較容易維持舊有的社會系統，很難進行激烈的改變（謝斐敦，2006）。德國教育推動的過程多由各邦文化部長常設聯席會議決定，如：1960 年代開始，德國有少數邦學習美國的綜合中學制度[21]，但實施成效有限，主要是因為德國人相信教育的發展需要分流，強調適性發展；另一方面大部分中產階級的家長都希望孩子能夠進入文法中學，以便將來較能進入大學就讀，因此在教育選擇上仍以文法中學、實科中學為主。在文法中學中，約有三分之一的學生能進入大學的預校，其餘則就讀技術為主的學校，然而即使在中學階段有四種不同類型的中學，部分德國人仍以其完善的職業教育制度為傲。另外，綜合中學制度從 1965 年到 1982 年受到許多關切與討論，然而 2000 年德國的教育白皮書指出，綜合中學學生的學習成績表現確實不如分流學制的學生，因此有些政黨主張不再成立新的綜合中學。

2.兩德統一後的不對等關係

自從 1990 年兩德統一後，出現許多教育改革新方案，如：教育行政

---

[20] 這樣的思想與英國的工黨、保守黨和美國的民主黨與共和黨的政治理念相似。

[21] 綜合中學的理想主要來自美國，由於地廣人稀，較難設立各科職業高中，因此在同一校中結合學術與就業傾向，強調教育機會均等、主張任何種族、家庭背景都應該在同一種學校就讀，透過學校延緩學生分流的作用，讓學生有更多時間思考未來的求學或就業方向。

權責雖然仍由各邦負責,但德國基本法規定學校體系都需要受到國家監督。在義務教育年限方面,除柏林等少數幾個邦實施十年義務教育外,大多實行九年義務教育。尤其許多改革內容仍以西德教育理念與設施為主,如:中小學課程及教科書將具有意識型態,或具社會主義公民教育等的東德教科書完全予以廢除,引進西德的政治文化、市場經濟、多元社會價值等內容。在高等教育方面,東德的「多元技術學校」及大學中與馬克斯列寧有關的科系、課程,及一些過去由東德政府補助的研究單位,也因未能符合西德的市場需求,予以轉型或關閉。過去在東德大學教授與意識型態有關領域的教授,一律予以轉校、重聘或重新進修 (Hahn, 1998)。總之,原東德各邦在 1991 年中同意仿效西德的教育體系後,對本身過去的體系進行調整,東德傳統的中央集權教育行政體系轉向西德的聯邦體系,至於經過十多年的調適轉型後,德國教育的新貌值得世人矚目。

2008 年 4 月 22 日德國通過「教學改革策略書」,呼籲大學著重培養大學生的自主研究能力,而非被動式的吸收知識,避免學士學程的課程安排過於緊湊,注意必修學程分配比例,及避免造成學術速成化等問題(教育部電子報,2008)。

3. 德國的 PISA 震撼

雖然德國在早期普魯士階段的教育廣為各國所仿效,但德國在 2000 年的 PISA(國際學生評量計畫)測驗中,閱讀成績在三十一個國家中名列第二十一名,數學和科學名列第二十名,這樣的結果引起德國社會的 "The German PISA shock" (Gruber, 2006)。學童在 PISA 測驗中低落的成績,挑戰了德國傳統學校制度中,過度重視投入、目標和過程的理念,卻忽略測驗及結果評量的做法。此外,由於德國的移民政策採社會隔離方式,移民子女並未獲得妥善照顧,因此這些移民子女的成績普遍不理想。這次 PISA 測驗的結果,從媒體到國會,皆迫使德國必須重新檢視原有的教育機會不公平,和社會隔離政策問題 (Wilde, 2005)。因此,德國官員紛紛前往 PISA 測驗名列前茅的芬蘭參訪,了解其成功因素,並提出是否應加強學童測驗

措施、是否應引進學校的辦學績效標準和校外評量系統等。不過，全國教師聯盟認為校外評量無法改善教育品質，又容易忽略各校條件與學生社會技巧因素，因此在提出後立即遭到反對。另外，也有政黨認為：像芬蘭這種成績優異的國家都是實施一貫的學制(不分流)，因此主張恢復綜合中學；但也有持反對態度的人認為，2003 年 PISA 評量結果公布之後，德國雖然整體排名不佳，但是境內的文法中學與實科中學的表現都比綜合中學好，甚至分數差距十分以上，因此認為綜合中學並不能解決分流學制的問題。從這些討論中，德國面臨了如何將現有的學校分流制度，轉變為具有維護社會正義公平、可以照顧境內弱勢群體的綜合學校，也是各國需要重新省思的教育議題 (Gruber, 2006)。

　　前文曾經提到德國向來對該國教育深具信心，原因在於德國有以下的社會條件：⑴德國教育研究向來以哲學、歷史、詮釋性的方式為主，缺少社會科學研究方法質化、量化的特色，尤其是大規模的問卷調查或長期性的研究相對較少；⑵德國教育官僚體系向來尊重學校的自主性，而學校的法定行政架構也不鼓勵改變，尤其是以教師為中心的教學方式很少能引起社會或基層的革新呼籲，再加上各邦的教育改革須透過各邦文化部長會議的不記名投票通過才能進行，因此整體社會對教育改革抱持保守的態度；⑶德國、奧地利及瑞士教育仍保有早期能力分流的特色，尤其在學術、普通以及職業教育方面有極大的分野；⑷ 1960 年代至 1970 年代教育公平學校實驗、追求公平性 (egalitarian) 的計畫並未獲得成功，尤其在一般的中產階級中，其子女為教育分流制度的既得利益者，因此不主張改變現有的制度；⑸德國教育的學術研究通常盡量避免與政治有關的敏感議題，如：學校改革或綜合中學改革等都予以避免，嚴重影響教育革新觀念的引入與推動；⑹教師及教育工作者反對將教育現象以量化，尤其是用測驗及實證研究的方式來評量學生的學習成果。因此德國學生考試多以論述寫作的方式，少以選擇題進行；⑺雖然德國早期的社會民主黨曾提出中等學校融合教育的理念，但中產階級父母仍接受以學術傾向隔離的做法，甚至有分流主義者指出，教育應具分化且本身須容忍不公平的情況。總之，上述論述

可說是導致德國長久以來很少參加國際測驗，甚至不太在意測驗結果的原因 (Jaworski & Philip, 1999)。

　　另外，關於德國應是否應實施全日制中小學的討論則是因為迄今這類的學校在德國只占 5%，與法國、英國、美國及北歐等國相較，其他國家的小學生在下午仍然繼續上課，因此德國聯邦與各邦在 2003 年計畫投入四十億歐元，成立全日制學校，希望能延長學生在校時間，讓學校有更多可以提供學生補救教學的機會，打破教育背景與社會成就的關係。然而其他政黨卻認為這樣的全日制學校基本上是浪費公帑，無法真正提升德國的教育，因此全日制學校提案迄今懸而未決。

四、教改評論

　　和其他歐美國家一樣，德國教育深受各政黨、利益團體的影響，但由於德國屬聯邦制國家，教育強調保守穩定，對於任何改革持抗拒心理；加上強而有力的教師工會，使其教改之路更添阻撓。從德國的教育改革歷程中可看出德國政黨各有不同的意識型態與教改主張，因此影響教育政策。例如：左派的政黨強調平等主義與教育機會均等，大力提倡綜合中學與全日制學校。而右派則從菁英主義出發，強調適性教育，反對綜合中學以及全日制學校的設置。因此德國教育改革在政治的影響下，較難進行任何激烈的改變（謝斐敦，2006；Hahn, 1998）。直到 2002 年以後，受到 PISA 測驗的影響，使得德國全日制的中小學校應運而生，出現了一項由德國首都投資計畫，支持並擴展德國全日制學校。此計畫也被德國聯邦／州政府支持。至今，大約有三千所學校受惠。

　　另外，德語系國家（德國、瑞士、奧地利）與其他歐洲英語系國家在教育上的看法也有極大的差別，如：對國家訂定課程標準或學生成就測驗相當保守。德國始終對其哲學與邏輯教育引以為傲，將數量、量化、社會計量方面的研究視為枝節末流，這也影響其對國際上的量化學業成就測驗接納度。2000 年的 PISA 測驗挑戰了德國傳統學校制度中的許多問題，甚至也因此開始出現許多教育改革的討論❷。不過相較之下，德國對於「國

際公民教育與素養調查計畫」(CES) 中成績不佳的結果較不重視。從兩者
的差異反應中，可看出德國在兩德統一後基於政治上的考量，已逐漸不再
強調公民教育等敏感議題。加上國內對少數族裔、移民與外籍勞工所採取
的社會隔離政策，導致德國不願面對公民教育中強調多元文化、族群融合，
與提倡各種族相互尊重、平等對待等的模糊態度 (Wilde, 2005)。

㉒　因 PISA 前六名的國家大部分都採延後分流（在九年級後才分）的做法，大部
分的學生都能接受共同的教育，進行統整的學習。此外，這些國家亦強調績效
責任，可從中建立其標準。因此德國各邦著手進行改革計畫，內容有：重視投
入、目標、過程與成果的控制；重新思索綜合中學的存廢問題；檢視早期分流
制度；考慮是否在各邦中建立國家課程與全國性的測驗；同時增加學校的自主
權力；賦予多樣性課程選擇；成立教育評量組織，建立學習成果評量與比較等。

十 法 國

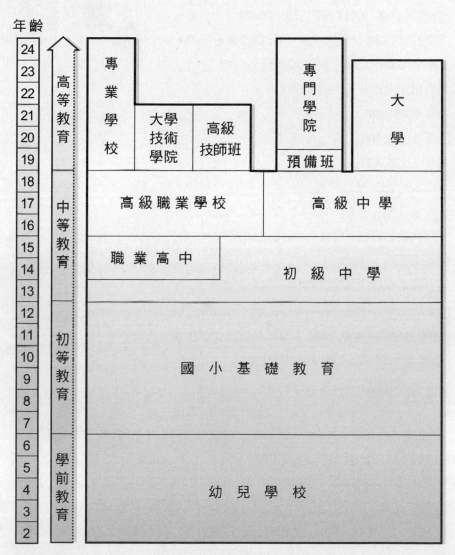

年齡

24	高等教育	專業學校			專門學院	大學
23						
22			大學技術學院	高級技師班		
21						
20						
19					預備班	
18	中等教育	高級職業學校			高級中學	
17						
16						
15		職業高中			初級中學	
14						
13						
12	初等教育	國小基礎教育				
11						
10						
9						
8						
7						
6	學前教育	幼兒學校				
5						
4						
3						
2						

參考資料：

王家通（2003）各國教育制度。臺北：師大書苑。

http://en.wikipedia.org/wiki/List_of_countries_by_literacy_rate

Data refer to the year 2007. World Economic Outlook Database-April 2008, International Monetary Fund.

🔍 法國

1. 總人口數：61,875,822 人 (2008)

2. 土地面積：675,417 平方公里 (2005)

3. GDP：2,234,388(Million USD)(2006)；Per capita GDP(USD)：32,700 美元 (2008)

4. 各級學生人數（王家通 ,2003）：

   初等 6,455,900 人

   中等 5,978,400 人

   高等 2,125,400 人

5. 識字率：99.9 ％

6. 近年重要教改方案：1982 教育改革、1989 教育改革

7. 法國教育部網站：http://www.edutel.fr/

8. 資料來源：

   王家通 (2003) 各國教育制度。臺北：師大書苑。

   http://en.wikipedia.org/wiki/List_of_countries_by_literacy_rateÿ

   Data refer to the year 2007. World Economic Outlook Database–April 2008, International Monetary Fund.

一、歷史背景

　　法國自十七世紀以來就比其他歐洲國家擁有更多的大學與思想家，儼然當時的歐洲文化教育先鋒。不過在十七、十八世紀，法國的大眾教育仍屬天主教會管轄，以中上階級的子弟教育為主，農民與工人階層很難進入學校就讀。直到十八世紀下半期受到啟蒙運動與民眾教育的倡導，以及盧梭的《民約論》(*The Social Contract*, 1762) 和《愛彌爾》(*Emile*, 1762) 等的影響，使日後的法國平民教育有截然不同的發展。

　　在這段期間，1789 年的法國大革命為歷史關鍵轉捩點。雖然當時的教育並非主要議題，但由於天主教會受到抨擊的影響，教育的開放也成為改革的重點之一。在 1793 年的法國全國大會 (National Convention) 中特別

指出，為培養新人民必須普及教育，平民教育的思維與做法於焉展開。後來拿破崙 (Napoléon Bonaparte, 1769–1821) 提出「自由、平等、博愛」，更提供一般平民受教育的有利基礎。一直到 1830 年法國才參考普魯士設置初等教育國家化的做法。在 1881 年和 1882 年相繼頒布兩份教育法，規定由國家實行世俗與免費義務教育，凡是六到十三歲的男女兒童皆必須到學校或在家庭接受初等教育。而在這份理想一直到二次世界大戰後，法國教育制度終於確立 (Cummings, 2003)。

二、主要的教育制度與法令

(一)教育行政

法國是一個中央集權國家，從中央到地方分四級：中央、省區、行政省和市鎮。境內分為二十二個大區，每個大區管轄二至七個省，全國共有九十六個省，三萬六千多個市鎮。目前，法國教育行政分中央教育部、學區和省教育局三級。

法國的中央教育部名為「國家教育、高等教育與研究部」(Ministry of National Education, Advanced Instruction, and Research) 或簡稱「國家教育部」(Ministry of National Education)，部長為法國政府內閣的成員之一，承擔法國公立教育系統職責，擁有同意及核准私人學習機構的監督權。法國管理公眾教育的政府單位最早設立於 1802 年，接著十九世紀最初十年法國的政權數度更替，教育單位的層級與名稱也數度的更換，直到 1828 年才設立「公眾教育部」(Minister of Public Instruction)。因其歷史較久，許多其他部門後來被併入其中，如：「公眾敬神部」(Minister of Public Worship) 負責處理與羅馬天主教會的問題、「體育部」(Minister of Sports)、「青少年事務部」(Minister of Youth Affairs)。1932 年此部門正式改名為「國家教育部」(Minister of National Education) 後，雖然曾有幾次短暫的更改，但仍以此名稱沿用至今。

學區是教育部設在地方的重要一級教育行政單位。省教育局歸學區管

轄，是法國地方基層教育行政機構。至於不同層級的學校也有不同的管轄
單位與職權，小學從屬市鎮，初中屬於省，高中屬大區管轄，中央教育部
負責教育組織和教學內容、教師資格規定與薪資等項目。

(二)學 制

在學制方面，學前教育為非強迫性的免費教育，二至六歲的兒童都可
入學。幼稚園含公私立兩類，此階段教育重點在發展學生語言表達和組織
能力，除了初步教授讀寫外，也重視情感、想像力和創造力等教育。

義務教育方面，法國政府在 1959 年宣布六至十六歲為義務教育階段。
小學修業年限五年，招收六到十一歲學生，分基礎學習（兩年）和進階學
習（三年）兩個階段。小學每班的學生為二十到二十九人，每週上課二十
六小時，週三及週五下午放假。從 1989 年起，法國規定對小學畢業生進
行讀、寫、算的全國統一測驗，可以根據學生考試成績，申請延長或縮短
一年學習時間。迄金仍有留級制

中學階段則分初中和高中，初中屬義務教育，招收所有十一或十二歲
的小學畢業生，學制四年，分適應（一年）、中級（兩年）和方向指導（一
年）三個階段。自 1990 年開始，法國政府要求學校提前從初中二年級開
始進行分流教育的試探指導。此外，學校亦針對特殊學生設有學習困難或
加強班。為了滿足學生特殊需要，許多初中另設有音樂班、舞蹈班、雙語
班、歐洲和國際班等班級。

法國的高中分：普通高中、技術高中和職業高中三類，其中普通、技
術高中學制三年，分確定（高一）、結業（高二和結業班）兩個階段。普通
高中的學生進入高二後，開始選擇將來參加文學、經濟和社會、科學等方
面的大學入學會考管道。技術高中學生則分別進入其他以技術導向為主的
升學途徑；至於職業高中的學生大多在畢業後直接進入職場工作（謝文全，
1983）。

法國教育中較著名的乃 Lycée，為初中到高中（六年級到十年級）教育，
其聲望可與英國公學 (public school)、德國的民眾高等學校

(Volkshochschule)、美國的學院 (college) 和日本的小學或私中 (elementary school) 相提並論 (Cummings, 2003)。Lycée 名稱是在法國大革命時將原先的學院（屬中學階段的 colleges）改稱而來，在拿破崙時代特別受到重視，被認為是培養法國社會中堅人才的機構。1820 年後 Lycée 成為後期中等教育（即高中階段）主要的學術升學管道。雖然 Lycée 提供學生學費及住宿費，但當時只有中上階層的學生才能夠進入就讀。Lycée 主要教育目的為培養法國菁英，授課內容以古典拉丁文為主，大部分畢業生會直接進入到法國巴黎大學就讀，此種制度迄今仍保有它的傳統特色。

　　傳統以來法國的高等教育分「大學體系」與「大學校體系」雙軌並行，兩類皆為公立學校。大學體系包含各種高等教育機構，如：採民主開放招生的專科專門學校，只要具有高中畢業會考證書即可申請入學，但就學期間淘汰率高。至於大學校體系的目標則以培養社會菁英為主，由於採取封閉招生，學生需要透過嚴格的審查與考試才能進入就讀，素質因而較高（王曉暉，1998）。另外，在法國主要城市中如果有超過一所以上大學，通常除了正式校名外，會以城市名加編序稱呼，例如：巴黎共有十三所大學，其中較知名的索邦大學 (Univeristé Sorbonne) 又稱巴黎第四大學 (Université Paris IV)，或巴黎四大。這也是法國高等教育特殊的部分。

　　法國大學多為綜合型大學，包含各類學術及專業領域，各大學皆可頒發政府認可的「國家文憑」(Diplôme d' état)。近年來為了順應國際化的潮流，歐洲國家自 1998 年起統一高等教育學制，截至目前為止已經有四十多個國家加入新制，而法國也於 2006－2007 學年起開始全面採用此一制度。新學制名稱為 LMD，即 Licence（學士）、Master（碩士）、Doctorat（博士）。讀取學士學位的學生必須先通過高中畢業會考，再依學區申請入學就讀，修業年限為三年。碩士學位採申請制，修業年限通常為兩年。至於博士學位在申請時須先找指導教授同意始可辦理（法國教育中心，2007）。

三、教育改革

法國的教育制度在二次世界大戰後重建，其基礎教育主要出現四次大幅度的改革，分別是：⑴ 1947 年的「郎之萬－瓦隆」改革方案；⑵ 1959年戴高樂總統執政後公布的《教育改革法令》；⑶ 1963 年富歇領導下的教育改革；⑷ 1975 年的「哈比改革法案」。這一連串教育改革，反映了法國追求教育現代化的過程。

其中「郎之萬－瓦隆」改革方案提出戰後法國教育改革的六大原則，包括：⑴社會公正原則；⑵各種類型的教育和訓練方式同等重要；⑶普通教育為所有專門教育和職業教育的基礎，學校應該成為傳播普通文化的中心；⑷學校教育應重視學生的才能、興趣與潛能發展，使學生能夠適應社會的需要；⑸建立單一的學校制度，六至十八歲免收學費的義務教育；⑹加強師資培育工作，提高教師地位。在這次改革所提出的「教育民主化」思想，又被稱為法國教育史上的「第二次革命」。

到了 1968 年 5 月中，巴黎大學學生因抗議政府逮捕反越戰人士，而向美國企業丟擲炸彈，引起其他學生、工人的參與，甚至引發全國大罷工。隔年，戴高樂總統辭職下臺，人稱「五月風暴」。此後，法國高等教育經常出現類似大學生示威遊行的社會運動，對法國政府形成不少改革壓力。

到了 1970 年代面臨全球石油危機，法國亦受到嚴重波及。於 1975 年推動「哈比改革法案」（又稱法國學校制度現代化建議），全面對中小學教育進行改革：⑴推動學前教育七個五年計畫；⑵小學階段需適合每個兒童的生、心理「節奏」，符合學生的學習性向，加強小學與學前教育及中學的聯繫，儘量減少留級；⑶中等教育階段提倡教育均等及輔導功能，儘量使教學個別化，並活化教育組織；⑷將原先雙軌制的中學義務教育統一為單軌制，提倡教育機會均等的概念，加強對學生升學與就業的指導；⑸擴大對學生及其家長的經濟補助等。總之，此次改革是法國義務教育由「雙軌制」轉向「單軌制」的關鍵，不僅提高了學校民主化程度，也促進了國民教育的發展。「哈比改革法案」更可謂法國的教育基本法（東北師範大學，

2005；鍾文芳，2005）。

到了 1990 年代法國教育改革重點轉向課程調整，希望透過頒布新的教學大綱，培養中小學生符合時代的知識能力和自主精神。當時的教改爭論主要集中在兩大議題：

1. 「教學」應統一知識和能力？還是「教育」個體的適應性？

2. 應強調保留「傳統」文化遺產的知識？還是強調具「現代」特質的批判能力？

早在 1960 年以來受到個人主義的影響，使得法國即提出重塑學校文化權威方案。到了 1990 年代在小學階段重新重視基礎課程與知識能力的結合，初中階段則強調主題與學科領域學習的關聯性，養成學生語文表達、人文及科學的知識素養，對於如何加強學生對當前社會科技發展等新知的吸取也一併予以注重。至於高中階段則認為在基礎知識外，應促進其在某一個學科專業的發展，讓學生獲得更進一步的知識與能力。總之，此階段強調重塑學校課程，加強學生知識與生活之間的關聯，課程也應協助學生了解知識，並習得未來生活的準備能力。

除上述之外，法國亦進行其他改革，包括：(1)加強學前教育階段不利環境兒童的及早介入，採取早期教育補救措施；(2)重視各階段年級銜接，如學前到大學之間的銜接，改進過高的留級比率；(3)推動中小學生閱讀計畫；(4)深入檢討課程內容；(5)消除地理上的不平等；(6)加強中學階段的生涯輔導與職業訓練；(7)強調現代的科學教育效果，增加教育的資訊化（尤其是大學圖書館），提升教職員工的訓練。

到了 1998 年法國又提出形塑「共同文化」概念，包括 (Wilde, 2005)：

1. 理解世界；

2. 實施公民資格；

3. 獲得面對社會的技能；

4. 進行高等教育的學習方法能力；

5. 養成民主社會所需要的基本素質。

四、教改評論

　　1992 年「歐洲聯盟條約」（即馬斯垂克條約）實施之後，法國在面臨歐洲政經重大轉變的挑戰，提出四點因應措施：⑴中小學課程依照階段組織進行教學改革，使整個課程具有節奏感，重視學生在認知發展與學習節奏上的差異，並且讓每個學生有足夠的空間與時間學習，建立共同的知識和基礎能力；⑵課程以基礎內容為主，並朝向多樣化發展；⑶以中心主題安排課程；⑷重視學習內容與方法的融合，以培養學生能力為目標，試圖透過學校教育來整振法國的歷史權威。

　　最後在面對全球化與美國化的浪潮，法國教育部長達可士 (Xavier Darcos) 於 2008 年提出小學教育的改革方案，欲加強學生法文和數學的基本學習，期望五年內能減少三分之一學習障礙的學生，及留級生人數減半的目標（蔡筱穎，2008）。大體而言，法國目前的教育改革非常重視學生的思考訓練與邏輯驗證能力。面對歐洲政經情勢改變，如何維持本身的傳統特色，符合世界潮流，又能與歐盟教育體制接軌，是法國下一步的艱鉅任務。

英　國

年齡		
23	高等教育	高 等 教 育 研 究 所
22		
21		高 等 教 育 傳 統 大 學／技 術 學 院
20		
19		

年齡

年齡	教育階段	
23	高等教育	
22		
21		
20		
19		
18	中等教育	
17		
16		
15		
14		
13		
12		
11	初等教育	
10		
9		
8		
7		
6	學前教育	
5		
4		
3		

高 等 教 育
研 究 所

高 等 教 育
傳 統 大 學／技 術 學 院

文法學校　現代中學　綜合中學　高級學校 公學系統

第六級學院

初 級 學 校

保 育 學 校

資料來源：
http://en.wikipedia.org/wiki/List_of_countries_by_literacy_rate
Data refer to the year 2007. World Economic Outlook Database-April 2008,
International Monetary Fund.

英國

1. 總人口數：60,512,058 人 (2006)

2. 土地面積：244,820 平方公里

3. GDP：2,372,504(Million USD)(2006)；Per capita GDP(USD)：31,400 美元 (2008)

4. 各級學生入學率 (2005)：

學前 74.98%

初等 99.17%

中等 93.57%

5. 識字率：99.9%

6. 近年重要教改方案：1988 英國教育改革、2003 白皮書

7. 英國教育部網站：http://www.dfes.gov.uk/

一、歷史背景

英國長期以來即有「封建貴族社會」(aristocratic) 的傳統，教育都歸教會管轄。早期英國社會階級差別大，上層階級的教育主要以培養宗教和政治領袖為主，一般平民則進入少數教會辦理的慈善學校就讀。1789 年法國大革命發生之後，英國受到很大的衝擊，並引以為鑑，開始大量設立收容貧困子民的慈善學校，但當時尚未出現教育普及化的概念。直到 1854 年期間，東印度公司為了對外貿易及發展大英帝國的勢力，開始採用中國的考試選才方式，才影響後來英國政府將教育權收為國家管轄，並實施國家教育制度 (Cummings, 2003)。

二、主要的教育制度與法令

(一)公學 (public school)

英國國會於 1870 年正式公布教育法 (Education Act)，實施初等教育

(Popular Education) 階段的義務教育，採取雙軌制 (two-tier)，上層屬菁英分子，下層屬廣大群眾和工人階級。上層階級的教育又以公學 (public school) 最為著名，為私人資助的學校，學生通常來自中上階層家庭，並有良好的社會關係。辦理目的在培養能夠通曉各種經書、琴棋書畫、以及體育等紳士，所學的課程和法國的 Lycée、德國的文法中學 (Gymnasium) 多有類似。公學除了教授拉丁文、希臘文、宗教、體育競技、禮節教導等核心課程 (core-curriculum) 外，也重視課外活動，是一種以集體行動為主的菁英教育。傳統以來，公學大多屬於教會。目前英國的公學尚有：Winchester、Harrow、Eton、Rugby、Westminster、Charterhouse、Shrewsbury 等。至於入學條件，一般而言需要透過社會有力人士或校友推薦，學校畢業生大多直接申請一流大學就讀，也常成為國內外的領導人物。

直到今日，英國公學仍屬菁英制度，依然進行古典文科教學，重視宗教課程、法學、醫學等，許多國會議員或是商業鉅子都來自此系統。雖是私立學校，但仍備受英國政府關照補助。如同其他國家一樣，英國目前有許多公學也受到考試領導教學的影響，為了避免因考試升學而忽略英國的傳統重視均衡發展，有許多菁英大學，如：劍橋、牛津等，仍然保留相當比例錄取這類公學畢業生。至於一般民眾在二十世紀之前幾乎只能讀到小學，中下階層家庭鮮少能夠進入公學或者牛津、劍橋等社交圈。

(二)地方教育局

傳統上，英國的教育行政單位以地方教育局 (Local Education Authority, LEA) 為主。此機構設立於二十世紀初，後來遍布全國各地，共計一百餘個。地方教育局最初成立目的是針對各地的公學進行管理，後來也負責地方的中學教育事務，如：綜合中學、文法中學、現代中學等行政事務，以及教師培育和撥款等工作；另外也負責所在地區的普通中等教育證書（General Certificate of Secondary Education，簡稱 GCSE）與高級證書考試（Advanced Level Examination，簡稱 A level），這二項都是中學生進入大學就讀的必要考試之一。由此可見英國的教育行政是採取地方分權

制，更是一種多層次的教育系統 (multi-tier system)，中央屬於教育部，中間層級為地方教育局，最後則是教育學區。

㈢「一國四制」的教育制度

此外，英國教育制度之所以採用地方分權制度，主要是因為英格蘭、北愛爾蘭、蘇格蘭與威爾斯四個地區擁有各自的教育系統，因此有人把這種情形稱為「一國四制」制度 (home international) (Cummings, 2003)。

由於威爾斯和英格蘭有比較長久的接觸，因此兩地的教育制度大體一致，直到二十世紀末才出現較大的差異。威爾斯在 1988 年的全國課程綱要中，要求所有義務教育階段的公立學校需以威爾斯語 (Welsh) 作為官方語言。另外，威爾斯與英格蘭在課程以及公共考試方面也逐漸不同。

其實早在十五世紀，蘇格蘭尚未加入大英國協以前，中學階段修業年限六年，接著是四年制的大學，而英國其他地區的中學大多七年，大學多屬三年制。再者，蘇格蘭本身並沒有訂定全蘇課程綱要（威爾斯及英格蘭都有此制度），境內只遵守地方課程的規定即可。學生到了十二年級（中學六年級）時也不像其他地區規定需要參加 A Level 考試。此外，蘇格蘭在小學階段的督導制度、班級人數和學校管理，都與英格蘭和威爾斯不同。

反觀北愛爾蘭，早在 1830 年就已發展一套國家處理的初等教育系統，其發展速度幾乎遠超過英格蘭和威爾斯。由於北愛爾蘭迄今仍屬於英國，於是其教育制度逐漸朝英格蘭和威爾斯的制度發展。不過北愛爾蘭的教育制度仍保有其特色，例如：中等學校仍採取具有「教育選擇」與「分流」的雙軌制，學生到了中學階段會根據不同的學科程度和學業成績，可分發到文法中學或普通中學就讀；相反的，蘇格蘭和威爾斯的多數公立中學已改為綜合中學，不再分流。至於在學校管理方面，北愛爾蘭受本身特有的政治與宗教傳統所影響，與英格蘭迥然不同。

大體而言，英國四地的教育制度具有以下特色 (Raffe, Brannen, Croxford & Martin, 1999)：

　　1.基於文化差異及政治、社會傳統上的特點，各地區教育制度不斷改

變且朝向分化的方向發展。

2.由於深受英國財政政策及勞動市場的影響，在教育行政上擁有類似的政府架構，但卻有不同的教育體系。

3.各地區的主要差異在中學階段，如：北愛爾蘭為選擇性的菁英制度；蘇格蘭和威爾斯則是採取綜合中學的系統。在高中階段，蘇格蘭是朝向統一的制度（單軌制）發展，其他則採行分流制度。

4.一般而言，高等教育的組織結構較為鬆散，在規模結構與認證方面比較類似。

5.由於地域差異的影響，英格蘭和威爾斯的制度較為接近，蘇格蘭則最為獨特。

㈣巴特勒法案 (Butler Act)

在歷年的教育法中，1944 年的巴特勒法案 (Butler Act) 確立了第二次世界大戰後，英國的初等與中等教育學制，並將九年國民義務教育延長十至十一年。綜合中學在 1965 年以後開始充分發展，由地方教育局廢除十一歲的考試制度❷，把原有的三類學校❷改為綜合中學，並且在 1968 年將綜合中學和英國公學納入教育體系中。

三、教育改革

㈠1988 年以前

---

❷ 長久以來英國的學童，在十一歲時需參加升學考試，鑑定其學術的傾向與資格，讓學生能分別進入文法學校或技術學校就讀。當時，文法學校錄取的人數大約只有同年齡學生的 20%。然而，到了 1970 年代以後，文法中學便逐漸為綜合中學取代。

❷ 英國在小學後的教育分三大類型：⑴文法中學：包括所有的學術性的中學，設有文、理兩種課程；⑵現代中學：相當於現有的選擇性的和非選擇性的中央學校，設有商科或工科課程，但並非狹隘的職業課程；⑶初級技術學校或商業學校：入學年齡為十三歲，所有兒童在十一歲時統一參加筆試和口試。

　　長期以來，英國的社會菁英主義和階層體制，形成其雙軌教育制度。到了 1960 年代中期，英國將具有階級性的文法中學改為綜合中學，成為英國菁英主義轉向平民化的開端。

　　到了 1976 年柴契爾夫人 (Margaret Thatcher) 成為保守黨黨魁，自1980 年引進新自由主義和私有化市場的觀點後，其教育改革根據「小政府、大經濟、大市場」的概念，擴張中央對教育的控制權，例如：訂定全國課程綱要、透過全國統一課程和全國統一考試，把從前地方課程的決策權轉移至中央，大量縮減地方教育權限（尤其為工黨所控制的倫敦地方教育局），只留給少數的指導權給地方教育局，並鼓勵學校脫離地方教育局的控制，直接接受中央教育部門的撥款，加強學校的自主性與獨立性，這都與政黨的政策有關。

　　1988 年教育法實施之前，第二普通中等教育證書 (GCSE) 與高級證書考試 (A level) 為升學的重要考試❷⑤。由於當時還沒有國家課程，因此各校在教學內容與方法上可以依據地方需要自由調整。

　　在此之前，英國的教育行政體制設有教育部門，中間有皇家督學（Her Majesty's Inspectors of Education，簡稱 HMI）執行督導制度，下則有地方教育局，及全國性的教師工會或教師聯合會等機構，對於教師的薪資、工作條件與課程的服務等都有相當的協調權限。當時大部分的教育經費是來自地方教育當局，按照國家支出的額度提供給各級學校使用。至於英國的教師工會在 1988 年以前，對教育政策有積極的影響，但後來柴契爾政府利用各種立法措施削弱教師工會的權力後，使得教師在工作條件的談判籌碼大幅縮減。

㈡ 1988–1996 年

---

❷⑤　普通中等教育證書 (General Certificate for Secondary education) 是針對英格
　　蘭與威爾斯十四至十六歲的學生所設的考試，是一種由普通教育證書與中學
　　教育證書合併的考試。至於高級證書考試 (A Level) 則針對十八歲左右的學生
　　進行，學生通過考試後可根據成績進入大學或技術學院就讀。

　　英國在 1988 年推出的「教育改革法」為日後奠定基礎，主要包含以下項目：

　　1. 建立城市技術學院，結合技術、職業與企業合作的城市中心教育計畫。

　　2. 家長可透過選舉組成學校管理委員會，增加地方人士參與學校管理的權利。

　　3. 將過去地方教育局擁有各校教職員聘任和學校經費分配的權力，轉移到學校本身，加強學校管理責任。

　　4. 學校可以選擇脫離地方教育局的管轄，直接由中央政府資助，由家長、教師等組織成員來進行管理。

　　5. 家長擁有教育選擇權，可以依據學校的辦學聲望及學生評量成績，來為子女選擇學校就讀。

　　6. 引進全國課程綱要。

　　7. 建立國家評量考試制度，所有 7 歲、11 歲以及 14 歲的英國學生，皆需接受主要學科的測驗（Standard Assessment Tests，簡稱 SATs），並且依法公布各校成績。

　　8. 建立「教育標準局」（The Office for Standards in Education，簡稱 OFSTED），對學校施行定期督察並公布結果。

　　9. 將大部分的師資培訓責任轉至學校及地方當局，縮減大學的影響力。

　　在 1988 年教育改革法案公布之後，一方面加強中央對教育事務的掌管，另一方面也賦予地方學校與家長更多自主、自由與多元的發展空間。到了 1991 年保守黨的 Tom Major 上臺，仍堅守保守黨新自由主義的教育路線，繼續持續改革，例如：1992 年「教育學校法」（Education School Act）撤銷倫敦教育局，將其職權轉移到各個地區。同年又公布「成人與繼續教育法」（The Adult Learning Inspectorate），讓成人教育事務脫離地方教育局的管轄。其後於 1994 年設立「師資培育局」（Teacher Training Agency），1996 年頒布「學校視導法」，藉此確立學校視導的程序。

　　英國教育改革在保守黨十八年的執政過程中，採取由中央直接撥款、

賦予地方與學校家長選擇權的方向進行。至於傳統的皇家督學體系，則改由教育標準局負責定期至學校視察輔導。除此之外，師資培訓工作也逐漸從大學負責轉為中央掌控。這一連串變革，可說是改變英國傳統教育的轉捩點。

㈢ 1997 年以後

1997 年工黨❷上臺後，即針對保守黨執政十八年的教育問題提出檢討。舉凡英國高等教育占同年齡的入學人口比例，較當時歐洲地區為低；三分之一的成人有閱讀障礙，近三千多所的學校辦學成效不彰等問題，都一一提出檢討 (Cummings, 2003)。於是在這樣的情況下，遂出現「新工黨、新英國」政策，希望消除社會貧困，重新建立社會公平的理想。在此過程中，工黨修正了過去新自由主義的做法，採取季登斯 (Anthony Giddens, 1938–) 等人第三條路線的主張，在教育上強調充分就業與優質教育、教育公平等理念，以符合人民權益和國家經濟發展利益等。

具體而言，工黨執政期間 (1997–2009) 成立了全國教育委員會，公布《卓越學校教育白皮書》，並提出學校品質與教育標準提升的政策，其改革項目包括：

1. 全面提升教師素質，每年從政府彩券收入撥出 2–3 億英鎊，提供教師在職培訓。

2. 進行教育行政調整，強化中央對教育的領導，並且由教育主管部門

---

❷ 英國的保守黨信仰經濟自由和個人主義，提倡市場經濟、貿易擴張，主張政府盡量減少經濟干預，因此從 1979 年保守黨成為國會多數黨後，在其執政下，造成社會福利及教育事業大幅的萎縮。相較之下，工黨則是採取左派路線，重視社會公正與平等，反對市場的崇拜，提倡政府干預及興建福利國家的理念。因此在工黨從 1924 年上臺時，曾強調人人受中等教育、推動綜合中學，亦將義務教育的年齡提升至十六歲，乃至 1970 年代空中大學的設立，都是英國工黨努力的成果。直至 1997 年工黨終於再度執政後，對學校的監督範圍更加廣泛，不論從教育體制、課程設置、行政設置、教學方法、辦學績效的考量等都有獨立的督學團予以督導。

及就業部門，共同訂定各級學校識字數量目標，全面進行學校品質評估，未達標準，學校將強制關閉或重組。

3. 提倡教育資訊化，並設立「英國教育通訊和技術署」，與英國的電訊公司簽約設立全國的學習網，讓每個孩子有上網的機會❷。

4. 增加教育經費投資，並朝「中等教育綜合化」與「高等教育大眾化」的方向發展。

爾後，英國於 1998 年公布「教學與高等教育法」，成立「普通教育諮議會」，並於同年發表《教師綠皮書》等，其教育改革重點在加強學生的學習機會，提升教師素養，並提供每個學校充分的領導激勵獎金，以協助學校提升辦學品質。2001 年又公布「學校：實現成功」(Schools: Achieving Success) 白皮書，明確要求學習品質，以及學生的學習動力，以奠定中學教育的卓越品質 (DfES, 2001)。

此外，為了強化 14-19 歲中學階段學生的能力，2003 年教育與技術部 (Department for Innovation, Universities & Skills, DES) 公布「二十一世紀技能——潛能實現」(21st Century Skills—realizing our potential) 白皮書，明訂 14 到 19 歲的課程架構與證書等項目，及 11 歲的能力與性向鑑定、分類與安置，協助青少年皆能發展其潛能，強化結合學校教育與職場工作能力，以因應二十一世紀的生活 (引自溫明麗，2006；姜添輝，2006；DfES, 2003; Kelly, 2005)。同時也注意到高等教育的發展，公布「高等教育的未來」(The future of higher education) 白皮書，確立英國教育追求卓越、創新和多元的教育改革方向 (引自溫明麗，2006; Kelly, 2005)。其中，英國為了配合學生和經濟社會新的需求，除了維持傳統三年制的學術型大

❷ 英國在 1997 年的「創造學習化社會——國家資訊系統建立」政府報告書中強調建立國家資訊學習系統 (National Grid for Learning, NGFL)，發展線上學習、教學與公共服務的英國國家資訊網路，內容包括師資培訓、教育研究、教師職業發展、教育資訊和督導、圖書館就業諮詢培訓及教育行政等項目。2002年時，這套 NGFL 系統能提供社區醫院、工作服務和大眾傳播等連線功能，以滿足學校家庭教育、學校終身學習等需求。此外，工黨又設立「英國教育通訊和技術署」，強調建構全英國的網路系統。

學外（因中學為七年制），政府又加強在職進修的繼續學院；由政府提供經費補助，針對市場就業取向的兩年制大專文憑，重視以職業導向、符合雇主需求為主的高教，甚至邀請企業雇主提供需求意見，加入規劃行列。英國社會各行業早已具有提供高品質、高水準服務的共識，而非過去僅停留在製造加工等階段。英國就業研究中心預測，從 1999 年到 2010 年之間，獲得大學文憑的人，比較容易取得高品質服務行業的職務，此種行業占英國全部工作的八成。儘管如此，英國仍主張，即使到了二十一世紀，那怕許多行業皆已進入高科技產業或高水準的服務業，人們仍然需要修水管工人。也就是說，高教的發展不是在新興產業和傳統產業中做選擇，而是幫助年輕人依照性向和需要，從事理性的選擇，使個人擁有提供高品質、增進服務水準的技能。最近英國政府甚至出版了「雇主需求報告書」，列出各種行業所需的條件，供親師生和社會大眾參考（周祝瑛，2007）。

到了 2007 年新任首相布朗 (Gordon Brown) 上任之後，即將原本的「教育與技能部」（教育部）一分為二：⑴「兒童、學校與家庭部」(Department for Children, Schools and Families，簡稱 DCSF)；⑵「革新、大學與技能部」(Department for Innovation, Universities & Skills，簡稱 DIUS)，同時宣布成立「國家卓越教育委員會」(NCEE)，以推進教育改革。編列 2008-2011 為期三年的學校資助計畫 (funding settlement) 和基礎建設 (capital settlement) 教育經費預算，預計 2010-2011 年教育經費上升到 GDP 5.6%。在基建投資計畫中，持續推動「未來學校修建計畫」，希望能夠翻修或重建英國所有中學，並提高學校硬體建設標準。目前議會也在討論《教育與技能議案》，預計 2013 年將義務教育年限延至 17 歲，2015 年延至 18 歲，保障所有兒童享受公平的教育機會（劉熙，2008）。

四、教改評論

綜合英國自 1980 年代以來的教育改革特色如下：

1.教育政策易受政黨更迭的影響，不同政黨的主張有所差異。尤其在保守黨執政十八年期間，教育不斷趨向市場化後，即使工黨上臺後也無法

完全擺脫過去的政策影響，只能進行部分調整與修正。

2.教育行政雖然逐漸走向中央集權趨勢，但也增加對中小學教育的直接撥款，賦予地方學校與家長更多自主空間。

3.提升家長的教育選擇權，建立市場規範的功能。

4.引進了全國課程綱要及標準化評量系統，提升英國中小學教育品質與效率。

5.創造學習化社會、發展線上學習、建立教學與公共服務的國家資訊網路。

上述這些重大的變革，改變了英國的教育風貌，然而也因為教育行政中央集權趨勢，教育事務受到更多的政治力介入。而教育民主化、地方化的結果，家長社經背景愈來愈重要，導致教育隔離與稅收不公的現象；至於學校資訊化的結果，固然提升了英國教育的均等與效率，但也對學校的價值觀與人生觀造成衝擊，例如：倫理混亂、道德喪失、毒品危害、責任感淡泊等問題，都備受關注，尤其青少年更受到前所未有的資訊汙染等後果。為了解決上述問題，如何提升青少年網路的選擇及媒體素養，成了接下來的重要挑戰。自 2000 年起，英國學校開始設立公民道德教育課程，透過青少年的人文教育、資訊文化、道德和人生觀的教導，再次重視青少年倫理與信仰等議題。這些措施無疑是針對英國 1980 年代實施新自由主義之後所進行的省思，試圖以第三條路線和道德重整來修補，但能否使英國的教育更上一層樓，仍值得繼續觀察。

另外，自從 2008 年底，英國受到全球金融風暴的襲捲，造成經濟萎縮與嚴重失業率，為了提振年輕族群的競爭力，英國「兒童、學校與家庭部」陸續推出 21,000 個公家機關實習機會，推廣「就業和就學」結合的職訓工作觀，提升實習經驗等同於就讀大學學位的價值，強調高等教育應納入國家未來發展所需的就業技能訓練的政策（教育部電子報 349 期，2009）。

至於在協助金融危機的弱勢家庭方面，英國在野黨自由民主黨於 2009 年初發表「公平和卓越」(Equity and Excellence) 教育方針，在國會

中爭取到 20 億英鎊的額外預算，協助 5 到 19 歲極度弱勢家庭的兒童與青少年，解決目前學校中仍存在的社會階級分化教育 (class-based education) 問題，包含提供每年約一百萬名學童免費營養午餐，或一對一的課後家教，及週六課外輔導等，並致力減低班級人數到每班 15 人（教育部電子報 348 期，2009）。

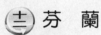

（十三）芬　蘭

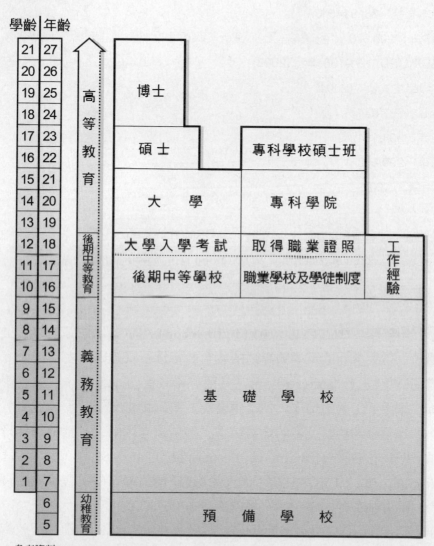

參考資料：

http://en.wikipedia.org/wiki/List_of_countries_by_literacy_rate
http://en.wikipedia.org/wiki/List_of_countries_by_GDP_%28nominal%29
http://stats.oecd.org/wbos/default.aspx?DatasetCode=RENRLAGE
Data refer to the year 2007. World Economic Outlook Database-April 2008, International Monetary Fund.

🔍 **芬蘭**

1. 總人口數：5,312,353 人 (2008)

2. 土地面積：33, 8145 km^2

3. GDP： 209,678（百萬美元）； Per capita GDP(USD)：51,138 美元 (2008)

4. 各級學生人數：(2004)

　初等：387,934 人

　中等：504,154 人

　高等：299,888 人

5. 識字率：100%

6. 資料來源：

　芬蘭教育部網站：http://www.minedu.fi/OPM/?lang=en

　http://www.oph.fi/english/page.asp?path=447,475,480

一、歷史背景

　　十九世紀中，Uno Cygnaeus (1810–1888) 這位出生在芬蘭傳教士家庭的學者，曾對於北歐及德國等地的教育改革進行長達四十多年的研究。他創辦國民學校 (folk school)，奠定芬蘭基礎教育。Cygnaeus 曾觀察德國孩子專心學習手工藝的情形，他從中體認教育應提供孩子「手腦並用」的機會，在過程中培養對上帝的虔誠信仰，並成為有用的人。他的這種理念也源自裴斯塔洛齊 (Johann H. Pestalozzi, 1746–1827) 和福祿貝爾 (Friedrich Froebe l, 1782–1852) 等人的影響，認為學習的過程應重視具體的概念，而非抽象的記憶背誦（吳祥輝，2006）。

　　十九世紀中，儘管芬蘭教育仍屬於教會專管，Cygnaeus 卻主張教育不應僅是上層階級的專寵，平民百姓應享有一樣的權利，男女學童也應該上學。1859 年，Cygnaeus 更提出「教育是為了工作」的概念，學習普魯士教學法，並建議俄羅斯沙皇從事教育改革（當時芬蘭仍屬俄羅斯公國）。

　　另一方面，他在 1863 年建立芬蘭基礎教育，同時成立師資培育中心，

並在赫爾辛基設立「國家教育署」(National Board of Education)，身兼負責人，以推廣「獨立學習和學習獨立」概念，透過手工藝等手腦並用的訓練，讓芬蘭國民得到動手操作的技能。Cygnaeus 不僅建立了芬蘭著名的國民教育制度，更影響後世英、法、美、俄及北歐諸國的教育理念與實務發展 (Wikipedia, 2007)。

二、主要的教育制度與法令

在芬蘭的教育行政方面，由國會決定教育立法及教育方針，教育部為最高教育行政機關，屬歷史悠久的政府部門之一，年代可追溯至西元 1809 年，芬蘭在俄羅斯公國時設立的「參議院教會事務部門」(Senate Department of Ecclesiastical Affairs)。1917 年，芬蘭在俄國十月革命後獨立，將其改為「教會事務與教育部」(Department of Ecclesiastical Affairs and Education)。隔年，參議院成為國家政務會 (Council of State)，而原參議院底下的各部門 (departments) 成為內閣部門 (ministries)。1922 年，「教會事務與教育部」被縮短為「教育部」(Ministry of Education)。

教育部的職責在於發展教育、科學、文化、運動和青少年政策，以及發展上述各層面的國際合作。芬蘭教育部設有兩位部長：

1. **教育與科學部長** (Minister of Education)

負責教育與科學研究等相關事務。

2. **文化與運動部長** (Minister of Culture and Sport)

負責文化、運動、青少年、著作權、學生助學貸款以及教會等相關事務。

由於芬蘭缺乏獨立的學校監督單位，因此由中央政府與教育部共同負責。至於「全國教育委員會」(Finnish National Board of Education) 屬專家機構，負責高中、職業及成人教育的目標、課程、學位規定與政策執行。另外「教育評鑑委員會」(Educational Evaluation Council) 掌管全國中小學教育評量與發展。高等教育（包括大學及多元技術學院）則由教育部下

的「高等教育評鑑委員會」(Finnish Higher Education Evaluation Council)
負責（陳照雄，2007）。

　　至於地方教育行政，在六個省設立「省教育辦公室」，負責各省的教育
與文化事業。地區性的教育事務則因為全國共有 455 個大小不一的市政府
或是地方自治區 (municipal)，因而設立地方委員會，決定該地區的教育事
項，具不同特色（陳照雄，2007）。

　　學校制度方面，芬蘭教育強調公平主義 (egalitarian)，1970 年以前分
四年國民學校與五年初中，而後改成九年國民義務教育。七歲至十六歲屬
義務、強迫與免費教育範圍（中小學九年制且屬同一學校），小學前四年為
包班制，五到九年級則實施分科教學，到了十到十二年級（高中階段為十
六到十八歲）則採雙軌制，升學管道有職業高中，和以進入大學為目標的
普通中學。學生通過高中或高職畢業會考後，可分別進入一般大學（修業
年限三到六年）或專科學校（修業年限三年半到四年）就讀。

　　在大學學位方面，包括學士 (bachelor)、碩士 (master) 及博士
(doctor) 三階段。許多學科領域中若取得碩士學位後，兩年內可取得準博
士 (licentiate) 學位，另再於四年內取得博士學位。而多元技術學院（或專
科學院）學制是在 1990 年代建立，其前身為專為高職畢業生進修的專科
學校（相當我國的二專或三專），後來改制為多元技術學院，學生畢業後可
領取與學士相當的學位。芬蘭的大學完全屬國立，經費悉由教育部編列，
且享有學術自主，但多數工科大學與專科學校因有建教合作與專業性研究
計畫，不少經費來自民間與芬蘭科學院。芬蘭大學生雖然免學費，但大學
生多半工半讀，甚至有學生十年才完成大學學業（芬蘭教育，2007）。

　　芬蘭的學制具有以下特色：

(一)小班小校與特殊學校

　　芬蘭位於北歐地廣人稀的寒帶地區，大部分的人口集中在南部城市，
境內採雙語政策，以芬蘭語和瑞典語為主。外國人占 2%，少數民族所占比
例也相當低，人口同質性較高。回溯至 1890 年代，當時的芬蘭只有 2.5%

的孩子上學（當時的美國已有 20%；英國和瑞典占 16%；瑞士已採強迫義
務教育），直至 1921 年芬蘭才建立真正的國家教育制度，從此在各地廣設
學校，甚至規定每個孩子上學距離不得超過五公里。1970 年芬蘭將義務教
育延長為九年。到 1996 年時，更規定六歲兒童應強迫進入幼稚園就讀，
七歲進入小學開始義務教育，到了高中階段才實施分流，選擇升學或職業
導向。

　　由於芬蘭地廣人稀，全國五十人以下的中小學占 40%，只有六名教師
以下的學校占 60%，師生比例相當接近。至於學生超過六百名的學校，只
占全國 3%。芬蘭教育成功的關鍵似乎在於透過小班小校，建立了親密且互
相關心的師生網絡。在此情況下，對於學業成就不佳或適應不良的學生，
容易察覺出問題所在，進而找出補救措施，也使很多成績較差的孩子能在
這樣的環境中適應。另外，各校的課程設計大多以配合地方所需為主，儘
管芬蘭非常強調兒童不分階級背景一律公平入學的理念，但也有一些特殊
菁英學校，如：由曲棍球 (hockey) 產業所支持，專為訓練選手以獲取世界
比賽錦標的曲棍球專門學校；以及在 Nokia 總部支持之下，為公司培養人
才而成立的數理導向學校。類似學校皆希望讓學生有機會在畢業後直接到
該公司工作。

㈡教育資源與語言教育

　　為了讓教師全心投入教學，各校會成立專業團隊，協助學校相關行政
事務或是解決學生問題。例如：大型學校每天都有專業的團隊協助，而小
型的學校則可能是每週由一個團隊協助解決該校學生的問題。除了外語教
師外，每位老師均是包班教學，以教師為中心，強調教學技巧而非個別化
教學。

　　小學階段的教育重心放在一、二年級的語言教學，因為家長與教師都
認為母語是所有學習的基礎，舉凡芬蘭語、瑞典語，還有簡單的讀寫算都
是教學重點。大部分的一年級學生在 8 月入學，到了 12 月時就能開始閱
讀，可見其語言教學的成果。小學三年級逐漸加入歷史、生物、地理、及

外國語（如英、德、法或俄文）的學習，五年級後加入第二外國語，七年級加入第三種外國語的訓練，通常外語的選擇由各校自行決定。芬蘭相當重視小學階段的母語訓練，在外語方面則以實用為導向，只強調基本溝通能力，而非外國文學或文法等學習。

㈢ PISA 的出色表現

國際經濟合作與發展組織 (OECD) 分別在 2000 及 2003 年針對義務教育最後一年的十五歲學生進行國際學童閱讀、數理與科學測驗，研究他們如何運用「讀寫能力」、「數學能力」和「科學能力」來解決日常生活中的難題，結果芬蘭成績耀眼❷。影響芬蘭的基礎教育成功的原因大致有三：首先，是重視全民教育，讓每個人從學前教育到終身教育都有公平的機會；其次，是重視教師團隊的素質。教師的學歷必須在碩士以上，而且須通過教師資格考試，才能申請教職；第三則是豐富的圖書館資源。芬蘭全國共有九百多間公共圖書館，平均約兩百五十人就擁有一間圖書館，每年每人平均借閱二十本書，也可以看出芬蘭民眾充分使用這項資源。

此外，芬蘭的 PISA 成績名列前茅的原因進一步也可歸功以下因素 (Gautshi, 2005)❷：

---

❷ 芬蘭 PISA 成績排名：

芬蘭 PISA（排名）	數學	科學	閱讀
2000 年	536 (4)	538 (3)	546 (1)
2003 年	544 (2)	548 (1)	543 (1)
2006 年	548 (2)	563 (1)	547 (2)

資料來源：PISA, http://www.pisa.oecd.org/pages/ 0,2987,en_32252351_32235731_1_1_1_1_1, 00.html。

❷ 歐洲其他國家之所以大量湧進芬蘭參觀學校，主要是因其 2003 年的 PISA 成績亮眼，但實際上芬蘭開始對此並不很在意。

1.同質性高

芬蘭本身是社會福利國家，學生在九年義務教育期間都在同一所學校就讀，小班小校方式讓學生有足夠時間發展。另外，社會貧富差距不如歐洲其他國家大，加上重視文化傳統及社會價值的傳承，因而影響下一代的學習態度。

2.強調閱讀傳統

芬蘭有漫長的冬季，所以閱讀成為每個家庭的重要消遣之一，儘管其國家教育制度遲於 1921 年才建立，但文盲率僅占 3.8%，可說是全世界文盲率最低的國家之一。此外，校外閱讀是很重要的一項活動，家長帶孩子到圖書館看書、借書的次數相當頻繁。即便在電腦、電視的影響下仍無法取代芬蘭人對書本的喜好。而芬蘭很多節目都以外語發音，必須以字幕來顯示，也間接增進了每個人的識字能力❸⓿。

3.語言結構

芬蘭語的結構、單字、字母、讀音皆呈現直接對應的關係，所以只要能懂字母就能夠發出該字的音。因此在閱讀芬蘭文的文本會比其他語言還容易，再加上其外語教學強調的是溝通而非文法，讓學生在壓力少的環境下有效學習。

4.班級人數少

芬蘭小學平均每班只有 19.5 人，上課過程中教師團隊的默契良好，若有教師請假，其他教師可以馬上銜接其課程，因此學校很少因故取消課程。而芬蘭每十八到二十個班級就有一名助理，教學過程亦是團隊教學 (team teaching) 的歷程。

---

❸⓿　這與臺灣早期的外語節目都用字幕，目的在推動國語運動類似。

5.照顧弱勢兒童

為了不讓弱勢學童有學習落後的情況發生，通常會及早診斷學童的身心狀況，並透過特殊訓練的專業人員協助這些學習落後的孩子，一切過程在暗中進行避免標籤化。每個年級約有 17% 的孩子曾接受這些特殊小組的個別輔導，在全校充滿支持與鼓勵的環境下，特別教師能夠為這些有學習困難的孩子提供個別教學，且在輔導結束後，儘量將孩子送回原班級，讓其持續學習。整體而言，芬蘭透過整個學校系統與家庭系統，來支援特殊需求的學生，讓他們在學習上面可以迎頭趕上。

三、教育改革

芬蘭在 1970 年代實施九年義務教育，1991 年建立多元技術學院制度，提升高等職業教育水準，充實高等教育體系。而在教育行政方面，繼而實施地方分權，如：芬蘭教育部於 1994 年決定改革高等教育撥款制，將權力從教育部轉向大學。此外，委託高等教育理事會在 1994 年至 1998 年間進行四次「高品質教育單位」的評選工作，雖然各方反應不一，但芬蘭教育部仍於 1995 年底撥款，成立獨立於高等教育行政機構和高等院校的「芬蘭高等教育評鑑委員會」，並由教育部長任命十二名代表。為了評估申請建立技術學院資格，教育部還批准成立資格分委員會，任命十名分委員會成員。在 1999 年和 2000 年時，芬蘭以工作績效為基礎，評判標準包括：高教育品質、研究卓越、國際化和畢業生就業比例等綜合指標。獲選大學每年可自教育部領取經費，作為提高學校品質之用。

至於中小學教育改革方面，芬蘭教育部在 1996 年至 2002 年展開「發展數學和科學教育計畫」，將物理、化學、生物和地理列入自然科學範圍，由全國教育委員會負責執行。此計畫的重點一方面提供教師在職進修機會，加強數學和科學課程的結合、應用與改進教學方法等；另一方面則利用線上教學，提高學生的學習興趣。此外，增加職業教育的數學、科學的比重，培養學生的科學和探索能力。

　　另外，芬蘭社會和家庭有閱讀書刊的傳統，也是培養學生閱讀素養的有利條件之一。在語文教學上，學校注重學生的讀寫技能培養，教授如何思考和理解，擴大青少年的閱讀範圍和數量。學校常要求學生分組到圖書館查閱資料，而後合作寫出各組的學習報告，並上臺演練、討論（陳之華，2009）。

　　芬蘭教育部也推動「多樣化語言教學計畫」，學生在完成九年義務教育時，除了精通母語外，還有機會學習四種外語（另一種國語和兩種必修外語、一種選修外語）。除了義務教育階段外，高中、職業和成人教育學校也參與此專案（陳照雄，2007）。

　　在資訊教育方面，1993 年頒布的基礎教育課程架構和課時分配，均未把電腦課列為主修科目，直到八年級和高中才設計電腦選修課程。原因是芬蘭政府認為教育的責任是盡早提供每個孩子免費上網的機會，並且循序漸進地教會學生如何辨別資訊，逐步形成正確的價值判斷，而非教他們電腦的理論、技巧。因此到了 2001 年，芬蘭的上網率在全球僅次於美國（陳照雄，2007）。

　　在高中階段設有學生顧問制，指導學生學習技能、自我認識、職業教育和未來工作等。學生顧問也指導每學年一週的勞動課，如：讓學生到餐館、商店志願打工，或選擇到中等職業學校了解培訓情況，以培養學生的獨立自主能力。除此之外，芬蘭教育部在 1998 至 2001 年推動「學校和文化合作項目」，邀請藝術家到校演講，或由老師帶學生參觀各類博物館等，協助青少年了解本國民族文化的特點、尋找自己的根，增強民族自尊心，使其能盡早融入多元文化社會中（盧楓，2003）。

四、教改評論

　　儘管芬蘭各界經常不斷在討論，但對於兒童入學年齡，是否應從七歲提前到六歲的問題仍莫衷一是。芬蘭之所以能在國際學生競賽成績優異，都與其地理、歷史、文化傳承、家庭教育及近年的教改成效有關。

　　根據研究指出（Gautshi, 2005），芬蘭的學校因需配合各地方需要，學

校間的差異性逐漸加大，也是一項新挑戰，尤其在人口集中的南部地區，學校品質差異更大。不過由於實施小班小校，學校內的師生網絡都相當緊密，教師包班制能夠了解每個孩子的狀況，進而幫學生解決學習上的問題。加上芬蘭教育上強調平等，重視閱讀與紮實的母語基礎，使其基本教育質量佳。相較於其他西方國家動輒以心理計量測驗，甚至提供藥物治療，來檢定孩子的差異問題，芬蘭此種教育方式更自然與具特色。

　　另外芬蘭強調，透過學校專業人員，輔以同儕力量，是達到共同協助、建立信心、鼓勵學習的良好做法❸。如何提供教師充分資源、建立手腦並用的觀念、改善閱讀環境等課題，對於在亞洲地區，尤以地狹人稠的臺灣，其實需要整個社會加以配合。以芬蘭教育強調手腦並用的概念為例，與亞洲地區強調的抽象思維與考試競爭非常不同。因此在觀摹他國教育改革時，必須將本國國情、歷史傳承與文化價值，甚至教育理念與政策等因素一併列入考量，才能掌握全貌。

---

❸　反觀我國的教育，在進行大規模的改革規劃時，是否真的把孩子的學習放在首位，實在是值得反省的問題。

⑬ 捷 克

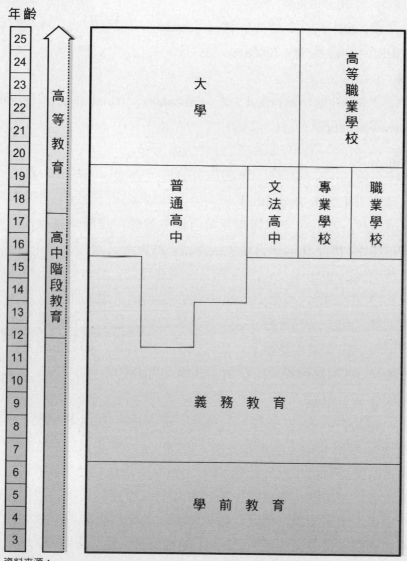

年齡

資料來源:

1.http://www.ncedr.edu.cn/ncedr_news/news/3/2008619141915.asp

2.http://www.czech.cz/en/work-study/education-and-studying/educational-system/the-czech-education-system/

3.United Nations Development Programme Report 2005

🔍 **捷克**

1. 總人口數：**1,038,000** 人 (2008)

2. 土地面積：約 **78,866 km²**

3. GDP：**217,200**（百萬美元）；Per capita GDP(USD)：**20,858** 美元 (2008)

4. 識字率：**99.9%**

5. 捷克教育部網站：Ministry of Education, Youth and Sports http://www.msmt.cz/

一、歷史背景

捷克共和國 (Zech Republic) 是中歐內陸國家，從地圖上看其形狀像一個橫臥的桃核。易北河和伏爾塔瓦河由捷克發源，伏爾塔瓦河從南向北流經首都布拉格，與易北河匯合後流入德國，易北河最後在漢堡流入北海。捷克境內捷克族占 90% 以上，其官方語言為捷克語，境內有近七成人懂第一外語，其中 25% 的人懂德語，24% 的人懂英語，還有俄語、斯洛伐克語、波蘭語等。捷克人教育程度高，具音樂素養，素有「每個捷克人都是樂師」的俗諺。在文學和藝術上，捷克出了不少名家，如史邁塔那、德弗札克和卡夫卡、米蘭昆得拉及前總統哈維爾 (Václav Havel, 1936- ，作家、劇作家與反對黨領袖)。

捷克與鄰近的匈牙利、波蘭等有著相同的命運。1968 年爆發「布拉格之春」，遭到蘇聯紅軍的軍事占領。到了 1989 年蘇聯和東歐發生劇變後，次年改國名為捷克斯洛伐克共和國，1993 年與斯洛伐克分家，單獨建立捷克共和國，實行多黨制和議會民主制。獨立後，歷經道統計畫經濟、國家掌控與自由市場劇變的調適過程，積極轉型並改造社會經濟架構和教育制度，以便與歐盟其他會員國接軌。2004 年捷克加入歐盟，2009 年接任歐盟輪值主席國。

二、主要的教育制度與法令

在教育行政組織與職權上，分為「教育、青年與體育部」(Ministry of Education, Youth and Sports) 與州（縣）政府兩級管理模式。「教育、青年與體育部」是全國最高教育決策機構，而州（縣）政府則擁有相當的自主權，決定本州（縣）的教育體制，並負責如：任命校長、撤併學校、入學率控管、一般及幼兒學校的設立及經費管理等事宜，不過許多決策事項最終仍需報經教育部批准 (Institute for Information on Education-Prague, 2006)。另外，在教育經費上，由於捷克實行多黨制，各個黨派為了爭取選民，競相以調整教育政策來爭取教育經費，不過教育經費不足始終是問題，如 2000 年，捷克的教育經費占 GDP 的 5.2%，與 10 年前相距不遠。

學校制度方面，捷克早在 1774 年就已有義務教育的概念。現行的教育系統包括：學前教育、義務教育（6 到 15 歲共九年）、高中階段教育以及高等教育。2000 年，捷克的國小國中校數約有 4100 所，高中階段約有 1500 所，高等學校 23 所。根據 1999 年的統計，捷克 25-64 歲勞動人口中，受過高中階段教育的占 78%，受過大學教育的占 12%。

國小分成以下幾種（引自 Czech Republic, 2008）：

⑴公立或私立國小 (state or private elementary school)：為九年制。

⑵文法學校 (grammar school)：包括六年或八年學校。

⑶藝術學校 (conservatory)：包括八年學校，其中為六年國小與兩年國中。

⑷特殊學校 (special school)：可以在一般國小就讀特殊班，或到特殊學校就學。

⑸特殊與協助學校 (special and assisted school)：完全針對智能障礙學生而設立。

近年來捷克也開始實施在家學習的教育實驗。此外，捷克實行九年義務教育，學制大體可分為兩種：5-4-4 制，即國小 5 年，國中 4 年，國中畢業後可升入 3-4 年的高中、高職學校、專業學校等不同類型學校。另一種為 5-8 制，即國小 5 年、中學 8 年（含國中、高中）。過去進「八年制學校」就讀的都是成績較好、準備上大學的學生，但此制學校僅能容納國

小畢業生 10% 左右。因此，近年來致力於擴大「八年制學校」的容量與提升「四年制國中」的水準。

高等教育方面，基本上前三年屬於大學學士課程，修畢後透過考試即可拿到學士學位。不過大部分的大學生會選擇繼續讀二年碩士學位，所以每年的碩士畢業生數目遠多於學士數目。捷克大學平均的錄取率只有三成左右，顯示大學的入學需求強烈，而大學的供給面卻相對薄弱。以 2002 年 OECD 所公布的資料來看，捷克在 25 歲至 64 歲的人口中完成高等教育者的比例占 11.8%，遠低於歐盟十五國的 21.8% (OECD, 2002)。到了 2004 年與新加入歐盟的其他九國相比，仍比波羅的海三小國愛沙尼亞 (29.7%)、拉托維亞 (19.6%)、立陶宛 (21.9%) 為低，也不及鄰近的波蘭 (12.2%) 和匈牙利 (14.1%)。由於捷克各行業中，工業比例 (37.3%) 仍高（歐盟 25 國平均為 27.2%），服務業比例較低（占 59.5%，而歐盟 25 國平均為 70.7%），顯示捷克的經濟基礎很大部分仍是仰賴製造業。因此，如何適時調整高等教育體制的架構，對總體經濟的發展應有助益（鄭得興，2004）。

三、教育改革

可大致分成以下項目（汪明等，2002）：

1. 逐步發展私立教育。長期以來捷克教育以公立學校為主，直到 1990 年代才開始興起私人辦學。目前私立學校的創立主要來自兩方面：一是由公司、民間設立；一是由慈善機構所辦理。相對於公立學校而言，私立學校仍然面臨諸多問題，如：辦學時間短、規模小、水準有待提升及招生不足等。

到了 2002 年左右，依照《關於補助私立學校的規定》，政府開始按照在校生人數與年度通貨膨脹情況對私校進行撥款補助。不過從現有的規定來看，捷克私立學校如同企業公司一樣，是能以營利為目的。目前大約有 30% 的私立學校其利潤是用於教育的，70% 是賺錢歸自己，其中私立學校利潤額的 34% 需要交稅，是頗為特殊的案例國家。

2. 積極發展特殊教育，保障教育平等理念。每年投入特殊教育（包括

盲、聾、啞、智障、生理殘障兒童教育）的經費比重頗大。目前特殊教育
的新趨向為：改變以往把特殊兒童集中學習的做法，改為在普通學校開設
特殊班，倡導回歸與融合教育。

3.適應歐洲一體化的需要，舉辦「雙語學校」和普通學校「雙語班」。
由於與法國有著傳統上的聯繫，捷克成立「雙語學校」和普通學校「雙語
班」，為培養「懂法語的人才」。其中資金主要來自於捷克政府，由法國提
供法籍教師的薪水，也為捷克籍的數學、物理等教師，提供在職進修機會
與法文教材，鼓勵學生參加「捷、法交換學生」等。

4.大力發展高等教育，以滿足市場經濟對人才的需求。重視以下幾個
問題，包括：⑴大學教育經費不足問題。捷克的大學主要依靠國家撥款，
其大致可分為三大項。第一為教學經費（包括研究經費），政府按照大學的
科系標準、學生人數提出預算，占學校總收入的 50%。其次為管理經費，
包括學校基金收入和留學生學費等收費，約占學校收入的 15%。第三是專
門經費，從國家獎學金基金會、私立基金會和外國基金會獲得，約占學校
收入的 35%；⑵鼓勵國立大學（如著名的查理大學）與相關公司聯繫，透
過合作研究項目，獲得一些經費補助。雖然目前不允許大學辦公司，但是
捷克科技大學允許教授參加公司營運，但技術移轉的收入需上繳大學，而
非個人所有。

5.促進國際交流與合作。在教育上訂定一系列的新措施，以因應加入
歐盟與世界貿易組織 (WTO) 的需要。如：大學推行學分制，讓歐盟各成員
國所承認，擴大捷克與歐盟國家的教育交流與合作。此外，為適應競爭之
需，捷克將減少大學數量，擴大辦學規模、課程設置等，以提升大學的綜
合實力。

四、教改評論

近年來，捷克教育經費使用效率不佳的問題備受各界矚目。由於目前
捷克正面臨出生率下降問題，許多學校不得不合併與關閉，尤其是一些歷
史悠久的學校，學生人數幾乎屈指可數。因此，政府必須加快整合教育資

源、提升教育經費使用效率。

其次，學校辦學體制的轉型迫在眉睫。例如 1990 年代以前，捷克只有單一的公立教育。獨立之後，私立教育逐步興起，增加民眾教育選擇權。全國學校組成大致有三種類型：一為公立學校，學校經費全部由國家負擔；二為私立學校，創辦經費、日常辦學經費由學校自籌，部分來自學費負擔，教師工資由國家負擔；三是教會學校，由於教會也是多由國家供養，因此這類學校經費也完全由政府負擔。由於捷克多數人信奉天主教，因此教會學校多為天主教學校，可以傳授少許的宗教課程（必修課），如：哲學、倫理學、道德教育、及社會教育等（汪明等，2002）。

另外，從捷克近年來經濟快速發展趨勢來看，如何擴充高等教育規模，滿足社會發展與民眾需求，是目前高教政策的改革重點之一。根據研究顯示，1970–1990 年代中，父親社經地位仍深深地影響子女升學的機會，家庭「文化資本」(cultural capital) 的影響，仍然左右捷克教育 (Natalie Simonova, 2003)。直至 2004 年，捷克大學平均的錄取率只有三成左右，然長久以來習慣在個人姓名前加一個頭銜（如學歷），以顯示個人的社會地位，加上大學生畢業平均工資遠高於其他學歷，因此社會上仍然相信就讀大學對將來工作有利。因此一般人上大學的需求仍然強烈，但大學名額卻遠遠相對不足，造成人才外流及升學競爭壓力等問題。有鑑於此，捷克政府希望將高等教育體制改成「二級制」(two-tier)，大學部與研究所分隔開來，針對學士與碩士課程擬訂不同的方針，而非如過去大家都要熬五年拿碩士。不過，也有一些人反對高等教育二級制構想，擔心碩士數量變少，大學教育品質下滑等。另外，一些特殊系所，如法律系、醫學系等，也認為不適合採用二級制。

儘管各界聲音不同，捷克仍在短短幾年內實施高教二級制，讓大學畢業生比例大幅提升。總之，目前捷克高教體制變革極需調整大學招生數量及學士與碩士比例問題，尤其在加入歐盟後，將來與其他會員國的經濟競爭，勢必取決於人才的質與量，高教體制必須重整，才能應付未來的國際競爭（鄭得興，2004）。

（古）**俄羅斯**

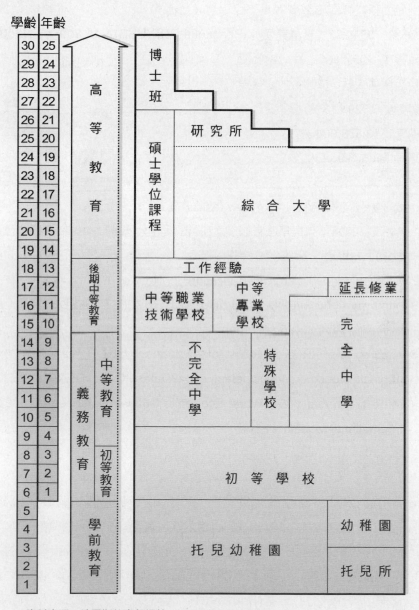

資料來源：俄羅斯教育部網站：http://www.ras.ru/

蘇聯

1. 總人口數：141,927,900 人 (2008)

2. 土地面積：17,075,200 km^2

3. GDP：984,927（百萬美元）；Per capita GDP(USD)：15,800 美元 (2008)

4. 識字率：99.4％

5. 各級學生人數：(2004)

　初等：5,329,613 人

　中等：13,558,904 人

　高等：8,605,952 人

6. 資料來源：

　(1) 俄羅斯教育部網站：http://www.ras.ru/

　(2) 林百慶 (2004)。俄羅斯教育制度之研究。淡江大學俄羅斯研究所碩士論文。
　　　臺北：未出版。

　(3) http://en.wikipedia.org/wiki/Education_in_Russia

　(4) http://www.edu.tw/EDU_WEB/EDU_MGT/STATISTICS/EDU7220001/
　　　indicator/2006/a–4–5.pdf?open

　(5) http://en.wikipedia.org/wiki/List_of_countries_by_GDP_%28nominal%29
　　　http://stats.oecd.org/wbos/default.aspx?DatasetCode=RENRLAGE Data
　　　refer to the year 2007. World Economic Outlook Database–April 2008,
　　　International Monetary Fund.

一、歷史背景

　　蘇聯前身為沙皇統治的俄羅斯，1922 年由十五個加盟共和國組成聯邦制國家成立 (1922.12.30－1991.12.26)，直到 1991 年解體。二次大戰後，北大西洋公約組織與華沙公約組織的相繼成立，開始了東西方的冷戰。1953 年赫魯雪夫上臺，進行許多國際間的政治軍事衝突，而 1957 年首度發射人造衛星史波尼克一號 (Sputnik 1)，更引爆冷戰期間的太空競賽（維基百科，2007; Irvine, 2006）。1999 年底普丁繼任俄羅斯總統，在經濟上

主張自由放鬆；在政治上傾向國家主義，強調國家控制；在外交政策上實行現實主義，堪稱是位淡化「主義」色彩，以「解決問題」為導向的領導人，其上任的第二年便開始對公營事業、教育、稅收與養老金等方面進行改革。

在教育方面，十九世紀的俄羅斯帝國曾學習德國的教育體制，建立普通學校 (The Russian General School)，並實施國家教育體制。由於當時的首都聖彼得堡位於歐洲，因此深受歐洲影響。在二十世紀之初已約有三分之一的俄國人能夠識字，與當時文盲比率甚高的亞洲相比，識字率頗高。不過沙皇時期的教育強調菁英主義，對於一般民眾的教育並沒有太多的著力，直到 1917 年列寧上臺後將教育視為社會革新的一環，不僅大力掃除文盲，還建立統一工人學校，招收不同社經背景的學童，教導識字、算術與科學。除了強調政治和道德教育外，也注重音樂、藝術和體育等科目，但排除宗教教育 (Bain, 2003)。

1919 年後共產黨執政，強調學校教育應根據馬克斯、列寧思想培養有用的勞動者，為社會服務，因此於 1923 年後正式實施八至十五歲的義務教育，學生不分種族、性別皆需接受教育。當時蘇聯認為教育是「上層建築」的一部分，重視系統知識，強調教師主導，透過教育培育忠於共產主義社會的人民 ❸❷ （維基百科，2007）。在這個時期，教育是國家發展的重要投資，由政府補助經費，並重視專業技術教育。到了 1939 年，蘇聯教育獲得擴充，成年男性的識字率達到 95%，成年女性的識字率也有 83%，教育成效相當顯著。總之，1930 年代的蘇聯在社會主義路線的影響下建立其教育制度，儘管後來有些修正，但基本上仍是日後政策的藍圖 (Bain, 2003)。

當時蘇聯的學校制度充滿著集體主義的精神，透過集體教育方式，建立學生集體意識，支持社會主義國家。此外，教育中也強調合作學習，希

---

❸❷　過去教師的整個教學過程中，還有一個學生思想社團，例如：先鋒隊等，到 1991 年之後，這些學生的社團完全廢除，不過也出現學生秩序不佳、智育與道德淪落等新挑戰。

望藉此轉為成人的工作態度。雖然後來蘇聯在政治上歷經波折起伏，但「統一工人學校」卻仍得以保存，成為十年制義務教育。學生畢業後，可以選擇升大學或到多元技術學院 (polytechnic) 就讀，前者包含著名的莫斯科大學、列寧格勒大學、哈爾科夫大學、基輔大學、國際關係學院等。當時前蘇聯的文學、藝術及出版業皆由共產黨控制，但仍有一些文學家和藝術家在國際上享有崇高的聲譽❸。

二、主要的教育制度與法令

㈠教育行政

自十八世紀以來，俄羅斯帝國即實施中央集權制，到二十世紀蘇聯共產黨執政後，則完全採取社會主義，強調職業訓練。1991 年前，蘇聯共有三個中央部門負責教育，即「蘇聯教育部」、「蘇聯高等及專業中等教育部」、與「蘇聯職業及技術國家委員會」。這三個單位不但結構複雜，還負責聯繫與教育事務有關的二十一個部門。1991 年後各共和國各自成立教育主管部門，如俄羅斯共和國成立「教育與科學部」，掌管教育政策、法規、經費等業務。

在思想方面，1980 年代以前的蘇聯時期，政府大力推動掃盲運動、實施大眾教育、並強調國家意識型態，推行具有高度政治意識型態和馬列主義的道德教育政策。到了 1980 年代，各共和國開始從事課程改革，希望在公民教育方面能獲得較自由的空間。蘇聯解體後，各共和國紛紛訂定新的教育法規，鬆綁課程，並引進私立學校。然而也有很多共和國公共教育經費大幅縮減，加上通貨膨脹等因素，使得學術人員的薪水大幅縮小，導致不少大學入學發生舞弊等問題。為了解決這些弊端，許多共和國相繼加入歐盟，並成立全國測驗中心，辦理大學入學考試、私立學校和外國學校

---

❸　例如，詩人葉塞寧，阿赫瑪托娃，獲得諾貝爾文學獎的小說家和詩人帕斯捷爾納克，小說家蕭洛霍夫，導演塔可夫斯基，音樂家蕭士塔高為契，舞蹈家烏蘭諾娃等。

認證等事務。

㈡學校制度

　　前蘇聯學制包括：學前教育、義務教育、中等教育（高中）、及高等教育等。其中高等教育部分，大學部修業年限為五至六年，遠超過其他歐美國家。而研究所階段只設副博士和博士兩種學位，不設碩士學位，大學生亦不授予學士學位。此種特殊的高等教育學制和學位制度，深受其獨特的文化背景和傳統影響，但也造成國際學術和文化交流中的不便。

　　以前蘇聯最大的共和國俄羅斯為例，目前學制分為初等、中等、高等與成人教育。其中義務教育年限為九年，畢業時可領取一份「中學未完成證書」(Certificate of Incomplete Secondary Education)，然後可選擇繼續在中學完成兩年學業，或者進入社區學院就讀三至四年，完成副學士學位 (associate degree)，進而從事藍領階級的工作。另一方面，完成中學學業後，也可選擇進入大學就讀四到六年，獲得學士學位。在蘇聯時期，俄羅斯的大學仍受中央政府管理，課程部分有 80% 須符合政府規定標準，其餘 20% 由大學自訂。學生除了修課實習外，還需參加國定的畢業考試，考試通過後才能獲頒學位證書。大學畢業生若想繼續深造，可進入大學或學術研究機構念研究所，若符合畢業規定，即可獲得由教育與科學部的高等認證委員會頒發學位（學士、碩士、副博士與博士），不過這些學位制度都是 1994 年才實施的新制 (Wikipedia, 2007)。

　　俄羅斯政府 1992 年頒布《教育法》，規定只要俄羅斯公民通過大學入學考試，就能免費進入國立大學院校就讀。1996 年頒布的俄羅斯聯邦《高等和大學後教育法》重申《教育法》中關於免費接受高等教育的規定，除此之外並核准招收自費生。大多國立大學院校屬於俄羅斯聯邦教育部管轄，其餘分別隸屬於中央各部會委員會。總之，蘇聯瓦解後，十五個共和國紛紛獨立，其教育制度可歸納出以下重點 (Barents education network, 2006)：

　　1.延長義務教育。

2. 2005 年底各共和國簽署歐盟的波隆那協定，並先後加入歐盟。

3. 引進兩階段的學士與碩士學位制度。

4. 引進全國大學入學考試制度。

5. 允許設立私立學校。

6. 同意創辦外國學校。

7. 採用三階段的品質檢驗 (Quality Assurance System)、證照 (Licensing Attestation)、及證書制度 (Accreditation)。並以學分制度取代以前的學時制。

三、教育改革

隨著蘇聯解體後，各共和國政府縮減教育預算，出現了學術水準下降和行政機構腐敗等問題。各共和國為了維持教育水準，紛紛與歐盟簽定波隆那協定，規定各共和國需延長初等和中等教育至十一年，實施全國大學入學考試等。從這些規定都可看出各國致力提升教育品質，企圖與其他歐盟國家並駕齊驅的努力。儘管各共和國採取的教改政策不一，但整體而言有以下幾項改革 (Bain, 2003; Schweisfurth, 2002)：

㈠教育行政組織與經費

如前所述，1991 年以前蘇聯共有三個中央部門負責教育，不但組織複雜且架構重疊，到了 1991 年後，各共和國逐漸獨立，教育行政也逐漸朝地方化、鬆綁的趨勢發展。到了 1992 年俄羅斯公布教育法之後，特別強調去中心化 (decentralization) 與區域化 (regionalization)，將教育行政權與經費下放至地方，讓各地方城市或學校擁有自主權，教育擴張非常迅速，同時帶來教育品質下降的隱憂。到了 1994 年俄羅斯各地的教育經費有 87% 由各地方負責使用，學校也因此擁有更多的自主權。

不過由於蘇聯解體，中央編制經費短缺，加上俄羅斯經濟改革不甚順利，導致各校常發生經費短缺的情況，以 2001 至 2003 年為例，就有六十五所私立學校關閉。直到今日，這類問題仍層出不窮。為了解決類似難題，

學校只好出租場地、對外募款或向學生收費，以籌措經費。不但朝向市場經濟發展，同時加重中下階層家庭的負擔，更加深社會的不公。而經費不足也造成學校設備短缺，例如：1991 年至 1992 年俄羅斯有 28% 的學校缺乏自來水，29% 沒有中央暖氣系統，49% 缺乏室內廁所。整體來說 75%的學校多少都受到經濟不足的影響，出現軟硬體缺乏的問題 (Bain, 2003)。這些問題直到 2000 年之後，隨著俄羅斯經濟逐漸改善，才有所轉變。

㈡課程改革

蘇聯原設有「俄國教育研究院」(Russian Academy of Education)，負責課程目標、時數分配、設備資源與教科書的核准等事項。1992 年俄羅斯教育法通過後，將課程分為三部分：⑴基礎課程：提供所有使用學校課程大綱與時數分配；⑵地區性的基礎課程：主要根據地方教育局的規定，負責地方課程的時數規劃與內容；⑶學校本位課程：經過學校委員會同意，實行符合地方學生需求的課程，並加強教師對相關課程教材的研發。但由於經費所限，對有關民族與國家認同及少數語言的教材研發困難，導致許多教科書仍延用 1991 年以前的內容。

由於過去蘇聯的學科發展較為專業、窄化，且強調以培養重工業的技術人才為主。因此在進行改革時，逐漸縮減大學科系中的專業科目，把近七百個科目縮編到五十科左右。藉此擴大各大學通識基礎能力，避免過去學習範圍過窄的情形。

㈢大學新制

為了杜絕大學教育腐敗情事，若干共和國仿效美國的學力性向測驗機構（Educational Testing Service，簡稱 ETS），成立非官方的教育評量與教學研究中心，舉辦新的大學入學考試，以求客觀公正。另外，隨著私立教育機構的增加與加入歐盟，為了維持教育品質，於是大學成立高等教育認證制度，以進行大學間的相互承認與標準一致性。

㈣權力與責任的轉變

蘇聯瓦解之後,涉及共產主義的內容逐漸自課程與教科書中刪除,過去課程中強調集體主義的概念逐漸朝向較科學、符合個人需求的方向發展。除此之外,師生關係也重新調整,過去教師中心的教學方法已逐漸減少。然而由於新的國家認同與道德教育仍待建立,以致出現學校公民教育真空的情況,加上社會急速轉型發生動盪,使得許多學生的行為與秩序不如從前水準。

㈤教師與教學

有研究指出 (World Bank, 1995) 蘇聯瓦解後,各地的教育水準得以維持主要靠教師的專業投入。然而 1991 年後隨著市場經濟的引進,加上政府經費縮減,教師日形卑微,缺乏升遷管道,工作的條件反而不如從前。結果一來,有愈來愈多的男性教師離職,造成教職女性化與缺乏新陳代謝等問題,嚴重影響到教師的職業聲望與水準。另外,蘇聯解體後,各國教改的壓力也逐漸加在教師身上,儘管改革一直在推動,實際成效仍相當有限。所幸,各國教師在面臨這些外在的困難中,仍對教育維持高度的投入,維持教育的水準。

㈥學校文化

儘管蘇聯瓦解後的教育改革,出現地區差異等種種問題,但就整個文化體系而言,仍然維持著過去的文化傳統。學校中不但強調高度紀律,課程也以國訂本為主,而教學又是教師中心的傾向(雖是教師中心,但並不代表師生沒有互動),再加上改革後經濟困難與社會變動問題,反而使整個學校文化朝向一個更加保守的狀況發展❸。

---

❸ 蘇聯教育備受思想家如馬卡連柯、凱洛夫、贊科夫、蘇霍姆林斯基等理論所影響。其中凱洛夫的教育學批判杜威實用主義教育,反對兒童本位思想強調傳授學生系統的知識。於是 1930 年代蘇聯中小學全面改革和調整,強調讓兒童盡

四、教改評論

1991 年蘇聯解體之後，其教育改革面臨的最大挑戰即是民主化過程中，所經歷的結構與經費轉型問題。根據世界銀行 (World Bank, 1995) 研究指出，蘇聯解體前的改革，其實是朝向世界經濟發展的道路，然而在過程中，一方面缺乏合理的政策，加上人民觀念與社會結構轉變不易，出現通貨膨脹、薪資下降與生產力降低等困境。隨著全國經費的短缺、社會動盪與權力架構移轉，教育反而變成較不受重視的問題❸。

然而，近年來最重要的教育改革動力之一，就是由九個共和國所簽署的波隆納協定。透過這個協定，各共和國的高等教育必須與歐洲各國相互承認接軌，尤其為了加強本身高教品質，必須解決各種學術舞弊問題。結果這些新的獨立共和國幾乎都成立新的大學學位授予制度。透過波隆納協定，目前入學機會、經費援助、大學自主和教職員待遇等改革獲得改善，但在課程方面著力較少。另一部分，許多共和國在加入歐盟後，一些歐盟的教育計畫，如：伊拉斯謨思 (Erasmus) 或蘇格拉底 (Socrates) 等方案，對於各共和國的改革都造成相當大的影響。雖然各共和國所採取的措施不盡相同，但可以看出以俄羅斯為主的改革趨勢，已經逐漸發揮其影響力。

此外，蘇聯瓦解後的改革，代表了社會主義國家朝向自由市場經濟的困難歷程，一方面從過去集權政治改為權力下放的地方治理；一方面由於整個社會條件不足、訊息不夠透明化、人民觀念不易調整等配套不足情形，使得在過去被視為共產社會立國根本的公民培養工作，遠遠被忽視。其中，學校結構的轉變與經費供給為最大挑戰，於是各校的設備或教師的薪資地

早學習分科知識，將小學學習年限縮短為四年，五年級進入初中就讀，開始分科學習，目的在培養學生基礎知識和技能。另外也強調教師中心教學方式，以此確定教師權威性與主導性。早期蘇聯教育體系強調的是學科中心、課堂中心、與教師中心等理念，與杜威的實用主義教育思想大相逕庭。

❸ 教育經費大幅下降使學校備受忽視，如 1970 年教育經費占 GDP 的 7%，但到了 1996 年卻下降到 GDP 的 4.1%。

位普遍深受影響，加大學校的辦學壓力，促使學校不得不向市場經濟靠攏，造成學生的秩序、紀律與道德教育真空等後遺症。

　　總之，蘇聯瓦解之後，各共和國教改雖然發展成效不一，但在面臨國內外不同的壓力挑戰下，都有相似的轉型經驗與因應之道，尤其在加入歐盟後，如何在教育結構與制度上配合調整與轉型，這些寶貴經驗足供他國借鏡。

（圭）美　國

學齡	年齡			
22	25	研究所及專門學	成人教育	
21	24			
20	23			
19	22	四年制大學/學		
18	21			
17	20		初級學院	專科學院
16	19			
15	18			
14	17	四年制高中	三年制高中	六年制綜合中學
13	16			
12	15			
11	14		三年制初中	
10	13	三年制初中		
9	12			
8	11		六年制小學	
7	10	五年制小學		
6	9			
5	8			
4	7			
3	6			
2	5		幼　稚　園	
1	4		保　育　學　校	
	3			

參考資料：
http://en.wikipedia.org/wiki/List_of_countries_by_literacy_rate
Data refer to the year 2007. World Economic Outlook Database-April 2008,
International Monetary Fund

美國

1. 總人口數：304,411,000 人 (2008)

2. 土地面積：9,363,123 平方公里

3. GDP：13,192,290(Million USD)(2005)；Per capita GDP(USD)：46,300 美元 (2009)

4. 各級學生人數 (2005)：

學前：3,998,121 人

初等：32,161,312 人

中等：17,342,591 人

大學：17,176,504 人

研究所：17,176,504 人

5. 識字率：99.9%

6. 近年重要教改方案：2001 No child Lift Behind

7. 美國教育部網站：http://www.ed.gov/index.jhtml

8. 資料來源：王家通 (2003) 各國教育制度。臺北：師大書苑。

一、歷史背景

　　美國有五十州，人口約三億多，由歐裔白人、非裔黑人、印地安人、中南美洲人與亞洲人共同組成。美國的行政分聯邦 (federal)、州 (state) 與地方 (local district) 三級，首長皆透過直接選舉產生。共和黨與民主黨為其主要的政黨，前者被視為比較保守的右派，主張減少政府的干預、重視市場競爭功能、強調中上階級的生活；後者則傾向採取激進的左派做法，提高政府的公共政策干預能力、重視藍領階級、少數民族與女性的社會福利。不過近幾年來，這兩大政黨的主張已不再像早期一樣，政策重疊之處越來越多。

　　回溯十六、十七世紀，美國仍屬英國海外建立傳教與新體制的地區，許多英國制度被移植到美國，例如：教育及宗教關係密切的傳統，影響美

國早期的學校多出自教會。後來由於西部開發，在拓荒現實主義下，宗教和教育間的關係逐漸疏遠。到了十八、十九世紀，美國東部新英格蘭地區的新教徒 (Pilgrim) 推動「公家徵稅」觀念後，建立了公共教育體系。期間經過長期的奮鬥，才使原本反對政府涉入教育持不同意見的西部與南方社會獲得支持共識。

美國早期的總統如：華盛頓 (George Washington, 1732–1799) 和傑佛遜 (Thomas Jefferson, 1743–1826) 都認為，大眾教育 (mass education) 的目的是協助美國人民養成能夠明智選擇領導人的能力。因此在教育中非常強調思考訓練、人權保障及生活適應能力，並應根據個人的性向和需要來學習。正因如此，美國的課程非常強調個人的發展 (individual development) 與重視個別差異。

美國近代教育也深受實用主義 (pragmatism) 影響，包括 1930 年代盛行的進步主義運動 (progressive movement)，源自杜威 (John Dewey, 1859–1952)，主張「教育即生活」、「教育是經驗的不斷改造」。強調教育應該讓孩子們的學習和經驗結合 (Wikipedia, 2007a)，反對強行記憶和背誦式的死知識。他批評當時的教育方式過於強調人文主義古典教育，太重於知識背誦，以致脫離孩子們的經驗範圍。他認為學習本身就是一個探索的過程，遂提出「從做中學」(Learning by doing) 的口號，希望每個孩子能在學習過程中保有好奇心和主動性。杜威於是在 1896 年，於芝加哥成立一所杜威實驗學校 (Dewey Laboratory School)，採幼稚園到十二年級一貫制，在校內推動進步主義實驗，對美國教育產生重大影響 (Wikipedia, 2007b)。到了 1904 年，杜威又到中國、土耳其及蘇聯等國❸❻宣傳他的教育理念，對當時各國教育影響深遠。

此外，美國早期的高等學府是由一群來自英國、抵達東岸的新教徒所建立，在 1636 年哈佛學院創立後，耶魯等學院紛紛成立。當時的高等教育目標希望在新大陸中培養宗教與政治人才，因此最初課程上以拉丁文與

---

❸❻　其著作《學校與社會》(*The school and society*) (1899)、《民主與教育》(*Democracy and education*) (1916) 等在海內外都受到相當重視。

希臘文為主。後來隨著時代發展，這些早期學院的教學內容逐漸轉變為與個人學習有關的題材，自十九世紀開始建立選修制度，以符合學生需求。另外，在中學階段實施「綜合高中」(comprehensive high school)，成為美國重要的教育特色，也廣為其他國家所模做。其內容為在同一學校中，提供各種選修課程及各式各樣的社團，滿足學生的學術或職業性向，讓學生有足夠的時間去發掘個人的需求與興趣。這樣的特色也使得美國的高中被稱為「購物商場式高中」(The shopping mall high school) (Powell, Farrar and Cohen, 1985)，可以讓學生自由的選擇。大多數的美國學校都認為中學階段不應給學生過多的學業壓力或考試，以免剝奪其個人探索及發展社會成熟度的機會，真正學術上的學習應該到大學才開始。

也因如此，美國小學階段的教育強調班級人數較少的開放式學習方式，尤其對資優、特殊技能、身體殘障或家境困難的孩子，提供特別方案，協助其進行個人的學習 (individualized instruction)。一般小學的師生比例也遠低於其他國家。大體而言，美國為崇尚資本主義的民主社會，重視法治與競爭，在教育上也強調多元文化與個人的主體性發展。

二、主要的教育制度與法令

美國憲法規定教育歸各州管理，聯邦政府的教育部（曾更改名稱），基本上負責教育研究、蒐集與發布全國教育資料及經費贊助等，並未擁有實權。美國教育部（United States Department of Education，簡稱 ED）原名「衛生、教育、福利部」，屬於美國聯邦政府部門，1979 年 10 月卡特總統簽署「教育部組織法案」(Department of Education Organization Act)，作為改組基礎，並於 1980 年 5 月開始運作。其前身創立於 1867 年，但很快於 1868 年被降級為辦公室 (Office)。一個世紀後部級的重新設立，卻遭許多共和黨員的阻礙，認為部級教育部門違反憲法規定，且多餘的政府官僚將阻礙教育庶務的地方化 (local affairs)。不過最後仍然設立聯邦的部級組織。在 1983 年雷根政府時期，此部門幾乎要被裁撤，後來因當時的教育部長貝爾 (Terrel Bell) 積極奔走，並發表一篇《國家在危機中》❸❼ (A Nation *at Risk*) 的教育報告書，因此聯邦教育部得以保留下來。到了 2001 年布希執政後，透過全國統一課程大綱與學童能力評鑑等政策，大為提高聯邦教育部的權限。

另外，美國各州政府設有「州教育廳」，負責高等教育、中小學課程評量、經費補助及教師資格認證等業務。至於「州教育董事會」為一立法機關，監督州內教育立法及決策執行等事項。地方設有「教育局」，負責學區中小學教育事務。另有「地方教育董事會」，負責區內教育決策與督導。至於各校大多設有校長與副校長各一人，學校規模依地區而定，小學與初中大多屬小班小校。

美國的學校教育深受社會傳統所影響，因而相當重視地方與學區的參與，透過家長與地區人士的投入，訂定符合地方需求的教育。為了符合不同學生的需求，各校常獲得來自學校以外的各種社會資源協助，如：由家長與課程專家來協助評估教科書內容，專業心理輔導專家或圖書館管理員協助孩子們學習等。

由於美國是政教分離的國家，因此一般公立學校幾乎將宗教與道德教育排除在外，不過另一方面卻十分強調愛國教育，小學生每天早上都會在教室中唱國歌、背誦效忠國家的宣言，雖然表面上沒有強烈的國家色彩課程，但實際上卻已將愛國教育融入學校環境中。

總之，美國的教育特色綜合如下（劉慶仁，2005；Ericksen, 2006; Wikipedia, 2007c）：

1. 高度分權化

美國的教育具有高度分權化和分散管理的特色。聯邦政府制定總體的教育政策方針，推動與協助各州進行創新計畫，並著重教育研究與各種資訊的傳播，大多採取諮詢的方式而非直接參與管理。而實際的教育權在各州，州政府大多負責高等教育，對於各學區中小學的控制權比較少。目前

---

❸⑦ 美國的許多著名學者都曾強力批評進步主義對美國教育素質低落的影響。詳見 http://eserver.org/courses/spring95/76-100g/adorni.html。

美國全國約有一萬五千多個學區，有些小的學區僅數百名學生，大的學區如：加州、紐約州與德州等地學生可能有上百萬人。

2. 各州獨立但相互影響

美國各學區享有自治權和財政權，但由於各地財政收入不一，使得各地區學校水準差異相當大。儘管各州教育獨立，但大多會相互依賴，許多革新政策也會相互影響。

3. 美國的法院在教育決策過程中扮演重要角色，許多教育問題，如：教育經費的投入、種族的衝突、宗教角色、個人權益等議題都必須透過法院來裁決。美國決策的特點即各州必須維持財政收支的平衡，因此州政府的稅收比聯邦政府來得大，教育經費也仰賴各州財政收入狀況。而各州的施政情形亦經常受到各級司法單位的挑戰。另外，許多教育經費來自地方學區的房地產稅收，因此出現貧富地區的學校品質差異問題。

4. 各地學制不盡相同，以學區為主，分五年制小學（過去有四年制與六年制小學）初中三到四年制不等，高中三到四年制不等，皆以單軌制為主，重視綜合高中，各州義務教育年限也有所差異。

三、教育改革

美國的教育改革，基本上延續了改善教育素質、提升國力水準的需求與傳統。歷任總統就任時都會針對當時的議題，提出與教育有關的政策，尤其以雷根、小布希為代表。美國近半個世紀以來的教育改革可歸納以下幾個階段：

㈠ 1950 到 1970 年代

1957 年蘇聯發射人造衛星史波尼克一號，引起美國恐慌，進而通過國防法案，全面檢討杜威進步主義中過度強調做中學、缺乏知識連貫性的問題，因而提出「回歸基本」(Back to the Basics) 的主張，呼籲重新恢復讀、寫、算基本知識，加強外語、英語、科學、數學等方面的能力。在此階段，

美國社會正面臨嚴重的種族隔離問題，1960 年代通過權利法案 (Bill of Rights) 後，從人權運動所衍生的種族融合教育、學校校車接送 (busing)、肯定法案 (Affirmative Action)，到取消學校禱告行為等教改措施，都備受關注。

㈡ 1980 年代

到了 1980 年代，美國的教育改革又從原來左傾的思想轉向較保守的右派勢力。1983 年雷根政府時代，曾提出一份《國家在危機中》的報告，檢討美國學童在國際學業競賽成績落後的原因，並提出解決之道。當時的雷根政府和英國的柴契爾夫人一樣，信仰新自由主義「小政府、大市場」的理念，所以在其執政階段大幅刪減聯邦政府的教育預算，引進市場機制，甚至出現減少教育部權力或撤除教育部等主張。

至於《國家在危機中》的報告，不僅指出美國學校制度的缺陷，同時也引發後來三個重要的改革運動 (Fuhrman, 2003)。首先是「卓越運動」(Excellent Movement)，由政府提供許多方案，增加資優教育的發展。其次為「重組運動」(Restructuring Movement)，增加地方學校的管理權，讓學校從局內人的角度來進行「學校本位管理」。第三為「標準化運動」(Standardization Movement)，透過測驗評量來了解學生的學習成果。總之，在此報告後，不僅美國，連法國、英國也開始研擬全國性的課程綱要，並推行全國學童紙筆評量政策。其中最具代表性的為英國於 1988 年教育改革法案中建立一套全國教育系統，以全國標準化測驗來評定學生學習成效與辦學績效，帶動全球「學習標準化運動」風潮 (globalization of standards movement)。此種測驗風氣影響了 OECD 先進國家及 IEA 等國際教育機構，先後提出許多國際性的學生成就測驗（如 PISA 及 TIMSS），進行各國的教育成就比較，並透過這些國際評量的認證平臺 (benchmark)，作為各國教育當局政策改進的依據❸。

---

❸ 在這些國際學生學業競賽中，以 PISA 為例，2003 年美國在三十八個參賽國家中成績如下：

㈢ 1990 年以後

「教育選擇權」(School Choice) 政策是 1990 年後的教育改革要點，由美國經濟學家 Milton Friedman (1912－2006) 提出 (Wikipedia, 2007d)，其基本假設是每一個家長都會明智的為孩子選擇最好的學校，透過家長教育選擇權，促使學校競爭，來撤除辦學不佳的學校。而政府部門也發放「教育券」(voucher)，提供家長選擇學校的機會。除了教育選擇權以外，1990 年代另一項教改方案為「在家學習」(home schooling/home education)。傳統的義務教育強迫每個孩子必須到校上課，但目前有許多美國家長透過申請讓孩子在家學習，政府也會進行定期督導，是一種「另類教育」。

此外，在 1990 年代以後，美國大量引進測驗與評量，被稱為「標準化測驗的改革」。這些以學生學習成果為導向 (outcome-based education) 的評量方式，將中小學生學習成果數量化與標準化，並作為提高學校辦學績效的依據之一，以此提升美國的教育水準。1995 年左右全美有近四十五個州實施全州性的學生學力測驗，及高中畢業資格考試。由此可見，標準化測驗影響深遠。而 1998 年柯林頓政府則提出《國家仍在危機中》(*A Nation Still at Risk*) 報告，針對學生學業水準低落及綜合中學改進等方案，進行針砭。

總之，美國 1980 年代以後的教育改革，從雷根的《國家在危機中》展開，其後以布希總統 (George H. W. Bush) 的〈邁向西元 2000 年：美國

閱讀能力：第七名（2000 年第十五名）

數學能力：第二十四名（2000 年第十九名）

科學能力：第九名（2000 年第十四名）

問題解決能力第二十名

許多人批評這些國際性的學力測驗未能真正成為改進學校品質的依據，因強調紙筆測驗，反而忽略「投入」與「過程」因素，如各校入學政策、學生的社經背景、各校資源、以及教師的工作條件等差異。至於評量的項目只重視可量化的認知能力，對藝術、社會技能則缺乏具體與真實情境的觀察。

的教育策略〉(America 2000: An Education Strategy) 及柯林頓的〈邁向西元 2000 年的目標：教育美國方案〉(Goal 2000: Educate America Act) 最具代表性。這些教改方案往往針對全國性教育目標，希望提升高中畢業率、加強師資培育與專業發展、提升學生數理能力、增進校園紀律與安全，並鼓勵家長參與等。其中值得注意的是這些教育政策的終極目標，是希望把教育改革的迫切性提升到國家層次，提供全國性的架構，再結合各州與地方學區的力量，將教育問題的檢討與改進視為「國家危機」來處理，進而爭取國會的法案與經費支持，進而提出全國性的因應對策。此種構想一改聯邦政府過去被動地位，成為 1980 年代以後美國教育改革的領導重心。

美國在 2001 年前的教育改革大致可歸納以下特點（陳志權，2006；劉慶仁，2005）：

1. 引進學校本位管理

將權力下放至學校；改變傳統地方學區決定權；加強教師代表、家長代表及校長在決策中的重要性；允許學校本位管理委員會在預算、人事、教學政策、學生服務及管理方面的決策權力。

2. 家長教育選擇權 (school choice)

即「擇校權」，主要透過教育券的發放，讓家長選擇孩子屬意的學校就讀，透過學生人數作為學校辦學績效的壓力。除了私立學校之外，所有的公立學校允許家長有以下幾種方式的選擇：

(1)跨學區教育選擇權：家長可以根據子女需要選擇任何學區內的公立學校就讀。

(2)學區內的教育選擇權：若家長只能在所屬學區內的學校就讀，有控制式選擇 (controlled choice)、特許學校 (charter school) 與磁性學校 ㊵ (magnet school) 三種可供選擇，而後兩種常以公辦民營的方式、以私人興

㊵　磁性學校指為吸引學生前來就讀，提供特殊課程，減少種族及其他隔離，藉此擴大吸收學區外的學生自願入學。

學特色吸引家長。

　　⑶公辦民營學校：美國的公立學校向來被社會大眾認為缺乏辦學績效，於是在 1990 年代以後，美國大眾開始認為公立學校不一定要由政府經營，可以改由私人管理，不必受到政府太多的介入與干涉，讓公立學校的運作更為靈活。因此，在 1991 年第一所公辦民營小學於邁阿密成立後 (US Charter School, 2006)，這類學校逐漸在美國各地出現。

　　⑷教師專業發展：支持地方中小學與大學教授，共同設計探索課程與研究，促進教師專業發展與素質。

　　⑸全面品質管理：希望透過消費者的品質需求和經營者的管理過程，讓學校由品質管制，來滿足教育消費者的權利。另外，亦加強改善師生關係，提升行政人員的效率，讓教師、家長、行政人員能夠建立共同合作的機制。而在全面品質管理中也加強家長義務配合教育活動，從校內延伸到校外，不斷改進教育品質。

　　⑹建立全國課程與評量標準：美國在 2000 年建立一套公立學校的課程架構，透過全國性的課程綱要，重視學術標準和評估，以符合新時代的教學趨勢（全國教師會論壇，2004）。

㈣ 2001 年以後

　　布希總統於 2001 年提出「沒有孩子落後」(No Child Left Behind，簡稱 NCLB) 法案，內容包括實施年度學童學習測驗、學業成就進步、年度學習報告、教師專業資格、閱讀第一及修改經費補助等項目。重點如下（劉慶仁，2005；US Department of Education, 2007）：

　　1. 提倡績效責任 (accountability)，讓學校和學區為教育成效負責，針對表現低下的學校，透過改善計畫、設立目標、界定負責單位，訂定相關指標，以加強教學效能。

　　2. 由聯邦提供經費，讓各校學區可直接獲得補助，尤其針對辦學條件不佳及中輟學生、犯罪率高的市區學校 (inner city schools) 及鄉下貧窮學校，都能獲得經費，進而改善。

3.強調彈性 (flexibility)，美國在實施學校本位管理政策後，各州及學校學區擁有更多經費及資源的掌握權，學校校長與教師也需為學校辦學績效負責。

4.建立聯邦的「全國教育進步評量報告」(National Assessment of Educational Progress，簡稱 NAEP 或 The Nation's Report Card)、各州學習報告單，與學區學習報告單 (state and school district report card) 三種定期評量報告，透過紙筆測驗，及對全體師生家長抽樣調查，進而將全國各州及各學區的教育品質排名或表現記錄，定期上網公告，讓家長與社會人士了解各校辦學績效（轉引自 http://nces.ed.gov/pubsearch/pubsinfo.asp?pubid=2007468)。

5.公立學校擇校機制 (public school choice)，讓父母能依辦學績效為孩子選擇適合的學校就讀。

6.學習上的特別協助，若學校連續兩年被評鑑為需要改進，則州政府可以提供這些學校額外的資源和教師，協助改善辦學，但有時也出現師源不足、經營不善、難以改進的問題。

7.採取全國的標準化測驗，美國每年定期針對三至八年級的學生實施閱讀和數學測驗，例如：許多州會在每年 10 月舉辦全州的中小學生紙筆測驗❹，並將測驗結果上網公告，以評量學校的辦學績效。

8.建立高中畢業考試制度，美國有些州規定學生必須通過州政府的會考（有些州只考到九年級的程度）才能獲得高中畢業證書。另外還有二十六州共同合作建立高中文憑網絡 (America Diploma Project Network)。

9.重視社會貧窮、性別不平等、種族與階層差異等問題。

布希總統在 2002 年簽署〈沒有孩子落後〉後，成為美國日後重要的

---

❹ 如 Rhode Island, Vermont 和 New Hampshire 三州聯合採用 Grade Level Expectations (GLEs) 及 New England Common Assessment Program (NECAP) 兩種標準化紙筆測驗，提供給各界、學校行政人員、及教師具體改進建議，尤其是學生學習成效報告，詳細資訊請參考：http://www.ride.ri.gov/assessment/NECAP.aspx。

教育改革法案。然而真正改革的推動卻以各州為主。由各州政府訂出教改計畫，因應法案的要求，各州的教改計畫大多強調從學校本身問題延伸到全州性議題，進行整體結構的調整 (restructuring)，並著重教師專業發展與表現評量、進行課程改革，規定高中畢業標準（如需修習十三到二十四學分，包括選修四學分英文，數學、科學與歷史等各三學分）、加強學術傾向學習時間（如將每天學習時數調整為四節課，每節九十分鐘，縮短暑假，增加學期中休課間隔比率）、學習成果標準化與改善學校經費補助等問題。其中如著名的「肯塔基教育改革法」(Kentucky Education Reform Act，簡稱 KERA) 的爭議，與「德州學術技能評量方案」(Texas Academic Skills Program，簡稱 TASP) [41]，大多著重在系統改革，協助學前弱勢學生與少數族裔學生，建立管理模式等。在實施改革計畫後，上述各州內高中階段之前的在中小學生，其數學、語文與閱讀測驗等科目的成績大為提升。

　　至於在各地方學區中，實施學校本位管理，加強家庭與社區的參與、成立另類學校（如特許學校、擇校計畫、在家學習、私立學校）等。此外，依照全州的評量測驗項目，調整上課時數與課程，實施經常性的學區評量與檢測，這些都是改革重點。

四、教改評論

　　總之，美國自 1980 年代以來為了改進公立中小學教育，推出三波教育改革(劉慶仁，2005)：第一波是 1982 至 1985 年「由上而下」(top-down)策略。這一波的教改方案有振興學校 (revitalized school) 計畫，加強中小學的課程與教學改革、增加標準化測驗，提高學生成就。同時改造學校的組織結構，並加強品質管制與增進學校效能。當時以雷根總統的新自由主義思想為主，後來又被稱為「新右派」(new right) 的改革主張，依據工具理性、組織論和學習論，將教師與學校視為改革的對象。不過這波教育改革卻被新馬克斯學派批評為「與社會脈絡脫節」、「無法促成民主教育和民

[41]　參考 Ohio State University 李德郁博士之 Accountability & Ed Reform 上課投影片 (2007/6/5)。

主社會」的實現。

　而 1986 至 1989 年「由下而上」(bottom-up) 的策略則是第二波的教育改革。這波修正先前觀念，認為教師不應該被視為學校教育改革的對象，而應是實際參與改革的行動者 (agents)。因此，由學校內相關人員發動改革，以增加教師權力、實行學校本位管理與實質的地方分權制度等，對整個學校系統進行根本的檢視。

　第三波教育改革則是自 1990 年代開始，以學生為重心，建立教育機構與專業人員的對話與合作模式，加強結合來自社會各界的教育資源。

　由於近二十多年來美國學童在國際學業競賽中成績不如預期，引發社會爭議，也導致美國將教改重點置於中小學教育品質的提升。各項立法或規劃都以改善中小學教育為主，其中較特別的包括制訂全國性的課程，訂定與統一考試測驗標準及提高師資素質。另外，為了因應聯邦教育改革方案，各州的做法集中在增進學生的學力、提高師資的素質、強化行政的運作等三方面。各地方學區的教育措施則依各地學區位置、大小與地方特性，著眼於比較小的改革措施，有不同的發展重點等（全國教師會論壇，2004）。

　美國各時期的教育隨著社會變化而調整改變，其教育哲學思想、課程改革，甚至是教育行政不斷在進步主義教育與傳統教育之間擺動，這也成了美國教育特有的「鐘擺現象」（陳志權，2006）。

　美國在 2000 年以後的教改重點聚焦於〈沒有孩子落後〉法案的執行，不過也引發不少爭議，甚至有人質疑該法案背後的政治動機。而一些立法經費、績效責任及標準化測驗的做法，已傷害具有多元種族背景學生的學校。根據一份 2006 年蓋洛普民調顯示，有 70% 自稱了解這項法案的美國民眾，認為這波改革無助於對公立學校水準的提升，甚至有害。這些民眾尤其質疑測驗科目與紙筆考試，對於上課師生的影響已出現「考試領導教學」的後遺症 (Wikipedia, 2007c)。而基層教師對於教改的反應也相當兩極，其成效如何，仍有待觀察。

　到了 2009 年 3 月初美國新任總統歐巴馬首度發表教育演說，宣示多項改革方案，提出結合教師績效與學生成績的報酬制度 (merit-based pay system)、推廣特許學校 (charter school)、延長每學期上課天數和學習年限，以加強美國兒童競爭力。歐巴馬的政策除了強調教育標準嚴格化的重要性外，也要求各州採行世界級的標準。而其刺激經濟方案中所包含的 50 億教育經費，即提供各州政府作為提升品質標準及學業測驗成績之用。儘管歐巴馬提出的若干措施遭到教師工會反對，例如：許多教師擔心特許學校將會和公立學校爭奪資源和優秀學生；而依照教師績效核發薪資的提案也未獲教師團體支持等（教育部電子報 349 期，2009）。

(夫) 中南美洲

一、歷史背景

在中南美洲各國教育的發展過程中有一些共同的背景（轉引自 http://weh.worldbank.org/）：

⑴十九世紀以前，大多為歐洲國家的殖民地。十九世紀獨立後，建立國家教育制度時，大多實施中央集權制。

⑵十九世紀時，各國實施菁英教育，一般民眾缺乏受教機會。

⑶二十世紀後，各國大多強調平民化、大眾化的教育思想，但成效依然有限。

⑷ 1990 年以後，逐漸強調地方選擇與特色，實施地方分權制。

此外，中南美洲的教育發展主要有兩大特色：

1. 政治因素

十九世紀以前，中南美洲淪為殖民地，各國獨立之後，仍受前殖民國的影響。

2. 各國教育發展差距懸殊

中南美洲共有三十多個國家，各國的國情與社會狀況不一，例如：巴西與墨西哥皆為中南美洲的大國，教育情勢較佳，但國內貧富與城鄉差距

亦大。巴西南部教育水準幾乎可與歐美相比，但東北部卻是最貧困的地區之一；墨西哥北部地區教育發達，政經進步，而南部地區十六歲以上人口受小學教育的比例，僅有 50%-60%。由此可見該地區內教育發展差距的問題。

二、主要的教育制度問題

隨著中南美洲的政治、經濟、社會等發展，出現了以下問題（轉引自 http://www.worldfund.org/Education_Gap.html）：

1.國與國的差異

中南美洲國家之間差別甚大，例如：巴西與墨西哥在中南美洲屬於教育大國；尼加拉瓜的大學在學率高達 40%；智利重視教育，小學兒童就學率已達 98.6%，教育大幅改善。

2.國家內部的差別

以巴西與墨西哥為例，國內不同的區域所的教育差距非常大。早期這些國家的教育重心皆為發展高等教育，基礎教育相對薄弱。大部分的國家都實施八年的義務教育，但 1955 年到 1980 年代，高等教育卻大規模的發展，大學生入學人數從四十二萬人增加到七百五十萬人，有些國家的高等教育甚至成為大眾化教育。即便如此，初等教育的實施卻不理想，出現了「輕初等教育的投資、重高等教育發展」的情形。

中南美洲國家在十九世紀以前曾為西班牙、葡萄牙等殖民地，無形中形成濃厚的殖民地色彩及階級分化情形，在教育方面也有類似問題，一些私立學校也接受政府補助，教學的條件較好；反觀公立學校，國家的教育投資卻只占三分之一，形成教育機會不均等的問題。

三、教育改革

中南美洲的教育改革有幾項重要特徵 (Smith, 1999)：

1. 1960 年代各國分別進行教育改革

此階段多數國家改變過去由上而下的課程觀念，引進美國的行為學派的課程觀，例如：智利 1965 年在初等教育的科學課程即引進這類觀點，作為課程改革的重點。

2. 強調全民教育、平民識字運動、平民教育的課程觀

多數國家的教育目標希望能夠反映平民百姓的生活經驗與環境，藉此掃除教育兩極分裂的問題，因此改由地方決定課程內容，並在課程中強調實施地方分權的管理。例如，1970 年代祕魯進行課程改革，加強中小學課程的一貫性。然而，在改革中，由於這些課程大多由國家教育部核定，仍具有全國標準化的特色，對於學生個別需求的改進依然有限。

3. 1990 年代的初等教育改革

⑴強調地方分權主義，改善中央集權的教育行政體系，以往各國大多屬集權管理，一直到 1990 年代才有所改善，例如：墨西哥重新劃分聯邦政府與地方的權限；阿根廷則增加地方自治管理權限，並建立中央、省、地方三級的教育行政合作機制。

⑵提高教師的待遇及其水平，例如：墨西哥提出教師職務升等計畫：定時對教師進行評鑑與考核，以調整薪資。阿根廷則建立全國中小學師資培育網絡及進修制度。

⑶確立中等教育的結構。中南美洲的教育有「重文輕理」的問題。一九九〇年代以後的教育改革主要強調中等教育與高等教育市場結合；智利、阿根廷、巴西等國家逐漸朝向將職業教育與學術中學結合，發展類似美國的綜合中學模式。

⑷規範私立學校，此項改革目的是想消除私立學校與公立學校的差別。例如：阿根廷在 1993 年教育法中規定私立學校的設立必須經過國家核准。

⑸鼓勵全民參與辦學，墨西哥、巴西、智利等國都強調辦學模式能淡

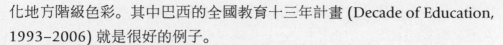

化地方階級色彩。其中巴西的全國教育十三年計畫 (Decade of Education, 1993-2006) 就是很好的例子。

⑹協助落後地區及家境貧困的子女,中南美洲教育的共同問題就是教育差距大,雖然部分國家擁有良好的高等教育制度,卻也有為數不少的文盲。在這種情況下,如何實施補救教學,縮減城鄉差距即是教改的重點。

4. 1990 年以後的高等教育改革

⑴增加高等教育多元形式發展,減少傳統大學的壟斷地位,增設像美國的社區學院、德國的高等專科、單科及多科學校,以改善綜合市立大學獨大的情況。

⑵經費獨霸、資源集中的情況日益改善,由於擴大高等教育的區域發展,因此集中於首都等發達地區的高等教育機構有所減少。

⑶除了傳統四年制的大學之外,增加二到三年制的各種新型專科學校。

⑷加強私立學校的管理,在 1960 年到 1995 年中,中南美洲的私立高校發展從過去占全體數量的 11% 增加到 54%,如何讓私立學校從菁英型機構轉型為大眾型、大眾化教育機構則是另一個重點 (Castro, 1999)。

四、教改評論

總之,中南美洲的各國教育發展視各國政經與社會現況而定。巴西的教育思想家保羅弗萊雷 (Paulo Freire) 受壓迫者的教育論述,對中南美洲教育現況產生批判與反思效果。如何擺脫原殖民國家教育不均衡,減低城鄉與貧富的差距問題,進而落實各國公平與效率的學校改革,這些議題都是當前備受矚目之處。

另外,中南美洲教育改革中面臨的困境包括 (Henales & Edwards, 2002):

⑴高等學校教育的經費短絀,近來各國改革強調對公立學校的混合撥款制,由政府與學校訂定合約來加強教育經費的管理。

⑵加強對高等教育的認可制度,增加對公立學校的評鑑以及提高入學

標準，除了重視傳統的學術標準之外，更仿效歐美國家大學評鑑的方式，來提高學校的水準。

⑶加強高等教師的水準，目前大學教師的學歷和專業水準仍有待加強，如墨西哥與美國合作，擴大兩地大學人才培養計畫。

⑷解決傳統上重文輕理工的政策，加強大學與企業之間的聯繫，增加報考大學技術及非文科的專業的比例。

⑸推動非正規教育與成人教育，中南美洲早在 1920 年開始推動此類教育，透過社區課程、基礎課程，來發展職業訓練、大眾教育等，透過聯合國教育課程組織等國際機構協助，使民眾透過非正規的教育體制，改善教育水準。然而近年來由於政權的不穩定，加上主政者觀念不一，非正規教育的理念漸漸被忽略，加上行政組織的經費與資源有限，因此 1990 年代以後非正規教育的推動面臨更多的挑戰。

巴　西

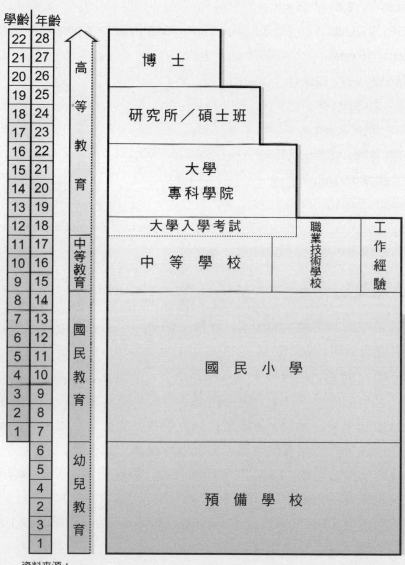

資料來源：

巴西教育部網站：http://www.brasil.gov.br/servicos/areasdeinteresseindex_subs/categoriaservico.
2004-07-30. 2280562495

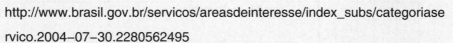

巴西

1. 總人口數：187,047,836 人 (2008)

2. 土地面積：8,511,965 km²

3. GDP：792,683（百萬美元）；Per capita GDP(USD)：8,300 美元 (official exchange rate)

4. 各級學生人數：(2004)

   初等：20,576,946 人

   中等：27,338,181 人

   高等：3,994,422 人

5. 識字率：88.6%(2005)

6. 巴西教育部網站：

http://www.brasil.gov.br/servicos/areasdeinteresse/index_subs/categoriaservico.2004–07–30.2280562495

一、歷史背景

　　巴西是中南美洲最大的國家，面積全球排行第五，人口組成多元（白人、黑白混血及印地安土著），形成多元文化的特色。巴西曾是葡萄牙的殖民地 (1640–1882)，以葡萄牙語為官方語言，信仰天主教為主。

　　巴西教育起源可溯及十六世紀，為了傳授天主教教義而設立的學校。到了十八世紀中葉，葡萄牙嘗試建立公立學校系統。十九世紀初，葡萄牙殖民者在巴西推行以培養統治菁英與軍事幹部為主的教育，並建立了軍事、醫學、技術及藝術學校。1822 年巴西獨立後，教育依舊為菁英階級服務，公共教育仍未實施，直到 1920 年代，巴西公立初等教育才真正普及。1924 年巴西教育協會（The Brazilian Education Association，簡稱 BEA）成立，大力推動世俗化及免費的大眾教育觀念。

　　巴西的近代教育發展可分為三個階段，首先是 1930 年以前的傳統教育，以成人權威與教師中心為主，深受宗教與私立教育影響；其次是 1930 至 1964 年，其間的特點是公私立教育的衝突與調和，也強調脫離傳統權

威建立，以兒童中心為主的新式學校。第三，到了 1964 年以後，巴西歷經軍人專政，教育發展深受限制；而 1985 年後才朝向開放教育機會給民眾的方向發展。

此外，1970 年代開始推動為期十年的全民識字運動，在此期間十四歲以上的文盲率由 32% 降至 25.5%。但到了 1980 年代，卻有人將之稱為「教育失落」的年代，起因為過去十年教育大幅擴張，使得學生中輟率及留級率攀高，小學生甚至平均要花十一年才能完成初等教育 (Gadotti, 1996)。

到了 1988 年，巴西憲法重新規定，教育預算需占聯邦稅收所得的 18%，州和地方政府則需占 25% (Organization and Financing of Education in Brazil Education, 2006)。儘管如此，由於社會貧富懸殊，長久以來的教育發展（尤其是高等教育）建立在少數菁英體制上，甚至到 1990 年以後，巴西的公立學校體系依然保有菁英教育系統，對於其他公共教育的投資仍然十分有限，以致巴西兒童輟學率高達 12.5%，而十五歲以上的文盲人口仍為 17%，很多大城市的小學仍然維持上、下午二部甚至三部制。由於上學時間較短，再加上教師素質不足，巴西教育品質依然相當低落。

二、主要的教育制度與法令

到了 1934 年巴西政府終於將此觀念納入憲法中，在 1968 年公布高等教育法案，1971 年重申基礎教育（包括：初等與中等學校）需納入職業訓練教育，各級學校實施公民與道德教育，及對大學教授的言論限制等。

巴西教育行政分為聯邦，州及市三級。教育主管部門在聯邦教育部（包括基礎教育與高等教育兩個委員會），州教育廳和市教育局。各地教育局下還設有教育理事會，負責法律條文與政策的制定等事項 (Organization and Financing of Education in Brazil Education, 2006)。

在學校制度方面，六歲以前為學前教育，七至十四歲為初等教育，十五至十八歲屬中等教育，十八歲以後則屬高等教育階段。由於巴西的大學入學考試競爭非常激烈，許多高中生必須參加補習，其費用皆由家庭自行

負擔。

三、教育改革

　　巴西是個貧富差距懸殊的國家。各級教育深受學生性別和家庭背景等因素影響。巴西政府於 1995 年成立了「基礎教育維持與發展及教學促進基金會」（FUNDEF，以下簡稱「教育基金會」），鼓勵社會各界共同參與教育合作與投資，解決教育財政問題。同時，規定州和地方政府稅收的 15% 必須用於中小學教育（1-8 年級）投資中。聯邦政府必須確保每個學生的最低平均投資、教師薪資標準、標準經費分配、基礎教育基金的專款使用等。各州及地方政府則按中小學入學人數平均分配教育經費。上述教育基金會成立後，大幅提升巴西兒童的入學機會與教育素質，並改善貧窮地區教師薪水，大幅減少教育經費被挪用。1992 年，巴西小學入學率只有 75%，其中 95% 的學童來自富裕家庭，到了 2003 年，貧窮家庭孩子的入學率則提升到 95%（陳亞偉、李娟，2006）。

　　此外，巴西政府自 1995 年起實施初等教育提升品質政策，內容包括：提升教師素質、實施國家課程標準、改善教科書編寫品質、及增加父母參與學校管理等新措施。其中，最重要的是聯邦教育部為各小學制定統一的課程標準，加強學生分析和解決問題的能力。翌年巴西推出教師培訓計畫，規定初等教育教師必須要達到大學四年畢業水準等。

　　儘管巴西推出上述教改政策，不過從 2000 及 2003 年的 PISA 測驗中，巴西十五歲學生的數學、閱讀和科學能力幾乎仍在四十三個國家中敬陪末座（表 3-4），從中不難看出巴西教育的問題。

▶ 表 3-4　巴西 PISA 測驗名次

PISA 名次	數學	科學	閱讀
2000 年	43/43	43/43	43/43
2003 年	41/41	40/41	39/41
2006 年	54/57	52/57	50/57

資料來源：PISA 2000/2003/2006 results. Retrieved July 10, 2007 from: http://www.pisa.oecd.org/pages/0,　3417,　en_32252351_32236130_1_1_1_1_1, 00.html.

不過也有不少研究顯示，巴西初等教育歷經上述改革後，低年級學生學業水準有所提升，且與國際教育水準的差距逐漸縮小中 (Souza, 2001)。因此，在 2004 年，巴西政府為了延伸 1995 年教改成效，又推動另一項中小學改革計畫。如將 1995 年一到八年級的撥款計畫延伸到中學的三年（九至十一年級），藉此解決中等教育的投資不足等問題（陳亞偉、李娟，2006）。

四、教改評論

檢視巴西自 1960 年代以來所推動的教育改革，可看出由於過於重視經濟發展而忽視社會公平，因此教育出現兩極化，其程度遠超過世界各國。另外，巴西強調高等教育的投資，其投資幾乎是初等教育的幾倍，雖然保障了社會中上階級民眾，但下層階級則無法透過教育達到向上流動。因此社會貧富懸殊的嚴重問題，仍有待解決。

為了解決原來教育經費被地方挪用的問題，巴西設立了上述「教育基金會」，透過法令執行專款專用機制，確保教改經費運作。在短短數年間，中小學的入學人數與素質有所改進。不過這種快速發展也造成中等學校畢業生的失業率大幅攀升，及大學（尤其是公立大學）入學競爭更加激烈等問題。

長期以來巴西對於聯邦及州兩級的教育較為重視，相對之下忽略地方教育體系。1995 年教育改革政策實施後，使得上述三個行政單位能有平均的經費分配，以縮小地區的差異。然而目前為止，巴西中小學仍普遍存在如種族、階級、地域、城鄉與校際之間的差別。

巴西近年的教育改革依然需面對長久以來基礎教育投資的嚴重不足、公私立教育發展的優先順序及資源分配不均、教育行政上的中央集權主義與官僚化等問題。對於如何提升教師素質與工作士氣、改進基礎教育的課程標準與水準、教育經費權的下放各校、教科書撰寫與發行的鬆綁與放權等，也值得關注 (Gadotti, 1996)。尤其更重要的是，整個社會如何透過教育，賦予人民權利，促進社會流動，將是巴西接下來所無法避免的挑戰。

(六) 以色列

年 齡

年齡	
24	
23	大 學 教 育
22	
21	
20	以 色 列 國 防 軍 服 兵 役
19	
18	
17	高　　　中
16	
15	
14	初　　　中
13	
12	
11	
10	
9	國　小　教　育
8	
7	
6	
5	學 前 基 礎 教 育
4	
3	

資料來源：
http://en.wikipedia.org/wiki/List_of_countries_by_literacy_rate
Data refer to the year 2007. World Economic Outlook Database-April 2008,
International Monetary Fund.

以色列

1. 總人口數：**7,282,400 人 (2008)**
2. 土地面積：**22,145 平方公里**
3. GDP：GDP：**140,294(Million USD)(2005)**；Per capita GDP(USD)：**26,800 美元 (2008)**
4. 各級學生入學率 (2005)：
   學前：**75.97%**
   初等：**86.50%**
   中等：**87.73%**
5. 識字率：**97.1%(2005)**
6. 近年重要教改方案：1980 中等教育改革
7. 以色列教育部網站：
   http://cms.education.gov.il/EducationCMS/UNITS/Owl/Hebrew

一、歷史背景

　　以色列人口組成四分之三以上為猶太人、16.2% 穆斯林、2.1% 基督徒，是世界上唯一以猶太人建國的國家。多數以色列人（無論男女）在十八歲時被徵召從軍。1989 至 1999 年間約有七十五萬蘇聯猶太人移民至此，且不乏受過高等教育、擁有科學和專業技能人才，間接促成日後以色列的經濟發展。以色列缺乏天然資源，建國之初只有 8% 的可耕地與工業經營用地，不過由於有明確的教育與科技建國策略 (Iram & Schmida, 1998)，重視教育、致力於科學和工程學，因此在軟體開發、通信和生命科學等技術研發，居全世界二十大國家之一。

二、主要的教育制度與法令

　　猶太人非常重視子女教養與教育。1948 年建國以來即頒布義務教育法，建立「八四四制」（舊制）。1968 年開始進行教育改革，實施「六三三四」的新學制，即初等教育（一至六年級）、初中（七至九年級）、高中（十

至十二年級），大學四年。目前 61% 的以色列學童就讀六三三四制學校，另外的 39% 仍維持舊制。

以色列的中學包括：升學導向的普通中學、技術學校與農業學校三種形式。高中教育通常以升大學的入學考試準備為主。考試科目包括必考的希伯來語、英語、數學、聖經教育、公民學及文學；選考的化學、音樂、法語等。2003 年，有 56.4% 的高中畢業生獲得大學入學許可，其中希伯來語學生占半數以上。以色列目前有八所大學、以及數十所學院，境內所有大學（與學院）均由政府提供一半以上的經費補助，學生學費只占少部分（東西方留學網，2007）。

整體而言，以色列相當重視教育，全國共有一百多個博物館，一千多家圖書館，希望藉此把民族歷史、文化、宗教以及現代科技成果等，向大眾傳授高層次的知識與科學技能（劉微，2001）。

三、教育改革

面對全球環境的快速變化，以色列不斷進行教育改革。1999 年，以色列在三十八個 TIMSS 參賽國中排名第二十七，然而在 2002 年時學生成績一落千丈，到了 2003 年 TIMSS 國際數學科學競賽中學生成績有所進步（四十六個參賽國中名列第二十一）。以色列在 2005 年提出教育改革計畫，兒童從幼稚園開始接受科學教育；另外為了提升國民的競爭力與創造力，由以色列教育部、財政部、國防部與國防人力資源部等共同提倡四歲入學，其內容包括（徐啟生，2004）：

1. 加強學生的紀律及教室的生活常規。

2. 改進目前的教法，加強從小學進行讀、寫、算等基礎學科教學。

3. 數學方面強調基本運算能力，英語與數學列為升學考試主要科目。

4. 從 2004 年開始在全國一千多所小學實施數學、閱讀、英語、科學四門科目的「全國統一評量」，由教育部公布各校成績，作為學校教學評量標準。

5. 提升教師的素質，重新檢討獎懲制度、提升教育待遇。

上述改革建議主要是來自十八個跨領域專家所組成的教改委員會，針對以色列教育進行調查後所提供的內容（徐啟生，2004）：

1. 全面檢討教學科目，擬增加教學時數。

2. 開放師資培育方式，提高教師薪資；賦予學校更多自主權，增加校長對教師考績獎勵與升遷權限。

3. 由家長、教師與政府地方代表組成監察委員會，監督辦學績效。

4. 定期公布各校全國考試統一成績，推動教學改革。

5. 鼓勵教學優異的學校，提高獎勵措施。

6. 增加教育經費（將縮減多出的國防預算挪作教育經費使用）。

至於其他教改項目還包括：

(一)四歲入學的改革計畫

2005 年以色列提出教育改革計畫，提早一年（在四歲）入學，隨後十二年分為三個階段，各分為四年，其中四至八歲為學前基礎教育，主要是學閱讀、寫作、算術與電腦基本技巧，而體育、情感與社交也受到重視；八至十二歲為小學班，主要是學習人文學科和猶太文化，並提升表達能力；十二至十六歲的中學班是以大學入學考試作為教學基礎。

(二)服兵役規定之改變

由於以色列地處中東特殊環境，中學畢業必須服兵役，男生三年，女生兩年，一般大學生都是二十一歲才入學。最近則放寬規定，中學生畢業當年考上大學者可在大學畢業後再入伍當兵，未考上大學者可留在學校補習重考兩年。這種改變目的是讓學生更富有創造力和競爭力，同時適應以色列國防的要求，改善以色列兵源品質，提高部隊的戰鬥力。

(三)開放師資培育管道

以色列將教師培育對象擴及至不同領域的優秀大學生，並加強教師對電腦網路能力之訓練。

㈣重視學前教育

以色列小學的法定入學年齡雖然為五歲，但許多兩歲幼兒及大多三、四歲幼兒都已在各種學前班學習。學前班主要由地方政府或私人機構辦理，貧困地區則由以色列教育部專款補助，課程均由教育部所管轄。

㈤強調多元文化

初等和中等教育系統強調多元文化特色，將不同種族、宗教文化、與政治背景等學生加以融合，培養成為多元文化中負責任的成員。各種教育機構都是由政黨、宗教團體及婦女組織所管理，大多學校也都由巴勒斯坦與猶太民族委員會來管理。但也發生不同教派爭取不同的學生來源之衝突情況。

㈥重視科技立國

以色列在工業技術的投資一直很高（達 3%），僅次於瑞士，研究與開發基金比值，名列全世界前茅。早在 1924 年尚未建國時就已建立培養工程師與建築師為主的工程技術學院。1925 年建立希伯來大學，吸引海外猶太學生，該校至 1987 年時大學畢業生總數約二十萬人，占全國成人總數的 13%。以色列在研究與發展中，相當倚賴工程技術學院與希伯來大學等七所大學及數個公立研究所，其自然科學、農業、工程與醫學系所都遠超越其他國家。

另外，以色列目前科學教育的政策包括《明天：1998》，發展全國各級學校的科學教育綱領，重視科學與技術投資，全面改革數學、自然科學和技術教育（李濟英，2001）。

四、教改評論

自以色列建國五十多年來，曾多次與許多阿拉伯國家發生衝突，教育和平議題逐漸成為政策焦點之一。尤其如何透過教育，來促成巴勒斯坦地

區的和平，可謂一大挑戰 (Iram & Schmida, 1998)。此外，早期隨著不同時期猶太移民的入籍變化，不但社會、經濟和文化等背景差異大，許多猶太移民甚至不會講希伯來語，對猶太人的歷史、文化、宗教了解甚少，幾乎喪失猶太人的民族屬性。因此遠自 1950 年代，以色列即進行「猶太意識教育」，透過歷史、文學和地理的教學及課外活動，加強學生對猶太民族傳統價值觀的認識。由此可以看出以色列政府對傳統文化教育的高度重視。

以色列規定五歲至高中教育免費，教育支出約占全國生產總值 (GDP) 10%，其中高等教育預算 70% 來自於政府撥款。但近年來以、巴（巴勒斯坦）衝突影響國內經濟，從 1995 年到 2003 年期間執行財政緊縮的新經濟政策，教育投入逐年銳減，引起群眾的質疑，使得眾多的中小學教師面臨裁員壓力，進一步導致罷課浪潮（徐啟生，2004）。其中，高教經費由 1999 年至今已削減 20%，不少大學因此受影響，不得不減少招生。如 1990 年中期以前，每年招生人數增長 8%，但 2003 年以後只有 4.6%。此外，2009 年報考碩士生人數已達四萬五千多人，但國家提供的預算只能招考一萬三千人，將造成一些貧困的家庭的學生失學。

由於受就業因素影響，大學生選擇專業時出現「重理工、輕人文」的現象。根據統計，全國 46% 的學生選擇工程，8% 的學生選擇電腦專業，選社會學、經濟學等的學生總共才占 31%，有些學校甚至取消人文學科。以色列原有五十三所高等院校，其中七所為大學，二十二所專科學院和二十四所師範學院。在 1995 年，七所大學招生占全國 85%，現在卻逐漸下降，許多學生轉向報考就業導向的專科學院（徐啟生，2005）。最後，為了以色列、巴勒斯坦種族的和平相處，境內成立「和平學校」，招收以、巴學童，可謂以色列教育中的一大特色。

（九）伊 朗

學齡	年齡
23	28
22	27
21	26
20	25
19	24
18	23
17	22
16	21
15	20
14	19
13	18
12	17
11	16
10	15
9	14
8	13
7	12
6	11
5	10
4	9
3	8
2	7
1	6
	5

高等教育

高等教育　教職訓練　職場工作

中等教育

文學　社會經濟　數理　實驗科學　工業　商業／在職　農學　職場工作

第 二 階 段

小學教育

第 一 階 段

學前教育

幼 稚 園

參考資料：
http://en.wikipedia.org/wiki/List_of_countries_by_literacy_rate
http://en.wikipedia.org/wiki/List_of_countries_by_GDP_%28nominal%29
http://www.iran-embassy-oslo.no/embassy/chart.htm
http://en.wikipedia.org/wiki/Education_in_Iran#History_of_Education_in_Iran
Data refer to the year 2007. World Economic Outlook Database-April 2008, International Monetary Fund

伊朗

1. 總人口數：71,336,571 人 (2007)

2. 土地面積：1,648,000 km^2

3. GDP： 242,146（百萬美元）; Per capita
   GDP(USD)： 12,300 美元 (2007)

4. 識字率：82.4%(2005)

5. 伊朗教育部網站：http://www.msrt.ir/

一、歷史背景

　　如同中東地區的許多國家，伊朗始終面臨「保存穆斯蘭教精神」或「朝向西方現代化發展」的困境。十六世紀以來，伊朗教育一直保留以「培養神職人員與教師」為主的高等教育體系。教學內容主要在傳達宗教訊息，教學方法則以背誦或記憶的方式進行，男女教育分開。以十六世紀時的神學院為例，主要在傳遞回教文明內容，課程包括回教法令、阿拉伯語、邏輯、神學及其他律法等。至十九世紀後，這些神學院已逐漸向神職以外的工作發展，其中伊朗第一所現代化大學──德黑蘭大學 (Tehran University)，於 1934 年開始設立神學以外的科系 (Levers, 2006)。

　　整體而言，十九世紀末伊朗由一批有過對外經驗的外交、經濟或軍事人員引進西方思潮，推動教育、憲法、行政及師資培育等改革。到了 1845 至 1851 年間，伊朗成立第一所高等教育機構，當時學習法國的多元技術學院制度，課程從神學延伸到通才教育或外語（如，法文、英文、俄文）等，教科書也多翻譯自西方教材。伊朗外交部並於 1910 年成立政治學院 (School of Political Science)，培養外交人員。值得一提的是，從 1830 到 1940 年間，有許多來自法、英、美等外國傳教士紛紛在伊朗建立現代中小學教育制度，提倡男女兒童入學均等。由於這些新建立的學校引進不同的外語課程，引起伊朗當地宗教學校與宗教領袖的反對 (Levers, 2006)。

二、主要的教育制度與法令

　　伊朗的教育主管部門為「教育與訓練部」，除了掌管全國中小學之外，也負責部分的教師訓練、師資培育與技術學校事宜。另外伊朗也設有「高等教育部門」，專門負責高等教育事宜。學校制度包括四個階段，分別為：學前教育、小學、中等輔導學校及後中等級輔導學校。其中，初等教育為強迫的免費教育；中等輔導學校需要經過競爭的全國性入學考試，初等、中等、後中等的教育幾乎免費，但私立學校除外。

　　具體而言，第一個階段的學前教育，不屬義務教育範圍。第二個階段為一到五年級（六歲到十一歲）的免費與強迫性初等教育，每年學期結束前都要參加期末考試，根據成績決定能否繼續升級。到了五年級有全國畢業考，考試通過後才能繼續下一階段的教育。第三個階段是中等或輔導學校 (guidance)，六年級到八年級（十一歲到十三歲），實施不分流教育，七年級學生開始學習英文等外語科目。此階段會進行學生職業試探，實施職業或學術導向的教育，以決定下一個升學的管道，畢業前也需進行畢業考試。

　　第四個階段是四年的中等教育，九年級到十二年級（十四歲到十七歲），主要分「學術導向中學」與「職業導向中學」。前者以理論方面的學科（文化、文學、社會經濟、物理、數學），及科學實驗為主。畢業後需要參加全國性大學入學考試，才能分發到各個大學就讀。至於職業導向中學，則強調為就業而準備，學習商業、技術、農業學等技能，畢業前也需通過畢業考試 (Education System in Iran, 2007)。

三、教育改革

　　伊朗在 1905 年到 1911 年推動憲法革命 (Constitutional Revolution)，建立君主立憲以及國會制度。當時社會中出現政府建立全國免費義務學校系統的呼聲。可惜後來國內經歷政治動亂，缺乏教育經費，未能真正實踐上述呼聲。直到 1921 年禮薩汗國王父子（1921–1941 與

1941–1979），兩人因受西方思想的影響，致力於建立國家教育制度。當時
主要是模仿法國的教育及學位制度，提供小學一到六年、中學七到九年、
高中十到十二年等教育系統。不過此時伊朗仍深受傳統所影響，一般人重
視升學，輕視職業、技藝，因而每一個階段都引進畢業考試的制度。即使
伊朗後來的教育日漸擴充，職業導向的中等或高等教育仍然不受重視，造
成 1930 年後伊朗人力和市場無法結合、大學生嚴重失業的問題。另一方
面因大學入學考試過於激烈，錄取率僅 5% 至 10%，形成教育供需發展極
度的不均。

到了 1940 年以後，伊朗在教育上經歷了教育擴張階段，到往後三十
餘年中（1978 年左右），大學生人數增加了三倍，全部學生數（中小學和
大學生人數）則激增二十四倍，女子入學機會也大幅提升。不過相較於高
等教育的發展，1976 年小學入學率只達 62%，當時全國的文盲比率高達
63.5%，其中 75.6% 是成人女性。同年，伊朗教育部 (Ministry of
Education) 成立「科學與高等教育部」(Ministry of Science in High
Education)，負責所有高等教育事務。

1960 與 1970 年代中東地區石油價格上揚，伊朗各級教育得以獲得較
大挹注而擴充，但也面臨社會上普遍對中學和大學的不滿聲浪，尤其大學
過於強調學術導向，輕職業技術教育，以致大學畢業生所學不符合社會所
需，就業困難；再加上伊朗中學生升大學不易，這些問題終於促使伊朗在
1970 年代著手中學教育改革，如：加強職業探索、重視職業分流研究，增
加中學生職業和學術導向試探等。不過由於當時整個社會觀念仍重視學術
導向，所以此項中學教育改革未能真正落實。

到了 1991 年伊朗教育部進行提升學生考試素質的研究，並且將職業
導向中學縮減為三年（九十六個學分），學生只要修滿學分就能拿到高中文
憑。至於學術導向的學生，則必須額外多讀一年，第四年才參加畢業考試。
除了課程研發及研究工作外，也進行師資培育改革，規定中學教師一律須
具有大學文憑。在教育行政方面在教育部底下，增設「文化與高等教育部」
(Ministry of Culture and High Education)，與「健康及醫學教育部」

(Ministry of Health and Medical Education) 兩個部門，負責高等技術與科學教育等。至於在學位制度方面，1987 年才開始增設碩士及博士課程 (Levers, 2006)。

由於伊朗升大學考試競爭相當激烈，2007 年開始對高等院校的錄取機制進行改革，擬從 2010 年開始取消高等院校的入學考試，未來主要根據學生的高二、高三和大學預科課程成績進行錄取。伊朗相關部門也針對上述校內成績進行標準化改革（梁有昶、徐儼儼，2007）。

總之，自 1978 年伊朗文化大革命後，伊朗教育系統歷經大幅重整，在質與量方面也出現很大的轉變，但因大學入學競爭非常激烈，導致每年大量出國留學 (Education System in Iran, 2007)。

四、教改評論

伊朗教育改革長期面對的是朝向世俗化、國家主義或是西方帝國主義的衝突路線發展。例如：1921 至 1979 年中，伊朗實施君主立憲，當時主政者強調向西方看齊，朝現代化方向努力。在此過程中引發了伊朗本土勢力，尤其是回教領袖的反彈，認為過度強調西化只會荼毒伊朗百姓與回教文化，甚至有剷除伊朗文化之虞，因此提出保守革命運動。此一運動不只在抒發政治上的不滿情緒，加上許多人士遭遇大學入學的挫折，從而引起 1977 下半年至 1979 年 4 月的文化大革命 (Cultural Revolution)。在此過程中，一方面建立了伊朗共和國以取代過去親西方的君主立憲，另一方面強調要恢復伊朗的價值與文化，尤其是透過「道德淨化運動」(moral purification) 來淨化伊朗文化，剷除西方世界的毒害和影響。

到了 1980 年春季，伊朗境內開始出現大規模的大學生暴動，當時回教學生與其他宗教政治組織自德黑蘭大學發起，呼籲所有大學進行根本革命，剷除所有西方勢力。結果一來導致全國大學關閉將近三年之久，大學教師被迫大量流失到海外，學生也相繼出國，許多課程備受影響。革命之後，除了科學與科技方面的課程予以保留外，凡是具有西方色彩的課程都被重新改寫，社會科學幾乎大幅度改修。其中，男女分離的概念 (gender segregation) 再度被強調，導致男女生不能在同一地方上課，女學生服裝受到管制，整個學術獨立自主遭受很大打擊。

到了 1983 年各級學校才重新開放，此外公立大學開始擴張，由原來的二十二所大學擴張到八十八所大學，但大學入學考試依然競爭激烈，導致許多伊朗的學生仍需到國外求學。除了一般大學外，伊朗也開始辦理類似遠距教學的「開放大學」(Open University)，增加大學學習的容量，對相對的大學的管制卻比以前更嚴格。另外，在中小學課程中，重新強調國家主義與回教認同，在教科書中大量介紹伊朗的政治人物與宗教領袖生平事蹟。

伊朗大學教育的重新開張間接促成女子教育的發展，在整個中東回教世界中，伊朗女性受教育的比例較高，尤其近年來大學生中女性占半數，不過整個社會仍強調女性以家庭為主的傳統角色。

南 非

學齡	年齡		
22	28	高等教育	博士 / 技術博士
21	27		
20	26		
19	25		
18	24		碩士 / 技術碩士
17	23		
16	22		榮譽學士
15	21		大學 / 理工學院 技術學士 / 教育學院
14	20		
13	19		
12	18	中等教育	繼續教育及培訓階段
11	17		
10	16		
9	15		高級階段
8	14		
7	13		
6	12	小學教育	中級階段
5	11		
4	10		
3	9		基礎階段
2	8		
1	7		
	6	學前教育	幼稚園
	5		
	4		
	3		

參考資料：

http://en.wikipedia.org/wiki/List_of_countries_by_literacy_rate
http://en.wikipedia.org/wiki/List_of_countries_by_GDP_%28nominal%29
Data refer to the year 2007. World Economic Outlook Database-April 2008,International Monetary Fund.

南非

1. 總人口數：47,850,700 人 (2007)

2. 土地面積：1,219,912 km²

3. GDP：239,419（百萬美元）；Per capita GDP(USD)：10,000 美元 (2008)

4. 識字率：82.4%

5. 南非教育部網站：http://www.education.gov.za/index.aspx

一、歷史背景

　　1652 年荷蘭開始在南非殖民，到了 1910 年，改由英國在開普敦建立南非聯邦，頒布南非憲法。自此，南非的教育沿襲英國體制，採取黑白種族隔離 (Apartheid, 1948-1994) 政策。尤其 1953 年，頒布「斑圖教育法案」(The Bantu Education Act)，規定不同的種族需接受不同的教育，於是非洲人與白人間的差別待遇更加明顯 (History of South Africa in the apartheid era, 2007)。1959 年後，南非又增訂斑圖教育法案的擴充法，進一步建立種族隔離大學，修訂中小學課程內容和教師培育。相對於白人學校，黑人教師主要集中在宗教歷史等專業，幾乎沒有數學與科學等方面的訓練，影響黑人大學的科學專業發展。在中小學方面，黑人的數學與科學教育品質也欠佳，整個班級經營與教師教學成效遠不及白人的教育體系。另外，南非不同種族之間的教育預算差異頗大，如表 3-5 所示 (Nkabinde, 1997)：

　　從表 3-5 可以看出種族隔離政策下，白、黑之間的教育經費相當不平等，例如：1970 年代黑人學童的教育經費僅占白人學童的十分之一 (History of South Africa in the Apartheid Era, 2007)。到了 1980 年代，農村地區的黑人村落教學設備依然缺乏、校舍殘破、水電不足、師生比例過高、教師資格不符等弊病，義務教育對農業地區青少年來說是一種奢望 (Kallaway, 1997)。即使到了 1980 年代，85% 的都市白人可以進入學校就讀，黑人卻只占 12%，雖然南非在全球的國民平均收入中，屬於中等收入

▶ 表 3–5　南非不同種族間平均每生的教育預算　　　　　　　（單位：南非幣）

年代 ＼ 種族	南非黑人	有色人種	印度人	白人
1984	234	569	1088	1654
1989	927	2115	2645	3575
1991	930	1983	2659	3739
1993	1659	2902	3702	4372

資料來源：Nkabinde, Z. (1997). *An analysis of educational challenges in the new South Africa*. Oxford: University Press of America.

國家，但該國貧富差距與教育機會不均的現象卻非常嚴重。

二、主要的教育制度與法令

在教育行政上，由教育部 (The National Department of Education) 負責全國各級教育事務，訂定全國學校政策綱要、推動教育機會平等政策、管理高等教育。至於真正執行教育政策的為九個省教育廳；各地方則設有選舉產生的學校董事會 (school governing bodies)。

至於學制方面，根據南非全國資格架構（National Qualifications Framework，簡稱 NQF）的規定，分為：普通教育及訓練、進階教育及訓練、高等教育及訓練 (General Education and Training, Further Education and Training, and Higher Education and Training) 三個階段[42]。與英國學制類似，從零年級到十二年級，共計十三年，為普通教育及訓練階段，其中七到十五歲（一到九年級）為義務教育範圍，十到十二年級為進階教育及訓練階段，設有若干以職業性向試探導向的技術學校、社區學院及私立學校等，完成此階段可取得結業證書或證照。換言之，小學七年，中學五年，大專一至二年，大學三至七年不等，各大學招生具有自主性，申請大學需以高二及高三會考兩項成績向各大學申請 (Education in South Africa, 2006)。

---

[42]　三個階段的教育與訓練都包括正規教育與成人教育部分。

三、教育改革

一直到 1980 年代，南非黑人反種族主義運動逐漸高漲，開始出現許多為黑人爭取主權的機會。緊接著在 1990 年代初期，南非國內出現許多激烈的反對勢力，加上國際壓力，於是在 1994 年 4 月 27 日召開南非非洲人國民大會 (African National Congress)，結束了從荷蘭到英國三百多年來的白人統治。曼德拉 (Nelson R. Mandela, 1918–) 總統上臺後，取消種族隔離政策。同年，南非教育部公布「教育與政策規劃」(A Policy Framework for Education and Training)，明訂改革的方向與策略。在教育與訓練中引進新的組織架構、增加地方教育權限與管理、確保教育重組過程所需的經費來源及運用，教師養成與工作條件、建立與擴展學習資源等，以建立一個全新的教育體制 (African National Congress, Department of Education, 1994)。

南非接著於 1995 年提出第一份教育白皮書，即《南非教育與培育白皮書》，提議教育結構的改變。翌年頒布《南非資格認定法》(*National Qualifications Framework—South Africa*)，補充教育白皮書內容，承認境內的十一種官方語言，並將教育行政組織合理化。此外，建立十九個教育部門、三十二所自治大學以及一○五所教育學院，並重新設立公立和獨立學校、增加學校管理責任與經費自主權等（轉引自 http://www.ilo.org/public/english/employment/skills/hrdr/init/sa_16.htm）。最後與勞工部門合作，建立全國資格架構 (National Qualification Framework)。其中，1996 年頒布《南非學校法》(*Schools Act of 1996*)，規定七至十五歲的孩童必須接受義務教育，各校可各自決定語言，及學生管理辦法等。

上述教育政策，一方面提供全民均等的教育機會，根據各地的語言、宗教、文化需要而辦學，而非以種族為標準 (Department of Education, 1995)。另一方面則是引進以培養民主態度為主的新式教育哲學，保障黑人基本人權，培養學生獨立思考能力。同時，這些政策亦針對教育結構重組問題進行省思，例如：減少班級人數、克服教育經費的不公、調整教育結

構等 (Motala, 1997)。

南非在 1990 年之前並未設有全國課程，教科書內容通常充滿歐洲白人的意識型態，而且在教育過程中也不時強調殖民教育的合理性，這些課程對黑人相當不利且易產生疏離感。到了 1997 年，南非公布〈2005 年課程改革：二十一世紀的終身教育〉(Curriculum: Lifelong Learning for the 21st Century) 報告，主要從教師培育和課程等方向進行改革，修正種族隔離政策所遺留的不平等、功能失調等問題。後來在 2005 年課程中，同時提出國家教育課程的構想，引進「成果本位教育」(Outcome-Based Education，簡稱 OBE)，希望能改變過去以教科書為導向、具有種族歧視與背誦為主的教材內容，以形成性評量取代過去總結評量，重視教育過程中的師生互動，改變過去教師中心的教學模式，轉而以學生為中心等 (Adisiu, 2005)。

儘管如此，2005 年比勒陀利亞大學 (University of Pretoria) 研究發現，80% 南非小學四、五年級學生沒有達到應有的閱讀水準，教育品質低劣導致輟學等問題。2008 年南非教育部部長納蕾蒂潘多 (Naledi Mandisa Grace Pandor) 於開普敦發起建立「學習運動基金會」，在全國展開教育進步評比測驗，並要求在 2011 年小學生的閱讀和算術水準要提高到 50% （孫岩，2008）。

在高等教育方面，以往的大學是黑白分明，現今白人學校也開始招收黑人學生。2001 年進行大學整併工作，將所有的學院併入大學，大部分的教育學院亦併入一般大學，同時也新增公私合營的教師訓練部門。同年，教育部頒布高等教育法案，除了規定教育學院需提供三至四年中小學教師培訓課程，教育大學與各校之間也可以簽定合約培養師資。此外，於 2002 年進行大學改革，2003 年實施有效運用教育基金的預算法。同年 10 月公布南非各大學整併訊息，翌年即有三所大學整併，又有兩所大學進行法人化，高等教育的轉換與重組工作持續進行 (Higher education mergers named, 2003)。

四、教改評論

從南非取消種族隔離政策以來，政府即大幅增加黑人教育投資（如從 1996 年占 GNP 的 7.9% 到 1999 年的 28%），但由於教育投資不當，加上改革後社會情況混亂，教育結果仍不符理想。其中，種族隔離政策主要是以政治的角度出發，而非為落實教育理想而來。因此，普遍存在學校設備投資不足、校長與教師訓練不夠、課程貧乏、教師太重權威等問題，影響教育發展。另外，鄉下地區普遍存在父母教育程度不高、家庭貧窮、孩子缺乏營養、基本生活條件差的情況，許多家庭甚至無力送子女上學。

由於南非新政府的成立是一種妥協過程，對於教育機會公平的決策權也因各地學區而異，政府並沒有太強制的力量。在此情況下，南非的教育改革其實是問題重重。許多人批評這些教育改革忽略了南非各地教學現場的實際問題，迄今仍有許多教師不了解何謂「成果本位」(outcome-besed) 的教育方式，改革政策甚至低估了各地的政治經濟條件，也忽略當地社會背景是否足以支撐的現實，其結果反而加深了黑人更多的不平 (Schweisfurth, 2002)。

也有學者指出 (Fiske & Ladd, 2004) 南非近十餘年的教育改革深受社會轉型的影響。自種族隔離結束後，即採取類似新自由主義的概念，將市場競爭、使用者付費等機制引入高等教育，造成學費高漲，而影響大多黑人入學機會。只有少數都市地區的黑人家庭才能負擔較高品質的學費、交通及其他教育費用。多數居住在農村與偏遠地區的黑人家庭，依然面臨種種不利的挑戰。儘管政策強調白人大學可招收有色人種，結果反而影響黑人學校的生源。另外，許多黑人學生的留級及輟學率依然居高不下，通過率及畢業率也很低，教育改革中的「公平性」與「品質提升」問題至今仍未獲解決。

總之，在全球教育改革中，南非的教育公平問題始終是重要的焦點，而種族、性別、資源、文化、地位、人口等議題，都加深該國教育改革的複雜性 (Adisiu, 2005)❹。

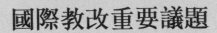

國際教改重要議題

從以上各國教改實例的探討中，可以歸納出國際教改的重要議題如下：

一、公平、效率與全球化議題

近年來受到全球化以及網際網路快速發展的影響，各國教育面臨前所未有的壓力，而進行教育組織、結構、課程、教學與評量等各方面的調整。從比較教育的研究範疇來看，國際教改大概可從幾個方向討論。首先，「公平與效率」的議題始終備受重視，尤其是針對教改前後能否促進效率的提升，並維護社會公平？然而，近二十年來各國推動教育改革，在引進市場機制、強調績效表現下，階級複製問題反而比過去更加嚴重。例如：早期（如 1960 年代）日本、肯亞、臺灣社會薪資結構較為公平、貧富差距較小，學校教育往往成為社會流動的重要機制，許多貧困子女透過教育而向上流動的例子比比皆是。但是到了 1980、1990 年代之後，各國推動教育改革的過程中，在政府權力下放，引進市場機制，鬆綁學校課程，教育日漸朝向商品化的趨勢下，學校反而成為階級複製的工具，加深地區差異以及階級差距，社會不公更加嚴重。

此外，在「公平與效率」議題討論中，公平除了涉及階級問題，還包括：性別、種族甚至民族間的差異，還有少數民族、弱勢族群的受教權問題。這些討論都可以透過比較教育中的結構理論、現代化理論，甚至是後

㊸　南非在終結種族隔離政策後，由於新政府管理效能不佳，使得社會治安及貧窮問題更加嚴重，加遽人才外流。例如 2001 年，加拿大就在南非徵召了將近一千五百名醫生（而每位醫生在南非的培養費用高達一萬五千美元）。其他如英國、紐西蘭、澳洲等地區，也提供南非專業人才（如教師等）徵才機會，因此許多白人專業人士鑑於本身地位的下滑與社會治安的惡化，而紛紛移民他國。

現代、後結構、後殖民等的角度予以檢視。其中在公平的議題中，最有名的要屬巴西的學者 Paulo Freire (1921–1997) 等人的研究，嘗試去探討學校教室中師生的不平等關係，到整個學校結構與社會結構所造成的教育不平等現象。在這些議題中，比較教育研究可以從大到跨國、跨文化，小到地區、教室中找尋題材。

而全球化、市場化等也是目前相當熱門的議題，尤其是高等教育受到全球化的影響，幾乎各國都在進行大學變革，不論是中國大陸「211 工程」、「985 計畫」，或者是韓國的「BK21 計畫」、臺灣的「五年五百億，頂尖大學計畫」，或日本的「國立大學行政法人化」等，目的都在重新整頓大學研究效能與取向。然而在全球化過程中，各國如何保有本國的文化傳統，以回應本國人民的需求，也始終受到關切。

二、教育政策受政黨輪替的影響

在先進國家中，教育政策經常受到政黨政見及政黨輪替的影響，例如：德國政黨對於綜合中學與文法中學有不同的辯論。而英國教育也受到保守黨執政的影響，在柴契爾夫人近十八年的執政期間，徹底的貫徹新自由主義概念，讓英國教育從過去的社會福利，轉向為市場經濟取向，並進而影響紐西蘭、澳洲、加拿大的教育。即使後來強調社會公益的工黨上臺，也脫離不了新自由主義的影響。此種無處不見政治力的介入與影響等情形，經常反映在不同政黨上臺後的教育政策中。臺灣、日本與韓國等國家，都在出現政黨輪替後，教育改革步調被大幅修正的情況。

三、教育行政的轉型問題

傳統上教育行政制度可區分為「中央集權制」、「地方分權制」或「均權制」三種。

(一)中央集權制

中央集權的國家通常會設立全國統一的教育行政單位，如教育部（或

教育、科學和就業等與人力發展有關的部門），進行全國教育法規、政策、
經費及管理方面的規範，代表國家如：法國、前蘇聯與中國等。

(二)地方分權制

實施地方分權國家，通常會將教育行政權力下放給各州、省、邦、市
或各地方學區，由地方政府、學區或學校等進行管理，美國、德國、澳洲
等屬之。

(三)均權制

即指凡涉及全國事務，如：法律、人事等業務，歸中央管理（如法律
規定）；需顧及地方差異與特色的，就歸到地方負責（如經費籌措與使用）。
亦即根據事權的性質與需要作為分工之標準（謝文全，2007；中華百科全
書，1983）。近年來各國教育事務日趨複雜，許多國家的教育行政逐漸脫
離上述中央集權與地方分權的模式，越來越向中間靠攏，如：英國、日本
與我國皆屬之。

然而，隨著鬆綁 (deregulation) 與競爭的壓力，如何加強行政效率、
改進教學與評量，以達到「效率與效能」的雙重目標，各國政府紛紛進行
「政府組織再造」等工作 (Dale, 2001; Giroux, 2002)。許多國家的教育行
政部門在無法維持原先的架構下，從事「更名」與「改組」工作，甚至將
教育、青年發展、職業訓練、人才培育或文化創意等部門相結合，加強各
部會的聯繫工作。例如：英國 2007 年 6 月將原先的「教育與技能部」(The
Department for Education and Skills) 改成 「兒童、學校與家庭部」
(Department for Children, Schools and Families) 與「革新、大學與技能
部」(Department for Innovation, Universities and Skills)。日本於 2001 年
將原有的文部省改為「文部科學省」；2008 年韓國「教育人力資源部」與
「科學技術部」合併為「教育科學技術部」，將原先廢止的「教育」等名稱
重新使用（教育部電子報，2007）。這些國家教育部門改組之原因，主要
是為了因應選舉過後，政府組織改組之需，或者因時代變遷、經濟發展等

需求，而朝向更精準的分工，以跨領域結合與擴大原先的服務範圍。

在上述改名、重組甚至合併與縮減 (down-sizing) 中，各國出現從中央集權逐漸放權給地方，透過鬆綁與授權的方式，順應各地需求等的轉變。不過，在過程中也產生不少新的問題，如：在義務教育階段，因各地財政收支不一，中央削弱參與權、地方各自授權的結果，反而加劇教育貧富懸殊的現象，其中以美國最為明顯。相對之下，紐西蘭則是反其道而行，將全國劃分成十個等級學區，富有的學區給予較少的政府補助；相對給予弱勢的學區較多的經費資源，以協助其發展（周祝瑛，2005）。

四、調整學制與延長義務教育年限

此部分通常在探討受教者的合宜入學年齡、義務教育年限、課程教學、以及從學制設計與銜接等議題。以美國學校制度與大中小學分級為例，各州常見的包括有「六三三四（年）」制、「五四三四」制、或「五三四四」制等。至於多數國家則依照實際需要、經費及學童身心發展等因素，採取全國統一學制。此外，義務教育年限應否延長？應不應向下延伸到學前階段？還是向上延伸到高中等階段？都是各國近年來常有的辯論。例如：美國採取的「幼教啟蒙計畫」(Head Start) 就是希望免除家庭背景的不利因素，透過學前教育的加強，減少弱勢族群在教育起點上的不公平。另外，學前教育是否應該納入義務教育範圍？學前教育教師的待遇提高，以及資格的審定等問題也備受矚目。

五、教師專業組織的功能

此方面通常會涉及教師培育的組織架構，如：負責的單位究竟是專門的師資培育機構或一般大學？另外，有無設立「教師工會或組織」，以便與政府進行磋商與協調 (bargain)？尤其先進國家的教師團體，通常區分為全國性與地方性教師組織兩級制，致力於教師申訴、權利保障、與待遇調整問題，但相對也受到法律規範，以免出現歐美國家的教師罷教與抗議示威，對教育環境與學生受教權產生重大影響 (Levin, 2001)。

六、教育經費投資與撥款問題

　　二次大戰後，許多新興國家大力投入教育經費，擴充各級教育，加上現代化理論與人力資本論的推波助瀾下，一些國際組織，如：世界銀行或聯合國教科文組織，都紛紛推動教育改革補助方案。只是這些教育投資並沒有相對帶來預期的經濟成長和社會改善，因此到了 1980 年代後，各國的教育投資逐漸傾向保守，過去公立學校經費由政府負擔的現象，逐漸改變為「績效競爭」機制，讓學校或不同部門爭取經費。許多國家透過評鑑制度，建立教育評審局或大學評鑑組織，結合績效與評鑑，透過經費的分配來加強學校效能，甚至公布評鑑結果，讓家長有充分的擇校權。以美國為例，布希總統的「沒有孩子落後」政策，不但首度提出全國課程綱要，並針對不同年級的兒童進行學力基本測驗，將測驗成績作為各州教育績效的重要指標，影響整個美國中小學教育的教學取向。

　　至於在教育經費的管理與分配上，通常會涉及撥款制度。以英、美等國為例，在教育自主、地方自治的情況下，其撥款究竟是透過各州、或各地區來實施？或者由專門的撥款委員會，根據各地或各校辦學績效來進行撥款？如：英國的英格蘭高等教育撥款委員會（Higher Education Funding Council for England，簡稱 HEFCE），其間的運作與規範都值得進一步了解 (Lavin, 2001)。

七、視導制度的加強

　　在視導或監督制度方面，主要是針對教師資格、學生學習評量、學校辦學績效以及經費的發放等業務進行督導，如：英國早期的「地方教育局」（Local Educational Authority，簡稱 LEA），或者是紐西蘭的「教育審定辦公室」（Education Review Office，簡稱 ERO）等都是各國政府所採行的視導制度。

八、公立或私立學校系統的政府干預

關於公立和私立學校的討論也經常可見,如:歐陸國家以公立學校系統為主;中國在 1950 年代以後仿效社會主義國家——蘇聯的公立學校系統,取消所有的私立學校。至於在私立學校方面,英國、美國、日本、韓國、臺灣等也都有私立學校的存在。另外,中南美洲等國的私立學校向來屬於上層階級的特權,也接受政府補助,不過最近這些國家已重新對私立學校的定位與經費補助予以檢討。總之,對於私立學校究竟應予以管制或完全放任,仍然莫衷一是。

九、單軌制或雙軌制孰優

此部分的討論通常包括中等學校究竟應採取如美國為主的、結合普通高中與職業學校的「綜合中學」方式(單軌制代表),或者採取過去歐陸國家以能力分流為主、分不同升學管道與職業導向的雙軌制? 其中職業與學術取向的課程,究竟應該放在同一類型學校(如綜合高中)? 還是應該依不同性質學校(如古典高中與職業中學)來分開培養人才? 大學與職技大學之間的關係又是如何? 這些都備受關注。

十、課程與教學的有待提升

課程與教學在教改中備受重視,尤其在各國教育成就的評比中,都會提到各階段的課程,以及教室內師生互動、教學的品質,或教科書、科目安排等內容。而課程亦受各個文化歷史的影響,例如:伊朗、印度、中國如何保留傳統文化,及學習西方科技兩方面維持均衡? 應該朝向學科結構為主的「教師中心」的教學方式,還是著重學生身心、重視興趣、創意的「學生中心」的課程? 中學階段的職業教育或普通教育所占比例為何? 還有政治改革後引發教科書如何改寫的爭議,如前蘇聯瓦解後,教科書該如何呈現各獨立國的定位問題? 如何重新定位各國主權與前蘇聯的關係? 臺灣的教科書市場開放後,由私人廠商進行編撰與印製後,引發的「一綱多

本」與「一綱一本」等爭論，都值得討論。

此外，以各國課程改革的權力調整過程為例，自 1980 年代起，英、美、澳等具有地方分權傳統的國家，開始加重中央或聯邦政府的職權，建立「國家課程標準或綱要」(national curriculum standard or guideline)，對於中小學必修課程進行統一規定，由過去分散、多樣與地方性轉向全國集中、統一的架構與標準。相對地，在同一時間，中國、前蘇聯、日本、法國甚至臺灣等原先具有高度中央集權傳統的國家，則出現權力下放的趨勢，加強地方和學校的自主性及參與，藉此增進課程內容的多樣化和靈活性。從各國課程改革中出現向中央或向地方修正的「鐘擺現象」，其實都是各國嘗試從本國的現實問題出發，發揮優勢，截長補短，尋求最新與最佳的突破過程。

而在教學內容方面，如初等教育中教讀、寫、算、母語教學以及第二外語、英語等都有討論。在中學階段，通常關注職業性向與學術性向、合科與分科的問題。而新興網路學校出現，也逐漸影響學校課程與教學的型態。另外，在 WTO 成立之後，許多跨國的高等教育學府進駐各國，如何因應此一情況，歐盟的高等教育的改革經驗值得關注；尤其大學在招生市場與資源競爭壓力下，許多學校面臨整併或調整等問題。至於大學究竟屬公共財或私人的消費財？大學是否應強調使用者付費的概念？例如，在學費逐年漲幅的過程與就業規定等，都曾引發許多大學生的不滿，包括日本、印度、南非、韓國、法國、中國、美國、與德國等都出現過學生示威運動，值得進行比較研究。

十一、國際教育評比越來越受重視

近年來 PISA、TIMSS、世界一流大學排行等新興的國際教育資料庫，備受各國的矚目。這些成績數據往往也就成為教育改革的重要依據，例如德國的 PISA 震撼 (PISA Shock)，由於德國測驗成績不佳，政府透過輿論的壓力與立法部門，強力推動教改就是一個例子。總之，教改的國際化趨勢提供了比較教育更鮮明、更具體且有趣的研究主題，而比較教育研究者在

面對全球的教育變遷轉型時，如何對於本身所處的環境進行教育問題的反思，可說是比較教育研究的重要任務。

📖 本章參考書目 ···

Tsurumi, P. E. 著。林正芳譯 (1999)。日治時期台灣教育史。宜蘭：仰山文教基
　　金會。

丁志仁 (2000)。臺灣教改的發展始末。研考雙月刊，24 (1), 42-47。

中華人民共和國教育部 (2009)。國家中長期教育改革和發展規劃綱要繼續徵求
　　意見。2009 年 3 月 2 日，取自：
　　http://www.moe.edu.cn/edoas/webiste18/2huanti/2009zgyj/

中華人民共和國教育部 (2002)。國家教育督導管理學習考察團赴德國法國訪問
　　考察報告。2007 年 5 月 19 日，取自：
　　http://www.moe.edu.cn/edoas/website18/info6057.htm

中華人民共和國教育部 (2007)。2006 年全國教育事業發展統計公報。2007 年
　　11 月 9 日，取自：
　　http://202.205.177.12/edoas/website18/info29052.htm

中華百科全書，1983。轉引自 2007/10/28,
　　http://ap6.pccu.edu.tw/encyclopedia/copyright.asp

王秀瑋 (2000)。走向澳大利亞：澳大利亞教育體系。2007 年 6 月 25 日，取自：
　　http://www.tigtag.com/community/basic/1069_6_2.html

王家通 (1996)。初等教育。臺北：師大書苑。

王瑞琦 (1994)。中國大陸大學聯招與高教之發展。臺北：文笙。

王曉暉 (1998)。二十一世紀前夕的法國高等教育改革。2007 年 5 月 10 日，取
　　自：http://www.moe.edu.cn/moe-direct/fazhanyjzx/159.htm

世界經濟論壇 (2007)。2007 年 6 月 30 日，取自：
　　http://www.weforum.org/documents/Newsletter/207/nl_2_07_en_seite8.
　　html

全國教師會論壇 (2004)。他山之石談美國教改。2007 年 5 月 29 日，取自：
　　http://forum.nta.org.tw/archive/index.php/t-4904544000/endtime/wap/
　　archiver/t-20.html

印度教育 (2007)。2007 年 6 月 14 日，取自：
　　http://www.hoodong.com/wiki/%E5%8D%B0%E5%BA%A6%E6%95%
　　99%E8%82%B2

朱永新、王智新 (1992)。當代日本教育改革。太原：山西出版社。

行政院教育改革審議委員會 (1996)。教育改革總諮議報告書。臺北：行政院教
　　育改革審議委員會。

吳文侃、楊漢清 (1999)。比較教育學。北京：人民。

吳武典 (2005)。台灣教育改革的經驗與分析：以九年一貫課程和多元入學方案
　　為例。當代教育研究季刊，13 (1), 38–68。

吳紀先 (2007)。東南亞經濟的殖民地化。2007 年 6 月 10 日，取自：
　　http://203.72.198.245/web/Content.asp?ID=5540&Query

吳祥輝 (2006)。芬蘭驚艷：全球成長競爭力第一名的故事。臺北：遠流。

宋梅 (2007)。一些國家的義務教育狀況。北京教師研修網。

李水山（2008 年 1 月 21 日）。韓國教改政策面臨大逆轉。中國教育報，8 版。

李志厚 (2002)。為新世紀而學習——泰國教學改革的發展方向。外國教育研究，
　　29 (2)。

李莫莉、俞貞、任友群 (2004)。全球挑戰和國家應對：馬來西亞的教育改革。
　　全球教育展望，6, 69–74。

李智威 (2007)。新加坡教育簡史。2007 年 6 月 24 日，取自：
　　http://www.icice.ced.ncnu.edu.tw/database/Nation/Singapore/history/H.
　　pdf

李濟英 (2001)。以色列教育。取自：http://211.67.81.35/jpkc/2009jp

李濟英 (2002)。國際教育發展的幾個新現象。中國教育和科研計算機網。2009
　　年 8 月 13 日，取自：http://www.edu.cn/2001127/3011945.html

杜作潤主編 (1999)。中華人民共和國教育制度。香港：牛津出版社。

沈姍姍 (2000)。比較教育。臺北：五南。

汪明、方永生、范文曜 (2002)。匈牙利、捷克教育政策考察報告。2008 年 8 月
　　7 日，取自：

http://www.ncedr.edu.cn/ncedr_news/news/3/2008619141915.asp

汪學文 (1979)。中共教育之理論與實際。臺北：正中。

周祝瑛 (1988)。中共高等教育改革：1977–1984。臺北：私立東吳大學中國學
　　術著作獎助委員會。

周祝瑛 (1999)。大陸高等教育問題研究──兼論臺灣相關議題。臺北：師大書
　　苑。

周祝瑛 (2000)。他山之石：比較教育專題研究。臺北：文景。

周祝瑛 (2002)。留學大陸 Must Know。臺北：正中。

周祝瑛 (2003)。誰捉弄了臺灣教改？臺北：心理。

周祝瑛 (2004)。20 世紀臺灣教育。收於顧明遠主編，「中國教育大系」。湖北：
　　湖北教育出版社。頁 3370–3739。

周祝瑛 (2005a)。新自由主義對高等教育之影響──以紐西蘭為例。教育研究月
　　刊，136, 148–158。

周祝瑛 (2005b)。愛在紐西蘭：優質創新中小學。臺北：書泉。

周祝瑛 (2006)。中國新課程改革之發展與評論。發表於批判與超越──華人社
　　會的課程改革國際學術研討會，國家教育研究院主辦，2007 年 11 月
　　27–28 日，臺北三峽。

周祝瑛 (2007)。從國際案例看臺灣高等教育的出路。高教技職簡訊，11 期。

周祝瑛 (2008)。台灣教育怎麼辦？臺北：心理。

周愚文、黃烈修、高建民 (1999)。大陸教育。臺北：商鼎。

周愚文、黃烈修、高建民 (2000)。中國大陸升學競爭研究。收於亞洲儒家文化
　　圈（地區）升學競爭問題比較研究國際學術研討會論文集（頁 26–27）。臺
　　北：臺灣師範大學。

易紅郡、王晨曦 (2002)。印度高等教育發展中的問題、對策及啟示。清華大學
　　教育研究，5, 71–76。

東北師範大學 (2005)。哈比法案。2007 年 5 月 19 日，取自：
　　http://jpk.nenu.edu.cn/2005jpk/wgjys/mingci.asp?id=254

東西方留學網 (2007)。以色列教育體制。2007 年 6 月 23 日，取自：

http://www.ewedu.net/country/israel/edu.shtml

林玉体 (2002)。台灣教育的主體性。臺北：高等教育文化。

林新發、王秀玲 (2005)。中國大陸小學教育改革政策：問題與評析。臺北師範學院學報，18 (1), 1–28。

法國教育中心 (2007)。法國的高等教育。2007 年 5 月 19 日，取自：
http://www.edufrance-taiwan.org/enseignement02.asp

芬蘭教育 (2007)。2007 年 6 月 5 日，取自：
http://www.firsttravel.com.cn/ma/education/nordiceducation-system004.htm

金淑伊 (2004)。韓國教育改革概況。2007 年 6 月 16 日，取自：
http://www.sinica.edu.tw/info/edu-reform/farea8/j20/04.htm

姜添輝 (2006)。英國教育制度與政策沿革。2009 年 3 月 10 日，取自：
www.ced.ncnu.edu.tw/department_activities/ 資料檔 /2006 暨南大學英國教育制度與政策之沿革 .pdf

范利民 (1996)。中共高等教育體制之取向。臺北：桂冠。

孫岩（2008 年 3 月 31 日）。南非教育部發起促進學習運動。中國教育報，8 版。

徐南號 (2002)。台灣教育史。臺北：師大書苑。

徐啟生（2004 年 7 月 6 日）。以色列教育改革已成當務之急。光明日報，C4 版。
2007 年 6 月 20 日，取自：
http://www.gmw.cn/01gmrb/2004-07/06/content_53219.htm

徐啟生（2005 年 5 月 11 日）。以色列高等教育面臨困境。光明日報，C4 版。
2007 年 6 月 20 日，取自：
http://www.gmw.cn/01gmrb/2005-05/11/content_230172.htm

徐雲彪 (2005)。E 時代的教育改革——馬來西亞精明學校計畫。取自：
http://203.71.239.11:8000/UploadFilePath//dissertation/l023_03_20vol023_03_20.pdf

馬來西亞華文教育 (2003)。馬來西亞教育概況。2007 年 6 月 30 日，取自：
http://www.djz.edu.my/ucstam/jylt/jygk.htm

張力 (2000)。中國教育綠皮書。北京：教育科學。

教育部統計處 (2008)。就學率及就學機會率。2008 年 4 月 20 日，取自：
http://www.edu.tw/files/publication/B0013/index1.xls

教育部電子報 (2007)。取自：
http://epaper.edu.tw/e9617_epaper/windows.aspx?windows_sn=944

教育部電子報 (2008)。德國教改策略著重學生自主研究能力。2008 年 5 月 20
日，取自：
http://epaper.edu.tw/e9617_epaper/windows.aspx?windows_sn=1290

教育部電子報 347 期 (2009)。澳洲「就業整合」的計畫將造福數萬名高職及大
學畢業實習生。2009 年 3 月 2 日，取自：
http://epaper.edu.tw/windows.aspx?windows_sn=2849

教育部電子報 348 期 (2009)。英國 2009 年教育救貧計畫。2009 年 3 月 20 日，
取自：http://epaper.edu.tw/windows.aspx?windows_sn=2890

教育部電子報 349 期 (2009)。美國總統歐巴馬首度教育演說宣示多項改革方
案。2009 年 3 月 30 日，取自：
http://epaper.edu.tw/windows.aspx?windows_sn=2955

教育部電子報 349 期 (2009)。英國積極培養職訓人才推出 21,000 個公家機關
見習機會。2009 年 3 月 20 日，取自：
http://www.dcsf.gov.uk/pns/DisplayPN.cgi?pn_id=2009_0038

教育部電子報 349 期 (2009)。澳洲聯邦政府計畫擴大補助 5.5 萬名貧困學生完
成高等教育。2009 年 3 月 20 日，取自：
http://epaper.edu.tw/windows.aspx?windows_sn=2948

梁有昶、徐儼儼（2007 年 1 月 14 日）。伊朗計畫從 2010 年開始取消高等院校
入學考試。2008 年 4 月 20 日，取自：
http://news.sohu.com/20070114/n247596996.shtml

陳之華 (2009)。每個孩子都是第一名。臺北：天下遠見。

陳志權 (2006)。美國教育改革鐘擺現象及其啟示。當代教育科學，6, 45–48。

陳亞偉、李娟 (2006)。巴西基礎教育十年發展評述 (1995–2004) 及啟示。外國

教育研究，32 (8), 32–36。

陳惠邦 (2001)。德國教育。臺北：師大書苑。

陳業傳 (2006)。國外課改：巴西基礎教育十年進展述評 (1995–2004) 及啟示。
中國物理課程網。取自：http://phys.cersp.com/

陳照雄 (2007)。芬蘭教育制度——建立平等、安全、福利之社會。臺北：心理。

程介明 (1992)。中國教育改革。香港：商務。

菲律賓 (2007)。2007 年 6 月 12 日，取自：
http://zh.wikipedia.org/wiki/%E8%8F%B2%E5%BE%8B%E5%AE%BE

菲律賓教育系統 (2004)。2007 年 6 月 15 日，取自：
http://www.philembassy-china.org/country/education_c.html

費正清 (1994)。費正清論中國——中國新史。臺北：正中。

項賢明、洪成文（譯 (2004) 教育改革——從啟動到成果（譯自 Levin, B. (2001).
Reforming education: From origins to outcomes）。北京：教育科學出版社。

黃坤錦 (1994)。世界主要國家高等教育之比較研究。教育部教育研究委員會編
印。

黃政傑 (2000)。台灣教育改革的政策方向。教育政策論壇，3 (1), 26–49。

楊正誠摘譯 (2009)。美國國家科學院「穿越風暴報告書」提出 K–12 科學教育
等建議。教育部電子報 349 期，取自：
http://epaper.edu.tw/windows.aspx?windows_sn=2957

楊思偉 (2007)。比較教育。臺北：心理。

楊景堯 (1998)。中國大陸教育研究。臺北：師大書苑。

楊景堯 (2001)。大陸大學入學考試改革的思考。教育博覽家，110, 42–43。

楊廣德 (1998)。轉變觀念、深化改革、迎接挑戰。收於廈門大學高等教育研究
所兩岸大學教育學術研討會論文集。福建：廈門大學。

溫明麗 (2006)。1988 以降英國教育改革對台灣教育的啟示。2008 年 6 月 5 日，
取自：http://web.ed.ntnu.edu.tw/~t04008/sophia/article200602.doc

維基百科 (2007a)。臺灣教育。2007 年 7 月 10 日，取自：
http://zh.wikipedia.org/wiki/%E5%8F%B0%E7%81%A3%E6%95%99

E8%82%B2

維基百科 (2007b)。德國教育。2007 年 5 月 19 日,取自:
http://zh.wikipedia.org/wiki/%E5%BE%B7%E5%9C%8B#.E6.95.99.E8.8
2.B2

維基百科 (2007c)。各加盟共和國的獨立。2007 年 6 月 4 日,取自:
http://zh.wikipedia.org/w/index.php?title=%E8%98%87%E8%81%AF%
E8%A7%A3%E9%AB%94&variant=zh-hk#.E8.8B.8F.E8.81.94.E7.9
A.84.E7.BB.88.E7.BB.93

維基百科 (2007d)。巴西。2007 年 7 月 10 日,取自:
http://zh.wikipedia.org/wiki/%E5%B7%B4%E8%A5%BF

維基百科 (2007e)。以色列。2007 年 6 月 23 日,取自:
http://zh.wikipedia.org/wiki/%E4%BB%A5%E8%89%B2%E5%88%97

趙中建 (1992)。戰後印度教育研究。南昌: 江西教育出版社。

趙中建 (1998)。印尼的全民教育。全球教育展望, 3, 49–54。

趙中建 (2004)。印度的初等教育普及化目標。外國教育研究, 1, 31–34。2007
年 6 月 18 日, 取自: http://ebio.wjszzx.cn/html/2004-04/981.htm

劉微(2001 年 2 月 2 日)。以色列的教育與科技立國。2007 年 6 月 20 日,取自:
http://www.cbe21.com/subject/geography/html/070601/20012/200122
_320.html

劉熙 (2008)。英國布朗政府教育改革新思維。2008 年 6 月 12 日, 取自:
http://www.bjesr.cn/esrnet/site/002400011a243dec2a.ahtml

劉慶仁 (2005)。美國新世紀教育改革。臺北: 心理。

潘立 (2003)。菲律賓小學課程發展歷程及特點。2007 年 6 月 15 日, 取自:
engine.cqvip.com/content/l/96949x/2003/030/005/jy05_l2_7777804.pdf

蔡筱穎(2008 年 4 月 29 日)。法國教育部長提小學改革方案。大紀元。2008 年
6 月 2 日, 取自:
http://news.epochtimes.com/b5/8/4/29/n2099705p.htm

鄭得興 (2004)。捷克高等教育體制的問題（未發表）。轉引自: CR seeks more

bachelors，The Prague Post, Sep. 15–21。

甄曉蘭 (2008)。競爭力下滑，日輕鬆學習政策喊卡。自由時報，2009 年 1 月 15 日引自：

http://www.libertytimes.com.tw/2008/new/dec/24/today–int4.htm

盧楓（2003 年 3 月 15 日）。芬蘭：提高全民族基礎教育整體素質。中國教育報，2 版。

戴曉霞 (2002)。從福特主義到後福特主義及其對高等教育課程之影響。教育研究集刊，48 (2)，頁 199–231。

謝文全 (2007)。教育行政學。臺北：高等教育出版社。

謝斐敦 (2006)。德國政黨意識型態下的教育改革政策：以綜合中學與全日制學校之推行為例解析。比較教育，60, 71–100。

鍾文芳 (2005)。教育民主化和現代化的追求。2007 年 5 月 19 日，取自：

http://202.121.15.143:81/document/2005-c/gj051218.htm

鍾宜興 (2002)。大陸教育現況分析與加入 WTO 後的因應策略——北京、武漢和廣州三地參訪報告。2007 年 6 月 10 日，取自：

http://www.ced.ncnu.edu.tw/menu-6/1/documents/910930report.doc

鍾啟泉 (2005)。中國課改：挑戰與反思。比較教育研究，12 期。（北京）2007 年 11 月 9 日，取自：

http://www.yxjchedu.com/jiao_yu_li_lun/li_lun_lian_jie/tiaozhan_yu_fansi_2.htm

顧明遠 (2004)。論蘇聯教育理論對中國教育的影響。北京師範大學學報，1 期。

Abdur Chowdhury and Inna Verbina (2003). Reforming Russia's Education System. Retrieved May 10, 2008 from:

http://www.worldbank.org/transitionnewsletter/

Adisiu, Mitiku (March 17, 2005). *Book Review of Elusive equity: Education reform in post-Apartheid South Africa*. Retrieved July 20, 2007 from:

http://edrev.asu.edu/reviews/rev367.htm

African National Congress, Department of Education (1994). A policy framework for education and training. Retrieved July 12, 2007 from: http://www.anc.org.za/ancdocs/policy/educate.htm

Ashby, E. (1996). *Universities: British, Indian, African. A study in the ecology of higher education.* Cambridge, MA: Harvard University Press.

Australia Education International (2007). Research Database. Retrieved June 10, 2007 from: http://aei.dest.gov.au/AEI/PublicationsAndResearch/ResearchDatabase/Default.htm

Bain, O. (2003). *University autonomy in the Russian federation since Perestroika.* New York: Routledge Falmer.

Ball, S. (1998). Performativity and fragmentation in "postmodern" schooling. In J. Carter (ed.), Postmodernity and the Fragmentation of Welfare. London: Routledge, pp. 187–203.

Barents Education Network (2006). *Bologna Process International Reports: Russia.* Retrieved June 4, 2007 from: http://www.barentsedu.net/images/20060210115303.pdf

Barrington, J. M. (1990). Historical factors for change in education. In P. Mckinlar (Ed.), *Redistribution of power? Devolution in New Zealand.* Wellington: Victoria University Press.

Bjork, B. & Tsuneyoshi, R. (2005). Education reform in Japan: Competing visions for the future. *Phi Delta Kapan, 86* (8), 619.

Braddock, J. (2005). The growing class divide in New Zealand's education system. Retrieved June 19, 2007 from: http://www.wsws.org/articles/2005/mar2005/newz-m10.shtml

Bray, Mark (2007). *Comparative Education Research: Approaches and methods.* Hong Kong: The University of Hong Kong.

Carnoy, Martin (1974). *Education as cultural imperialism.* New York: D. McKay.

Castles, F., Gerritsen, R., & Vowles. J. (eds.) (1996). *The Great Experiment:*

Labour Parties and public policy transformation in Australia and New Zealand. St. Leonards: Allen and Unwin.

Castro, C. (1999). *Myth, Reality, and Reform: Higher Education Policy in Latin America.* John Hopkins University Press.

Chae, Boyoung (2004). *Educational system and technologies in South Korea.* Retrieved May 28, 2007, from: http://www.waet.uga.edu/south_korea

Cummings, W. K. (1980). *Education and equality in Japan.* Princeton: Princeton University Press.

Cummings, W. K. (2003). *The institutions of education: A comparative study of educational development in the six core nations.* UK: Symposium Books.

Czech Republic (2008). The Czech education system. Retrieved August 7, 2008 from:

http://www.czech.cz/en/work-study/education-and-studying/educational -system/the-czech-education-system

Dale, R. (1993). New Zealand: Constituting school centered leadership In. Crump. S. (ed.). *School centered leadership: Putting educational policy into practice.* Sydney: Nelson.

Dale, R. (2001). Constructing a long spoon for comparative education: Charting the career of the New Zealand Model. *Comparative Education, 37* (4), 493–501.

Department of Education (1995). *White Paper on Education and Training* (*South Africa*). Retrieved July 15, 2007 from:

http://www.info.gov.za/whitepapers/1995/education1.htm

DfES (2001). *Schools: Building on success Green Paper*. London: DfES.

DfES (2003). *Children's Green Paper*. London: DfES.

Education Literacy in Korea (2000), Retrived from:

http://www.asianinfo.org/asianinfo/korea/education.htm#Graduate%zos chool

Education System in Iran (2007). Retrieved March 23, 2007 from:

http://www.iran-embassy-oslo.no/embassy/educat.htm

Education in Indonesia (2007). Retrieved June 13, 2007 from:

http://en.wikipedia.org/wiki/Education_in_Indonesia

Education in South Africa (2006). Retrieved June 5, 2007 from:

http://www.southafrica.info/ess_info/sa_glance/education/education.htm

Ericksen, R. (2006). *Education in France and America: How do they compare?*
Retrieved June 6, 2007 from:

http://sitemaker.umich.edu/ericksen.356/home

Fiske, E. B. & Ladd, H. F. (2004). *Elusive equity: Education reform in
post-apartheid South Africa*. Washington, D.C.: Brookings Institution Press.

Fuhrman, S. H. (2003). Riding Waves, Trading Horses: The Twenty-Year Effort
to Reform Education. In D. T. Gordon (Ed.). *A Nation Reformed?:
American education 20 years after A Nation at Risk* (7–22). Cambridge , MA:
Harvard Education Press.

Gadotti, M. (1997). *Contemporary Brazilian Education: Challenges of basic
education*. In Torris, C (ed.). Latin American education: comparative
perspectives. N.Y.: Westview.

Gautschi, E. (2005). *What we can learn from Finland: Facts and reflection on the
PISA study*. Retrieved March 22, 2007 from: http://www.finland.de/silta

Giddens, A. (1994). *Beyond left and right*. Cambridge: Polity Press.

Gifted Education Programme (Singapore) (2007). Retrieved June 24, 2007
from:

http://en.wikipedia.org/wiki/Gifted_Education_Programme_%28Singapo
re%29

Giroux, H. (2002). Neo-liberalism, corporate culture, and the promise of
higher education: The University as a Democratic Public Sphere. *Harvard
Education Review, 72* (4), 1–31.

Giroux, H. (2002). Neo-liberalism, corporate culture, and the promise of higher education: The university as a democratic public sphere. *Harvard Education Review, 72* (4), 1–31.

Good, T. (1997). Educational teachers' comment on educational summit and other policy proclamations. *Educational Researcher, 25* (8), 4–6.

Goodman, R. & D. Philips (2003). *Can the Japanese change their education system?* UK: Symposium Books.

Gordon, L. & Whitty, J. (1997). Giving the "hidden hand" a helping hand? The rhetoric and reality of neoliberal education reform in England and New Zealand. *Comparative Education, 33* (3), 453–467.

Gruber, K. H. (2006). The German "PISA-shock": Some aspects of the extraordinary impact of the OECD's PISA study on the German education system. In Ertl Hubert (ed.). *Cross-national attraction in education: Accounts from England and Germany.* UK: Symposium Books.

Hahn, H. J. (1998). *Education and society in Germany.* New York: Berg.

Hall, S. (1988). *The hard road to renewal.* London: Verso.

Han, Moo-Young (2004). Education reform in Kore a: National Comission for National Roadmap. Retrieved June 16, 2007, from: http://www.duke.edu/~myhan/kaf0402.html

Hawkins, J. (1984). *Education and social change in the People's Republic of China.* New York: Praeger.

Hayhoe, Ruth (1989). China's universities and the open door. N.Y.: M.E. Sharpe.

Henales, L. & Edwards, B. (2002). Neo-liberalism and Educational Reform in Latin American. *Comparative Education,* Vol. 2 (2).

Higher education mergers named (October 23, 2003). Retrieved July 12, 2007 from: http://www.southafrica.info/ess_info/sa_glance/education/higheredumer

gers-231003.htm

History of South Africa in the apartheid era (2007). Retrieved July 10, 2007 from: http://en.wikipedia.org/wiki/Apartheid

Hong, M. (1992). *Japanese colonial education in Korea: 1910–1945*. Ph. D. dissertation, Harvard Graduate School of Education.

IMD (2001). The World Competitiveness Yearbook.

Institute for Information on Education-Prague (2006). *The Education System of the Czech Republic*. CZ: Prague.

Iram, Y. & Schmida, M. (1998). *The Educational System of Israel*. Westport, CT: Greenwood Press.

Irvine, T. (2006). The Cold War and Race Era. Retrived from: http://www.vibrationdata.com/SpaceRace.htm

Jaworski, B. & Philip, D. (eds.) (1999). *Comparing standards internationally*. UK: Symposium Books.

Jayaram, N. (2005). Higher Education Reform in India: Prospects and Challenges. Higher Education in India: Massification and Change. In P. Altbach and T. Umakoshi, eds., Asian Universities: Historical Perspectives and Contemporary Challenge, pp. 85–112.

Kallaway, P. (1997). *Whatever happened to the ruraleducation as a goal for African development?* Paper presented at the Oxford Education Conference, September.

Kang, D. C. (2002). *Crony Capitalism: Corruption and Development in South Korea and the Philippines*. UK: Cambridge University Press.

Kelly, Gail (1982). *Franco-Vietnamese Schools: 1918–1938*. Regional Development and Implications for National Integration. WN, Madison: University of Wisconsin-Madison, Center for Southeast Asian Studies.

Kelly, R. (2005). *14–19 Education and Skills—White Paper*. London: DfES.

Kim, G. J. (2003). *From education to life long: The case of South Korea*. Retrieved

June 16, 2007, from: http://wem2003.wisbom.portugl

Kim, K. S. (2005). Globalization, statist political economy and unsuccessful education reform in South Korea: 1993–2003. Retrieved March 19, 2007, from: http://epaa.asu.edu/epaa/v13n12

Lall, M. (2005). *The Challenges for India's Education System.* UK: Chathamhouse.org. Retrieved June 17, 2007 from:

http://www.chathamhouse.org.uk/pdf/research/asia/BPindiaeducation.pdf

Levers, L. Z. (2006). Ideology and change in Iran Education. In Griffin, R. (ed). *Education in the Muslim World: Different perspectives.* UK: Symposium Books, pp. 149–190.

Levin, B. (2001). *Reforming education: From origins to outcomes.* New York: Routledge-Falmer.

List of Charter School (n. d.). Retrieved June 1, 2007 from:

http://www.uscharterschools.org/cs/sp/view/sp/22

MEXT (Ministry of Education, Culture, Sports, Science and Technology) (2007). Retrieved Aprial 20, 2007, from:

http://www.mext.go.jp/english/index.htm

Mckenzie, P. (1992). Australia: System of education. In T. Hussen & T. N. Postlethwaite (eds.) (1992). *The international encyclopedia of education.* UK: BPC Wheatons Ltd.

Mehta, Pratap Bhanu (2006). *Outsourcing of Indian education.* Retrieved June 15, 2007 from:

http://www.globalpolitician.com/articles.asp?ID=1874&print=true

Ministry of Education (1980). *Japan's modern education system: A history of the first hundred years.* Tokyo: Ministry of Education.

Motala, S. (1997). From Policy to Implementation: Ongoing Challenges and Constraints. *The Quarterly Review,* 5 (1), 1–13.

Natalie Simonova (2003). The Evolution of Educational Inequalities in the

Czech Republic after 1989. *British Journal of Sociology of Education*, Vol. 24, No. 4, pp. 471–485.

National Qualifications Framework—South Africa (n.d.). Retrieved June 6, 2007 from:

http://www.ilo.org/public/english/employment/skills/hrdr/init/sa_16.htm

New Zealand Council for Educational Research (2007). Impact of education reforms (1989–1999). Retrieved June 12, 2007 from:

http://www.nzcer.org.nz/default.php?cPath=76&products_id=133

New Zealand qualification authority (2007). New Zealand qualifications. Retrieved June 15, 2007 from: http://www.nzqa.govt.nz/qualifications/

Nkabinde, Z. (1997). *An analysis of educational challenges in the new South Africa*. Oxford: University Press of America.

No Child Left Behind Act (2007). Retrieved June 6, 2007 from:

http://en.wikipedia.org/wiki/No_Child_Left_Behind

NUS accorded World's Top 20 universities ranking (2006). Retrieved June 7, 2007 from:

http://newshub.nus.edu.sg/headlines/0610/ranking_07oct06.htm

OECD (2002). Higher Education and Adult Learning. Retrieved June 10, 2007 from:

http://www.oecd.org/linklist/0,3435,en_2649_39263238_2735794_1_1_1_37455,00.html

Organization and Financing of Education in Brazil. Education: Constitutional Principles (n.d.). Retrieved July 10, 2007 from:

http://www.inep.gov.br/download/international/encontro_tecnico/OFEB.ppt

Pennington, M. (1999). *Asia takes a crash course in educational reform*. The Unesco Courier, July/August, from:

http://www.unesco.org/courier/1999_08/uk/somm/intro.htm

Pepper, S. (1996). *Radicalism and education reform in 20th-century China: The search for an ideal development model*. New York: Cambridge University Press.

Powell, Arthur G., Eleanor Farrar, David K. Cohen (1985). The Shopping Mall High School: Winners and Losers in the Educational Marketplace. Boston: Houghton Mifflin.

Raffe, D., Brannen, K., Croxford L. & Martin, C. (1999). Comparing England, Scotland, Wales and Northern Ireland: the case for "home internationals" in comparative research. *Comparative Education, 35* (1), 9–25.

Refining How We Deliver Ability-Driven Education (28 Sep., 2006). Retrieved June 20, 2007 from:

http://www.moe.gov.sg/press/2006/pr20060928.htm

School in the Afternoon is New to Germany, but Catching on (2007), DW-WORLD. DE, 2009/08/13, Retrived from:

http://www.dw-world.de/de/article/0,2380902,000html

Schweisfurth, M. (2002). *Teachers, democratization and educational reform in Russia and South Africa*. UK: Symposium Books.

Singapore Government Press Release (2004). National Boundaries and Cultural Configuations. Retrieved June 25, 2007 from:

http://stars.nhb.gov.sg/stars/public/viewHTML.jsp?pdfno=2004062302

Singapore Government Press Release (2006). Refining How We Deliver Ability-driven Education. Retrieved June 25, 2007 from:

http://www.moe.gov.sg/press/2006/pr20060928.htm

Smart School Project in CLMV Countries (2007). Retrieved June 25, 2007 from: http://www.msc.com.my/smartschool/events/clmv.asp

Smith, M. (1999) Educational Reform in Latin America: Facing a Crisis. IDRC Bulletin.

Souza, P. R. (2001). *Education and Development in Brazil, 1995–2000. Cepal*

Review, No. 73, 65–80.

Stevenson H., Azuma H., & Hakuta K. (1986). *Child development and education in Japan*. New York: W.H. Freeman.

Stevenson, H. & Stigler, J. (1992). *The learning gap*. New York: Touchstone.

Taiwan (2000). Retrieved March 12, 2007 from:

http://www.cia.gov/library/publications/the-world-factbook/index.html

Tsuneyoshi, R. (2004). The Japanese education reforms and the achievement crisis debate. *Education Policy, 18 (2), 364*.

Tsurumi, E. P. (1977). *Japanese colonial education in Taiwan: 1895–1945*. Cambridge, MA: Harvard University Press.

UNESCO (2007.1.16). Global Education Digest 2006: Comparing Education Statistics Across the World. Retrieved June 20, 2007 from:

http://www.uis.unesco.org/ev.php?ID=6827_201&ID2=DO_TOPIC

US Department of Education (2007). Retrieved June 9, 2007 from:

http://www.ed.gov/nclb/landing.jhtml

Webber, C. & Robertson, J. (1998). Boundary breaking: An emergent model for leadership development. Educational Policy and Analysis. *Achievement, 6* (21). Retrieved June 15, 2007 from:

http://epaa.asu.edu/epaa/v6n21.html

Welch, A. (1996). *Australia education: Reform or crisis?* Australia: Allen & Unwin Ltd.

Wikipedia (2007a). Group of Eight-Australian universities. Retrieved June 6, 2007 from:

http://en.wikipedia.org/wiki/Group_of_Eight_Australian_universities

Wikipedia (2007b). Education in Germany. Retrieved June 20, 2007 from:

http://en.wikipedia.org/wiki/Education_in_Germany

Wikipedia (2007c). Uno Cygnaeus. Retrieved March 19, 2007 from:

http://en.wikipedia.org/wiki/Uno_Cygnaeus

Wikipedia (2007d). *Education in Russia*. Retrieved June 1, 2007 from:
http://en.wikipedia.org/wiki/Education_in_Russia

Wikipedia (2007e). John Dewey. Retrieved June 16, 2007 from:
http://en.wikipedia.org/wiki/John_Dewey

Wikipedia (2007f). University of Chicago Laboratory Schools. Retrieved June 10, 2007 from:
http://en.wikipedia.org/wiki/University_of_Chicago_Laboratory_Schools

Wikipedia (2007g). Education in the United States. Retrieved June 15, 2007 from: http://en.wikipedia.org/wiki/Education_in_the_United_States

Wikipedia (2007h). Milton Friedman. Retrieved June 18, 2007 from:
http://en.wikipedia.org/wiki/Milton_Friedman

Wikipedia (2007i). Education in India-Up to the 17th century. Retrieved March 24, 2007 from:
http://en.wikipedia.org/wiki/Education_in_India#Up_to_the_17th_century

Wikipedia (2008). Education In Germany. Retrived from:
http://en.wikipedia.org/wiki/Education_in_Germany

Wilde, S. (ed.) (2005). *Political and citizenship education*. UK: Symposium Books.

World Bank (1995). *Russia: Education in the Transition*. Washington D.C.: Europe and Central Asia Region, Country Department III.

World Economic Forum. Retrieved from:
http://www.weforum.org/documents/Newsletter/207/nl_2_07_en_seite8.html

Yeatman, A. (1993). Corporate managers and the shift from the welfare to the competition state. *Discourse, 13* (21), 3-9.

Chapter *4*

第 4 章

比較教育重要議題

世界銀行與教育援助

　　世界銀行（World Bank，簡稱「世銀」）是聯合國轄下的國際金融機構，成立於 1945 年 12 月 27 日，其目的在提供各國經濟發展與掃除貧窮的貸款援助，包括教育、環境衛生、農村發展、環境保護、基層建設等，尤其重視：道路修復、電力提供與管理、反腐敗、法律機構的發展等。目前總部設在美國首都華盛頓，全名為 "World Bank Group"。世界銀行的管理是由各會員國來分擔資本與投資費用，各國都有投票權，其中最大的股東是美國與日本。世銀底下有兩個機構：「重建與開發世界銀行」（International Bank for Reconstruction and Development，簡稱 IBRD，1945），另一個機構是「國際金融公司」（International Finance Corporation，簡稱 IFC，1956）。此外還有幾個機構，如：IDA (1960) (International Development Association)、MIGA (1988) (Multilateral Investment Guarantee Agency) 等。這些組織會員國的數量從 140 至 185 個會員國不等，迄今臺灣仍未獲加入。

　　教育是世銀各項援助中的重要項目之一，主要是因各國在經濟發展中，經常遇到教育的瓶頸，尤其是在推動「全民教育」（Education for All），及「因應知識經濟時代的教育」（Education for Knowledge Economy，簡稱 EKE），協助開發中國家培育高級技術人員，以適應全球競爭。尤其許多國家的中等教育結構，經常無法因應社會勞動力的需求，因此世銀從人力資本的立場，協助各國從事終身學習及國際認證制度的建構，提供各國師生及相關人員的培訓機會。此外，世銀也強調兩個投資重點，包括：如何提供高品質與符合當地需求的義務教育；其次透過中、高等教育的擴充，培養新一代、具有符合社會勞動力需求技能的國民。

　　世銀經常透過貸款提供資源，協助各地的中小學與女童教育，尤其是

援助非洲學校，對抗愛滋病的擴散、提升學前教育入學率，與調和軍事與民族衝突 (conflict country) 的國家教育革新工作。最近，世銀著重加強對教育中公私立夥伴關係的建立，促使資源集中和統一分配、加速高等教育私有化、公辦民營和鼓勵私人捐款以及法規與實務等層面的討論。另外，世銀也出版許多研究刊物，例如，彙整每年各國所提供的教育追蹤報告，亦從經濟的角度來看教育的發展對各國影響，補助中南美洲、撒哈拉非洲，與南亞的低收入國家，進行教育改善。

㈠推動全民教育

配合聯合國推動「全民教育」(Education for All) 政策，1999 年首度在泰國提出此構想，2000 年 9 月時，總共有 189 個國家於達卡 (Dhaka) 簽署這項協定，包括六大議題（轉引自 http://www.worldbank.org/）：

1. 拓展與改善學齡前兒童的照顧與教育 (care and education)。

2. 全球兒童，尤其是貧困的女童（包括少數民族），有機會在 2015 年前，完成免費義務初等教育。

3. 青少年以及成人能獲得教育與生活技能的訓練。

4. 2015 年以前，全球的成人識字率可以達到 50%，尤其是對成人女性，透過成人基礎教育，來完成掃盲運動。

5. 2015 年以前，掃除初等與中等教育上性別的差異，使女童能完全享有基礎教育的權利。

6. 提升全球兒童讀、寫、算的能力，確保學習成效。

如前所述，自 2000 年開始推動此方案後，有以下成效：首先，在 163 個國家中，有 47 個國家透過 *Education for All* 的計畫逐漸提升小學入學率，但仍有 44 個國家，包括阿拉伯、非洲的撒哈拉地區功效甚微。其次，性別差異仍是中等教育中一項大問題，尤其是非洲撒哈拉與南亞地區的女童教育權更是堪憂。換言之，開發中國家能夠完全接受小學教育的孩童約只占 60%，其他 40% 中輟。另外，師生比也高達 1：40。第三，對愛滋病的宣導教育方面。除了上述計畫外，還包括對開發中國家的愛滋病等防患

宣導工作。在低收入國家中每年因為衛生、營養不良等而生病、因健康因素而死亡的人數高達 2000 萬人，目前全球有 6 億 3 千萬的孩子因為營養不良而影響 IQ 發展。於是 2000 年「聯合國兒童基金會」(UNICEF)、「世界衛生組織」(WHO) 及世界銀行共同提出「健康與營養學校架構」(Fresh & Nutrition)，希望透過全球學校，來建構營養、健康的教育環境。此外，也提供非洲地區的兒童有效預防愛滋病的方法。

全民教育方案之所以備受重視，主要是全球有許多國家處於教育資源貧乏、經濟弱勢、孩子健康受到忽視等狀態。世界銀行與教科文組織於是提出希望到 2015 年前，透過各種名義推動基本教育。但直到 2007 年，全球仍有 7700 萬兒童，包括 4400 萬女童因為經濟、社會、身體障礙等因素無法入學，而這些孩子往往生長於「高出生率、戰火衝突」的地方，教育問題就許多國家而言仍是項難題。

㈡知識經濟時代的教育 (Education for Knowledge Economy)

主要在於協助訓練一些無法完成中、高等教育的成人，使他們擁有一技之長，以投入職場。這些訓練項目包括: 透過國家創新系統 (The national innovation system, NIS)，結合公司、研究中心、大學及智庫的資源，建立全球性知識體系，提供新科技，以符合當地需要。其次，對中等教育提供完善、彈性、具有活力的勞動市場。第三，高等教育著重在知識與實際應用結合。第四，在終身學習方面，提供各國成人因應變動市場的各種再教育方案。第五，在科學、技術革新方面，透過協助，以因應新科技之需。第六，在 ICT 產業方面 (information & communication technology)，對離校的年輕人或是殘障兒童加強多元學習，透過 ICT 產業進一步自我充實，也同時改善教學的品質。此外，重新調整政府角色，持續供給經費並加強與市場經濟的結合，協助學校及教育體制。其他經濟援助項目則包括: 協助各國從事經濟、教育支出與財政收支分析，進行學校經營管理模式，與各國教育成效等評估工作。

(三)評論

儘管世銀積極從事上述的國際貸款與援助行動，但最令人爭議之處在於其所有控股國家幾乎都屬已開發國家，但經援與貸款的顧客卻是開發中國家。以 2006 年 11 月為例，美國持有 16.4%、日本 7.9%、德國是 4.5%、英國與法國各持 4.3% 的股權。因此 85% 的權力是來自於已開發國家，尤其是美國一國即可主導世界銀行的發展方向。相對的，開發中國家多屬借貸國，毫無發言的權利。此外，世銀較常為人批評之處，列舉如下 (Caufield, 1997)：

1. 雖然世銀是非政府組織 (NGO)，但服務對象卻是各個會員國政府，由於各借貸國家涉及匯率差額問題，因此，貸款國家經常有所損失。

2. 世銀往往站在西方利益的立場，如採取新自由主義的理論，推動各國「小政府、大市場」的觀念，強調「市場經濟」掛帥。

3. 貸款過程常出現矛盾之處，如：對非洲大陸提供很多經濟援助，表面上是為了發展當地經濟，實際上是壟斷非洲國家的開發權。

4. 常介入借款國家的政策訂定與推動，甚至聘請專家下指導棋，許多人認為如此的借貸行為只會讓「窮者愈窮、富者愈富」。

5. 非洲國家在去殖民化 (decolonization) 的過程中，因世銀的加入，反而加深了被殖民化的可能，如透過經濟霸權來進行文化與教育上的主導。

6. 飽受批評的經濟援助方式，包括：世銀有指定的專家群，派出的人員在各貧困地區享有一流的接待、住宿與待遇，而這些經費卻由借貸國家來付擔，形成強烈對比。

在《困惑之主：世銀與貧國》(*Masters of Illusion: The World Bank and the Poverty of Nations*) 一書中 (Caufield, 1997)，探討南半球的國家（包括非洲國家等）在世界銀行以發展為名的援助下，所帶來的各種後遺症。尤其世銀採取「一致性的西方處方，來協助貧窮國家的發展」，是相當危險的做法，因為這些借款的行動，反而讓貧窮國家愈來愈貧困，光每年總利息等費用就高達十七億美金，這些更加重貧窮國家的負擔。

儘管上述的批評，世界銀行仍發揮了多重的角色，提供愛滋病的關懷防制，與環境品質的改善等工作。且從 1972 至 1989 年中即進行有關世界性社會環境保護援助，頗具遠見。

第二節

世界貿易組織及教育服務

正當全球經濟發展方興未艾之際，世界各地不論是經濟、政治、社會及文化等方面，都受「全球化」(globalization) 的影響。其中世界貿易組織 (World Trade Organization，簡稱 WTO) 的成立，在「全球化」的過程中扮演「經濟聯合國」的角色，主張商品和生產要素的流動逐漸擺脫國界的限制及影響，致力於經濟「全球化」的推動。以下介紹 WTO。

WTO 成立於 1995 年 1 月 1 日，其前身為「關稅暨貿易協定」(the General Agreement on Tariffs and Trade，簡稱 GATT)。目前 WTO 的正式會員國已達一百四十四個（包括臺灣及大陸）(WTO, 2002)。WTO 的組織結構可分為部長會議 (Ministerial Conference)、大會 (General Council) 與祕書處 (Secretariat) 三大部門。其中部長會議由會員國代表組成，每兩年開會一次；大會則負責行政與常務工作，每年向部長會議工作報告，其下設三個理事會，包括：⑴商品貿易；⑵服務貿易；⑶貿易相關之智慧財產權三大理事會。至於祕書處則主要負責執行部長會議決議事項及日常行政工作。其中教育項目屬於前述「服務貿易理事會」的業務範圍。根據 2000 年 WTO 組織章程的界定，教育服務 (Education services) 包含以下五大領域：⑴初等教育服務；⑵中等教育服務；⑶高等教育（第三級教育）服務；⑷成人教育服務；及⑸其他教育服務（如：教育測驗機構、國際交換學生服務、留學服務等）。從 WTO「服務業貿易總協定」(General Agreement on Trade in Service，簡稱 GATS) 的規範內容來看，服務貿易方式包括提供以下服務：⑴跨國服務；⑵境外消費；⑶商業組織呈現；⑷自然人身分

呈現。換言之，會員國之間的往返，將獲得以下優惠：(1)最惠國待遇；(2)作業公開化、透明化；(3)視外國人為本國國民（即國民待遇原則）；(4)市場開放。在 GATS 中規定了許多項目的服務協定，其總體結構由兩部分組成，即：架構協定，和會員國按 GATS 第二十條（特定承諾表）提交的特定承諾表。

WTO 現已成為全球唯一的經濟整合組織，具有規範世界各國經貿的約束力。WTO 可促進自由貿易、資金自由流動，亦使世界各國因此打開經貿大門，使世界不斷地進行整合，亦使高等教育的市場開放腳步更加快速。

在 GATS 中規定的服務貿易提供的四種方式，在教育方面的適用可以有下列主要的方式及類型，包括以下四種模式（周祝瑛，2002）：

1.跨境交付

如跨境的「遠距教育」（即大陸的「遠程教育」），如函授、網路教育等方式，透過這些方式的教育可以獲取學位。

2.境外消費

如留學教育、訪問學者、人員互訪開展研究等，是主要形式。相關的項目包括留學市場與服務，如政府、學校和私人機構的組織的教育展覽，代理機構等。

3.商業據點

包括在其他會員國設立分校或分部，或與當地學校合作辦學，給予當地學校授權，最多的方式就是「合作辦學」。

4.自然人流動

如教師和培訓師跨境講學，提供講學金。

以上是教育服務的四種方式，透過這四種方式，可以將教育轉化為各種形式成為市場中的一項服務。由於各國經貿發展程度不同，WTO 要求各

會員國開放市場,尤其是服務業市場(如:教育),恐對一國自主權產生重大影響。

在 WTO 中有關服務貿易的規範討論中,有較多涉及金融、保險與運輸等項目,至於教育服務項目則較少被提及,可能是因教育事業與一般貿易服務不同,其間牽涉的範圍更廣,複雜性也較高緣故。因此,各國在有關教育的談判中多持保留態度。然而另一方面,隨著全球經濟的多樣性發展,世人對於教育的需求已不再只是冀望由各國政府所主導,其中有很大一部分已成為個人願意投資的消費財 (private consumption)。根據統計,每年全球教育總經費高達 1 兆美元,有 10 億以上的學生、家長及雇主等消費群;另外,隨著網路科技的發展,新的學習型態不再侷限於傳統的教育機構內,終身學習的時代已經到來,教育市場也成為眾人競逐的對象 (Robertson, 2000; Hirtt, 2000; 姜麗娟,2008)。

儘管各國對教育市場龐大遠景相當樂觀,但無可否認直至今日,在現實的層面上,教育事業多少仍具有社會公共性的特質 (public goods),如同醫療服務一樣,教育服務無論對於國家或個人,都是影響社會財富、資源重新分配甚至生存機會的重要手段 (Labonte, 1999)。這也正說明為何在 WTO 一百四十多個國家中,資源豐厚的已開發國家大多對教育服務的開放採樂觀態度,反觀,一些開發中國家,則多視教育市場的開放是具有衝突與威脅的象徵 (Robertson, 2000)。其中,教育服務最被看好開放的應屬高等教育,許多國家為了保護本國中小學教育(畢竟此階段屬於各國義務的教育範圍,且公共投資比例也最高),而願意開放高等教育作為談判籌碼。

例如:在 WTO 中採積極開放教育市場的紐西蘭,預備完全開放私立教育——從初等到高等教育階段——市場。除了墨西哥、瑞典、拉索托及東南亞國家教育市場開放程度較高外,法國則始終將該國教育事業定位為「公共事務」(public service),堅持不予開放 (Hirtt, 2000)。而日本及美國在加入 WTO 之後,外國到該國設大學的並不多見,主要侷限在成人教育與技術教育等領域,反之其高教市場開放的影響相當有限,可能因牽涉該國的大學競爭力與學術自主性等問題(楊思偉,2001: 16)。至於加拿大則

是採取中間路線，即以開放高等教育作為交換條件，使中小學免於開放，繼續受國家保護 (Robertson, 2000)。

隨著「市場化」趨勢不斷地快速蔓延下，高等教育也受到經濟、貿易等市場開放的影響，不論在高等教育的法令、規章、辦學體制及人才培養的方向，甚或開放高等教育市場上，皆具有深遠之影響。

第三節
歐盟與教育政策

一、組織興起

隨著全球化的到來，各地區為了加強合作勢力而發展出特殊性的結盟，例如：北美關貿總協 (NAFTA)、世界貿易組織、東南亞國家聯盟 (ASEAN) 及歐盟（European Union，簡稱 EU）等的成立，都屬全球化的發展趨勢下，為了加強地區性合作協調所成立的機構。有鑑於兩次世界大戰發生於歐陸國家中的殺戮與破壞，有必要重新加強歐洲各國的協調，甚至恢復過去羅馬帝國時期的歐陸整合概念，因此提出現歐洲聯盟（簡稱歐盟）的構想，1952 年成立歐洲煤鋼共同體，針對公民權利、自由、安全及司法正義、就業、政策、環境及教育等相關議題進行討論。

二、歐盟教育政策

在 1992 年正式成立的歐盟，其教育政策主要是根據當年「馬斯垂克條約」(Treaty of Maastricht)，以加強會員國間的合作來提升教育品質，將教育與訓練活動作為政策重點。以下介紹近年來的幾項重要措施：

(一)「歐洲教育綠皮書」(Green Paper on the Education Dimension)

1993 年歐盟提出「歐洲教育綠皮書」，提倡跨國合作、交流、及語言

交換教學等計畫，來提升歐盟的教育品質。

㈡「教與學：學習社會白皮書」(Teach & Learn: Toward the Learning Society)

1995 年時提出，將 1996 年訂為「歐洲終身學習年」，期望擴展個人的求學機會，讓每個歐洲青年都能擁有就業及符合經濟社會需要的能力。

㈢「自由流動障礙綠皮書」

1996 年時出版，分析當時歐洲各國間人員往返在行政、法律、社會經濟、語言等方面所存在的障礙，及如何排除這些交流障礙的做法。

㈣建立「歐洲單一學生證」制度

1997 年後，歐盟鑑於長久以來歐洲與其他地區的外國學生，經常發生國際身分糾紛問題，為此希望保障歐盟各國內的學生都能接受同等權利與待遇，因此於 1997 年提出歐洲的單一學生證制度的構想。

㈤蘇格拉底方案 (Socrates)

此方案主要重視教育與經濟、科技、社會文化等方面的融合、加強師生的互動，以朝達到「知識歐洲」(Europe knowledge) 的理想。從 1994 到 1999 年間，提出 8 億 5 千萬歐元，資助建立 27 萬歐洲公民的教育交流，包括大學生、教職員工、中小學校教師、中小學生及教育決策人員等，其中還包括 1500 所大學、8500 所中學和 500 個補助項目，以發展歐洲高等教育和學校教育、語言教育、遠距教學及成人教育等項目。到了 2000 至 2006 年間，持續補助，來加強終身學習、促進歐盟語言品質，提升國際的合作交流等項目。

㈥伊拉斯謨斯 (Erasmus) 計畫與伊拉斯謨斯世界 (Erasmus Mundus) 計畫

早在 1980 年代，歐盟即推出伊拉斯謨斯計畫，希望歐洲各國就高等教育進行經驗交流，分享其不同的文化與豐富的教育資源，並促進歐洲各國人才在區域內的自由流動。1995 年蘇格拉底方案擴大計畫規模及落實方案。2004 年歐盟更推出為期五年的伊拉斯謨斯世界 (Erasmus Mundus) 計畫，針對非歐盟會員國的教授或學生赴歐留學交換，進行討論，以加強歐洲高等教育國際化的趨勢。

㈦達芬奇 (Leonardo Da Vinci) 方案

此方案於 1994 年提出，目的是為了提升歐盟職業訓練的品質，由歐盟撥款支持歐洲各國交流人員的就業能力，包括：提升成人的繼續教育，擴大歐洲職業培訓，學徒制和培訓之間的各國認證。

㈧歐洲青年方案

於 1995 到 1996 年間通過此方案，協助許多離開學校的年輕人接受再教育，完成終身學習的理想。

㈨青年行動方案

青年行動方案屬於 1996 年所提出的歐洲志工行動方案之一，目的在於協助 18 到 25 歲的年輕人參加志工活動，藉由人道主義的推動，為社會帶來正面效果。

㈩文憑互認政策

此政策主要針對會員國間承認文憑授予、學歷承認與公平對待規定(尤其對於醫師和建築師的專業認定與普及化等討論)。此外，文憑互相承認還包括對第三國家的開放，例如：對中東和東歐等國家提出職業培訓及訓練

工作，加強美加等地區高等教育與職業培訓的合作關係。其中，文憑互認
包括兩個原則，一為相互承認僅限於會員國國民，二為相互承認的文憑只
能來自會員國簽發的文憑，並且所承認的大學文憑，必須至少是完成三年
高等教育的學位證書。

㈩現代技術教育

為了培育與提升歐洲公民就業能力與知識水平，並且加強歐洲公民意
識，在 1999 年時提出「電子歐洲」概念，建構資訊社會中公民的資訊素
養，提高成人使用網路的比率，以及成人的再進修 (The European Union
On-Line, 2008)。

㈪波隆那宣言 (The Bologna Declaration)

「波隆那宣言」主要針對高等教育而來，1998 年由法國、德國、義大
利、英國等國的教育部長，在巴黎共同簽署「索爾本宣言」(Sorbonne Joint
Declaration)，強調建立歐盟國家共同學位系統。同年又提出建立歐洲高等
教育區域 (European High Education Area) 的宣示，確保歐洲在國際環境
中，擁有知識文化、社會及科技方面的優勢。因此 1999 年 6 月在波隆那
由 29 個歐盟教育部長共同簽署「波隆那宣言」，希望於 2010 年建立一個
「整合的歐洲高等教育系統」，藉由學分轉換制度，來提供各國學生學士與
碩士二級學位的學程，以此促進歐洲各大學的交流。此外，波隆那宣言也
強調，各國政府應重視高等教育機構，與內部的競爭力，以推動高教結構
的變革，尤其是希望解決歐洲當前的 10% 失業率、國際競爭日益激烈，及
學生流動障礙等問題。總之波隆那宣言的核心目標有三：

⑴加強國家間的流動，透過高等教育品質保證的認證制度，增加學生
與畢業生之國內與跨國流動。

⑵增加學生的就業能力，建立學士與碩士二級系統，讓學生的學位在
各國之間可相互承認、比較。

⑶提升競爭力與吸引力，希望在能建立歐洲高等教育的特色，尤其是

在「可包容性」(compatible)、「可比較性」(comparable) 的高教政策下，確保歐洲高教對世界各國的吸引力，以展現歐洲文化與科技特色。

另外，波隆那宣言的其他三項具體項目，包括：

(1)建立容易識別及可比較性的大學學位；

(2)設置學分累積及轉換制度；

(3)建立品質保證機制。

從波隆那宣言可知歐洲高等教育已進入重要的里程碑。其實歐洲高教所提出的問題也正好是許多國家所共同面臨的議題。根據王保進研究 (2005) 指出歐盟教育九項指標：

1.知識、生產與證明

如何開放多樣化的高教活動，以加強學術界內部產出與外部環境的結合及轉化。

2.大學與企業間的關係與創新

如何連結大學機構與企業間的伙伴關係，透過互相交流與合作，來建立一套符合社會需求的創新系統。

3.科際整合研究

如何突破現有大學以科技為本位的偏頗發展，增加跨領域科際整合的功能，尤其是透過國家級的補助大型研究計畫及廣徵企業捐款，來協助提升歐洲大學競爭力。

4.高等教育與研究之間的新典範

未來如何透過高等教育的過程，加強公民的學習研究與思辯能力，以此建立大學研究、教學與社會服務的特色。

5.符應研究與環境變革的需求

隨著歐洲區域研究的建立,歐洲的環境將逐漸朝向更多元的空間發展,尤其是包括歐洲的國與國、機構與機構之間,如何達到人才流動及透明管理,以及高等教育學位之間相互承認的理想。

6. 大學區域發展

如何透過政府與大學攜手,掌握重要議題,讓大學研究成果能應用於企業,以提升大學與社會的聯結度。

7. 加強歐洲大學國際競爭力研究

如何建立歐洲大學的研究模式,加強產學合作,進行世界一流大學的提升計劃,建立歐洲與國家競爭力。

8. 產業服務的研究

如何加強大學應用研究訓練與基礎研究的改革,回應時代之需。尤其須對「課程和研究」與「教學與服務」之間予以調整,以加強對社會產業的回饋。

9. 大學自主與管理

在大學自主日受重視的情況下,如何強調學校願景與校務發展、市場及策略的多元經營管理,已成為各國重要議題。因此提議,如何去維持整個歐盟國家 3800 多所大學的多元性、多樣化,改變大學與企業的關係等,皆為波隆那宣言中的重點(管新平,2003)。

三、歐盟義務教育簡介

在討論各國的教育品質提升中,歐洲各國因不同的歷史傳統、文化背景、政治因素、經濟發展、人口條件以及社會結構等,而發展出不同的義務教育制度。不過多數的國家已訂有義務教育的年限,以九年為主,也有高達十二到十三年(表 4-1)。

▶表 4-1 歐盟會員國義務教育年限

	歐盟國家入學 教育年齡（歲）	義務教育年限 （年）
奧地利	6	9
比利時	6	12
丹麥	7	9
芬蘭	7	9
法國	6	10
德國	6	13
希臘	6	9
愛爾蘭	6	9
義大利	6	8
盧森堡	4	11
葡萄牙	6	9
西班牙	6	10
瑞典	7	9
英國	5	11
荷蘭	5	12
捷克	6	9
匈牙利	5	13
波蘭	7	10
拉托維亞	7	9
馬爾他	5	11
賽普勒斯	6	9
斯洛伐克	6	10
斯洛文尼亞	6	9
立陶宛	6	9
愛沙尼亞	7	9

資料來源：馬榕曼 (2003)。歐洲聯盟義務教育階段教育品質之研究。

　　義務教育發展的重心是希望各國在提升教育品質的同時，也加強能力本位的學習，提升師資培育的水準。在行政管理上實行地方分權，授予學校和地區較大的辦學權，及鼓勵家長參加校務等。

四、未來挑戰

(一)教育多元趨向一統化

　　過去歐洲地區的教育特色即是因應各國不同的國勢、風土民情、宗教等而產生多元的教育體制。歐盟成立後，為方便國與國間學歷的認可，使各國間的人力資源得以自由流動，各國教育體制遂逐漸趨向統一。因此，歐盟的會員小國如何在大國環伺與壓力下發出不一樣的聲音、以維護自身權益，使其文化不致為大國優勢所淹沒，亦為一大隱憂。

(二)有待克服的其他問題

　　在歐盟 2006 年公布的報告中指出，過去所提出的教育目標中，仍有許多進步的空間，例如歐盟目前有約 600 萬的青年（18–24 歲）中輟生，輟學率仍然高於原先設定的 10%。另外，歐盟預定在 2010 年能達到區內 20–24 歲人口 85% 完成高中教育，12.5% 成人參與終身學習，目前距離目標仍然遙遠。

　　至於語言教學及閱讀能力方面，歐盟各會員國並未依當時巴塞隆納會議的規定，教授國內學童至少兩種以上的外語，其比率至多只有 1.3–1.6 種。而在歐盟 15 歲學童中，平均每 5 人中即有 1 人閱讀能力未達水平，這些都是歐盟接下來需要解決的問題。

第四節

世界一流大學排行榜

㈠中國交大世界一流大學排行

　　近年來，全球刮起了世界大學排行榜的風潮，這股風潮首先來自中國的上海交通大學，於 2001 年試圖透過一些評量指標，建立「世界大學學術排行」資料庫，包括：⑴畢業校友是否獲得諾貝爾獎，以及在該領域中的獲獎數，占總成績 10%；⑵在校教授獲得諾貝爾獎及各領域獎章，占 20%；⑶在二十一學科領域被引用的次數，占 20%；⑷科學及自然 (Science and Nature) 中發表的文章比例，占 20%；⑸在 SSCI、SCI、AHCI 發表的文章數，占 20%；⑹大學的規模，占 10% (Wikipedia, 2008; http://www.sjtu.edu.cn/)。

　　而後交通大學的排行榜（見表 4–2）受倫敦經濟學雜誌所引用，但備受批評，因過於強調諾貝爾獎得主的比重。諾貝爾獎主要以物理、化學與醫學為主，其他的社會科學包括經濟、人文、科學皆未包含在內，只有藝術和和平獎與文學獎；另外，在各得獎學科領域中太過強調數量，對其他的領域不夠重視。

▶ 表 4–2　上海交通大學 2008 年世界大學排名

世界排名	學校名稱	國籍
1	哈佛大學	美國
2	史丹佛大學	美國
3	加州大學柏克萊校區	美國
4	劍橋大學	英國
5	麻省理工學院	美國
6	加州理工學院	美國

7	哥倫比亞大學	美國
8	普林斯頓大學	美國
9	芝加哥大學	美國
10	牛津大學	英國
11	耶魯大學	美國
12	康乃爾大學	美國
13	加州大學洛杉磯校區	美國
14	加州大學聖地牙哥校區	美國
15	賓州大學	美國
16	華盛頓大學（西雅圖）	美國
17	威斯康辛大學麥迪遜校區	美國
18	加州大學舊金山校區	美國
19	東京大學	日本
20	約翰霍普金斯大學	美國
21	密西根大學安娜堡校區	美國
22	倫敦大學學院	英國
23	京都大學	日本
24	瑞士聯邦理工學院	瑞士
24	多倫多大學	加拿大
26	伊利諾大學香檳校區	美國
27	倫敦大學帝國學院	英國
28	明尼蘇達大學雙子城校區	美國
29	華盛頓大學（聖路易）	美國
30	西北大學	美國
31	紐約大學	美國
32	杜克大學	美國
32	洛克菲勒大學	美國
34	科羅拉多大學	美國
35	英屬哥倫比亞大學	加拿大
36	加州大學聖塔芭芭拉校區	美國
37	馬里蘭大學	美國
38	北卡羅來納大學——教堂山	美國

39	德州大學奧斯丁校區	美國
40	曼徹斯特大學	英國
41	德州大學西南醫學中心	美國
42	賓州州立大學	美國
42	巴黎第八大學	法國
42	範德比爾特大學	美國
45	哥本哈根大學	丹麥
46	加州大學爾灣校區	美國
47	烏得勒支大學	荷蘭
48	加州大學戴維斯校區	美國
49	巴黎第十一大學	法國
50	南加州大學	美國

資料來源：http://www.arwu.org/rank2008/EN2008.htm.

(二)倫敦泰晤士報排行

基於上海交大大學排行的缺失，英國泰晤士報的高等教育（附刊）（The Times of High Education Supplements，簡稱 THES）（見表 4-3）於焉產生。其中評量指標包括：研究品質占總成績的 60%，畢業生就業率占 10%，國際形象占 10%，師生比占 10% 等項目。從 2004 年該報告增加「諾貝爾獎」的得獎數量等項目。不過為人所爭議的是，該報由一千多位不同領域的學者進行同儕評比，卻出現公正、公平性問題，例如，一位澳洲來的研究人員，即將所有澳洲大學提高排名，因此造成排行上失真的情況。

▶ 表 4-3　泰晤士報 2008 年世界一流大學排名

世界排名	學校名稱	國籍
1	哈佛大學	美國
2	耶魯大學	美國
3	劍橋大學	英國
4	牛津大學	英國
5	加州理工學院	美國

6	帝國理工學院	英國
7	倫敦大學學院	英國
8	芝加哥大學	美國
9	麻省理工學院	美國
10	哥倫比亞大學	美國
11	賓州大學	美國
12	普林斯頓大學	美國
13	杜克大學	美國
13	約翰霍普金斯大學	美國
15	康乃爾大學	美國
16	國立澳大利亞大學	澳大利亞
17	史丹佛大學	美國
18	密西根大學	美國
19	東京大學	日本
20	麥克吉爾大學	加拿大
21	卡內基美隆大學	美國
22	倫敦大學國王學院	英國
23	愛丁堡大學	英國
24	蘇黎世聯邦工業大學	瑞士
25	京都大學	日本
26	香港大學	香港特別行政區
27	布朗大學	美國
28	巴黎高等師範學院	法國
29	曼徹斯特大學	英國
30	加州大學洛杉磯分校	美國
30	新加坡大學	新加坡
32	布里斯托大學	英國
33	西北大學	美國
34	英屬哥倫比亞大學	加拿大
34	法國綜合理工學院	法國
36	加州大學柏克萊分校	美國
37	雪梨大學	澳大利亞

38	墨爾本大學	澳大利亞
39	香港科技大學	香港特別行政區
40	紐約大學	美國
41	多倫多大學	加拿大
42	香港中文大學	香港特別行政區
43	昆士蘭大學	澳大利亞
44	大阪大學	日本
45	新南威爾斯大學	澳大利亞
46	波士頓大學	美國
47	蒙那許大學	澳大利亞
48	哥本哈根大學	丹麥
49	三一大學	愛爾蘭
50	洛桑理工學院	瑞士
50	北京大學	中國
50	首爾國際大學	南韓

資料來源:
http://www.timeshighereducation.co.uk/hybrid.asp?typeCode=2
43&pubCode=1,

(三) Webometrics 網路排行

此機構透過網路調查,針對全球一千所大學,及五千個研究中心,排出全球前三千名大學與機構。在 2004 年開始評量時,是根據各個學校網路系統,計算連接的次數,但缺點是有些學校網路發展較慢或不重視,即使有很高的學術水平,也不見得能在網路評比中名列前茅。

(四) 歐洲委員會 (UOPM Commission Ranking) 排行

屬於歐盟的正式文件,主要針對歐洲 22 所大學,就「影響因素」及「科學」這兩部分評比,並與其他美洲比較,如科學與技術的排行等。其評鑑標準首先強調歐洲每一個國家的一流學校,包括出版數及引用率,和學校影響力。其次,科學領域研究的權威性,像是倫敦大學及劍橋、牛津都進

入排行。至於荷蘭的科技學院 (TuEindhovn) 及德國慕尼黑的技術大學 (Tumunice) 則排行第三。

(五)亞洲周刊 (Asiaweek) 排行

於 1997 年公布了第一份亞洲最佳大學排行榜，2001 年停刊。2000 年時，日本的京都大學為第一名學校；第二名為日本的東北大學；第三名香港大學；第四名韓國首爾大學等。國內如中央大學、清華大學等，皆有進入排行 (Asiaweek Limited, 2000)。

(六)其他

根據維基百科 (2008) 指出，全球有相當多的機構在進行大學的排行、評比，例如：加拿大就有一個 Macleans，屬於加拿大大學排行 (university ranking)，針對加拿大大學做排行榜；愛爾蘭也出版 *Sunday Times*，針對師生研究的效能及高中畢業學生進入這些學校的比率程度、住宿條件等學校設備，進行評比。

值得一提的是，美國新聞與世界報導 (US News World Report)，從 1984 年開始針對高中生及家長所進行美國研究型大學排行，評比標準包括：研究方式、同儕的評量及校長、副校長等意見、六年畢業率的學生比例、標準測驗成績、班級人數、教師薪水、教師學歷、師生比率等資源、平均每個學生的投資成本、畢業後的表現，以及校友的捐贈力，也都是美國廣泛使用的排行指標。

(七)評論

世界大學排行報告影響各國的高教政策，亞洲地區比歐美受到更多的影響，包括：日本、韓國、香港、臺灣、新加坡，甚至越南等地區，都刮起了世界一流大學排行的旋風。全球化的歷程中，各國政府出現高等教育未能夠進入世界百大排行的集體焦慮，包括中國在內的亞洲國家，紛紛投入大量經費，希望打造出世界一流的大學。例如：臺灣的五年五百億的頂

尖計劃，透過特殊預算，希望在五年中打造幾所世界一流的大學。有些國家甚至也推出急就章的政策，如越南透過亞洲銀行的基金打造大學，提供至少四千名學生一流設備。如此的排行風氣，造成學術界以功利性研究為主，弱化教學的情況。

著名國際高教學者 Philip Altbach (2007) 曾經指出：無論開發或開發中國家，都需要打造研究型大學（他避免「世界一流」的名稱），由政府提供長期的穩定經費、尊重學術自由、強調科學研究出版、招募國際一流教授，致力於該國世界一級的研究中心，提供該國一流人才就學機會。過程中卻要避免大學的商業化，不應以營運為導向。所有的教師也應以工作表現當作評比的標準，經費分配順著競爭機制，並應擁有很多全職教師，以減輕教學負擔，刺激更多研究產出。他認為各國為防止人才外流，並與國際學術社群保持暢通無阻的連繫，各國研究型大學都需要為本國培養一流的人才，發展本國特色，使用當地的語言、建立本國一流學術期刊，讓各國都有一流的科學家、社會學家，為該國效力。因此，各國應致力於研究型大學的建構，而非目前世界一流大學此種炒短線的作法。

第五節
亞洲國家大學與 SSCI

一、兩種文化的鴻溝

1956 年英國科學家斯諾 (C. P. Snow, 1905-1980) 在《兩個文化》(*The Two Cultures*) 一書中，陳述長久以來劍橋與牛津等傳統大學「文、理隔閡」的問題。當時這些著名大學的教授仍維持穿著正式禮服、集體用餐的傳統，席間出現文、理教授座位涇渭分明，只談各自話題，彼此間毫無交集的情形。

到了今日，兩個文化的隔閡依然存在於臺灣社會，大學中的文、理科

系依舊涇渭分明，尤其是理工科領域享有越來越多的資源與發言權，早已是不爭的事實。像是在各種獎勵補助上，這些學科一方面占有配合甚至開創國家建設與經濟發展的優勢，可以透過許多名義申請到各種儀器設備等資源，另外還享有科學無國界的特色，容易以外文（如英文）與計量形式來發表。尤其近年來東亞地區，包括臺灣在內的大學，受到全球化、市場化、與標準化等三方面影響，一窩蜂的採用所謂科學化計量指標，來代表學界的效能與生產力。

二、大學評鑑指標的正用與誤用

在大學評鑑上，不分文理之別，採計每位教師在 SCI、SSCI、A&HCI 等國際期刊資料庫發表的篇數、智慧財產權、與技術轉移證明等，來作為評定一所大學好壞的指標。另一方面，教育部與國科會等政府部門為了加速國內大學與全球學術社群同步，紛紛透過「追求卓越計畫」、「頂尖大學」及研究計畫補助等政策，全面推動這一波以國際期刊論文發表數量為主的研究取向，導致以下趨勢 (Chen & Quan, 2004)：

⑴鼓勵以英文發表論文，其他語系包括以中文發表的期刊論文或專書不再具優勢。

⑵為了增加投稿的錄取率，國際議題成為研究主流，國內議題相對不被重視。

⑶投稿對象以國外的英文期刊為主，政府與大學獎勵著重刊載篇數的多寡而非文章的品質。

⑷形成以量化為指標的評鑑機制，拉大文理在出版量與資源分配上的差距。

上述發展引發許多人質疑所謂的全球學術標準，若以在國際期刊資料庫所發表的論文數量作為評鑑標準，是否能真正提升國內學術品質？其中誠如前面所述，由於文理之間研究典範與發表形式等方面存在嚴重的差異，理工科的學術社群大多支持這項新的評鑑指標，相對的人文社會為主領域則備受打擊。例如 2009 年在「百年政大」校務發展前瞻論壇中，該校與

會人士曾票選十項政大日後發展之主要議題。其中「學術評鑑」可說讓出席學界人士一致感到關注及隱憂，主要肇因於 2003 年 10 月，各大媒體競相報導教育部所公布的國際學術論文排名 (ISC) 中，以政大為首的人文社會型等大學都遠遠落於其他理工大學之後，引起社會議論紛紛。

三、香蕉與橘子如何比？

自從加菲 (Garfield) 博士提出引用 (citation) 概念，並於 1958 年在美國費城創立 ISI 以來，其所建置出版之 SCI、SSCI 及 A&HCI 等跨學科書目資料庫，因具有文獻之被引用資訊及涵蓋最大範圍之學科領域，形成相當之影響力。平均而言，自然科學有近 50% 的期刊被 ISI 引文資料庫收錄，但社會科學及人文科學被收錄之比率卻不及 20%。許多研究指出，不論是在研究的型態上或是研究結果受檢驗的時間長短，理工與人文的研究均無法以同一標準評比之，也不可能像理工學科強調所有研究皆具有可重複驗證性特質。

另外，人文社會科學研究受到所處文化與歷史傳統的影響，難以跨越文化的界線，且其中經常需要花許多時間克服語言文字的障礙。相對之下，理工與自然科學的研究對象則較無上述問題。因此以量化為主的評鑑指標，是否適用於人文社會科學之研究成果不無疑問（瞿宛文，2004；馮建三，2005）。

四、國際期刊評鑑標準下的大學異化現象

在大學評鑑與政府獎勵與補助政策強調上述指標下，出現了有違原先提升臺灣學術水準的異化現象。此外，由於 ISI 引文資料庫係目前唯一能提供大量且便捷書目計量數據之跨國檢索工具，在沒有其他更好工具可以提供之情形下，使得 SCI、SSCI 及 A&HCI 仍得以一直維持屹立不搖之地位，不但各國期刊主編以期刊能被收錄感到光榮，包括我國在內之許多國家的大學，對教師之評鑑相當看重發表在 ISI 引文資料庫收錄之期刊上之文章數量，甚至有些大學以獎金鼓勵教師努力投稿至被 ISI 引文資料庫收錄之

國際期刊上，以至於誤導部分人將 SCI、SSCI 及 A&HCI 奉為學術評鑑之最重要標準。

此種以 SSCI 等單一標準下，國內的學術研究成果越來越少能成為業界或政府部門所運用。尤其更嚴重的是抑制原本國內學術多姿多彩的發展，嚴重打擊人文社會學科的士氣，影響大學的教學品質與教授對公共事務的參與。換言之，如果我們經常鼓勵學生重視多元文化，強調發展學生的多元智慧，那麼憑什麼可以用一套標準來評量教授的好壞？教授是一個良心志業，當然同時也需要評鑑。但是如果不落實多元標準並行的評鑑制度，繼續重數量輕品質、重理工輕人文、重研究輕教學，會不會淪為西方學界眼中的怪現象 (Stupid Chinese Idea, SCI) 呢？

五、人文社會評鑑指標需要建立

對於如何建構人文社會評鑑指標，有以下幾點建議：

1.重新展開人文社會領域評鑑標準與制度之討論，鼓勵多種不同性質的評鑑標準與獎勵措施，讓各學門與跨學門進行本身評鑑標準之認定。不再採用量化等級標準以及相對而來的計點數制度。

2.以多元和寬容的角度對待各式各樣知識的產生，尤其尊重文理之別，以國內外專家與同儕審查代替以 SSCI 等為主的標準，回歸學術中創新、尊重與多元的特色。不再以外力來宰制創意，以外界利誘來束縛學界的思想。

綜上所述，如何重新檢討當前大學學術評量指標的政策，加速建立人文社會學門客觀且有效的評量標準，應是刻不容緩的工作。如此一來，才能建立文理兩個世界的對話管道，導正國內學術界的歪風，真正提升國內大學品質（周祝瑛，2009）。

第六節

虛擬大學的挑戰

本節中的虛擬大學 (The Virtual University) 主要針對「視覺、網路大學」而言，由於網際網路發展，改變了傳統學校教育，也開拓比較教育研究新領域。

目前世界上最大一所網路大學為美國鳳凰城大學 (Phoenix University)，號稱擁有 30 萬學生，在全美 39 州中成立網路校園，2000-2005 年中美國聯邦政府學生補助高達 18 億美元，每一年的畢業率號稱近五成以上，其中 95% 的教師為兼任教師。在授課方面，傳統大學每學期、每一學分約有 40 個小時，然而鳳凰城大學只提供 20-24 小時課程。

在短短 10 年中，該校成立了 50 個校園，許多因工作無法離開公司，或是無法在傳統大學中覓得學習機會的成人，透過網路學習，獲得該校大學學歷。為此，《從學習中賺錢》(*Earnings from learning: The rise for profit university*) (2006) 中提出，新型態大學已改變了傳統大學的模式，過去的大學招收 18-22 歲的學生，像鳳凰城大學則以在職人士為招生對象，可以吸引更多回流教育的人才 (Breneman, et al., 2006)。

許多人在問，為什麼這個虛擬大學，或網路大學會受到那麼多人的青睞，無論世界銀行或聯合國教科文組織都曾提到，二十一世紀不僅是知識經濟的時代也是終身學習的時代。由於知識半衰期縮短，許多人不斷面對需要重新回到學校充電的需求，但受限於工作環境地理位置，以及傳統學校一些限制，無法順利的回到學校成為全職學生。網路學校正好提供一個良好的機會，甚至可以量身訂作一些課程，因此，虛擬大學隨之興起。

虛擬或網路大學是透過 ICT (Information Communication Technology) 溝通資訊技術，提供不同課程教學與學習。這些學校通常透過網路進行以下學習活動：第一，是行政，如市場行銷、註冊等，皆透過網路；第二，是材料發展製作或傳遞；第三，提供服務與收取學費；第四，

生涯的諮詢與建議，學習前的評估及考試等項目。

　　虛擬大學除了彈性外，也可透過聯盟與伙伴結盟方式經營；譬如網際網路的學校與傳統大學結合，這可能來自澳洲的遠距學習機構，或美國西部州長大學或是國立技術大學等。這些學校中有各種不同型式，而且與有固定校區的大學截然不同，包括它們可能會提供 ICT 或者是 RBL（Resource-Based-Learning，資源本位學習），以資源為主的學習。這些受網路崛起的網路學校或虛擬大學對於居住很遙遠、失學、不能堅持傳統方式學習的人，或在職的社會人士而言，透過網路學習來提升成效，優點是可以在網路上隨時獲取資訊，而且課程資料放在網路上，透過 E-Mail，電腦上的公布欄進行溝通，尋求資源。可以在校園可以在校外一棟大樓中透過網路的協助，運用課程可能同步或非同步的教學方式 (Ryan et al., 2000)。

　　另外，鳳凰城大學校長曾經預言，30 年後傳統的大學會消失，不過在同時間內，加州大學柏克萊校區的校長立刻回應，傳統的大學具有既定功能，尤其是校園文化的陶冶無法為網路大學所取代。所以在這些討論中，雖然網路大學與傳統大學的招生對象不同，但無可否認網路大學的確是拜網路發展之賜。在全球化快速變遷中，不僅各國透過網際網路來加強聯繫，也成為另一個終身學習的重要工具。

　　其中，最常見的是「網路資料庫」，有時甚至比傳統圖書館的資料更好使用。所以許多國家強調在學校中推動學生的電腦教育及資訊教育。英國是最早提供網際網路學習的國家之一。英國政府為了加強學生的國際競爭力，推出許多 "E-Learning" 計畫，重視學童的識字與計算能力，尤其是電腦素養的培育。另外，英國也提出虛擬教師中心（網址為：http://www.vtc.org.uk）。各地成立許多與網路有關的教學中心，以輔助學習。

　　另外一個重點是終身學習與虛擬時代來臨，很多人在大學畢業之後，沒有繼續進修。隨著知識半衰期提前來到，歐洲國家因而提出，建立全球資訊社會，促進網際網路的流通方案。英國也成立工業大學，結合政府、教育機構及企業提供在職進修機會，每一個在職人員透過量身訂作的學習

計畫，從基礎識字的讀寫算，到高層次的管理能力，培養成人的終身學習態度。其中，由 UFI (University for Industry) 提供英國全國開放的遠距網路，以符合個別的需求。另外，更提供高品質學習包裹，讓使用者與學習者有最大的彈性，因時、因地不同而隨時可學，能夠管理自己的學習計畫，透過網路專家的協助和互動，和其他網路學習者互動，提升學習信心。在此情形下，對傳統大學造成很大的衝擊。這些新的學習工具，第一，它將知識變成是一個包裹可以隨時傳送，可隨時獲取，可以詢問，可以計量，也因此改變高等教育核心知識的產出以及傳遞過程。第二，學生學習更具彈性及目標導向，可以隨時進入學習的情境與平臺，勢必挑戰大學教師的角色，引起非常大的革命。第三，數以百萬的初學者占有龐大市場，網路學習的發展因此充滿擴張潛力。第四，整個大學是藉由科技建置，而不是硬體的建設，因此可以讓更多階層的學生獲得知識，並提供不同的條件，與更多實用且量身訂作的知識 (Breneman, et. al., 2006)。

這種情況之下可以發現，此種學習方式，將會讓更多人透過網際網路方式學習或進修，而非回到傳統大學中學習。唯一的問題是目前世界各國的軟硬體設備條件不一，電腦方面的不盡相同，如 OECD 等先進國家，網路幾乎是家家戶戶必備的一環，但對非洲及中南美洲等地，網路的基礎建設上仍有待加強。因此，這些國家需要發展另外一種型式的教育。

總之，網際網路或虛擬大學成立流行，對傳統高等教育充滿歷史性的新挑戰，亦可說是提早讓社會終身學習機會到來。這些新的趨勢也供比較教育從事劃時代的新議題研究。

第七節

國際教育成就評鑑協會及公民教育評鑑

聯合國國際教科文組織 1967 年成立「國際教育研究小組」，繼而成立「國際教育成就評鑑協會」(The International Association for the

Evaluation of Educational Achievement，簡稱 IEA)。

　　此機構從 1970 年代起，先後進行多項國際學生學科能力測驗，包括：寫作、數學、自然科學、閱讀、電腦使用……等課程與教學環境，進行國際比較計畫。同時 IEA 在 1990 年首次進行「國際數學與科學教育成就研究」(The Trends in International Mathematics and Science Study, TIMSS)，針對國小三、四年級和七、八年級學生實施數理學科能力測驗。

　　此外，IEA 參加成員包含機構或國家，總部設在荷蘭的阿姆斯特丹。其成立是為了針對不同教育制度進行大規模、深度的跨國研究。近幾年來，隨著先進國家資訊網路社會的來臨，進行許多重要研究，包括由 IEA 所進行的「國際公民教育研究」(Civic Education Study, CES)。這份研究兩階段跨國性的計畫，試圖從國際比較的架構，去檢視各國如何實施公民教育培育下一代。

　　IEA 在 1999 年實施第一次國際公民教育評鑑，當時參加成員包括二十八個國家，九萬名 14 歲學生、一萬名教師以及四千位中小學校長。2000 年則有六萬名 16–18 歲學生，兩千位校長參與。這些研究報告相繼公布後，對各國的公民教育政策產生相當大的影響。

　　至於 IEA 為何要進行公民教育研究呢? 主因是 1990 年後，許多國家在推動民主教育過程中，愈來愈感到公民教育推動困難，尤其是如何建構現代民主社會的公民素養，培養青少年對各國政治、當代社會、少數民族的容忍性，及對其他公民追求自由的尊重等議題，皆需要進行實證性研究。

　　早在 1971 年，IEA 即首度對美國、芬蘭、以色列、義大利進行跨國公民教育研究，爾後不再對此進行追蹤，直到 1990 年後，由於各國再度重視政治社會化，公民教育計畫遂重新進行。尤其是美國在新自由主義影響下，實施全國課程綱要、全國標準化測驗，更加深公民教育實施成果追蹤之需。1990 年代，IEA 決定重新展開兩階段的公民教育研究，第一階段是質性研究，第二階段是量化研究。研究中包含三個重要層面：第一是民主 (democracy)、民主機構 (democratic institutions)、公民素養 (citizenship)；第二是國家認同 (national identity) 與國際關係 (international relations)；

第三是社會凝聚 (social cohesion) 與分歧 (diversity)，包括對少數民族歧視的了解等。當時參加的國家包括：澳洲、比利時、哥倫比亞、塞普勒斯、捷克、英國、芬蘭、德國、希臘、香港、匈牙利、以色列、義大利……等國，其中加拿大與荷蘭只參加第一階段，其他階段還包括：智利、臺灣、丹麥、挪威、瑞典等國參加（詳細內容請見 Indiana University, http://www.indiana.edu/）。

第八節

國際學生數理及國際研究（TIMSS、PIRLS）

一、簡介

近年來，比較教育研究除了針對 PISA 外，聯合國教科文組織所主辦的「國際數學與科學教育成就趨勢調查」（The Trends in International Mathematics and Science Study，簡稱 TIMSS）以及「國際閱讀進步研究計畫」（Progress in International Reading Literacy Study，簡稱 PIRLS）等，分別在 2001 年與 2006 年從事與小學生閱讀能力進步有關的研究。後者主要是針對各國小學四年級的學童閱讀能力，及閱讀識字政策和實施的狀況而進行調查。尤其 2006 年更增加有關家庭的環境對於學童的閱讀成就的影響，父母親如何能夠增加學童的閱讀能力、閱讀素養等調查項目，再加上對學校閱讀課程與教學的實施情形進行了解，更充實該調查的深度與參考價值。

二、TIMSS

TIMSS 是一項國際性跨國研究，每四年為一週期，針對四年級和八年級的孩童進行數學與科學的成就測驗。內容除了教學之外，也包括他們的課程、教室資源、資訊的提供以及是否有使用電話器材等。連續於 1995 年、

1999 年、2003 年、2007 年進行，並於 2008 年舉辦進階評量 (Advanced 2008 Assessment)。以 2007 年為例，參與國家包括：加拿大、澳洲、奧地利、西班牙、臺灣、哥倫比亞、捷克、丹麥、埃及、英國、德國、香港、匈牙利、印尼、伊朗、以色列、義大利、日本、約旦、韓國、科威特、馬來西亞、美國的麻州、美國的密理蘇麻州、紐西蘭、挪威、加拿大的安大略省、巴勒斯坦、國家許多機構、俄國聯邦、蘇格蘭、沙烏地阿拉伯、新加坡、瑞典、泰國、土耳其、美國與葉門等，這些國家也同時參加 PIRLS 的研究，且以國家或者地區來參與 (TIMSS 2007, 2007)。

TIMSS 主要的研究架構，如以數學為例，四年級強調測量、估計及認知；八年級則針對幾何圖形、數目等。至於四年級的科學主要是針對生命科學、物理科學及地球科學而來；八年級則是針對生物、化學、物理、以及地球科學來做研究。測驗目的在於了解孩子們認知的領域，包括知識、應用、理解的範圍。

三、TIMSS 錄影帶

TIMSS 於 1995 年及 1999 年分別出版一卷錄影帶，主要內容是介紹澳洲、捷克、日本、荷蘭、美國等五個國家，八年級教室內的科學與數學教學內容與實況。其中涉及三個研究問題，包括：1.教師如何統整、備課，以協助學生進行科學教育的學習？ 2.科學教育的課程如何在課堂上呈現？老師如何進行教學？ 3.學生有哪些參與學校科學學習的機會？此外 TIMSS 也出版了許多研究報告，探討各國文化中有哪些影響教學的因素？尤其是從教師的角度來看，透過錄影帶的錄製，來了解局內人如何看待自己的教學；又局外人如何從他人的觀摩中尋找觀摩方式，並激發討論與辯論。

四、PIRLS

PIRLS 是以五年為週期循環的長期追蹤研究，從家庭、學校以及教室中孩童的學習狀況，來探究個人閱讀能力。許多參與 PIRLS 的國家也於 2003 年和 2007 年紛紛加入 TIMSS，原因是 PIRLS 只是針對小學階段四年

級的識字能力，而 TIMSS 則是針對中學生而來。

　　與 PIRLS 不同的是，PISA 強調在義務教育的最後一年，如國中三年級（九年級或十年級）學生，在真實情境中的閱讀能力為何？而 PIRLS 則是針對小學四年級、根據學習目標和標準而來的閱讀理解能力，藉此比較與探討各國學童如何從事閱讀等問題，包括：學童的閱讀技巧與策略、學校中有關閱讀課程組織、使用教材、課程與規劃、教室情境的布置、以及教學方法等。此外，PIRLS 也提供一份閱讀百科全書來協助各國進行運動閱讀推動。除了閱讀測驗外，PIRLS 還包括對家長、老師、與校長的問卷，欲更進一步了解閱讀的實際情況、家庭環境以及父母對孩子的閱讀影響等項目。

　　目前參加 PIRLS 的國家眾多，包括：奧地利、比利時、加拿大、臺北（中華臺北）、丹麥、英國、法國、前蘇聯喬治亞、德國、香港、匈牙利、冰島、印尼、伊朗、以色列、科威特、拉維尼亞 (Litthuania)、盧森堡、馬賽爾多尼亞、摩洛哥、紐西蘭、荷蘭、挪威、波蘭、卡達 (Qatar)、羅馬尼亞、俄羅斯、蘇格蘭、新加坡、斯洛伐克、南非、西班牙、瑞典、美國等（參見表 4-4）。

⊙ 表 4-4　PIRLS 2006 年閱讀測驗結果

排名	國家／地區	成績
1	俄羅斯	565
2	香港	564
3	加拿大（亞伯達）	560
4	新加坡	558
4	加拿大 (BC)	558
5	盧森堡	557
6	加拿大（安大略）	555
7	義大利	551
7	匈牙利	551
8	瑞典	549

9	德國	548
10	荷蘭	547
10	比利時	547
10	保加利亞	547
11	丹麥	546
12	加拿大	542
13	拉脫維亞	541
14	美國	540
15	英國	539
16	澳大利亞	538
17	立陶宛	537
18	臺灣	535
19	加拿大（魁北克）	533
20	紐西蘭	532

資料來源： PIRLS 2006 International Report,
http://timss.bc.edu/pirls2006/intl_rpt.html.

五、評 論

　　根據 TIMSS 及 PIRLS 國際研究中心所提供自 1995 年以來測驗的一系列報告，從中可看出各國數學和科學教學中的不同特色。2003 年 TIMSS 調查發現，臺灣八年級的數學和科學的最高分降低，分布情形趨近常態分布，雖沒有明顯的雙峰現象，但低成就學生人數稍微偏多。其中女生數學、科學都進步，男生卻都退步；不喜歡數學的學生從 42% 增加到 58%，不喜歡科學的學生從 29% 增加為 49%，而 2003 年小四生不喜歡數學的僅 34%，不喜歡自然科學的更只有 21%。因此，從這些數字顯示：臺灣的國中生有愈來愈多人不喜歡數學和科學，並且自信指數也下降。上述這些國際數、理競賽成績之所以不錯，主要原因可能是學生「比較會考試」（周祝瑛，2008）。

　　另一個 2006 年 PIRLS 結果，我國小四學生首次參加，閱讀成績在全

球 45 個國家及地區排名第 22，表現在國際平均水準之上，卻遠遠落後於第 2 名的香港和第 4 名的新加坡，在受測的三個華人國家及地區排名敬陪末座。由於該研究發現，父母教育程度愈高、家庭環境愈好、家中藏書愈多，學童閱讀的成績會愈好。雖然我國 54% 受訪臺灣小四學生認為閱讀有趣，但在校外「幾乎每天」閱讀的比例不到四分之一，遠低於國際平均的40%，排名全球倒數第一（參見表 4-5）。從上述這些國際測驗來看，臺灣的教育可以培養出考試很厲害的學生，但年級愈高，學習興趣愈低，閱讀課外書的比例也在逐年下降，在各行各業的傑出人才不多、專業人才也有不足的隱憂。

最後，TIMSS 和 PIRLS 都由美國波士頓學院國際研究中心、及國際教育評鑑中心祕書處來負責，測驗結果會提供相關國家一份成績報告及資料分析。各國在參加這個測驗時必須繳費，每年大約是三萬美金，所費不貲，而且要連續四年繳交 (PIRLS 2006, 2007)。

▶ 表 4-5　TIMSS 2003, 2006 年閱讀測驗結果

	2003 年（排名）	2006 年（排名）
蘇聯	528 (16)	565 (1)
香港	528 (17)	564 (2)
加拿大（亞伯達）		560 (3)
新加坡	528 (15)	558 (4)
加拿大（大不列顛）		558 (4)
盧森堡		557 (6)
加拿大（安大略）	548	555 (7)
義大利	541 (10)	551 (8)
匈牙利	543 (7)	547 (9)
瑞典	561 (1)	549 (10)
德國	539 (11)	548 (11)
荷蘭	554 (2)	547 (12)
比利時		547 (12)
保加利亞	550 (4)	547 (14)

丹麥		546 (15)
加拿大（新斯科細亞）		542 (16)
拉脫維亞	545 (5)	541 (17)
美國	542 (9)	540 (18)
英國	553 (3)	539 (19)
奧地利		538 (20)
立陶宛	543 (7)	537 (21)
臺灣		535 (22)
加拿大（魁北克）	537	533 (23)
紐西蘭	529 (13)	532 (24)
斯洛伐克	518 (20)	531 (25)

資料來源：TIMSS & PIRSL International Study Center, http://timss.bc.edu/#.

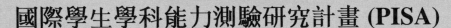

第九節

國際學生學科能力測驗研究計畫 (PISA)

一、前 言

　　美國哥倫比亞大學教授 Steiner-Khamsi 指出 (2007)，由於受到全球化競爭壓力與國際性標準化趨勢的影響，各國紛紛投入各種國際性評量❶，尤其在世界一流大學排名、中小學生學習成就比較方面，建立許多國際知識庫 (Global Knowledge Bank)，其中最著名的包括：世界百大排行、PISA、TIMSS 或 Civic Education 等國際評比。

　　其中，這些國際性評比結果都會遭遇質疑，如：從這些測驗裡可否得

---

❶　研究中有幾個重要特徵，例如：第一、各國的教育投資占 GDP 比例；第二、各國公共教育投資比例多少？第三、學生就學率，如初等教育占同年齡人口百分之多少？中等教育占多少？第四、師生比例是如何？每個學校配多少老師？私立學校學生比例是多少？等。

出何種國際的標準？從評比與名次排名，能否形成公眾壓力，以提升辦學績效？其次，這些知識庫所提供的證據與成績，是否合適來進行國內教育改革？最後，政府、地方教育單位，如何透過評比結果來考量政府的經費補助標準？政府回應策略又有哪些？（見表 4–6）

▶ 表 4–6　各國政府對 PISA、TIMSS、Civic Education 之回應策略

	PISA	TIMSS	Civic Education
汙名化	德國	美國	
榮譽化	英國	日本	
漠視	墨西哥		德國

資料來源：Steiner-Khamsi (2007).

因此，透過上述各種不同國際評比，不只可以建立國際標準化的成果，並產生一種需要改革的壓力，透過這些證據（或數據）進而向政府提出教育改革的要求，甚至引用、模仿學習教育成效佳的國家。此外，這些評比結果通常會對第三世界國家，與經濟相對弱勢的地區產生連鎖效應，最後結果可能會促使聯合國、教科文、世界銀行等介入該國進行國際協助❷。透過國際機構的介入，進而對該國產生改革壓力。而先進國家對於國際評比的壓力是來自國內不同政黨或民眾要求，所以壓力的來源不同，前者來自國際介入，後者來自國內力量。

二、兩大國際學生能力測驗中的 PISA

國際組織所組成的大型中小學生能力測驗比較研究中，最著名的測驗有二：除了 IEA 主持的 TIMSS 外，要屬 OECD 所主持的「學生學科能力測驗的計畫」（Program for International Student Assessment，簡稱 PISA），最受注意。

為了有別於 IEA 主持下的國際評比（如：TIMSS、Civic Education），OECD 國家於 2000 年另闢蹊徑，創立了 PISA 測驗，共有來自 32 個國家

---

❷　所謂協助其實是 1/3 國際經費重新回到先進國家，受援地區所得有限。

（其中 28 個國家是 OECD 會員），26 萬 5000 名學生參加。2003 年增加到 41 個國家參加（30 個國家是 OECD 會員），27 萬 5000 名學生參加。2006 年共有 56 個國家參加（30 個 OECD 國家），未來預計會有更多國家參與。

　　PISA 為三年一度的調查，以十五歲的在學學生人口抽樣測試（排除非在學生和在家學習的學生），每個國家約有 4,500 到 10,000 位學生參加。在 2000 年的時候首度有十八萬學生參加測驗，2006 年則達到 40 多萬位學生 (PISA, 2007)。測驗的內容方面包括：閱讀能力、數學基本能力、自然學科的基本常識、以及化學科的整合能力，如問題解決能力等。每一次調查都有不同的重點，且每九年循環一次。例如 2000 年是閱讀，2003 年是數學，2006 年是自然科學，而在 2003 年當中除了數學資料，更加了一個邏輯測驗，題目來自化學科，目的在測量學生在真實生活中的解決問題能力，並將測驗結果進行國際比較（見表 4-7、表 4-8、表 4-9、表 4-10）。此外，對於參與學生的學習習慣和學習動機、社會背景及家長社區地位等方面也進行了解，參與學校的校長也須填寫該校學生的基本資料等。

⊙ 表 4-7　PISA 2003, 2006 年數學測驗結果

	2003 年	2006 年
日本	534	523
韓國	542	547
荷蘭	538	531
芬蘭	544	548
澳洲	524	520
加拿大	532	527
瑞士	527	530
英國		495
比利時	529	520
法國	511	496
OECD	500	498

德國	503	504
蘇聯	468	476
紐西蘭	523	522
臺灣		549

資料來源:
http://www.pisa.oecd.org/dataoced/30/45/39705343.xls

▶ 表 4-8　　PISA 2003, 2006 年科學測驗結果

	2003 年	2006 年
日本	548	531
芬蘭	548	563
韓國	538	522
澳洲	525	527
荷蘭	524	525
紐西蘭	521	530
加拿大	519	534
瑞士	513	512
法國	511	495
比利時	509	510
德國	502	516
愛爾蘭	505	508
英國		515
瑞典	506	503
奧地利	491	511
臺灣		532

資料來源:
http://www.pisa.oecd.org/dataoced/30/20/39704/05.xls

◉ 表 4-9　PISA 2003, 2006 年閱讀測驗結果

	2003 年	2006 年
芬蘭	543	547
韓國	534	556
加拿大	528	527
澳洲	525	513
紐西蘭	522	521
愛爾蘭	515	517
瑞典	514	507
荷蘭	513	507
比利時	507	501
挪威	500	484
瑞士	499	499
日本	498	498
波蘭	497	508
法國	496	488
臺灣		496

資料來源:
http://www.pisa.oecd.org/dataoced/30/45/39705343.xls

◉ 表 4-10　PISA 2003 年問題解決能力測驗結果

	2003 年
韓國	550
芬蘭	548
日本	547
紐西蘭	533
澳門	532
澳洲	530
加拿大	529
比利時	525
瑞士	521

荷蘭	520
法國	519
丹麥	517
捷克	516
德國	513

資料來源:
http://pisa2003.acer.edu.au/downloads.php

三、評 論

2003 年 OECD 發表兩份有關 PISA 的研究報告:《明日世界的學習:2003 年 PISA》(*Learning for Tomorrow's World: First Result from PISA 2003*) (OECD, 2004);《明日世界問題解決能力: PISA 2003 年首次跨學科評量方式》(*Problem Solving for Tomorrow's World — First Measures Cross — Curricular Competencies from PISA 2003*) (OECD, 2004)。主要的內容摘錄如下:

首先,各國平均成績最好的是芬蘭。原因如下: 一、芬蘭師資水準較高; 二、芬蘭於 1990 年代實施 LUMA(教育改革)提升學生數學、科學能力; 三、芬蘭的學校全國統一,各個學校水準差異不大; 四、芬蘭的文化、社經地位高且是社會福利國家,非常重視教育,因此芬蘭全國教育水準高且一致。

再者,參與 PISA 的國家中很多來自於亞洲,例如:香港、日本、澳門等。這些國家都是儒家文化,且是強調考試升學的國家,能在此測驗得高分並不意外;尤其韓國是 PISA 2003 測驗中的黑馬,但是為何連問題解決能力都名列前茅,為何能如此高分? 值得探討。

其三,紐西蘭與澳洲在閱讀能力及科學測驗都得到好成績,尤其是紐西蘭不到四百萬人口,但學生的表現如此優異,表示其教育有特殊之處。相對的,德國、波蘭、捷克的成績不盡理想,也引起各國討論。此外,也出現一些兩極化的情況,例如:墨西哥成績始終殿後,因此完全放棄 PISA

的討論；至於 2000 年成績殿後的波蘭、比利時、捷克、德國等，在 2003
年有明顯的改善，尤其是波蘭，成績在 2003 年提升許多。

　　第四，PISA 報告中提到各國教育投資的多寡並不一定是決定該國教育
成果的重要關鍵。例如始終成績殿後的美國（二十九個國家中排行第二十
四名），雖然教師工資很高，每年工資平均是四萬美金，甚至比芬蘭教師多
出五千歐元，但學生成績卻不如芬蘭（不過這裡必須考量各國經濟發展水
準）。最後，從 PISA 的成績發現與家庭收入、家庭教育有關，意即社經地
位較高的家庭，孩子在這方面成績越高。PISA 參與國雖主要在 OECD 國
家，但也包括其他參與國家（如參與較少的中東國家），在這之間表示他們
對於測驗結果各自有不同的解讀。

　　最後，根據研究（莊雅慈，2006）指出，PISA 主要以國家為研究單位，
各國的入學標準不一，較難作比較，例如，紐西蘭五歲入學、蘇聯七歲才
入學，因此在入學的時候每個國家的語文的能力不一。而像德國、法國有
留級制，巴西、墨西哥 50% 十五歲的青少年已離校，因此來自弱勢社會的
孩子無法獲得有效的比較。此外，各國對這種國際性的標準化也反應不一，
例如德國教育界非常反對教學評量數量化，尤其是認為這樣是無法培養孩
子的人文素養。並且相信德國老師對於學生學習狀況的診斷，遠比國際的
測驗來的準確。此外，這樣的測驗採績效、市場導向的方式，容易形成社
會上的兩極化發展。不少人質疑這種世界性的國際評比、排行，將使各個
學校的學習弱勢化，尤其將學校演化成考試的訓練場所，片面追求學業成
就，而忽略其他方面多元的發展。最後，各國之間的學制、課程標準都不
一樣。如何去找到一個適用於國際間的標準基礎？其實是很大的問題。

　　由於德國的 PISA 成績一直不理想，導致出現 PISA Shock（PISA 震
撼），主要原因是他們向來不積極參與國際教育評比，包括德國境內一向缺
乏一種統一和大規模的學生能力測驗，即使高中畢業考也是授權地方政府
和各校，由老師去進行獨立、自主的評量。不過在 1995 年德國聯邦政府
決定參加 IEA 的 TIMSS 評量，1997 年決定參加 OECD 的 PISA 後，2000
年第一次 PISA 成績公布之後，德國仍然受到很大的震撼，讓他們不得不重

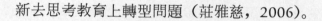

新去思考教育上轉型問題（莊雅慈，2006）。

四、PISA 與 TIMSS 的差異

㈠數學上的差異

PISA 在數學上主要是強調整體數量、空間、形狀、改變關係以及不確定的數學項目；TIMSS 主要包括兩部分：第一個是傳統教室授課內容，例如像了解數學知識、運算過程、運用概念解決數學問題及理解，這一部分包括數字、幾何、代數測量、資料整理；第二是各國課程，尤其是教室內教科書傳授的傳統數學概念知識。在這部分 PISA 強調他們的測驗在於測試出孩子在真實生活環境中，是為了符合終身學習所需具備的實用知識。

㈡閱讀上的差異

除了 TIMSS 外，在閱讀能力部分另有一研究：國際閱讀進步研究計畫 (PIRLS)。主要強調閱讀的了解，尤其是拼字、文法、斷句等傳統性閱讀能力。PISA 則強調 15 歲的孩子如何透過閱讀能力建構、拓展、以及反映於真實社會，透過真實情境去了解閱讀的內容，強調真正想要測量學生去了解上下內容，而非學生去寫或回答片段的知識 (Wikipedia, 2008)。

五、PISA 的重要性

PISA 的評量目的在於了解學生是否具有參與社會所需的知識與能力，其關注的焦點在廣泛的了解「關鍵概念」(key concept)，而不只是在嫻熟學校的課程內容。再者，PISA 對能力的衡量是採取連續的觀點，而非二分法。換言之，每個學生都擁有特定型的能力發展，尤其是每個學生所具有哪幾個等級的閱讀能力，將會影響到各國在未來全球經濟發展品質。對於 PISA 的結果解釋層面而言，若一個國家的 PISA 成績高於另一個國家，不能因此斷定該國的學校教育效能優劣，原因是因為學生的學習場所不僅僅限於學校中，還有校外其學前階段到十五歲所累積的學習經驗，以及來自

家庭、社區以及社會的學習。最後，PISA 的國際學生評量不僅是屬於一種動態的模式，更是強調在今變動迅速的時代，學生不僅要從學校中學習到各式各樣的智能與技巧，而且必須再具備閱讀、數學、科學、問題解決，及擁有資訊科技等基礎能力，能夠充分發展其終身學習。總之，PISA 的這些特點，剛好是符合歐盟在 2002 年所提出的義務教育階段培養關鍵能力，以及擁有終身學習特點這兩項政策，可作為 2010 年檢示歐洲教育品質的基準之一 (Kamens, 2007)。

從類似 PISA 的研究越來越受重視，顯示出教育國際系統化（或是教育國際制度化，international systemization in education）的時代已經來臨，尤其是在 2000 年 PISA 的實驗中還包含十四個非 OECD 的國家（2006 年才引進臺灣），無形當中宣布了國際全球標準運動時代的提早到來。

本章參考書目

上海交通大學。取自：http://www.sjtu.edu.cn/

王保進 (2005)。波隆那宣言後歐洲國家品質保證機制之發展。發表於大學評鑑、進退場機制與提升國際競爭力學術研討會，臺北淡江大學。

世界銀行：http://www.worldbank.org/

周祝瑛 (2002)。留學大陸 Must Know。臺北：正中。

周祝瑛 (2008)。臺灣教育怎麼辦？臺北：心理。

周祝瑛 (2009)。大學建立人文社會指標的必要性。科學月刊，第 40 卷，頁 326-327。

姜麗娟 (2008)。貿易取向的國際化發展對高等教育的影響：以澳洲為例。教育經營與管理研究集刊。4 期，頁 1-25。

馬榕曼 (2003)。歐洲聯盟義務教育階段教育品質之研究。暨南國際大學教育政策與行政學系碩士論文，未出版，頁 15。

莊雅慈 (2006)。國際學生評量計劃 (PISA) 對學校教育的衝擊——德國經驗談。2008 年 2 月 5 日，取自：
http://www.ced.ncnu.edu.tw/department_activities/資料檔/951005 莊雅慈/國際學生評量計劃 (PISA).pdf

馮建三 (2005)。眼前無路想回頭。收於「全球化與知識生產：反思臺灣學術評鑑」。臺北：唐山。

楊思偉 (2001)。西進的國際化迷思，大學教育別盲從躁進。收於教育西進，開創兩岸新局公聽會實錄。臺北：國家政策研究基金會。

管新平 (2003)。歐盟概況。廣州：華南理工大學出版社。

Altbach, P. (2007). Peripheries and Centres: Research Universities in Developing Countries. *Higher Education Management and Policy*, 19, No. 2.

Asiaweek Limited (June 30, 2000). List of Top 100 Asian Universities. *Aisaweek*, 26, 44-47.

Breneman, D. W. (2006), *Earnings from Learning: The Rise of For-Profit*

Universities. N.Y.: State University of New York press.

Breneman, D. W., Pusser, B., Turner, S. E. (2006). *Earnings from learning: The rise of for-profit universities*. Albany: State University of New York Press.

Caufield, C. (1997). *Masters of Illusion: The World Bank and the Poverty of Nations*. Henry Holt & Company.

Chen, K. S., & Qian, Y. X. (2004). Academic Production under the Neo-liberalism Globalization [in Chinese] Paper Presented at the Conference on Taiwan's Higher Education Academic Evaluation. Taipei, Taiwan.

Europe's education and training: additional efforts are needed to meet Lisbon targets. Retrieved November 5, 2008 from: http://europa.eu/rapid/pressReleasesAction.do?reference=IP/06/618&format=HTML&aged=0&language=EN&guiLanguage=fr

Hirtt, Nico (2000). Will education go to market? The UNESCO Courier, *53* (2), pp. 14–16.

IEA: http://www.iea.org/

Indiana University: http://www.indiana.edu/

Judith Torney-Purta, John Schwille, and Jo-Ann Amadeo (1999). The IEA Civic Education Study: Expectations and Achievements of Students in Thirty Countries. Retrieved June 10, 2007 from: http://www.indiana.edu/~ssdc/ieadig.htm

Kamens, D. et al. (2007). Internation benchmarking and educational reform. Paper presented at the 51 annual Conference of the Comparative and International Education society, Baltimore, USA, Feb. 25–March 1, 2007.

Labonte, Ronald (1999). Brief to the World Trade Oganization: World trade and population. *Promotion & Education, 6* (4), pp. 24–32.

PIRLS 2006 (2007). Brochure. Retrieved June 15, 2007 from: http://timss.bc.edu/pirls2006/brochure.html

PISA (2007). Retrieved February 15, 2008 from:

http://www.pisa.oecd.org/pages/0,3417,en_32252351_32235731_1_1_1_1_1,00.html

Robertson, Heather-Jane (2000). Teachers, trade, and taxes: A primer, Phi Delta Kappan, *81* (5), pp. 412–413.

Ryan, S. et al. (2000). *The virtual university: The internet and resource-based learning*. Sterling, VA: Stylus.

Steiner-Khamsi, G. (2007). The politics of comparison in global knowledge banks. Paper presented at the 51 Annual Conference of the Comparative and International Education Society, Baltimore, USA, Feb. 25–March 1, 2007.

TIMSS & PIRLS International Study Center (2008). Publications. Retrieved March 20, 2008 from: http://timss.bc.edu/isc/publications.html

TIMSS 2007 (2007). Countries Participating. Retrieved June 10, 2007 from: http://timss.bc.edu/TIMSS2007/countries.html

The European Union On-Line (2008). Retrieved March 10, 2008 from: http://europa.eu.int

WTO (2002): http://www.wto.org/english/thewto_e/whatis_e/org6_e.htm

Wikipedia (2008). Academic Ranking of World Universities. Retrieved June 18, 2007 from:

http://en.wikipedia.org/wiki/Academic_Ranking_of_World_Universities

Wikipedia (2008). Programme for International Student Assessment. Retrieved February 7, 2008 from:

http://en.wikipedia.org/wiki/Programme_for_International_Student_Assessment#Comparison_with_TIMSS_and_PIRLS

附錄一

當代著名比較教育學者

學者姓名	主要任教或研究單位 ○重要學歷／◎經歷	研究領域 與專長	近期重要著作
Robert F. Arnove	Univ. of Indiana（美國） ○ M.A., Fletcher School of Law and Diplomacy ○ Ph.D. (International Development Education) Stanford Univ. ◎印第安那大學Bloomington校區教育領導與政策研究教授 ◎香港教育學院與Palermo大學客座教授	1. 歷史 2. 哲學 3. 比較教育 4. 教育社會學 5. 教育政策研究	1. Civil Society or Shadow State?: State/NGO Relations in Education (2004) 2. Comparative Education: The dialectic of the global and the local (with Robert F. and Carlos Alberto Torres.) (2003) 3. Education as Contest Terrain: Nicaragua, 1979–1993 (1994)
Mark Bray	Univ. of Hong Kong（中國） ◎香港大學教育學院客座教授 ◎世界比較教育學會理事長 ◎聯合國 UNESCO International institute for educational planning 中心主任	1. 比較教育研究 2. 教育政策決定	1. Double-Shift Schooling: Design and Operation for School Effectiveness (2008) 2. Comparative Education Research: Approaches and Methods (with Adamson, Bob & Mason, Mark) (2007) 3. Building and Diversifying Education Systems: Evolving Patterns and

			Contrasting Trends in Hong Kong and Macau. (with Tang, Kwok-Chun) (2006) 4. Cross-border Flows of Students for Higher Education: Push-Pull Factors and Motivations of Mainland Chinese Students in Hong Kong and Macau (with Li, Mei) (2006) 5. Economic Development and the Market Place for Education: Dynamics of the International Schools Sector in Shanghai, China (with Yamato and Yoko) (2006)
Martin Carnoy	Univ. of Stanford（美國） ○ Ph. D (economics) Chicago University	1. 教育經濟學 2. 比較教育與國際教育	1. Vouchers and Public School Performance: A Case Study of the Milwaukee Parental Choice Program (with Frank Adamson Amita Chudgar) (EPI book, 2007) 2. *Whitewashing Race: The Myth of a Color-Blind Society* (2003) 3. *Sustaining the new economy: work, family, and community in the information age* (2000)
Max A. Eckstein	Queens College, CUNY and Teachers College, Columbia University（美國） ◎哥倫比亞大學教師學院教授	比較教育暨研究方法	1. Disparate Ladders: Why School and University Policies Differ in Germany, Japan, and Switzerland (1998) 2. Doing Comparative Education: Three Decades

			of Collaboration (with Noah, H. J.) (CERC's Electronic Book) (1997) 3. Schooling in the Metropolis: A Comparative View (1972)
Gail, P. Kelly (1940–1991)	State University of New York at Buffalo（美國） ○威斯康辛大學麥迪遜校區教育學博士 ◎紐約州立大學水牛城分校比較教育學教授，於 1991 年過世	1.比較教育 2.教育研究模式與取向	1. New Approaches to Comparative Education (1986) 2. Comparative Education (1982) 3. Vietnam to America (1977)
Steven, J. Klees	Uuiv. of Maryland（美國） ○ M.B.A. (Systems Analysis) Stanford U. ○ Ph.D. (Economics & Public Policy) Stanford U. ◎馬里蘭大學教育學院教育政策與領導學系教授	1.比較教育 2.教育經濟與財政學 3.教育社會學 4.人力資本論	1. A New Paradigm for Social Change: Social Movements and the Transformation of Policy for Street and Working Children in Brazil (1999) 2. USAID Efforts to Expand and Improve Girls' Primary Education in Guatemala (1999) 3. The Economics of Educational Technology (1998) 4. Costos, Beneficios y Financiamiento de la Educacion (1995)
John Hawkins	UCLA（美國） ○ (1973) Vanderbilt 大學中國文化研究所比較教育博士 ◎國際教育與發展中心 (CIDE) 主任 ◎ UCLA 社會科學	1.教育政策比較 2.高教改革 3.亞洲與太平洋教育與發展 4.中國政治教育改革	1. Changing education: leadership, innovation and development in a globalizing Asia Pacific (2007) 2. Values Education for Dynamic Societies: Individualism or

	與比較教育教授暨海外分校院長 ◎ *Comparative Education Review* 編輯 ◎文革時期至中國研究教育制度第一位西方人士，論文為：《毛澤東與教育：他的思想和教導》		Collectivism (2001) 3. Rethinking U.S.-Japan Educational Exchanges (2000)
Ruth Hayhoe	倫敦大學教育學院碩士；(1984) 倫敦大學教育學院博士 ◎ (1967-1982) 香港安利庸女子中學及上海復旦大學教師 ◎ (1984-1986) 多倫多大學教育所博士後研究 ◎ (1986) 多倫多大學教育所教授；(1994) 多倫多大學教育所專業系主任 ◎ (1996) 多倫多大學教育所副所長 ◎ (1989-1991) 加拿大駐北京文化處 ◎ (1996) 獲日本協會獎助於名古屋大學從事研究 ◎ (1997-2002) 香港教育學院院長	1.高等教育研究 2.比較教育研究 3.中國高等教育	1. *Portraits of Influential Chinese Educators* (2006) 2. 1895-1995 年中國大學發展：一個衝突的世紀 (*China's Universities, 1895-1995: A Century of Cultural Conflict*) (1999) 3. Focus on Higher Education in East Asia and Among East Asians. *Comparative Education Review, 39* (3), 299-321) (1995) 4. *China's Educational System: How well does it serve modernization?* (1993) 5. *China Universities and the open door.* (1989)
Jürgen Schriewer	Humboldt-Universität zu Berlin（德國） ◎洪堡德大學比較教育研究中心主任	1.比較教育 2.教育研究法	1. Discourse Formation in Comparative Education (2003) 2. Theories and methods in

	◎世界比較教育學會聯合會「理論與理論變遷」常設小組召集人 ◎歐洲比較教育學會理事長		comparative　education (1990)
Neville Postlethwaite	（英國） ○ B.A. (Social Studies) Durham University, England ○ Dip. Ed. Durham University, England ◎ 1970 年期間針對印尼、肯亞、伊朗、以色列等國課程發展進行鉅觀調查研究 ◎ 1980 年期間受 IEA 委託調查研究東亞地區教育發展概況與演變	1. 教育成就鉅觀調查（認知與方法取向） 2. 課程發展調查與研究 3. 發展中國家教育演進之研究	1. International Studies of Educational Achievement: Methodological Issues (1999) 2. Science Achievement in Twenty-Three Countries (with David E. Wiley) (1991) 3. Science Achievement in Seventeen Countries: A Preliminary Report (1988) 4. International Encyclopedia of Comparative Education and National Systems of Education (1988) 5. Schooling in East Asia — Forces of Change (1983)
Val Rust	UCLA（美國） ○ (1967) Michigan 大學 Ann Arbor 校區教育學博士 ○ (1966) 德國經濟研究所 Forschungü 國際師範學校研究員 ◎ (1978) 挪威 Oslo 大學博士後研究	1. 教育改革政治學 2. 學校建築 3. 高等教育領導 4. 留學教育 5. 國際種族議題	1. Educational Reform in Western Europe, Education Encyclopedia (2003) 2. Minority Education Policy in Azerbaijan and Iran, Journal of Azerbaijani Studies, 5, 1 (2003) 3. Dictionnaire d, éducation comparée《Dictionary of Comparative Education》(2003)
Anthony R. Welch	Uuiv. of Sydney（澳洲） ○倫敦大學教育博士 ◎雪梨大學教育發展	1. 教育社會學 2. 政策決定 3. 文化差異比較	1. Education, Change and Society (Oxford 2007) 2. The Professoriate. Profile of a Profession (Springer

	國際學院教授兼院長	4.比較教育 5.高等教育 6.澳洲與國際教育 7.東亞教育(政策)研究	2005) 3. Quality and Equality in Third World Education (2000) 4. Tradition, Modernity and Postmodernity in Comparative Education (with Masemann, V.) (1997)
顧明遠	北京師範大學(中國) ○ (1956) 蘇聯莫斯科列寧師範學院教育系畢業 ◎現任中國國務院學位委員會學科評議組召集人 ◎中國教育學會會長 ◎北京師大教育管理學院院長 ◎北京師範大學教育管理學院教授兼院長	1.教育學研究 2.比較教育研究 3.教育哲學	1. Education in China and Abroad: Perspectives from a Lifetime in Comparative Education (CERC The University of Hong Kong) (2001) 2.我的教育探索 (1998) 3.比較教育導論 (1996) 4.中國教育大系 (1994) 5.外國教育督導 (1993)
鍾啟泉	華東師範大學(中國) ◎華東師範大學終身教授 ◎中國教育部社會科學委員會委員 ◎國際課程研究促進協會 (IAACS) 執行委員會亞洲區執行委員	1.比較教育研究 2.比較課程研究(日本) 3.比較教學研究 4.國際課程發展與研究	1.現代課程論(修訂版)(2003) 2.差生心理與教育 (修訂版)(2003) 3.課程與教師 (譯) (2003) 4.國際普通高中基礎學科解析 (2003) 5.教學原理 (2001)
楊深坑	國立臺灣師範大學教育學系教授（臺灣） ○希臘國立雅典大學哲學博士 ◎教育部國家講座教授 ◎國立暨南國際大學	1.比較教育方法論 2.教師專業 3.科學理論與教育 4.教育哲學	1.比較教育論述之形成 (2005) 2.各國教師組織與專業權發展 (2003) 3.科學理論與教育學發展 (2002)

	比較教育研究所所長 ◎國立中正大學教育學院院長		
王家通	佛光大學（臺灣） ○日本慶應大學教育學博士 ◎高雄師範大學教育研究所榮譽教授 ◎屏東師範學院校長	1.比較教育 2.日本教育 3.中等教育 4.師資培育	1.比較教育研究（二版）(2003) 2.日本教育制度（二版）(2003) 3.比較教育論叢 (1996) 4.幼兒教育與文化：三個國家的幼教實況比較研究（譯）(2000)
楊思偉	國立臺中教育大學（臺灣）校長 ○日本國立東京大學教育學博士 ◎臺灣師範大學教育學系教授	1.比較教育 2.高等教育 3.日本教育 4.大陸教育	1.比較教育 (2007) 2.日本教育 (1999) 3.中日學校經營之比較研究（編）(1997)

附錄二

比較教育重要機構

一、聯合國教育科學文化組織 (UNESCO)

　　1945 年聯合國於日內瓦成立「聯合國教育科學文化組織」，簡稱「教科文組織」，截至 2009 年為止，與世界上 193 個國家有密切聯繫，包括各國的教育部等，由於臺灣非聯合國會員，因此並未加入。教科文組織主要是各國透過知識、文化與科學的交換，增進彼此了解，促進世界和平。教科文組織主要有以下任務：第一，透過國際領導階層，來提升全民受教育的機會；第二，提供專業協助給與會國家，加強教育的管理與領導，提高教育品質 (UNESCO, 2008a)。在過去的半個多世紀，教科文組織經常提供全球的教育報告書，例如 2007 年公布全球監測報告：「我們能夠給孩子提

供什麼有利方案?」(What are the benefits of program for the very young?)。

目前教科文組織正在推動的教育計畫,包括以下幾項:

1. 2006 到 2007 年間推行的全民教育(Education for All,簡稱 EFA)

這個計畫重點在於如何去加強各國入學機會以及提升學習內容,尤其在開發中或未開發國家提倡識字運動,加強各地對愛滋病的認識與防患;加強各地資源的分配,尤其是對於公私立部門的合作關係;如何加強溝通以及分享知識,促進知識的流通,尋求社區與學校、以及各分區機構的協助,追蹤 EFA 的進展情況,持續協助提升各地的識字能力、師資培育的訓練等。此外,還推動 2003 到 2012 年十年識字運動,及從 2005 到 2014 年全球永續發展教育等。

2. 倡導國際日 (International Day)

將每年的 2 月 21 日訂為「國際母語節」(全球有將近六千種語言),強調尊重多語言、多元文化教育的重要性。第二個國際識字節是在每年的 9 月 8 日,強調個人、社區、社會中的閱讀識字。另外,從 1966 年起每年 10 月 5 日為國際教師節,全球約有一百個國家來慶祝全球教師節。每年 12 月 1 日為「全球愛滋病節」,提供全球愛滋病的了解與認識。另外,也設立「全球教育週」(Education for all Week),在 2000 年的達卡會議中提出,希望在 2015 年能夠達到全民教育的理想。

3. 資料庫及出版品

除了上述每年的教育報告書外,還提供各式資料庫及出版品,例如該組織有一份機關報:*Education Today*,以及 *Monitoring for All*。這些都是屬於官方資料。另外,從 2005 年起,蒐集全球各地的相關報導、統計資料和資料庫,尤其後者資料相當豐富,包括:教育促進永續發展、高等教育報告書、教育中的 ICT 研究報告 (information and communication technologies in education)、識字閱讀內容，或技職教育訓練 (technical and vocational education and training, TVET) 等，都是當前非常重要的教育報告。

還有一些放置在網路上的教育期刊，最著名的包括：

⑴國際教育研究期刊 (*International Journal of Educational Research*)。

⑵成人基礎教育 (*Adult Basic Education*)。

⑶國際終身教育期刊 (*International Journal of Lifelong Education*)。

⑷成人教育與發展 (*Adult Education and Development*)。

⑸職業教育訓練國際期刊 (*International Journal of Vocational Education and Training*)。

⑹成人教育季刊 (*Adult Education Quarterly*)。

⑺國際教育評論 (*International Review of Education*)。

⑻非洲發展評論 (*African Development Review*) 等。

至於高等教育期刊，包括：高等教育電腦化報告 (*The Journal of Computing in High Education*)、亞太地區師資教育與發展期刊 (*Asian Pacific Journal of Teacher Education and Development*)、遠距教育期刊 (*Journal of Distant Education*)。另外，還包括專門探討英國教育、印度教育、東南亞教育、加拿大教育，以及數十種與全球教育有關的期刊，如：*Prospects* (IBE)、*School Effectiveness and School Improvement* 等，享有盛名的刊物。總之，由於教科文組織擁有眾多會員國，因此期刊出版品不下幾十種，尚有全球性報紙、設立討論區 (discussion corner)，鼓勵民眾免費的訂閱。

最後，教科文組織相當重視目前教育上的重要議題，包括：學前教育、初等教育、中等教育與科技教育、高等教育、識字與閱讀、愛滋病防治教育、師資培訓等。其含蓋地區遍布非洲、阿拉伯國家、太平洋地區、歐洲、北美、中南美洲與加勒比海等地，可以說是全球最大的國際教育機構。

二、經濟合作暨開發組織 (OECD)

經濟合作暨開發組織（Organization for Economic Co-operation and

Development，簡稱 OECD）其前身是「歐洲經濟合作組織」（Organization for European Economic Co-operation，簡稱 OEEC）。OEEC 成立於 1948 年，為美國馬歇爾計畫之一，主要目的是在促進二次大戰後歐洲經濟復甦。

1950 年後，由於西歐經濟逐漸復甦，因此 OEEC 決定另立一個新機構，以促進歐洲經濟成長，並協助第三世界國家經濟發展，擴大合作層面。1959 年德、法、英、美在巴黎集會，會後提出 OECD 的組織章程。1961 年 9 月正式成立，目前擁有三十個會員國，大多數為工業先進的國家，其國民生產毛額約占全世界的三分之二，所以有人又稱之為「富人俱樂部」。在 OECD 中的教育研究與改革中心（Center for Education Research and Innovation，簡稱 CERI），除了進行國際教育指標研究外，亦大力促進各國教育部長的相互討論及合作，跨國性的 PISA 研究即是近年來的一項重點工作。

三、國際教育成就評量協會（International Association for the Evaluation of Educational Achievement，簡稱 IEA）

成立於 1965 年，隸屬於 UNESCO 教育研究所之下的組織，迄今共有 60 多個會員國（臺灣也是會員之一）。協會的主要任務為從事教育政策與實務的比較，以量化方式進行國際學童的學業成就評量，例如：自 1960 年起進行第一次國際數學研究工作，1960 年代又陸續實施科學、閱讀、文學、公民教育、英語及第二外國語等六個學科的調查研究；1980 年代調查的項目有電腦在教育上的應用情形、寫作能力及閱讀素養等；1990 年代則研究國際間八年級學童的數學與科學能力。2000–2003 年進行學童讀寫能力成就測驗及任何相關政策之調查。2003–2008 年則將重點放在影響學童閱讀成就的變項為何等議題。

美國前比較與國際教育學會會長 Val Rust 曾談到，上述國際性的組織在教育援助合作方面經常是以西方國家的利益為考量，常以現代資本與人力資本論為基礎，有時會流於殖民主義，甚至造成受援國家的依賴等缺失（轉引自詹盛如，2006）。

四、世界比較教育學會 (WCCES)

根據前世界比較教育學會主席香港大學教授 Mark Bray，於 2004 年的致詞提到，比較教育的學科首先發源在歐洲，而後推展到美國及全球各地，其發展主要來自於多元學科的起源特色 (Bray, 2004)。例如，在十九世紀起源於歐洲，二十世紀上半期在美洲蓬勃發展，二十世紀下半期拓展到全球，尤其在東亞以及中國。其設立宗旨如下 (WCCES, 2008a)：

⑴促進全球比較及國際教育研究，並加強該領域的學術地位。

⑵針對當前主要的教育問題，透過全球各地夥伴的合作，從比較的觀點進行問題探討。

㈠會員國成員

1970 年世界比較教育學會（World Congress of Comparative Education Society，簡稱 WCCES）成立之初有五個會員國，包括美國的「比較及國際教育學會」(CIES, 1956)，「歐洲比較教育學會」(CEFE, 1961)，「日本比較教育學會」(JCES, 1965)，「加拿大比較及教育國際學會」(CIESC, 1967)，及「韓國比較教育學會」(KCES, 1968)。截至 2007 年，世界比較教育學會共有 33 個會員國，每三年在全國各地舉辦大會，而各地的會員國會議則不定期召開。相當鼓勵全球各地，倡導國際及比較研究，尤其透過各地會員國與個別會員，進行相關研究。

⊙表 5–1 世界比較教育學會 (World Congress of Comparative Education Societies, WCCES) 會員國名單 (WCCES, 2008b)

會員國	學會名稱與簡稱
古巴 (Cuba)	Asociación de Pedagogos de Cuba-Sección de Educación Comparada (APC-SEC)
法國 (France)	Association Française pour le Développement de l'Éducation Comparée et des Échanges (AFDECE)
西非 (Western Africa)	Association Francophone d'Éducation Comparée (AFEC)
澳洲與紐西蘭 (Australia and New Zealand)	Australia and New Zealand Comparative and International Education Society (ANZCIES)
英國 (United Kingdom)	British Association for International & Comparative Education (BAICE)
保加利亞 (Bulgaria)	Bulgarian Comparative Education Society (BCES)
中國 (China)	China Comparative Education Society (CCES)
中華臺北 (Taiwan)	Chinese Comparative Education Society-Taipei (CCES-T)
亞洲 (Asia)	Comparative Education Society of Asia (CESA)
歐洲 (Europe)	Comparative Education Society in Europe (CESE)
香港 (Hong Kong, China)	Comparative Education Society of Hong Kong (CESHK)
印度 (India)	Comparative Education Society of India (CESI)
菲律賓 (Philippines)	Comparative Education Society of the Philippines (CESP)
美國 (USA)	Comparative and International Education Society (CIES)
加拿大 (Canada)	Comparative and International Education Society of Canada (CIESC)
捷克 (Czech Republic)	Czech Pedagogical Society-Comparative Education Section (CPS-CES)
荷蘭 (Netherlands)	Dutch-Speaking Society of Comparative Education (NGVO)
希臘 (Greece)	Greek Comparative Education Society (GCES)
匈牙利 (Hungary)	Hungarian Pedagogical Society (HPS-CES)

	(Comparative Education Section)
以色列 (Israel)	Israel Comparative Education Society (ICES)
日本 (Japan)	Japan Comparative Education Society (JCES)
韓　國 (The Republic of Korea)	Korean Comparative Education Society (KCES)
地中海 (Mediterranean)	Mediterranean Society of Comparative Education (MESCE)
挪威 (Norway)	Nordic Comparative and International Education Society (NOCIES)
波蘭 (Poland)	Polish Comparative Education Society (PCES)
俄羅斯 (Russia)	Russian Council of Comparative Education (RCCE)
德國 (Germany)	Sektion International und Interkulturell Vergleichende Erziehungs wissenschaft in der Deutschen Gesellschaft für Erziehungswissenschaft (SIIVEDGE)
義大利 (Italy)	Sezione Italiana della CESE (SICESE)
阿根廷　(República Argentina)	Sociedad Argentina de Estudios Comparados en Educación (SAECE)
西班牙 (España)	Sociedad Española de Educaciõn Comparada (SEEC)
墨西哥 (México)	Sociedad Mexicana de Educación Comparada (SOMEC)
巴西 (Brazil)	Sociedade Brasileira de Educação Comparada (SBEC)
南非 (South Africa)	Southern African Comparative and History of Education Society (SACHES)

㈡出版活動

1992 年，WCCES 開始出版了《國際教育評論》(*Research in Comparative and International Education*)（與聯合國教科文組織所共同合作的刊物）。由於 WCCES 是一個 NGO（非政府組織），因此與教科文組織關係密切。在上述的組織中，參與人數最多的屬美國比較及國際教育年會 (Comparative and International Education Society, CIES)。該學會每年在全美各地舉行年會，如：2007 年，在巴爾的摩舉辦的第 51 屆美國比較及國際教育學會年會，主題為 "Engaging Our Differences"，吸引了世界各地

1000 多位美國本地及國際學界的人士參與。該學會不但是人數最多，也是發表文章最多的組織，常常能夠吸引全球各地的比較教育學者到場報告。每年的會議討論議題相當多元，包括：全球化社會正義與教育、性別與高等教育、教育公平與學業成就以及教育改革、高等教育全球化、地區衝突等。

　　至於出版最多、活動訊息最頻繁的，則要屬「香港比較教育學會」（前主任是 Mark Bray），設立於香港大學內，且擁有許多研究中國教育問題的專家，包括：程介明、Gernard Postiglione 等，還有遠在加拿大的許德美教授 (Ruth Hayhoe) 等，也曾由香港比較教育學會協助出版。此學會可謂全球比較教育學會中出版品最活躍的學會之一。

　　中國比較教育研究會也屬會員人數最多之一，由北京師範大學顧明遠教授以及華東師大鍾啟泉教授所領軍的學會，主要是因為中國在早期發展中，即須蒐集國外的教育發展動態，所以幾乎在每個主要的大學中都有成立相關的比較教育或外國教育機構，因此參與人數累積相當地多，幾乎遍布中國各地（周祝瑛，1999）。

(三)評論

　　儘管世界比較教育學會擁有許多各國會員，但非洲以及在中東地區的學會，幾乎少有單位參與，尤其中南美洲的地區參與更顯不足，中東等伊斯蘭教地區幾乎是缺席的情況。如何在全球挑戰環境中，能夠維持一個平衡且開放的交流平臺，讓所有的與會會員，包括一些尚未參與的地區，能夠獲得同等的發言權以及討論的空間，是該會的下一個挑戰。尤其是能兼顧全球化的觀點，又能夠尊重各地區的在地化聲音，特別是面對來自全世界各地不同的政治、經濟、文化、社會情境下，如何包容不同的學術團體以及第一線教師代表的聲音，其實是該學會今後永續發展的重要條件。

📖 本章參考書目 ‧‧

周祝瑛 (1999)。大陸高等教育問題研究——兼論臺灣相關課題。臺北：師大書
　　苑。

詹盛如 (2006)。國際教育組織。收於楊深坑主編，比較教育。臺北：高教。

Bray, M. (2004). Professional bodies in comparative education: A perspective
　　from the World Council of Comparative Education Societies (WCCES).
　　Paper presented at the Conference of the China Comparative Education
　　Society, Zhuhai, 20–22.

OECD: http://www.oecd.org/home/0,3305,en_2649_201185_1_1_1_1_1,00.
　　html

UNESCO (2008a). About US. Retrieved March 15, 2008 from:
　　http://portal.unesco.org/education/en/

UNESCO (2008b). UNESCO and the Education Sector. Retrieved March 15,
　　2008 from: http://www.unesco.org.education/en/sector

WCCES (2008a). Home. Retrieved March 2, 2008 from:
　　http://www.wcces.net

WCCES (2008b). Member Societies. Retrieved March 5, 2008 from:
　　http://www.wcces.net/members/index.html

教育哲學——本土教育哲學的建構　　溫明麗／著

　　本書扣緊「主體性」與「簡約性」，呈顯「知即德」的傳統教育精神，探究傳統教育哲學、存在主義、現象學、詮釋學、批判理論及後現代等教育哲學觀，並呼喚教師專業倫理素養的風華再現。既涵蓋理論，也融合實踐；既具思想啟蒙和禪思，又具生活化趣味，是本深入淺出的教育哲學讀本。舉凡對教育哲學心生畏懼，或有心鑽研教育理論或擬進行教育行動研究者，本書均能發揮奠定基礎、激發思想、並強化理論建構之效，更期能有助於建構與推動臺灣本土教育哲學。

教育測驗與評量　　涂金堂／著

　　本書特點有三：㈠提供完整且詳實的測驗編製歷程，讓教師在自編成就測驗時，可以參考本書的相關章節，深入瞭解教育測驗的精髓。㈡教育測驗與評量中的核心概念，例如難度、鑑別度、效度、信度、標準分數等，都涉及到數字的運算，本書提供實際的計算方式，讓學習者更清楚每個概念的意涵。㈢近年來教學評量強調多元評量，本書亦針對其中的實作評量、檔案評量與情意評量，提供豐富的實際範例，協助讀者創發出屬於自己的多元評量。

輔導原理與個人成長　　林維能／著

　　本書內容包括：㈠對於心理輔導基本概念的瞭解。㈡從不同治療學派的觀照面，來思考人的問題及其可能的意義。㈢有關心理輔導的落實與瞭解輔導工作在學校或社會的定位與角色。本書另一個特點是強調個人成長的議題。個人成長應是心理輔導中重要的議題，卻常常在心理輔導工作中被忽略。本書除了從心理治療理論的架構來思考輔導原理外，更從發展心理學的角度來剖析個人的發展，特別在道德與社會發展方面。作者期待透過本書，能讓更多人對心理輔導有更完整的瞭解。

諮商理論與技術　　陳婉真／著

　　本書的目的在於寫給剛踏入助人工作行列的伙伴們，以及初學諮商理論與技術的學生們。內容包括：心理諮商的定義與本質、目前主要的諮商理論學派與技術、如何對當事人的問題進行衡鑑與分析、諮商歷程中心理諮商者與當事人之間諮商關係的變化、進行諮商時的相關倫理議題，以及心理諮商者如何透過持續地自我探索與自我省思，成為一名優秀的專業人員。書中穿插許多由臨床案例所改寫的小故事或會談對話錄，期待透過這樣的書寫方式，能夠讓讀者更清晰地瞭解諮商工作進行的輪廓與風貌。

西洋教育思想史（修訂二版）　　林玉体／編著

　　教育興革，應以教育思想為基礎。在這方面，西洋教育思想的廣度與深度皆凌駕東方之上；探討西洋歷史上重要教育思想之教育學說，確是推動我國教育邁向進步所不可或缺的工作。本書作者從西元前約六世紀時的「辯者」開始，一直到二十世紀的當代教育思想家為止，一一研讀他們的教育著作，剖析其內容，整理分類成系統，評鑑其價值，並以簡單流暢的文字予以陳述，企盼讀者能對西洋教育思想之演變有個輪廓顯明的深刻印象，並從中獲取借鏡，構思出醫治我國教育思想沉痾之藥方。

親職教育　　王鍾和／著

　　本書內容結合宏觀的親職觀念、實用的理論分析與活潑的教導技巧，綜合中外相關研究並銜接本國文化，將親職教育演變的歷程與不同家庭類型的親職教育，做一清楚、完整的陳述。本書除了是大專相關系所學生的優良參考讀物外，亦能提昇父母的親職效能，更是教師、褓姆、社工和心理輔導等專業人員值得一讀的好書。期望本書的出版，能讓更多有志從事親職教育研究或參與實務的學生、教育工作者，積極地思索如何使當前的親職教育工作更為圓滿。

教育社會學（增訂三版）　　陳奎憙／著

　　本書主要是為準備從事教育工作的教育院系學生而寫，也可供社會學系學生與在職教師閱讀、研究參考之用。書中除詳細介紹「教育社會學理論」、「教育的社會環境」、「教育機會均等」等主題，並運用現代社會科學理論來分析「教育制度」、「學校社會組織」與「班級社會體系」，更具體探討「教學方法」、「教育專業」、「師生關係」、「青少年次文化」等重要議題。本次修訂，除調整主題架構外，作者並充實與更新書中資料，使內容更為周全，更符合時代性，是為新版特色。

心理與教育統計學（修訂二版）　　余民寧／著

　　一般統計學書籍多流於艱澀，但本書作者藉周密的架構、淺顯的文字與難易適中的範例，帶領讀者完整認識常用的統計工具，輕鬆理解初等統計學的精義，掌握研究數據背後所隱含的概念與意義。搭配書中電腦習作、練習作業，及自我測驗的學習診斷評量，更能輕易使用這個研究行為的量化利器！讓統計學協助您掌握心理學第一手的研究結果，成為您無往不利的左右手。

心理學辭典　　溫世頌／編著

　　本辭典革新國內同類辭典的編排方式，專為國人查閱國語辭典之閱讀習慣設計，以部首索引、注音索引、英漢名詞對照三種索引方式，協助讀者更方便、更迅速地獲得心理學知識，徹底解決詞條查詢不易的缺點。內容共收錄 15,589 條詞條，涵蓋領域最新最廣闊；詞條釋義清晰，搭配豐富插圖，徹底釐清心理學概念。書末附有 268 位西方著名心理學家簡介，帶領您一窺心理學大師風采。

教育心理學（增訂三版）　　溫世頌／著

　　教育心理學的目的在研究「教與學」的行為本身以及影響教學的主要因素，以協助教學者與學習者作最有效的教導與學習。本書探討架構分為三大領域：㈠學生身心發展的特徵。㈡學習與記憶的歷程。㈢教學策略與教學效果的增進、評鑑與溝通。作者除介紹新近教育心理學研究成果與發現，並針對一些習以為常、錯謬的教育舉措，提出具體的建議與修正方案。本書不僅是一本教育心理學教科書，透過作者對教育的全人關懷與真知灼見，將帶領所有關心教育者，重新審視與反思自身的教育觀點與做法。

輔導原理與實務（二版）　　劉焜輝／主編

　　本書特點有三：㈠內容的完整性：全書十四章，涵蓋輔導學領域的理論與實務。㈡資料的精確性：撰稿者均為教育心理與輔導研究所科班出身，長年從事輔導理論的研究和輔導實務的探討。㈢立足於國情：改進國內相關書籍大多偏重輔導理論而忽略實務的介紹，並特別針對國內輔導現況進行探討。本書可作為有志於輔導工作者之入門書籍，亦能補足現代教師和從事輔導工作者不可缺少之知識。